Die Existenzvernichtungshaftung des GmbH-Gesellschafters

Europäische Hochschulschriften
Publications Universitaires Européennes
European University Studies

Reihe II
Rechtswissenschaft

Série II Series II
Droit
Law

Bd./Vol. 4517

PETER LANG
Frankfurt am Main · Berlin · Bern · Bruxelles · New York · Oxford · Wien

Michael Gottschalk

Die Existenzvernichtungshaftung des GmbH-Gesellschafters

PETER LANG
Europäischer Verlag der Wissenschaften

Bibliografische Information der Deutschen Nationalbibliothek
Die Deutsche Nationalbibliothek verzeichnet diese Publikation in der Deutschen Nationalbibliografie; detaillierte bibliografische Daten sind im Internet über <http://www.d-nb.de> abrufbar.

Zugl.: Bielefeld, Univ., Diss., 2006

D 361
ISSN 0531-7312
ISBN-10: 3-631-55981-X
ISBN-13: 978-3-631-55981-9

www.peterlang.de

Meinen Eltern

Vorwort

Die Arbeit wurde Ende November 2005 abgeschlossen und im Sommersemester 2006 als Dissertation von der juristischen Fakultät der Universität Bielefeld angenommen. Rechtsprechung und Schrifttum wurden bis Ende 2005 berücksichtigt.

Vor allen anderen danke ich meinen Eltern, die mir mit ihrer Liebe, Offenheit und Gelassenheit immer zur Seite stehen und ohne deren Unterstützung ich diese Arbeit nicht begonnen hätte. Ihnen möchte ich diese Arbeit widmen. Ebenso danke ich meiner geliebten Frau Silja und unserer Tochter Sienna Sun Valentina, die mir viel Glück schenken und mich unterstützt haben, diese Arbeit zum Ende zu bringen.

Danken möchte ich auch Herrn Prof. Dr. Kleindiek für die Betreuung der Arbeit, meinen Freunden Andreas Schmidt und Dr. Oliver Rohtley für die mühevolle Korrekturarbeit sowie meinem Freund und Mitpromovenden Dr. Helge Bertrams für die schöne Zeit während der Studiumspausen.

Köln, im November 2006 *Michael Gottschalk*

Inhaltsübersicht

Abkürzungsverzeichnis

a. A.	anderer Ansicht
a. a. O.	am angegebenen Ort
Abs.	Absatz
a. E.	am Ende
AG	Aktiengesellschaft; Die Aktiengesellschaft
AktG	Aktiengesetz
allg.	allgemein
Alt.	Alternative
Anm.	Anmerkung
Art.	Artikel
Aufl.	Auflage
BB	Betriebs-Berater
Begr.	Begründer
Bd.	Band
BGB	Bürgerliches Gesetzbuch
BGBl.	Bundesgesetzblatt
BGH	Bundesgerichtshof
BGHZ	Entscheidungen des Bundesgerichtshof in Zivilsachen (Amtliche Sammlung)
Bl.	Blatt
BT-Drucks.	Bundestags-Drucksache
bzgl.	bezüglich
bzw.	beziehungsweise
ca.	circa
DB	Der Betrieb
ders.	Derselbe
d. h.	das heißt
dies.	Dieselbe
Diss.	Dissertation
DZWiR	Deutsche Zeitschrift für Wirtschaftsrecht
Einl.	Einleitung
EU	Europäische Union
EuGH	Europäischer Gerichtshof
EuGHE	Sammlung der Rechtsprechung des Europäischen Gerichtshofs
EuInsVO	Europäische Insolvenzverordnung
evtl.	eventuell
EWiR	Entscheidungen zum Wirtschaftsrecht
f., ff.	und die folgende(n) Seite(n)
Fn.	Fußnote
FS	Festschrift

gem.	gemäß
GmbH	Gesellschaft mit beschränkter Haftung
GmbHG	Gesetz betreffend die Gesellschaft mit beschränkter Haftung
GmbHR	Rundschau für GmbH, Monatsschrift für Wirtschafts-, Steuer- und Handelsrecht
grds.	grundsätzlich
HGB	Handelsgesetzbuch
h. L.	herrschende Lehre
h. M.	herrschende Meinung
Hrsg.	Herausgeber
hrsg.	herausgegeben von
HS	Halbsatz, Halbsätze
i. d. F.	in der Fassung
i. d. R.	in der Regel
i. d. S.	in diesem Sinne
inkl.	inklusive
i. S. v.	im Sinne von
i. V. m.	in Verbindung mit
JA	Juristische Arbeitsblätter
JR	Juristische Rundschau
Jura	Juristische Ausbildung
JuS	Juristische Schulung
JZ	Juristenzeitung
KG	Kommanditgesellschaft oder Kammergericht
KGaA	Kommanditgesellschaft auf Aktien
LG	Landgericht
lt.	laut
MDR	Monatsschrift für Deutsches Recht
m. E.	meines Erachtens
Mio.	Millionen
m. w. N.	mit weiterem Nachweis
n. F.	neue Fassung
NJW	Neue Juristische Wochenschrift
Nr.	Nummer
Nrn:	Nummern
o. g.	oben genannt(es)
OHG	Offene Handelsgesellschaft
OLG	Oberlandesgericht
RIW	Recht der Internationalen Wirtschaft - Betriebs-Berater International -
Rn.	Randnummer
S.	Satz; Seite
s.	siehe

s. a.	siehe auch
s. o.	siehe oben
sog.	sogenannt, sogenannte
str.	streitig
st. Rspr.	ständige Rechtsprechung
u. a.	unter anderem
usw.	und so weiter
u. U.	unter Umständen
v.	versus
vgl.	vergleiche
Vorb.	Vorbemerkung
WM	Wertpapier-Mitteilungen, Zeitschrift für Wirtschafts- und Bankrecht
WuW	Wirtschaft und Wettbewerb
z. B.	zum Beispiel
ZGR	Zeitschrift für Unternehmens- und Gesellschaftsrecht
ZHR	Zeitschrift für das gesamte Handels- und Wirtschaftsrecht (bis Band 123; Zeitschrift für das gesamte Handels- und Konkursrecht)
Ziff.	Ziffer, Ziffern
ZIP	Zeitschrift für Wirtschaftsrecht und Insolvenzpraxis
ZPO	Zivilprozeßordnung
z. T.	zum Teil
zug.	zugleich
ZVglRWiss	Zeitschrift für vergleichende Rechtswissenschaft
z. Zt.	zurzeit

Literaturverzeichnis

Altmeppen, Holger — Anmerkung zu BGH, Urt. v. 13.12.2004 – II ZR 206/02, ZIP 2005, 119 ff.

ders., — Gegen die Hysterie um die Niederlassungsfreiheit der Scheinauslandsgesellschaften, DB 2004, 1083 ff.

ders., — Schutz vor „europäischen“ Kapitalgesellschaften, NJW 2004, 97 ff.

ders., — Zur Entwicklung eines neuen Gläubigerschutzkonzeptes in der GmbH, ZIP 2002, 1553 ff.

ders., — Gesellschafterhaftung und „Konzernhaftung“ bei der GmbH, NJW 2002, 321 ff.

ders., — Grundlegend Neues zum „qualifiziert faktischen“ Konzern und zum Gläubigerschutz in der Einmann-GmbH, ZIP 2001, 1837 ff.

ders., — Anmerkung zu BGH, Urt. v. 21.6.1999 – II ZR 47/98, ZIP 1999, 1354, f.

ders., — Die systematische Einordnung der Rechtsprechung zum qualifiziert faktischen Konzern nach „TBB“, DB 1994, 1912 ff.

ders., — Anmerkung zur Stellungnahme der Bundesregierung vom 26. Oktober 1992 zur Verfassungsbeschwerde gegen das Videourteil, ZIP 1992, 1668 f.

ders., — Abschied vom „qualifiziert faktischen Konzern“: Verflechtungen im faktischen Unternehmensverbund und ihre Auswirkungen, Heidelberg 1991, (zitiert: Altmeppen, Abschied vom qualifiziert faktischen Konzern)

ders., — Grenzenlose Vermutung im Recht der GmbH – Zur Rechtsprechung des Bundesgerichtshofs zur konzernierten GmbH nach dem Urteil vom 23.9.1991 – II ZR 135/90, DB 1991, 2225 ff.

ders.,	Kurzkommentar zu BGH, Urt. v. 23.9.1991, II ZR 195/90, EWiR § 302 AktG 1/91, S. 945 f.
Arbeitskreis GmbH Reform	Hueck, Götz/ Lutter, Marcus/ Mertens, Hans-Joachim/ Rehbinder, Eckard/ Ulmer, Peter/ Wiedemann, Herbert/ Zöllner, Wolfgang (Hrsg.), Kapital und Haftungsfragen bei der GmbH - Gründung von Einmann-GmbH - Konzernrecht der GmbH - Arbeitnehmerbeteiligung an einer GmbH, Heidelberg 1972, (zitiert: Arbeitskreis GmbH Reform)
Assmann, Heinz-Dieter	Gläubigerschutz im faktischen GmbH-Konzern durch richterliche Rechtsfortbildung – Teil 1, JZ 1986, 881 ff.
ders.,	Gläubigerschutz im faktischen GmbH-Konzern durch richterliche Rechtsfortbildung – Teil 2, JZ 1986, 928 ff.
Banerjea, Nirmal Robert	Haftungsfragen in Fällen materieller Unterkapitalisierung und im qualifiziert faktischen Konzern, ZIP 1999, 1153 ff.
Bastuck, Burkhard	Kreditbesicherung im Konzern – Geklärte Fragen, offene Fragen und Vertragsgestaltung – WM 2000, 1091 ff.
Baumbach, Adolf/ Hopt, Klaus J./ Merkt, Hanno	Kurzkommentar zum Handelsgesetzbuch, 31. Auflage, München 2003, (zitiert: Bearbeiter, in: Baumbach/ Hopt, Komm. z. GmbHG)
Baumbach, Adolf/ Hueck, Alfred	Kurzkommentar zum GmbH-Gesetz, 17. Aufl., München 2000, (zitiert: Bearbeiter, in. Baumbach/ Hueck, Komm. z. GmbHG)
Bayer, Walter	Aktuelle Entwicklungen im Europäischen Gesellschaftsrecht, BB 2004, 1 ff.
ders.,	Die EuGH-Entscheidung „Inspire Art“ und die deutsche GmbH im Wettbewerb der europäischen Rechtsordnungen, BB 2003, 2357 ff.

Becker, Jörn — Das gesellschaftsrechtliche Wettbewerbsverbot in der Einmann-GmbH: Zugleich ein Beitrag zur Begründung und Umfang der Treuepflicht, Frankfurt am Main, Berlin, Bern, New York, Paris, Wien 1997, zugl.: Trier, Univ., Diss., 1997, (zitiert: Becker, Wettbewerbsverbot)

Becker, Ralph — Cash-Management in der Unternehmenskrise, DStR 1998, 1528, ff.

Bender, Georg — Der GmbHR-Kommentar zu BGH, Urt. v. 25.2.2002 – II ZR 196/00, GmbHR 2002, 552

Benecke, Martina — Existenzvernichtender Eingriff statt qualifiziert faktischer Konzern: Die neue Rechtsprechung des BGH zur Haftung von GmbH-Gesellschaften, BB 2003, 1190 ff.

Binz, Mark K./ Sorg, Martin H. — Die GmbH & Co. KG, Das Standardwerk für Familienunternehmen im Handels- und Steuerrecht, 9. Auflage, München 2003, (zitiert: Binz/ Sorg, Die GmbH & Co KG)

Bitter, Georg — Das „TBB"-Urteil und das immer noch vergessene GmbH-Vertragskonzernrecht – Zur Unmöglichkeit von Beherrschungsverträgen mit einer 100%igen Tochter-GmbH oder Tochter GmbH & Co. KG, ZIP 2001, 265 ff.

ders., — Der Anfang vom Ende des „qualifiziert faktischen GmbH-Konzerns" – Ansätze einer allgemeinen Missbrauchshaftung in der Rechtsprechung des BGH – , WM, 2001, 2133 ff.

ders., — Anmerkung zu BGH, Urt. v. 2.10.2000, WuB II C § 13 GmbHG 2.02.

ders., — Konzernrechtliche Durchgriffshaftung bei Personengesellschaften, Köln, Berlin, Bonn, München, 2000, zugl.: Hamburg, Univ., Diss., 1999, zitiert: (Büscher, Durchgriffshaftung bei Personengesellschaften)

Blöse, Jochen	Cash-Management-Systeme als Problem des Eigenkapitalersatzes, GmbHR 2002, 675 ff.
Böcker, Philipp	Insolvenz im GmbH-Konzern (I), GmbHR 2004, 1257 ff.
Borges, Georg	Gläubigerschutz bei ausländischen Gesellschaften mit inländischem Sitz, ZIP 2004, 733 f.
Bormann, Michael/ Halczinsky, Markus	Vorratsgesellschaft und Kapitalaufbringung – Oder: „Wer schlecht zahlt, zahlt doppelt“, GmbHR 2000, 1022 ff.
Boujong, Karlheinz	Das Trennungsprinzip des § 13 Abs. 2 GmbHG und seine Grenzen in der neueren Judikatur des Bundesgerichtshofes, in: Böttcher, Reinhard (Hrsg.), Festschrift für Walter Odersky zum 65. Geburtstag am 17. Juli 1996, Berlin, New York, 1996, (zitiert: Boujong, in: Festschrift für Odersky)
Braun, Eberhard	Kommentar zur Insolvenzordnung, 2. Auflage, München 2004, (zitiert: Bearbeiter, in: Braun, Komm. z. InsO)
Bruns, Patrick	Kurzkommentar zu BGH, Urt. v. 14.3.2005 – II ZR 5/03, EWiR § 11 GmbHG 1/05, 431 f.
ders.,	Existenz- und Gläubigerschutz in der GmbH – das Vulkan-Konzept, WM 2003, 815 ff.
Burgard, Ulrich	Cash Pooling und Existenzgefährdung, in: Gesellschaftsrechtliche Vereinigung (Hrsg.), Gesellschaftsrecht in der Diskussion 2002, Jahrestagung der Gesellschaftsrechtlichen Vereinigung, Köln 2003, (zitiert: Burgard, Cash Pooling und Existenzgefährdung)
ders.,	Die Förder- und Treuepflicht des Alleingesellschafters einer GmbH, ZIP 2002, 827 ff.
ders.,	Die Tatbestandsmerkmale des qualifiziert faktischen GmbH-Konzerns und ihre Konkretisierung nach „TBB“, WM 1993, 925 ff.

Büscher, Dirk — Die qualifiziert faktische Konzernierung – eine gelungene Fortbildung des Rechts der GmbH?, Frankfurt am Main, Berlin, Bern, New York, Paris, Wien 1999, zugl.: Bochum, Univ., Diss., 1998, (zitiert: Büscher: Die qualifiziert faktische Konzernierung)

Büschgen, Hans E. — In-house banking, WM 1995, 733 ff.

Cahn, Andreas — Die Ausfallhaftung des GmbH-Gesellschafters, ZGR 2003, 298 ff.

ders., — Kapitalerhaltung im Konzern, Köln, Berlin, Bonn, München 1998, zugl.: Frankfurt (Main), Univ., Habil.-Schr., 1995, (zitiert: Cahn, Kapitalerhaltung)

Decher, Christian E. — Haftung im qualifiziert faktischen GmbH-Konzern – Bemerkungen aus der Sicht der Praxis, in: Schmidt, Karsten/ Schön, Wolfgang/ Ulmer, Peter (Hrsg.), Haftung im qualifiziert faktischen GmbH-Konzern – verbleibende Relevanz nach dem TBB-Urteil, Heidelberg 2002 (ZHR-Beiheft 70), (zitiert: Decher, in: Haftung im qualifiziert faktischen GmbH-Konzern)

Diem, Andreas — Besicherung von Gesellschafterverbindlichkeiten als existenzvernichtender Eingriff des Gesellschafters?, ZIP 2003, 1283, ff.

Döser, Wulf H. — Der faktische Konzern – Ein Nachruf, AG 2003, 406 ff.

Drobnig, Ulrich — Haftungsdurchgriff bei Kapitalgesellschaften, Frankfurt a.M., Berlin 1959

Drygala, Tim — Abschied vom qualifiziert faktischen Konzern – oder Konzernrecht für alle?, GmbHR 2003, 729 ff.

ders., — Verhaltenshaftung im faktischen Konzern, GmbHR 1993, 317 ff.

ders., — Anmerkung zu OLG Saarbrücken, Urt. v. 22.9.1992 – 7 U 4/92, ZIP 1992, 1628 ff.

Duursma-Kepplinger, Henriette-Christine/ Duursma, Dieter/ Chalupsky, Ernst	Europäische Insolvenzordnung – Kommentar, Wien, New York 2002 (zitiert: Duursma-Kepplinger/ Duursma/ Chalupsky, EuInsVO)
Ebenroth, Carsten/ Wilken, Oliver	Beweislast und Gesellschafterhaftung im qualifiziert faktischen GmbH-Konzern, ZIP 1993, 558 ff.
Eberl-Borges, Christina	Die Haftung des herrschenden Unternehmers für Schulden einer konzernabhängigen Personengesellschaft – zugleich eine Kritik an der Rechtsprechung des Bundesarbeitsgerichts, WM 2003, 105 ff.
dies.,	Die Konzernhaftung im Kapitalgesellschaftskonzern, Jura 2002, 761 ff.
Ehricke, Ulrich	Die Haftung im GmbH-Vertragskonzern nach §§ 302, 303 AktG analog – ein (fast) vergessener Irrtum im Konzernrecht, in: Fuchs, Andreas / Schwintowski, Hans-Peter / Zimmer, Daniel (Hrsg.), Festschrift für Ulrich Immenga zum 70. Geburtstag, München 2004, (zitiert: Ehricke, in: Festschrift für Immenga)
ders.,	Zur Begründbarkeit der Durchgriffshaftung in der GmbH, insbesondere aus methodischer Sicht, AcP 1999, 257 ff.
Eidenmüller, Horst	Ausländische Kapitalgesellschaften im deutschen Recht, München 2004 (zitiert: Verfasser, in: Eidenmüller, Ausländische Kapitalgesellschaften)
Eidenmüller, Horst / Rehm, Gebhard M.	Niederlassungsfreiheit versus Schutz des inländischen Rechtsverkehrs: Konturen des Europäischen Internationalen Gesellschaftsrechts, ZGR 2004, 159 ff.
Eisner, Helmut	Kurzkommentar zu BGH, Urt. v. 13.5.2004 – 5 StR 73/03, EWiR § 266 StGB 1/04, 723 f.
Emmerich, Volker/ Habersack, Mathias (Hrsg.)	Aktien- und GmbH-Konzernrecht, 3. Auflage, München 2003, (zitiert: Bearbeiter, in: Emmerich/ Habersack, Aktien- und GmbH-Konzernrecht)

Emmerich, Volker/ Sonnenschein, Jürgen — Konzernrecht – Das Recht der verbundenen Unternehmen bei Aktiengesellschaft, GmbH, Personengesellschaften, Genossenschaft , Verein und Stiftung, 6. Auflage, München 1997, (zitiert: Emmerich/ Sonnenschein, Konzernrecht)

Erlinghagen, P. — Haftungsfragen bei einer unterkapitalisierten GmbH, GmbHR, 1962, 169 ff.

Esters, Florian — Die GmbH als taugliches Objekt von Konzernfinanzierungen und LBOs nach „Bremer Vulkan“ und „KBV“?, GmbHR 2004, 105 ff.

Fleck, Hans-Joachim — Missbrauch der Vertretungsmacht oder Treubruch des mit Einverständnis aller Gesellschafter handelnden GmbH-Geschäftsführer aus zivilrechtlicher Sicht, ZGR 1990, 31 ff.

Fleischer, Holger — Grundfragen der ökonomischen Theorie im Gesellschafts- und Kapitalmarktrecht, ZGR 2001, 1 ff.

Flume, Werner — Allgemeiner Teil des bürgerlichen Rechts, 1. Band, 2. Teil, Die juristische Person, Berlin, Heidelberg, New York, Tokio 1983, (zitiert: Flume, Die juristische Person)

Flume, Werner — Das Video-Urteil als eine Entscheidung des II. Senats des BGH aus dessen Selbstverständnis der Innehabung gesetzgeberischer Gewalt, ZIP 1992, 817 ff.

ders., — Die Rechtsprechung des II. Zivilsenats des BGH zur Treuepflicht des GmbH-Gesellschafters und des Aktionärs, ZIP 1995, 161

Freitag, Robert — §§ 30, 31 GmbHG, „Bremer Vulkan-Urteil“ und „Limitation Language“, WM 2003, 805 ff.

Früh, Andreas — Kreditsicherung und Mithaftung bei Krediten an Konzernunternehmen, GmbHR 2000, 105 ff.

Fuhrmann, Lambertus — Kreditgewährung an Gesellschafter: Ende des konzernweiten Cash-Managements?, NZG 2004, 552 ff.

Gäbelein, Wolfgang — Ende der Haftungsgrenzen im Konzern?, Video-Urteil des BGH vom 23.9.1991 – II ZR 135/ 90, GmbHR 1992, 273 ff.

Gätsch, Andreas — Gläubigerschutz im qualifiziert faktischen Konzern, Berlin 1997, zugl.: Marburg, Univ., Diss., 1996, (zitiert: Gätsch, Gläubigerschutz)

Geiger, Andreas — Ökonomische Analyse des Konzernhaftungsrechts, Bergisch Gladbach, Köln 1993, zugl.: Hohenheim, Univ., Diss., 1993, (zitiert: Geiger, Ökonomische Analyse)

Goette, Wulf — Wo steht der BGH nach „Centros“ und „Inspire Art“?, DStR 2005, 197 ff.

ders., — Haftung im qualifiziert faktischen GmbH-Konzern – Rechtsprechungsbericht, in: Schmidt, Karsten/ Schön, Wolfgang/ Ulmer, Peter (Hrsg.), Haftung im qualifiziert faktischen GmbH-Konzern – verbleibende Relevanz nach dem TBB-Urteil, Heidelberg 2002 (ZHR-Beiheft 70), (zitiert: Goette, in: Haftung im qualifiziert faktischen GmbH-Konzern)

ders., — Anmerkung zu BGH, Urt. v. 17.9.2001, II ZR 178/99, DStR 2001, 1857

ders., — Anmerkung zu BGH, Beschl. v. 20.3.2000, II ZR 322/98, DStR 2000, 1066 ff.

ders., — Anmerkung zu BGH, Urt. v. 5.7.1999, II ZR 126/98, DStR 1999, 1451 f.

ders., — Anmerkung zu BSG, Urt. v. 1.2.1996, 2 RU 7/ 95; DStR 1996, 1539 f.

Görner, André/ Kling, Michael — Die Ausfallhaftung des GmbH-Gesellschafters (II), GmbHR 2004, 778 ff.

Gribbohm, Günter — Untreue zum Nachteil der GmbH – Zur Harmonisierung zivil- und strafrechtlicher Pflichten des GmbH-Geschäftsführers und –Gesellschafters, ZGR 1990, 1 ff.

Haas, Ulrich	Die Gesellschafterhaftung wegen „Existenzvernichtung“, WM 2003, 1929 ff.
Haas, Ulrich/ Holla, Matthias	Insolvenzrecht: Haftungsrechtlicher Durchgriff gegen den GmbH-Gesellschafter entsprechend § 93 InsO bei Vermögensvermischung, Anmerkung zu LG Hildesheim, Urt. v. 16.1.2001, 10 O 135/00, DStR 2001, 1447 f.
Habersack, Mathias/ Schürnbrand, Jan	Cash Management und Sicherheitenbestellung bei AG und GmbH im Lichte des richterlichen Verbots der Kreditvergabe an Gesellschafter, NZG 2004, 689 ff.
Hachenburg, Max	Ulmer, Peter (Hrsg.), Gesetz betreffend die Gesellschaften mit beschränkter Haftung, Großkommentar, 1. Band, §§ 1 – 34, 8. Auflage, Berlin, New York, 1992, (zitiert: Bearbeiter, in: Hachenburg, Komm. z. GmbHG, Bd. 1)
ders.,	Ulmer, Peter (Hrsg.), Gesetz betreffend die Gesellschaften mit beschränkter Haftung, Großkommentar, 2. Band, §§ 35 – 52, 8. Auflage, Berlin, New York, 1997, (zitiert: Bearbeiter, in: Hachenburg, Komm. z. GmbHG, Bd. 2)
ders.,	Ulmer, Peter (Hrsg.), Gesetz betreffend die Gesellschaften mit beschränkter Haftung, Großkommentar, 3. Band, §§ 53 – 85, 8. Auflage, Berlin, New York, 1997, (zitiert: Bearbeiter, in: Hachenburg, Komm. z. GmbHG, Bd. 3)
Hartmann, Christian	Der Schutz der GmbH vor ihren Gesellschaftern – Zu den Grenzen gesellschafterlicher Disposition über die Treuepflicht der Gesellschaft, GmbHR 1999, 1061 ff.
Heidelberger Konzernrechtstage	Hommelhoff, Peter / Stimpel, Walter / Ulmer, Peter (Hrsg.), Der qualifiziert faktische Konzern, Analyse der Rechtsprechung – Folgerungen für die Praxis, Köln 1992, (zitiert: Bearbeiter, in: Heidelberger Konzernrechtstage)

Helmreich, Kilian — Die Gewährung von Darlehen durch die GmbH in der Situation der Unterbilanz an ihre Gesellschafter nach der aktuellen Rechtsprechung des BGH, GmbHR 2004, 457 ff.

Henssler, Martin — Die Betriebsaufspaltung – Konzernrechtliche Durchgriffshaftung im Gleichordnungskonzern?, ZGR 2000, 479 ff.

Henze, Hartwig — Ausfallhaftung des GmbH-Gesellschafters, BB 2002, 1011 ff.

ders., — Entwicklungen der Rechtsprechung des BGH im GmbH-Recht – Zugleich Besprechung der Neuauflage des Scholz, Kommentar zum GmbH-Gesetz, Band I., GmbHR 2000, 1069 ff.

Hirte, Heribert — Kapitalgesellschaftsrecht, Köln, 1997, (zitiert: Hirte, Kapitalgesellschaftsrecht)

Hoffmann, Jochen — Das Anknüpfungsmoment der Gründungstheorie, ZVglRWiss 101 (2002), S. 283 ff.

Hoffmann, Jochen — Das GmbH-Konzernrecht nach dem „Bremer Vulkan"-Urteil, NZG 2002, 68 ff.

Hofmann, Paul — Zum „Durchgriffs"-Problem bei der unterkapitalisierten GmbH, NJW 1966, 1941 ff.

Hölzle, Gerrit — Materielle Unterkapitalisierung und Existenzvernichtungshaftung – Das Phantom als Fallgruppe der Durchgriffshaftung, ZIP 2004, 1729 ff.

dies., — Anmerkung zu LAG Köln, Urt. v. 20.6.2003 – 4 Sa 128/03, ZIP 2003, 1897 ff.

dies., — Existenzvernichtungshaftung, „Klimapflege" und Insolvenzanfechtung – Zur Insolvenzanfechtung nach Befreiung aus der Haftung für Existenzvernichtung durch Zahlung der Gesellschaft, ZIP 2003, 1376 ff.

Hommelhoff, Peter | Die qualifiziert faktische Unternehmensverbindung: ihre Tatbestandsmerkmale nach dem TBB – Urteil und deren rechtsdogmatisches Fundament, ZGR 1994, 395 ff.

Hormuth, Mark W. | Recht und Praxis des konzernweiten Cash Managements – Ein Beitrag zur Konzernfinanzierung, in: Hadding, Walther/ Schneider, Uwe H. (Hrsg.), Konzern, Konzernrecht und Konzernfinanzierung, Teil VIII, Berlin 1998, zugl. Darmstadt, Techn. Univ., Diss., 1997, (zitiert: Hormuth, Recht und Praxis des konzernweiten Cash Managements)

Hüffer, Uwe | Kurzkommentar zum Aktiengesetz, 5. Aufl., München 2002, (zitiert: Bearbeiter, in: Hüffer, Komm. z. AktG)

ders., | Bewertungsprobleme in der Überschuldungsbilanz, in: Wank, Rolf / Hirte, Heribert / Frey, Kaspar / Fleischer, Holger / Thüsing, Gregor (Hrsg.), Festschrift für Herbert Wiedemann zum 70. Geburtstag, München 2002, (zitiert: Hüffer, in: Festschrift für Wiedemann)

Immenga, Ulrich | Die personalistische Kapitalgesellschaft – Eine rechtsvergleichende Untersuchung nach deutschem GmbH-Recht und dem Recht der corporations in den Vereinigten Staaten, Bad Homburg v.d.H. 1970, zugleich: Bielefeld, Univ., Habil.-Schr., 1970, (zitiert: Immenga, Die personalistische Kapitalgesellschaft)

Jäger, Axel | Kapitalaufbringung und Haftungsrisiken in Cash-Management-Systemen von GmbH-Konzernen, DStR 2000, 1653, ff.

Joost, Detlev | Grundlagen und Rechtsfolgen der Kapitalerhaltungsregeln in der GmbH, ZHR 148 (1984), 27 ff.

Jula, Rocca/ Breitbarth, Carmen | Liquiditätsausgleich im Konzern durch konzerninterne Darlehen, AG 1997, 256 ff.

Kahler, Ulrich — Die Haftung des Gesellschafters im Falle der Unterkapitalisierung einer GmbH, BB 1985, 1429 ff.

Kersting, Christian — Rechtswahlfreiheit im Europäischen Gesellschaftsrecht nach Überseering, NZG 2003, 9 ff.

Keßler, Jürgen — Unternehmensstillegung, Managementversagen und Haftungsdurchgriff – Zur dogmatischen Grundstruktur des existenzvernichtenden Eingriffs, GmbHR 2005, 257 ff.

ders., — Die Durchgriffshaftung der GmbH-Gesellschafter wegen „existenzgefährdender" Eingriffe – Zur dogmatischen Konzeption des Gläubigerschutzes in der GmbH, GmbHR 2002, 945 ff.

ders., — Kapitalerhaltung und normativer Gläubigerschutz in der Einpersonen-GmbH – zum „beiläufigen" Ende des „qualifiziert faktischen" GmbH-Konzerns, GmbHR 2001, 1095 ff

Kiethe, Kurt — Die Renaissance des § 826 BGB im Gesellschaftsrecht, NZG 2005, 333 ff.

Kilger, Joachim — Die Insolvenzrechtsreform – eine Herausforderung für die Anwaltschaft –, AnwBl. 1987, 425 ff.

Kleffner, Thomas — Erhaltung des Stammkapitals und Haftung nach §§ 30, 31 GmbHG, Berlin 1994, zugl.: Münster (Westfalen), Univ., Diss., 1993, (zitiert: Kleffner, Erhaltung des Stammkapitals)

Kleindiek, Detlef — Anmerkung zu KG, Urt. v. 11.1.2000 - NZG 2000, 484 – 14 U 7683/97

ders., — Kurskorrektur im GmbH-Konzernrecht, DZWir 1993, 177 ff.

ders., — Haftung, freie Beweiswürdigung und Beweiserleichterung im qualifiziert faktischen GmbH-Konzern, GmbHR 1992, 574 ff.

ders.,	Strukturkonzepte für den qualifiziert faktischen GmbH-Konzern – Anmerkung zum „Video"-Urteil des Bundesgerichtshofs vom 23. September 1991, ZIP 1991, 1330 ff.
ders.,	Strukturvielfalt im Personengesellschafts-Konzern: Rechtsformspezifische und rechtsformübergreifende Aspekte des Konzernrechts, Köln 1991, (zitiert: Kleindiek, Strukturvielfalt)
Knobbe-Keuk, Brigitte	Zum Erdbeben "Video", DB 1992, 1461 ff.
Kölner Kommentar zum Aktiengesetz	Zöllner, Wolfgang (Hrsg.), Kölner Kommentar zum Aktienrecht, Band 6, 1. Lieferung, §§ 291-328, 2. Auflage, Köln, Berlin, Bonn, München 1987, (zitiert: Bearbeiter, in: Kölner Komm. z. AktG)
Konzen, Horst	Der Gläubigerschutz bei Liquidation der masselosen GmbH, in: Wank, Rolf / Hirte, Heribert / Frey, Kaspar / Fleischer, Holger / Thüsing, Gregor (Hrsg.), Festschrift für Herbert Wiedemann zum 70. Geburtstag, München 2002, (zitiert: Konzen, in: Festschrift für Wiedemann)
Krieger, Gerd	Kann die Praxis mit TBB leben?, ZGR 1994, 375 ff.
Kropff, Bruno	Das TBB-Urteil und das Aktienkonzernrecht, AG 1993, 485 ff.
Kübler, Friedrich	Anmerkung zu BGH, Urt. v. 29.3.1993 – II ZR 265/91, NJW 1993, 1204, f.
ders.,	Gesellschaftsrecht: Die privatrechtlichen Ordnungsstrukturen und Regelungsprobleme von Verbänden und Unternehmen, 3. Aufl., Heidelberg 1990, (zitiert: Kübler, Gesellschaftsrecht)
Kübler, Bruno M./ Prütting, Hanns (Hrsg.)	Kommentar zur Insolvenzordnung, Band I, Loseblattsammlung, Köln, Stand: Februar 2005 (zitiert: Bearbeiter, in: Kübler/ Prütting, Bd. I)
Lambert, Stephen	Besprechung von BGH, Urt. v. 17.9.2001, II ZR 178/99, JA 2002, 355 ff.

Larenz, Karl — Allgemeiner Teil des Bürgerlichen Rechts, 8. Aufl., München 1997, (zitiert: Larenz, Allgemeiner Teil des BGB)

Lehmann, Michael — Das Privileg der beschränkten Haftung und der Durchgriff im Gesellschafts- und Konzernrecht, ZGR 1986, 345

Lutter, Marcus — Holding Handbuch, Recht – Management – Steuern, 4. Auflage, Köln 2004, (zitiert: Bearbeiter, in: Lutter (Hrsg.), Holding Handbuch)

ders., — Anmerkung zu BGH, Urt. v. 29.3.1993, II ZR 265/91, JZ 1993, 580 ff.

ders., — Der qualifiziert faktische Konzern, AG 1990, 179 ff.

ders., — Die Haftung des herrschenden Unternehmens im GmbH-Konzern, ZIP 1985, 1425 ff..

ders., — Die zivilrechtliche Haftung in der Unternehmensgruppe, ZGR 1982, 244 ff.

Lutter, Marcus/ Banerjea, Nirmal Robert — Die Haftung des Geschäftsführers für existenzvernichtende Eingriffe; ZIP 2003, 2177 ff.

Lutter, Marcus/ Banerjea, Nirmal Robert — Die Haftung wegen Existenzvernichtung, ZGR 2003, 402 ff.

Lutter, Marcus/ Hommelhoff, Peter — Kommentar zum GmbH-Gesetz, 16. Aufl., Köln 2004, (zitiert: Bearbeiter, in: Lutter/ Hommelhoff, Komm. z. GmbHG)

Lutter, Marcus/ Scheffler, Eberhard/ Schneider, Uwe H.(Hrsg.) — Handbuch der Konzernfinanzierung, Köln 1998, (zitiert: Bearbeiter, in: Lutter/ Scheffler/ Schneider, Konzernfinanzierung)

Luttermann, Claus — Unternehmensfinanzierung, Geschäftsleiterpflicht und Haftkapital bei Kapitalgesellschaften, BB 2001, 2433 ff.

Medicus, Dieter — Schuldrecht I., Allgemeiner Teil, 8. Aufl., München 1995, (zitiert: Medicus, Schuldrecht)

Meilicke; Wienand	Die Niederlassungsfreiheit nach „Überseering“ - Rückblick und Ausblick nach Handelsrecht und Steuerrecht, GmbHR 2003, 793 ff.
Mertens, Hans-Joachim	Anmerkung zu BGH, Urteil vom 23.9.1991 – II ZR 135/90, AG 1991, 434
Michalski, Lutz/ de Vries, Kolja	Eigenkapitalersatz, Unterkapitalisierung und Finanzplankredite, NZG 1999, 181 ff.
Michalski, Lutz/ Zeidler, Finn	Die Ausgleichshaftung im qualifiziert faktischen Konzern – eine Analyse für die Praxis, NJW 1996, 224 ff.
Mödel, Robert	Pflichten des einzelnen Gesellschafters gegenüber „seiner“ GmbH, JuS 2003, 14 ff.
Möhring, Ludwig	Schutz der Gläubiger einer konzernabhängigen GmbH, Berlin 1992, zitiert: Möhring, Schutz der Gläubiger
Morsch, Stephan	Probleme der Kapitalaufbringung und der Kapitalerhaltung im Cash-Pool, NZG 2003, 97, ff.
Mülbert, Peter O.	Abschied von der „TBB“-Haftungsregel für den qualifiziert faktischen GmbH-Konzern, DStR 2001, 1937 ff.
ders.,	Sicherheiten einer Kapitalgesellschaft für Verbindlichkeiten ihres Gesellschafters, ZGR 1995, 578 ff.
Müller, Hans-Friedrich	Insolvenz ausländischer Kapitalgesellschaften mit inländischem Verwaltungssitz, NZG 2003, 414 ff.
Müller-Freienfels, Wolfram	Zur Lehre vom sogenannten „Durchgriff“ bei juristischen Personen im Privatrecht, AcP 156 (1957), 522 ff.
Münchener Handbuch des Gesellschaftsrechts	Priester, Hans-Joachim/ Mayer, Dieter (Hrsg.), Münchener Handbuch des Gesellschaftsrechts, Band 3, Gesellschaft mit beschränkter Haftung, 2. Auflage, München 2003, (zitiert: Bearbeiter, in: MüHdb. d. Gesellschaftsrecht, Bd. 3)

Münchener Kommentar zum Aktienrecht — Kropf, Bruno/ Semler, Johannes (Hrsg.), Münchener Kommentar zum Aktienrecht, Band 1, §§ 1-53, 2. Auflage, München 2000, (zitiert: Bearbeiter, in: MüKo z. AktG, Bd. 1)

Münchener Kommentar zum Aktienrecht — Kropf, Bruno/ Semler, Johannes (Hrsg.), Münchener Kommentar zum Aktienrecht, Band 7, §§ 222 – 277, 2. Auflage, München 2001, (zitiert: Bearbeiter, in: MüKo z. AktG, Bd. 7)

Münchener Kommentar zum Aktienrecht — Kropf, Bruno/ Semler, Johannes (Hrsg.), Münchener Kommentar zum Aktienrecht, Band 8, §§ 278 – 328, 2. Auflage, München 2000, (zitiert: Bearbeiter, in: MüKo z. AktG, Bd. 8)

Münchener Kommentar zur Insolvenzordnung — Kirchhof, Hans Peter (Hrsg.), Münchener Kommentar zur Insolvenzordnung, Band 1, §§ 1 – 102, Insolvenzrechtliche Vergütungsordnung, München 2001, (zitiert: Bearbeiter, in: MüKo z. InsO)

Münchener Kommentar zur Zivilprozessordnung — Lüke, Gerhard/ Walchshöfer, Alfred (Hrsg.), Münchener Kommentar zur Zivilprozeßordnung, Band 1, §§ 1 – 354, München 1992, (zitiert: Bearbeiter, in: MüKo z. ZPO)

Mutter, Stefan — Das „TBB"-Urteil des BGH: Haftung im qualifiziert faktischen Konzern, JuS 1993, 999 ff.

Nacke, Ralf — Die Durchgriffshaftung in der U.S. amerikanischen Corporation unter besonderer Berücksichtigung der geschichtlichen Entwicklung des Privilegs der beschränkten Haftung und der neuesten Rechtsprechung von New York und Kalifornien – eine juristische und ökonomische Analyse, München 1988, zugl.: München, Univ., Diss., 1988, (zitiert: Nacke, Durchgriffshaftung)

Nassall, Wendt — Der existenzvernichtende Eingriff in die GmbH: Einwendungen aus verfassungs- und insolvenzrechtlicher Sicht, ZIP 2003, 969

Oho, Wolfgang/ Eberbach, Christian — Konzernfinanzierung durch Cash-Pooling, DB 2001, 825 ff.

Olshausen v., Eberhard | Doppelberücksichtigung, Ausfallprinzip und Gesellschafterhaftung in der Insolvenz, ZIP 2003, 1321, ff.

Paefgen, Walter G. | Auslandsgesellschaften und Durchsetzung deutscher Schutzinteressen nach „Überseering“, DB 2003, 487 ff.

Palandt | Bürgerliches Gesetzbuch, 64. Auflage, München 2005 (zitiert: Palandt/Bearbeiter, BGB)

Preuß, Fabian | Dogmatik der konzernspezifischen Haftung im qualifiziert faktischen GmbH-Konzern – Das Konzernhaftungsrecht als Ausfluss bürgerlich-rechtlicher Wertung?, Aachen 2000, zugl.: Freiburg, Univ., Diss., 2000, (zitiert: Preuß, Haftung im qualifiziert faktischen Konzern)

Priester, Hans-Joachim | Die eigene GmbH als fremder Dritter – Eigensphäre der Gesellschaft und Verhaltenspflichten ihrer Gesellschafter, ZGR 1993, 512 ff.

ders., | Die Unversehrtheit des Stammkapitals bei Eintragung der GmbH – ein notwendiger Grundsatz, ZIP 1982, 1151 ff.

Raiser, Thomas | Die Haftung einer Schwestergesellschaft für die Schulden einer anderen Schwester nach dem Urteil „Bremer Vulkan“ des BGH, in: Habersack, Mathias / Hommelhoff, Peter / Hüffer, Uwe / Schmidt, Karsten (Hrsg.), Festschrift für Peter Ulmer zum 70 Geburtstag am 2. Januar 2003, Berlin 2003, (zitiert: Raiser, in: Festschrift für Ulmer)

ders., | Recht der Kapitalgesellschaften, 2. Auflage, München 1991, (zitiert: Raiser, Recht der Kapitalgesellschaften)

Rehbinder, Eckard | Minderheiten und Gläubigerschutz im faktischen GmbH-Konzern, AG 1986, 85 ff.

ders.,	Zehn Jahre Rechtsprechung zum Durchgriff im Gesellschaftsrecht, in: Lutter, Marcus / Stimpel, Walter / Wiedemann, Herbert (Hrsg.), Festschrift für Robert Fischer, Berlin, New York 1979, (zitiert: Rehbinder, in: Festschrift für Fischer)
Riedemann, Susanne	Das Auseinanderfallen von Gesellschafts- und Insolvenzstatut, GmbHR 2004, 345 ff.
Reidenbach, Dirk	Cash Pooling und Kapitalerhalt nach neuer höchstrichterlicher Rechtsprechung, WM 2004, 1421 ff.
Reiner, Günter	Der deliktische Charakter der „Finanzierungsverantwortung" des Gesellschafters: Zu den Ungereimtheiten der Lehre vom Eigenkapitalersatz, in: Ebenroth, Carsten Thomas / Hesselberger, Dieter / Rinne, Manfred Eberhard (Hrsg.), Verantwortung und Gestaltung – Festschrift für Karlheinz Boujong zum 65. Geburtstag, München 1996, (zitiert: Reiner, in: Festschrift für Boujong)
Reinhardt, Rudolf	Gedanken zum Identitätsproblem bei der Einmanngesellschaft, in: Nipperdey, Hans Carl (Hrsg.), Das Deutsche Privatrecht in der Mitte des 20. Jahrhunderts, Festschrift für Heinrich Lehmann zum 80. Geburtstag, Band I., Berlin 1956, (zitiert: Reinhardt, in: Festschrift für Lehmann)
Röhricht, Volker	Insolvenzrechtliche Aspekte im Gesellschaftsrecht, ZIP 2005, 505 ff.
ders.,	Die aktuelle höchstrichterliche Rechtsprechung zum Gesellschaftsrecht, in: Gesellschaftsrechtliche Vereinigung (Hrsg.), Gesellschaftsrecht in der Diskussion 2002, Jahrestagung der Gesellschaftsrechtlichen Vereinigung, Köln 2003, (zitiert: Röhricht, Aktuelle höchstrichterliche Rechtsprechung)
ders.,	Die GmbH im Spannungsfeld zwischen wirtschaftlicher Dispositionsfreiheit ihrer Gesellschafter und Gläubigerschutz, in: Geiß, Karlmann / Nehm, Kay / Brandner, Hans Erich / Hagen, Horst (Hrsg.), Festschrift aus Anlaß des fünfzigjährigen Bestehens von

	Bundesgerichtshof, Bundesanwaltschaft und Rechtsanwaltschaft beim Bundesgerichtshof, Köln, Berlin, Bonn, München, 2000, (zitiert: Röhricht, in: 50 Jahre BGH)
ders.,	Von Rechtswissenschaft und Rechtsprechung, ZGR 1999, 445 ff.
ders.,	Das Wettbewerbsverbot des Gesellschafters und des Geschäftsführers, WPg 1992, 766 ff.
Römermann, Volker/ Schröder, Henning	Aufgabe des qualifiziert faktischen GmbH-Konzerns Das „Bremer Vulkan"-Urteil des BGH vom 17.9.2001, GmbHR 2001, 1015 ff.
Roth, Günter	Gläubigerschutz durch Existenzschutz, NZG 2003, 1081 ff.
ders.,	Unterkapitalisierung und persönliche Haftung, ZGR, 1993, 170 ff.
ders.,	Zur "economic analysis" der beschränkten Haftung, ZGR 1986, 370 ff.
Roth, Günter/ Altmeppen, Holger	Gesetz betreffend die Gesellschaften mit beschränkter Haftung (GmbHG), 4. Auflage, München, 2003, (zitiert: Bearbeiter, in: Roth/ Altmeppen, Komm. z. GmbHG)
Schäfer, Hans-Bernd/ Ott, Claus	Lehrbuch der ökonomischen Analyse des Zivilrechts, 3. Aufl., Berlin 2000, (zitiert: Schäfer/ Ott, Lehrbuch der ökonomischen Analyse)
Schmidt, Karsten	Gesellschaftsrecht, 4. Aufl., Köln, Berlin, Bonn, München 2002, zitiert: K. Schmidt, Gesellschaftsrecht
ders.,	Gesellschafterhaftung und „Konzernhaftung" bei der GmbH, NJW 2001, 3577 ff.
ders.,	„Konzernhaftung" nach dem TBB-Urteil – Versuch einer Orientierung, ZIP 1993, 549 ff.

ders., Zum Stand des Konzernhaftungsrechts bei der GmbH, ZIP 1991, 1325 ff.

ders., Verlustausgleich und Konzernleitungshaftung im qualifiziert faktischen GmbH-Konzern, ZIP 1989, 545 ff.

ders., Konkursverschleppungshaftung und Konkursverursachungshaftung, ZIP 1988, 1497 ff.

ders., Konzernhaftung oder mitgliedschaftliche Haftung des privaten GmbH-Gesellschafters? – Fragen und Thesen zu Priesters Analyse des BGH-Urteils vom 16.9.1985 – II ZR 275/84, ZIP 1986, 146 ff.

ders., Anmerkung zu BGH, Urt. v. 4.5.1977 – VIII ZR 298/75, NJW 1977, 1451 f.

Schmidt, Karsten/ Bitter, Georg — Doppelberücksichtigung, Ausfallprinzip und Gesellschafterhaftung in der Insolvenz, ZIP 2000, 1077 ff.

Schmidt, Karsten/ Uhlenbruck, Wilhelm (Hrsg.) — Die GmbH in Krise, Sanierung und Insolvenz, 3. Auflage, Köln 2003, (zitiert: Bearbeiter, in: K. Schmidt/ Uhlenbruck, Die GmbH in Krise, Sanierung und Insolvenz)

Schnauder, Franz/ Müller-Christmann, Bernd — Durchblick: Der zivilrechtliche Schutz des GmbH-Vermögens vor dem Zugriff der Gesellschafter, JuS 1998, 980 ff.

Scholz, Franz — Kommentar zum GmbH-Gesetz mit Anhang Konzernrecht, I. Band, §§ 1-44, 9. Auflage, Köln 2000, (zitiert: Bearbeiter, in: Scholz, Komm. z. GmbHG, I. Bd.)

ders., Kommentar zum GmbH-Gesetz mit Anhang Konzernrecht, II. Band, §§ 45-87, 9. Auflage, Köln 2000, (zitiert: Bearbeiter, in: Scholz, Komm. z. GmbHG, II. Bd.)

Schön, Wolfgang — Kreditbesicherung durch abhängige Kapitalgesellschaften, ZHR 159 (1995), 351 ff.

Schröder, Henning	Kommentar zu BGH, Urteil vom 13.12.2004 – II ZR 206/02, GmbHR, 2005, 227 ff.
Schulz, Thomas/ Alexander Israel	Kein existenzvernichtender Eingriff durch typische Finanzierung bei Leveraged Buy-out, NZG 2005, 329 ff.
Schulze-Osterloh, Joachim	Gläubiger- und Minderheitenschutz bei der steuerlichen Betreibsaufspaltung, ZGR 1983, 123 ff.
Schumann, Alexander	Die englische Limited mit Verwaltungssitz in Deutschland: Kapitalaufbringung, Kapitalerhaltung und Haftung bei Insolvenz, DB 2004, 743 ff.
Serick, Rolf	Rechtsform und Realität juristischer Personen – Ein rechtsvergleichender Beitrag zur Frage des Durchgriffs auf die Personen oder Gegenstände hinter der juristischen Person, 1955, 2. unveränderte Auflage 1980, (zitiert: Serick, Rechtsform und Realität juristischer Personen)
Sieger, Jürgen J./ Hasselbach, Kai	Konzernfinanzierung durch Cash Pools und Kapitalerhöhung, Im Blickpunkt: Probleme der Kapitalaufbringung im Lichte internationaler betrieblicher Liquiditäts-Management-Systeme, BB 1999, 645 ff.
Spindler, Gerald / Berner, Olaf	Der Gläubigerschutz im Gesellschaftsrecht nach Inspire Art, RIW 2004, 7 ff.
Staub, Hermann	Canaris, Claus-Wilhem/ Schilling, Wolfgang/ Ulmer, Peter (Hrsg.), Handelsgesetzbuch Großkommentar, Dritter Band, 1. Teilband: §§ 238-289, 4. Auflage, Berlin, New York 2002, (zitiert: Bearbeiter, in: Staub, Großkomm. z. HGB)
Staudinger, Julius von (Begr.)	Kommentar zum Bürgerlichen Gesetzbuch mit Einführungsgesetz und Nebengesetzen, Buch 2, Recht der Schuldverhältnisse, §§ 705-740 (Gesellschaftsrecht), Dreizehnte Bearbeitung, Berlin 2003, (zitiert: Bearbeiter, in: Staudinger, Komm. z. BGB)

Stimpel, Walter — „Durchgriffshaftung“ bei der GmbH: Tatbestände, Verlustausgleich, Ausfallhaftung, in: Böttcher, Reinhard (Hrsg.), Festschrift für Walter Odersky zum 65. Geburtstag am 17. Juli 1996, Berlin, New York, 1996, (zitiert: Stimpel, in: Festschrift für Walter Odersky)

ders., — Haftung im qualifiziert faktischen Konzern – Besprechung der Entscheidung BGHZ 197, 7 ff, ZGR 1991, 144 ff.

ders., — Die Rechtsprechung des Bundesgerichtshofs zur Innenhaftung des herrschenden Unternehmens im GmbH-Konzern, AG 1986, 117 ff.

ders., — „Durchgriffshaftung“ bei der GmbH: Tatbestände, Verlustausgleich, Ausfallhaftung, in: Havermann, Hans (Hrsg.), Bilanz und Konzernrecht – Festschrift zum 65. Geburtstag von Reinhard Goerdeler, Düsseldorf 1987, (zitiert: Stimpel, in: Festschrift für Goerdeler)

Tiedemann, Michael — Zur Altlastensanierungspflicht des GmbH-Gesellschafters bei Haftung wegen existenzvernichtenden Eingriffs, NZG 2004, 177 ff.

Tieves, Johannes — Der Unternehmensgegenstand der Kapitalgesellschaften, Köln 1998, zugl.: Heidelberg, Univ. Diss., 1997, (zitiert: Tieves, Der Unternehmensgegenstand der Kapitalgesellschaften)

Timm, Wolfram — Das Recht der faktischen Unternehmensverbindungen im Umbruch, NJW 1992, 2185 ff.

ders., — Neue Entwicklung im GmbH-(Vertrags-)Konzernrecht, GmbHR 1992, 213 ff.

Tomat, Oliver — Grenzen des Weisungsrechts der GmbH-Gesellschafter, Hamburg 2001, (zitiert: Tomat, Grenzen des Weisungsrechts)

Uhlenbruck, Wilhelm — Die Durchsetzung von Gläubigeransprüchen gegen eine vermögenslose GmbH und deren Organe nach geltendem und neuen Insolvenzrecht, ZIP 1996, 1641 ff.

ders., Kommentar zur Insolvenzordnung, 12. Auflage, München 2003, (zitiert: Bearbeiter, in: Uhlenbruck, Komm. z. InsO)

Ulmer, Peter Gesellschafterhaftung im faktischen Einmann-Konzern („Konzernhaftung“) – Diskussionsstand nach TBB; Perspektiven, in: Schmidt, Karsten/ Schön, Wolfgang/ Ulmer, Peter (Hrsg.), Haftung im qualifiziert faktischen GmbH-Konzern – verbleibende Relevanz nach dem TBB-Urteil, Heidelberg 2002 (ZHR-Beiheft 70), (zitiert: Ulmer, in: Haftung im qualifiziert faktischen GmbH-Konzern)

ders., Anmerkung zu BGH, Urteil v. 24.6.2002 – II ZR 300/00, JZ 2002, 1049

ders., Von „TBB“ zu „Bremer Vulkan“ – Revolution oder Evolution?, ZIP 2001, 2021 ff.

ders., Verlustübernahmepflicht des herrschenden Unternehmens als konzernspezifischer Kapitalerhaltungsschutz – Zur analogen Anwendung der §§ 302, 303 AktG im qualifizierten faktischen Konzern, AG 1986, 123 ff.

ders., Der Gläubigerschutz im faktischen GmbH-Konzern beim Fehlen von Minderheitsgesellschaftern, ZHR 148 (1984), 391 ff.

ders., Die GmbH und der Gläubigerschutz, GmbHR 1984, 256 ff.

ders., Gesellschafterdarlehen und Unterkapitalisierung bei GmbH und GmbH & Co KG, in: Pawlowski, H.-M./ Wiese, Günther/ Wüst Günther (Hrsg.), Festschrift für Konrad Duden zum 70. Geburtstag, München 1977, S. 661 ff., (zitiert: Ulmer, in Festschrift für Duden)

Versteegen, Peter	Das TBB-Urteil als Wegbereiter einer allgemeinen Intransparenzhaftung in der GmbH? – Zugleich Anmerkung zum Urteil des BGH vom 29.3.1993, DB 1993, 1225 ff.
Vetter, Jochen	Darlehen der GmbH an ihren Gesellschafter und Erhaltung des Stammkapitals, BB 2004, 1509 ff.
ders.,	Rechtsfolgen existenzvernichtender Eingriffe, ZIP 2003, 601 ff.
ders.,	Rechtliche Grenzen und praktische Ausgestaltung von Cash Management-Systemen, in: Gesellschaftsrechtliche Vereinigung (Hrsg.), Gesellschaftsrecht in der Diskussion 2002, Jahrestagung der Gesellschaftsrechtlichen Vereinigung, Köln 2003, (zitiert: Vetter, Rechtliche Grenzen)
Vonnemann, Wolfgang	Haftung von GmbH-Gesellschaftern wegen materieller Unterkapitalisierung, GmbHR 1992, 77 ff.
Wackerbarth, Ulrich	Existenzvernichtungshaftung 2005: Unternehmerische Entscheidungen auf dem Prüfstand?, ZIP 2005, 877 ff.
Weber, Robert / Brügel Florian	Die Haftung des Managements in der Unternehmenskrise: Insolvenz, Kapitalerhaltung und existenzvernichtender Eingriff, DB 2004, 1923 ff.
Weimar, Robert	Die typische Betriebsaufspaltung – ein Unterordnungskonzern, ZIP 1988, 1525 ff.
Weitbrecht,	Haftung der Gesellschafter bei materieller Unterkapitalisierung, 1990,
Wellensiek, Jobst	Weiter steigende Insolvenzen bedingt durch Konjunktur und Managementfehler, BB 2003, Heft 35, Die Erste Seite I
Weller, Marc-Philippe	Europäische Rechtsformwahlfreiheit und Gesellschafterhaftung, Köln, Berlin, München 2004, zug. Diss., Univ. Heidelberg 2004 (zitiert: Weller, Europäische Rechtsformwahlfreiheit)

Westermann, Hans Peter — Auf dem Weg zum Wettbewerb der Gesellschaftsordnungen: die Kapitalbindung im Recht der GmbH, ZIP 2005, 1849 ff.

ders., — Haftungsrisiken eines „beherrschenden" GmbH-Gesellschafters, NZG 2002, 1129 ff.

ders., — Das TBB-Urteil – ein Neuansatz bei der Haftung wegen qualifiziert faktischer Konzernierung?, ZIP 1993, 554 ff.

Wiedemann, Herbert — Reflexionen zur Durchgriffshaftung, ZGR 2003, 283 ff.

ders., — Konzernrecht, in: Canaris, Claus-Wilhelm u.a. (Hrsg.), 50 Jahre Bundesgerichtshof, Festgabe aus der Wissenschaft, München 2000, (zitiert: Wiedemann, in: 50 Jahre Bundesgerichtshof)

ders., — Spätlese zu Autokran, ZGR 1986, 657 ff.

ders., — Eigenkapital und Fremdkapital. Eine gesellschaftsrechtliche Zwischenbilanz, in: Beisse, Heinrich u.a. (Hrsg.), Festschrift für Karl Beusch zum 68. Geburtstag am 31. Oktober 1993, Berlin, New York 1993, (zitiert: Wiedemann, in: Festschrift für Beusch)

ders., — Gesellschaftsrecht, Ein Lehrbuch des Unternehmens- und Verbandsrechts, Band I, Grundlagen, München 1980, (zitiert: Wiedemann, Gesellschaftsrecht, Bd. I.)

ders., — Die Bedeutung der ITT-Entscheidung, JZ 1976, 392 ff.

ders., — Haftungsbeschränkung und Kapitaleinsatz in der GmbH, in: Wiedemann, Herbert / Bär, Rolf / Dabin, Léon, Die Haftung des Gesellschafters in der GmbH, Frankfurt a.M. 1968, (zitiert: Wiedemann, in: Die Haftung des Gesellschafters in der GmbH)

Wilhelm, Jan — Zurück zur Durchgriffshaftung – das „KBV"-Urteil des II. Zivilsenats des BGH vom 24.6.2002, NJW 2003, 175 ff.

ders., — Konzernrecht und allgemeines Haftungsrecht, DB 1986, 2113 ff.

ders., — Rechtsform und Haftung bei der juristischen Person, Köln, Berlin, Bonn, München, 1981, (zitiert: Wilhelm, Rechtsform und Haftung bei der juristischen Person)

ders., — Die Vermögensbindung bei der Aktiengesellschaft und der GmbH und das Problem der Unterkapitalisierung, in: Jakobs, Horst Heinrich/ Knobbe-Keuk, Brigitte/ Picker, Eduard/ Wilhelm, Jan (Hrsg.), Festschrift für Werner Flume zum 70. Geburtstag, 12. September 1978, Band II., Köln 1978, (zitiert: Wilhelm, in: Festschrift für Flume)

Wilhelmi, Rüdiger — Die „neue" Existenzvernichtungshaftung der Gesellschafter der GmbH, DZWir 2003, 45 ff.

Wilken, Oliver — Cash-Management und qualifiziert faktische Konzernierung – Neue Perspektiven nach der Bremer Vulkan-Entscheidung des BGH vom 17.9.2001 –, DB 2001, 2383, ff.

Winter, Martin — Eigeninteresse und Treuepflicht bei der Einmann-GmbH in der neueren BGH-Rechtsprechung, ZGR 1994, 570 ff.

Wüst, Günther — Das Problem des Wirtschaftens mit beschränkter Haftung, JZ 1992, 710 ff.

Ziemons, Hildegard — Die Haftung der Gesellschafter für Einflußnahmen auf die Geschäftsführung der GmbH, Köln, Berlin, Bonn, München 1996, zug.: Bonn, Univ., Diss. 1996, (zitiert: Ziemons, Haftung der Gesellschafter)

Zimmer, Daniel — Nach „Inspire Art": Grenzenlose Gestaltungsfreiheit für deutsche Unternehmen?, NJW 2003, 3585 ff.

Zöller, Richard (Begr.) Kommentar zur Zivilprozessordnung, 23. Auflage, Köln 2002, (zitiert: Bearbeiter, in: Zöller, Komm. z. ZPO)

Zöllner, Wolfgang Die Schranken mitgliedschaftlicher Stimmrechtsmacht bei den privatrechtlichen Personenverbänden, Schriften des Instituts für Wirtschaftsrecht an der Universität Köln, Bd. 15, München 1963, (zitiert: Zöllner, Die Schranken mitgliedschaftlicher Stimmrechtsmacht)

Einleitung

A. Thema

Die Gesellschaft mit beschränkter Haftung ist die mit Abstand beliebteste Gesellschaftsform in Deutschland.[1] Das liegt zum einen an den im Vergleich zur Aktiengesellschaft deutlich geringeren Gründungskosten und schwächer ausgeprägten Kapitalerhaltungsregeln. Zum anderen liegt der Erfolg der GmbH in der flexiblen Binnenstruktur, die den Gesellschaftern eine direkte Einflussnahme auf die Geschäftsführung der GmbH sichert. Die GmbH eignet sich deshalb auch hervorragend als Gesellschaftsform innerhalb von Konzernstrukturen. Die in den Zeiten der New Economy häufig als moderner und representativer empfundene Aktiengesellschaft erweist sich dagegen für viele Investoren als Problem, wenn es darum geht, Einfluss auf ihr Unternehmen auszuüben.

Aus Gläubigersicht ist die Verknüpfung von Einflussnahme der Gesellschafter einerseits und deren Haftungsbeschränkung andererseits allerdings nicht unproblematisch. Die Einflussnahme der Gesellschafter kann sich auch nachteilig auf die Gesellschaft auswirken und zur Folge haben, dass der Gewinn der Gesellschaft geschmälert wird, die Gesellschaft Verluste einfährt oder die Gesellschaft sogar in die Insolvenz gerät. Die von den Investoren geschätzte Möglichkeit zur Einflussnahme bei Ausschluß der persönlichen Haftung erweist sich für die Gläubiger der GmbH damit als Kehrseite der Medaille.[2] Angesicht des Umstandes, dass die Zahl der angemeldeten Insolvenzen in den letzten Jahren sehr hoch lag,[3] verwundert es nicht, dass seitens der Gläubiger häufig nach einer persönlichen Haftung der Gesellschafter gerufen wird.

In der Rechtsprechung und der Literatur wird seit jeher nach Möglichkeiten gesucht, den Gesellschafter für die Folgen seiner Einflussnahme persönlich zur Verantwortung zu ziehen. Seit den achtziger Jahren bis zum 17.9.2001 stand dabei die Rechtsfigur des qualifiziert faktischen Konzerns im Mittelpunkt des gesellschaftsrechtlichen Interesses.

Mit der unter dem Namen „Bremer Vulkan" bekannt gewordenen Entscheidung vom 17.9.2001[4] gab der BGH die Rechtsfigur des qualifiziert faktischen GmbH-Konzerns ausdrücklich auf und brachte zusammen mit zwei weiteren Entschei-

---

[1] Im Jahr 2004 gab es 452.957 umsatzsteuerpflichtige GmbH (mit jährlichen Lieferungen und Leistungen über 17.500,- €) gegenüber 259.277 OHG und nur 7.189 AG, siehe Statistisches Bundesamt, Fachserie 14, Reihe 8 (Stand: 28.6.2006)

[2] Vgl. Haas, WM 2003, 1929, 1929

[3] Die Zahl der Insolvenzanmeldungen von Unternehmen in der Rechtsform der GmbH betrug im Jahr 2004 18.938 und im Jahr 2005 16.414, siehe Statistisches Bundesamt, unter: http://www.destatis.de/basis/d/insol/insoltab1.htm (Stand: 16.03.2006)

[4] BGH, Urt. v. 17.9.2001, BGHZ 149, 10 = GmbHR 2001, 1036 – „Bremer Vulkan"

dungen im Jahr 2002[5] und drei weiteren Entscheidungen im Jahr 2004[6] ein neues Haftungsmodell auf den Weg. Die Bestandteile des neuen Modells sind nicht allesamt unbekannt; sie markieren in ihrer Verknüpfung jedoch durchaus einen neuen Abschnitt im viel behandelten Fragenkomplex des GmbH-Gläubiger-Schutzes. Die Rede ist von der Rechtsfigur der Existenzvernichtungshaftung. Die dogmatischen Grundlagen, die Haftungsvoraussetzungen und die Haftungsfolgen sind Gegenstand dieser Untersuchung.

B. Gang der Untersuchung

Wenn die GmbH ganz offensichtlich erhöhte Risiken für deren Gläubiger mit sich bringt, stellt sich zunächst die Frage nach dem Sinn und Zweck der gesellschaftsrechtlichen Haftungsbeschränkung überhaupt. Es werden daher im 1. Teil der Arbeit die ökonomischen Motive der Haftungsbeschränkung besprochen und dargestellt, wie der Gesetzgeber die mit der Haftungsbeschränkung verbundenen Gläubigerschutzprobleme in der GmbH zu lösen versucht hat und welche Schwächen das Gläubigerschutzsystem im GmbH-Recht aufweist. Nur auf dieser Grundlage wird es später möglich sein, das neue Konzept der Gesellschafterhaftung wegen existenzvernichtenden Eingriffs zu rechtfertigen und gegenüber den Gläubigerschutzlösungen abzugrenzen, die das GmbH-Gesetz selbst bereithält.
Auch wenn sich der BGH im „Bremer Vulkan"-Urteil endgültig von der Rechtsfigur des qualifiziert faktischen Konzerns verabschiedet hat, so kann auf eine kurze Darstellung dieser Rechtsfigur und der grundlegenden Urteile nicht verzichtet werden. Zum einen weil sich einige Bestandteile des qualifiziert faktischen Konzern im neuen Haftungskonzept wieder finden. Zum anderen weil auch die erkannten Schwächen des qualifiziert faktischen Konzerns den Weg zum neuen Haftungsmodell weisen. Im Anschluss werden die bisherigen Urteile des BGH zur Existenzvernichtungshaftung besprochen und die wesentlichen Aussagen der Urteile – zunächst nur kurz – herausgearbeitet.
Wie zu erwarten war, setzte nach dem „Bremer Vulkan" eine lebhafte Diskussion im Schrifttum darüber ein, wie das neue Konzept dogmatisch einzuordnen ist. Die Arbeit beschäftigt sich im zweiten Teil vertieft mit den dogmatischen Grundlagen der vom BGH favorisierten Durchgriffshaftung und stellt im Anschluss die in der Literatur diskutierten Lösungsmöglichkeiten dar.
Nachdem die dogmatischen Grundlagen des Haftungskonzepts erarbeitet wurden, werden im 3. Teil der Arbeit die einzelnen Tatbestandsvoraussetzungen und die Haftungsfolgen untersucht. Die bereits besprochenen Urteile des BGH zur Existenzvernichtungshaftung werden nun vertieft dahingehend untersucht, welche Anhaltspunkte sie für die einzelnen in Betracht kommenden Tatbe-

---

[5] BGH, Urt. v. 20.9.2004, ZIP 2004, 2138 ff.; BGH, Urt. v. 13.12.2004, ZIP 2005, 117 ff.; Urt. v. 13.12.2004 – „Handelsvertreter", ZIP 2005, 250 ff.
[6] BGH, Urt. v. 25.2.2002, ZIP 2002, 848; BGH, Urt. v. 24.6.2002, ZIP 2002, 1578 – „KBV"

standsvoraussetzungen der Haftung bieten. Die Untersuchung konzentriert sich dabei schwerpunktmäßig auf die konkreten Anforderungen, die in objektiver und subjektiver Hinsicht an eine Maßnahme des Gesellschafters zu stellen sind, um diese als Eingriff qualifizieren zu können. Wie bereits die vom BGH gewählte Terminologie nahe legt, wird im Rahmen dieser Arbeit tatbestandlich zwischen Eingriff und Existenzvernichtung unterschieden. Was der BGH unter Existenzvernichtung verstanden wissen will, wird ebenfalls schwerpunktmäßig untersucht. An die Klärung der einzelnen Haftungsvoraussetzungen schließt die Untersuchung der Haftungsfolgen an.

Im 4. Teil der Arbeit werden die wesentlichen Fallgruppen dargestellt, die typischerweise die Prüfung eines existenzvernichtenden Eingriffs nahe legen.

Ob die Existenzvernichtungshaftung auch auf in Deutschland domizilierte Auslandsgesellschaften Anwendung findet, wird im 5. Teil der Arbeit untersucht.

Die Arbeit schließt mit einer Zusammenfassung der Ergebnisse und einem Ausblick auf die praktische Relevanz des neuen Haftungsinstituts.

1. Teil
Das Gläubigerschutzsystem des GmbH-Rechts

Ausgangspunkt der Überlegungen zum neuen Haftungskonzept des existenzvernichtenden Eingriffs ist die Frage nach dem Sinn und Zweck der Haftungsbeschränkung in der GmbH überhaupt. Das Verständnis der Motive für eine Haftungsbeschränkung ist die Voraussetzung dafür, vom Gesetzgeber nicht erwünschte Erscheinungen überhaupt identifizieren und die Wirksamkeit des Gläubigerschutzsystems des GmbH-Gesetzes bewerten zu können. Schließlich ist eine Bewertung richterlicher Rechtsfortbildung ohne Verständnis der gesetzgeberischen Intention nicht möglich.

A. Sinn und Zweck der Haftungsbeschränkung

Den Gläubigern einer ordnungsgemäß eingetragenen GmbH haftet gemäß § 13 Abs. 2 GmbHG für deren Verbindlichkeiten nur das Gesellschaftsvermögen. Die GmbH haftet als juristische Person also genauso wie jede natürliche Person mit ihrem gesamten Vermögen. Sofern von einer Haftungsbeschränkung gesprochen wird, ist damit also nicht die Haftung der GmbH, sondern die Haftung ihrer Gesellschafter gemeint.[7] Diese haften nicht mit ihrem persönlichen Vermögen, sondern – wirtschaftlich betrachtet – nur mit dem von ihnen investierten Kapital.

I. Ökonomische Motivation der Haftungsbeschränkung

Die GmbH ist eine Schöpfung des Gesetzgebers. Sie steht damit im Gegensatz zu den meisten anderen privatrechtlichen Verbandsformen, wie Vereine, Aktiengesellschaften, Genossenschaften und Personengesellschaften, die unabhängig vom Gesetz entstanden sind und erst später eine gesetzliche Regelung erfahren haben.[8] Mit der GmbH wollte der Gesetzgeber eine Gesellschaftsform bereitstellen, in der das unternehmerische Verlustrisiko von vorneherein auf einen bestimmten von den Gesellschaftern zu leistenden Kapitaleinsatz beschränkt werden kann. Zwar gab es schon mit der Aktiengesellschaft eine Gesellschaftsform, die eine Begrenzung des Risikos auf das investierte Kapital erlaubte. Die GmbH kombiniert darüber hinaus aber die Möglichkeit der Haftungsbeschränkung mit einer personalistischen Struktur.
Die Haftungsbeschränkung steht zunächst einmal im Widerspruch zu dem grundlegenden Prinzip, dass derjenige, der als Einzelperson oder mit Anderen Geschäfte betreibt, die haftungsrechtlichen Konsequenzen seines Handelns auch zu tragen hat.[9]

---

[7] Wiedemann, Gesellschaftsrecht, Bd. I., S. 535
[8] K. Schmidt, Gesellschaftsrecht, § 33 II 1. a), S. 986
[9] BGH, Urt. v. 27.9.1999, BGHZ 142, 315, 318, unter B.1.a) der Gründe; vgl. Lehmann, ZGR 1986, 345, 350; Wiedemann, ZGR 2003, 283, 287

Diese Ausnahme ist wirtschaftspolitisch motiviert. In der Literatur wird darauf hingewiesen, dass die Haftungsbeschränkung einen Anreiz zur Unternehmerinitiative schafft[10] und durch die Risikobegrenzung der Investitionsförderung dient[11]. Fleischer spricht von der „Förderung unternehmerischen Wagemutes“.[12] Der wirtschaftliche Fortschritt werde zum Nutzen aller gesichert. Lehmann meint, das Privileg der beschränkten Haftung beflügelt den unternehmerischen Pioniergeist.[13] Bei Wiedemann[14] findet sich als Rechtfertigung der beschränkten Haftung, dass mittelständischen Unternehmern die Teilnahme am Markt mit begrenztem Risiko ermöglicht wird.[15] Die Verteilung des Risikos zwischen den Gesellschaftern und den Gläubigern der Gesellschaft wird insgesamt für wirtschaftlich und sozial nützlich gehalten.[16]

II. Gründe für eine gesellschaftsrechtliche Haftungsbeschränkung

Allein zur Beschränkung der persönlichen Haftung der Gesellschafter hätte es nicht notwendig der Schaffung einer besonderen Gesellschaftsform bedurft. Die Beschränkung der Haftung auf das Gesellschaftsvermögen ist – jedenfalls gegenüber vertraglichen Gläubigern – auch bei Personengesellschaften durch entsprechende individuelle Vereinbarungen mit den Vertragspartnern möglich.[17] Das Gesellschaftsrecht bietet jedoch mit der GmbH die Möglichkeit einer grundsätzlichen Haftungsbeschränkung und damit den Vorteil, die Haftungsbeschränkung nicht jedes Mal für alle erdenklichen Fälle vertraglich regeln zu müssen. Dies ist insbesondere im Hinblick auf kleinere geschäftliche Transaktionen von Bedeutung, bei denen sich der Aufwand umfangreicher Regelungswerke nicht lohnen würde bzw. unpraktikabel wäre. Insofern wird auch davon gesprochen, dass das Gesellschaftsrecht die Aufgabe übernimmt, einen Standard von Bestimmungen zusammenzustellen, damit die Beteiligten die wesentlichen Bedingungen für ihre Zusammenarbeit nicht jedes Mal neu aushandeln und niederlegen müssen.[18]

---

[10] Altmeppen, EWiR § 302 AktG 1/91, S. 945, 946; Lehmann, ZGR 1986, 345, 353
[11] Ulmer, in: Festschrift für Duden, S. 661, 663; Erlinghagen, GmbHR 1962, 169, 175; Kübler, NJW 1993, 1204; Wüst, JZ 1992, 710; Ehricke, AcP 1999, 257, 302
[12] Fleischer, ZGR 2001, 1, 18
[13] Lehmann, ZGR 1986, 345, 353
[14] Wiedemann, Gesellschaftsrecht, Bd. I., S. 727; ähnlich Hölzle, ZIP 2003, 1376, 1376
[15] So auch Röhricht, in: Festschrift 50 Jahre BGH, S. 83, 98
[16] Lutter, in: Heidelberger Konzernrechtstage, S. 183, 185
[17] Habermeier, in: Staudinger, Komm. z. BGB, Vorb. zu §§ 705-740 Rn. 36
[18] Lehmann, ZGR 1986, 345, 346, 2. Abs.; Nacke, Durchgriffshaftung, S. 225

III. Vorteile der Haftungsbeschränkung

1. Förderung der Investitionsbereitschaft bei risikoreichen Geschäften

Die Entwicklung der Kapitalgesellschaften und des Prinzips der beschränkten Haftung ist eng mit den besonders risikoreichen Unternehmungen im 19. Jahrhundert verbunden – etwa dem Eisenbahn- und Bergwerkbau.[19] Aus volkswirtschaftlicher Sicht ist es sinnvoll, auch risikoreiche Projekte durchzuführen, solange der durchschnittlich zu erwartende Gewinn den durchschnittlich zu erwartenden Verlust übersteigt (positiver Erwartungswert).[20] Die wirtschaftliche Sichtweise natürlicher Personen ist jedoch eine andere, denn die Gefahr eines Totalverlustes wird von ihnen weitaus stärker gewichtet als die mit dem Risiko einhergehende Gewinnchance.[21] Für den Einzelnen stellt der Entzug seiner gesamten Existenzgrundlage eben nicht nur einen statistischen Wert dar wie für die Volkswirtschaft. Eine natürliche Person würde deshalb selbst dann nicht ihr gesamtes Vermögen in eine Unternehmung investieren, bei der die Wahrscheinlichkeit des Scheiterns bei 50 Prozent liegt, wenn sich das Vermögen im Falle des Gelingens vervierfachen würde. Volkswirtschaftlich wäre die Unternehmung mit einer durchschnittlichen Rendite von 100 Prozent dagegen ohne Zweifel sinnvoll. Es lässt sich deshalb die These aufstellen, dass die Abneigung eines Investors gegenüber dem mit einer Unternehmung verbundenen Risiko immer um einen gewissen Faktor größer ist als seine Zuneigung zum möglichen Gewinn. Dies folgt aus der Theorie des abnehmenden Grenznutzens des Vermögens.[22] Der persönliche Nutzen, den eine natürliche Person aus ihrem Vermögen zieht, nimmt bei steigendem Vermögen nur unterproportional zu. Der Investor empfindet den betragsmäßig gleichen Verlust deshalb umso schmerzhafter, je weniger Restvermögen ihm nach dem Verlust bleibt. Deshalb ist es aus volkswirtschaftlicher Sicht sinnvoll, das Risiko des Unternehmers zu begrenzen und einen Teil des Risikos auf die Gläubiger der Gesellschaft zu übertragen.[23]

2. Förderung der Trennung von Kapital und Management

Eine weitere Funktion der Haftungsbeschränkung liegt in der Förderung der Trennung von Kapital und Geschäftsführung.[24] Die Trennung von Kapital und Geschäftsführung wird für ökonomisch sinnvoll gehalten, weil das Kapital und die geistigen Fähigkeiten zur Unternehmensleitung in einer Gesellschaft nicht gleichmäßig verteilt sind. Das Prinzip der Trennung von Kapital und Geschäfts-

---

[19] Vgl. Kübler, Gesellschaftsrecht, § 14 II, S. 165; Wiedemann, ZGR 2003, 283, 287
[20] Bitter, Durchgriffshaftung bei Personengesellschaften, S. 169 f.
[21] Fleischer, ZGR 2001, 1, 18; Wiedemann, ZGR 1986, 656, 670
[22] Schäfer/ Ott, Lehrbuch der ökonomischen Analyse, S. 106 ff.
[23] Wiedemann, ZGR 2003, 283, 287
[24] Vgl. Geiger, Ökonomische Analyse, S. 78; Lehmann, ZGR 1986, 345, 354; Nacke, Durchgriffshaftung, S. 226 ff.; Wiedemann, Gesellschaftsrecht, Bd. I., S. 547

führung macht es möglich, dass Investoren, die Leitung eines Unternehmens anderen überlassen, weil sie selbst – etwa in Ermangelung der erforderlichen besonderen Kenntnisse – selbst hierzu nicht in der Lage sind. Die Trennung von Kapital und Geschäftsführung bedingt, dass die Investoren ihr Kapital in fremde Hände geben. In welchem Maße sie hierzu bereit sind, hängt entscheidend von der Möglichkeit zur Haftungsbeschränkung ab.[25] Im Falle der Haftungsbeschränkung muss kein Kapitalinvestor mehr riskieren, als er zu investieren bereit ist. Dies erleichtert es den Unternehmen auch, Eigenkapitalgeber zu finden.[26]

3. Förderung der Risikostreuung

Die Haftungsbeschränkung fördert ferner die Risikostreuung durch Diversifizierung der Investition.[27] Ohne die Möglichkeit einer Haftungsbeschränkung würde sich für den Investor das Risiko eines Totalverlustes durch die Beteiligung an mehreren Unternehmen erhöhen. Der Totalverlust könnte sich bereits dann realisieren, wenn auch nur eine der Unternehmungen scheitert. Erst durch die Möglichkeit der Haftungsbeschränkung macht es für Investoren Sinn, ihr Vermögen unterschiedlichen Unternehmungen zur Verfügung zu stellen.[28]

4. Bedürfnis für eine Haftungsbeschränkung auch im Konzern

Die oben genannten Argumente für die Zweckmäßigkeit einer Haftungsbeschränkung beziehen sich auf die Fälle, in denen der Investor eine natürliche Person ist. Die Frage, ob auch die Haftungsbeschränkung im Konzern volkswirtschaftlich sinnvoll und insofern ökonomisch gerechtfertigt ist, wird unterschiedlich beantwortet.

Teilweise wird bestritten, dass sich eine Haftungsbeschränkung im Konzern ökonomisch rechtfertigen lässt. Es gebe keinen Grund, die Haftung der Muttergesellschaft selbst hinsichtlich ihrer Investitionen in den einzelnen Tochtergesellschaften zu begrenzen, weil die Gesellschafter der Muttergesellschaft – sofern es sich um eine Kapitalgesellschaft handelt – ausreichend vor einem Verlust ihres Privatvermögens geschützt seien. Warum die Gesellschafter durch einen „Mehrfachmantel“ geschützt werden sollten, sei nicht ersichtlich.[29]

Demgegenüber wird von den meisten Autoren eine Haftungsbeschränkung auch im Konzern für ökonomisch vorteilhaft angesehen. Ohne die Haftungsbeschränkung verspüre die Muttergesellschaft keinen Anreiz zu einem externen Unter-

---

[25] Wiedemann, Gesellschaftsrecht, Bd. I., S. 547

[26] Lehmann, ZGR 1986, 345, 354; Roth, ZGR 1986, 371, 373; Wiedemann, ZGR 2003, 283, 287

[27] Bitter, Durchgriffshaftung bei Personengesellschaften, S. 165; Lehmann, ZGR 1986, 345, 354, 2. Abs.; Nacke, Durchgriffshaftung, S. 234 und 259; Wiedemann, Gesellschaftsrecht, Bd. I., S. 222

[28] Röhricht, in: Festschrift 50 Jahre BGH, S. 83, 98

[29] Wiedemann, ZGR 1986, 656, 671

nehmenswachstum, da dieses bei unbeschränkter Haftung keine organisatorischen Vorteile mehr mit sich brächte.[30] Zudem verhindere die Haftungsbeschränkung im Konzern, dass die Insolvenz einzelner Unternehmensteile zum volkswirtschaftlich unerwünschten Zusammenbruch der ganzen Unternehmensgruppe führt.[31] Lutter[32] meint zur Haftungsbeschränkung im Konzern bildhaft, sie verhindere, dass „sich der Brand eines Hauses zum Flächenbrand einer ganzen Stadt entwickelt".[33]

Dass die Begrenzung der Insolvenz auf einen Unternehmensbereich volkswirtschaftlich immer erwünscht ist, erscheint allerdings fraglich. Es ist zu berücksichtigen, dass die Haftungsbeschränkung im Grunde nichts anderes ist als eine Risikoverlagerung zu Lasten der Gläubiger. Es ist aber nicht einzusehen, wieso im Falle des Scheiterns einer Unternehmung die Vermögensminderung auf Seiten der Gläubiger weniger dramatisch sein soll als eine Vermögensminderung auf Seiten der Muttergesellschaft. Das von Lutter angeführte „Flächenbrand"-Argument erweckt dagegen den Eindruck, dass die Haftungsbeschränkung in der Lage sei, auch den durch das Scheitern der Unternehmung verursachten volkswirtschaftlichen Schaden zu verringern.

Rechtfertigen lässt sich die Haftungsbeschränkung im Konzern aber in gleicher Weise wie bei natürlichen Personen. Ohne die Möglichkeit der Gründung von Tochtergesellschaften mit entsprechender Haftungsbeschränkung würde die Muttergesellschaft nicht – wie es volkswirtschaftlich sinnvoll ist – in risikoreichere Unternehmungen investieren. Die Investoren haben sich zwar hinsichtlich eines begrenzten Teils ihres Vermögens für ein erhöhtes Risiko und damit für höhere Gewinnerwartungen entschieden; insofern verhalten sie sich weniger risikoscheu als hinsichtlich des Rests ihres Vermögens. Dies bedeutet jedoch nicht, dass sie sich hinsichtlich des investierten Vermögens gänzlich risikoneutral verhalten wollten. Sie werden deshalb allenfalls damit einverstanden sein, dass die Muttergesellschaft nur einen Teil ihres Vermögens in riskantere Unternehmungen investiert. Die Haftungsbeschränkung im Konzern fördert damit die Investitionsbereitschaft der Muttergesellschaft in risikoreichere Unternehmungen durch die Gründung von Tochtergesellschaften.[34]

---

[30] Nacke, Durchgriffshaftung, S. 283

[31] Lutter, ZIP 1985, 1425, 1432; ders., ZGR 1982, 244, 247; Nacke, Durchgriffshaftung, S. 285

[32] Lutter, ZGR 1982, 244, 247

[33] Einer ähnlich bildhaften Sprache bedient sich Hommelhoff, ZGR 1994, 395, 408: „Die Haftungssegmentierung im Konzern ist darauf angelegt zu verhindern, dass Stubenbrand an einer Stelle des Konzerns das ganze Haus in Flammen setzt."; ebenso bildhaft hinsichtlich der Funktion des Trennungsprinzips allgemein: Lehmann, ZGR 1986, 345, 352: „Das Trennungsprinzip wirkt wie ein Damm, der Fluten eines geschäftlichen Misserfolgs nicht in den Privatvermögensbereich eindringen lässt."; sowie Wiedemann, Gesellschaftsrecht, Bd. I., S. 222: „Staumauern zwischen den Haftungsreservoirs", S. 536: „chinesische Mauer zwischen dem Sondervermögen und dem jeweiligen Privatvermögen"

[34] Bitter, Durchgriffshaftung bei Personengesellschaften, S. 176 f.

Ulmer meint, dass die Ausgliederung besonders riskanter Unternehmensteile die Gläubiger gefährdet, weil Gewinnchancen und Verlustrisiken innerhalb der Unternehmensgruppe unterschiedlich gestreut werden.[35]
Der Einwand ist jedoch unberechtigt, denn die Risikostreuung einer Konzernmutter ist volkswirtschaftlich ebenso erwünscht wie die Risikostreuung natürlicher Personen. Schließlich ist es eine nicht zu vermeidende Folge der Haftungsbeschränkung, dass Gewinnchancen und Verlustrisiken unterschiedlich verteilt sind.

IV. Nachteile der Haftungsbeschränkung

1. Ungleiche Verteilung von Chancen und Risiken

Die Möglichkeit zur gesellschaftsrechtlichen Haftungsbeschränkung wird zum einen deshalb als ungerecht empfunden, weil die unternehmerischen Chancen dem Unternehmer zufallen, die mit der Unternehmung verbundenen Risiken aber – zumindest teilweise – den Gläubigern aufgebürdet werden. So wurde früher im Rahmen des ordoliberalen Wirtschaftsdenkens vielfach gefordert, dass derjenige, der ein Unternehmen beherrscht, auch die Gefahr des Scheiterns tragen müsse. Nutzen und Kosten aus der Unternehmung sollten dem Unternehmer untrennbar zugerechnet werden.[36] Aus den oben dargestellten volkswirtschaftlichen Erwägungen heraus ist diese Ungleichgewichtung aber – jedenfalls bis zu einem bestimmten Grad – in Kauf zu nehmen. In welcher Form eine Beteiligung des Unternehmers an den Risiken seiner Unternehmung im GmbH-Recht sichergestellt wird, ist Gegenstand der weiteren Untersuchung.

2. Kostenexternalisierung

Von Kostenexternalisierung ist dann die Rede, wenn die negativen Folgen einer Entscheidung von anderen zu tragen sind, ohne dass eine marktgerechte Kompensation stattgefunden hat.[37] Nun ließe sich sagen, dass der Möglichkeit der gesellschaftsrechtlichen Haftungsbeschränkung die Gefahr einer Kostenexternalisierung immanent ist. Denn die Kosten einer Unternehmung werden im Falle ihres Scheiterns nicht nur dem Unternehmer zugewiesen, sondern zumindest teilweise auch Dritten – nämlich den Gläubigern.[38] Indes handelt es sich hierbei unter normalen Umständen noch nicht um eine Externalisierung von Kosten, weil diese Aufteilung der Risiken zwischen den Akteuren auf dem Markt abgesprochen ist. Der Unternehmer verlangt die Beschränkung seiner Haftung und der Gläubiger gewährt diese gegen einen Risikozuschlag oder weil er die gewünschte Leistung auf dem Markt ohne Haftungsbeschränkung seines Vertrags-

---

[35] Ulmer, ZHR 148 (1984), 391, 398
[36] Vgl. die Nachweise bei Wiedemann, Gesellschaftsrecht, Bd. I., S. 543
[37] Vgl. Roth, ZGR 1986, 370, 374, m.w.N.
[38] In diese Richtung Lehmann, ZGR 1986, 345, 350

partners nicht erhält oder nicht anbieten kann. Andererseits würde der Unternehmer einen Risikoaufschlag verlangen, wenn der Gläubiger auf eine unbeschränkte Haftung bestünde. Das Risiko, das der Gläubiger durch die Haftungsbeschränkung zu tragen hat, wird also kompensiert. Soweit keine besonderen Umstände hinzukommen, ist die Insolvenz lediglich die Realisierung des stets vorhandenen Risikos eines jeden Gläubigers.[39] Eine Kostenexternalisierung liegt in der Regel also nicht vor.[40]

a) Anreiz zu verantwortungslosem Handeln

Die ungleiche Verteilung von Chancen und Risiken ergibt sich schon aus der Natur der Haftungsbeschränkung und ist unabhängig von einem bestimmten Verhalten der Gesellschafter. Darüber hinaus liegt das Problem der Haftungsbeschränkung darin, dass sie einen Anreiz zu verantwortungslosem Handeln bieten kann.[41] Es ist offensichtlich, dass das Verhalten des Unternehmers maßgebend durch seine hiermit verbundenen Haftungsrisiken beeinflusst wird.[42]
Augenscheinlich wird die Gefahr verantwortungslosen Handelns dann, wenn der Unternehmer das Prinzip der beschränkten Haftung aktiv und strategisch als Mittel zur Kostenüberwälzung auf die Allgemeinheit einsetzt.[43] Volks- und betriebswirtschaftlich nicht sinnvolle Unternehmungen können sich für den Unternehmer persönlich nämlich durchaus als vorteilhaft erweisen. Der Unternehmer kann die Beschränkung seiner persönlichen Haftung berücksichtigen, wenn er kalkuliert, ob sich ein Geschäft für ihn lohnt. So könnte er eine Unternehmung betreiben, obwohl der volkswirtschaftliche Erwartungswert negativ ist. Dies ist zum Beispiel der Fall, wenn die Unternehmung so angelegt ist, dass die Verluste erst auftreten nachdem der zunächst erzielte Gewinn bereits abgeschöpft ist.[44] Beträgt beispielsweise die Wahrscheinlichkeit eines Totalverlustes einer Unternehmung 50 Prozent, bei einem zu erwartenden Erlös im Gewinnfall von 25 Prozent, so ist der Erwartungswert der Unternehmung negativ: Werden eine Millionen Euro in eine Unternehmung dieser Art investiert, dann geht bei durchschnittlich der Hälfte dieser Unternehmungen die gesamte Investition verloren. Dem steht bei der anderen Hälfte der Unternehmungen lediglich ein Gewinn von 250.000 Euro gegenüber. Im Durchschnitt wird der Verlust also nicht einmal ausgeglichen. Ist die Haftung des Unternehmers aber beschränkt und beträgt sein Anteil an der Gesamtinvestition zum Beispiel nur zehn Prozent, so ist die wirtschaftlich unvorteilhafte Investition für ihn persönlich positiv. Während er bei jeder zweiten Unternehmung nur zehn Prozent, im Beispiel also 100.000

---

[39] Hofmann, NJW 1966, 1941, 1944

[40] Vgl. Roth, ZGR 1986, 370, 374; Wiedemann, in: 50 Jahre Bundesgerichtshof, S. 337, 347

[41] Bitter, Durchgriffshaftung bei Personengesellschaften, S. 182

[42] Vgl. Lehmann, ZGR 1986, 345, 360

[43] Kübler, Gesellschaftsrecht, § 23 I, S. 319; Lehmann, ZGR 1986, 345, 362 f.

[44] Vgl. das Beispiel von Bitter, Durchgriffshaftung bei Personengesellschaften, S. 183, Rn. 190

Euro verliert, gewinnt er bei jeder zweiten Unternehmung dieser Art 250.000 Euro abzüglich der Finanzierungskosten für das Fremdkapital. Ohne Berücksichtigung der Fremdkapitalkosten beträgt die Durchschnittsrendite für ihn persönlich folglich 15 Prozent. Lehmann bezeichnet ein solches Verhalten, bei dem die Haftungsbeschränkung als Instrument zur Risikoverschiebung eingesetzt wird, als ein „free-rider-Verhalten".[45]

b) Besondere Konzerngefahr

Die Gefahr verantwortungslosen Handelns gegenüber der Gesellschaft ist in einem Konzern besonders groß. Zwar besteht grundsätzlich die Gefahr, dass der Unternehmer für die Gesellschaft eigentlich nachteilige Unternehmungen betreibt, weil das Prinzip der beschränkten Haftung ihn nicht proportional zu den Chancen am Risiko beteiligt. Konzerne bieten jedoch die typischen Voraussetzungen, um Kapazitäten bei einer Gesellschaft abzuschöpfen, um sie entweder der Konzernmutter oder einer Konzerntochter zu Gute kommen zu lassen.[46]

c) Gegenargument: Externalisierung auch bei unbeschränkter Haftung

Gegen das Argument, die Haftungsbeschränkung fördere unverantwortliches unternehmerisches Handeln, ließe sich einwenden, dass auch bei unbeschränkter Haftung ein Anreiz zur Kostenexternalisierung gegeben sein kann. Dies folgt aus dem Umstand, dass den Gläubigern auch bei einer unbeschränkten Haftung des Unternehmers letztlich nur das tatsächlich vorhandene Vermögen als Haftungsmasse zur Verfügung steht.[47] Insofern besteht auch bei einer unbeschränkten persönlichen Haftung die Gefahr, dass der Unternehmer die Begrenztheit seines Vermögens in seiner Kalkulation berücksichtigt. Auch bei unbeschränkter Haftung kann sich deshalb wegen der beschränkten Haftungsmasse eine Unternehmung mit negativem Erwartungswert für den Unternehmer persönlich positiv darstellen, weil der Unternehmer möglicherweise nicht viel zu verlieren hat. Von einer solchen Kalkulation werden natürliche Personen aber üblicherweise dadurch abgeschreckt, dass sie kein Interesse daran haben, den Rest ihres Lebens vom nicht pfändbaren Einkommen zu leben.[48] Nach der oben bereits dargestellten Theorie vom abnehmenden Grenznutzen des Vermögens ist ja gerade das kleine Vermögen subjektiv besonders viel wert. Die Gefahr der Kostenex-

---

[45] Lehmann, ZGR 1986, 345, 357 ff.

[46] BGH, Urt. v. 13.10.1977, BGHZ 69, 334, 337, unter II.2. der Gründe; BGH, Urt. v. 29.3.1993, BGHZ 122, 123, 126, unter III.2.a) der Gründe; Assmann, JZ 1986, 881, 885; Ulmer, ZHR 148 (1984), 391, 396 f.

[47] Vgl. Ehricke, AcP 1999, 257, 288; Hofmann, NJW 1966, 1941, 1945

[48] Seit dem es die Möglichkeit eines Verbraucherinsolvenzverfahrens gibt, ist die Gefahr einer Kostenexternalisierung durch persönlich unbeschränkt haftende Akteure allerdings größer geworden.

ternalisierung besteht bei natürlichen Personen deshalb in einem weitaus geringeren Maße als bei einer Gesellschaft mit beschränkter Haftung.[49]

V. Zusammenfassung

Es kann festgehalten werden, dass die Haftungsbeschränkung zur Investitionsförderung notwendig ist, da Unternehmer wegen ihrer Risikoaversität ohne eine entsprechende Haftungsbeschränkung nicht dazu bereit wären, in risikoreiche aber zugleich effiziente Unternehmungen zu investieren. Gleichzeitig erhöht sich durch die Haftungsbeschränkung die Gefahr der Kostenexternalisierung, die im Grundsatz allerdings auch bei unbeschränkter Haftung möglich ist. Die Konsequenzen verantwortungslosen Verhaltens sind aufgrund der Haftungsbeschränkung (auch) von den Gläubigern der Gesellschaft zu tragen. Darüber hinaus kann es für den Unternehmer persönlich sogar vorteilhaft sein, in volkswirtschaftlich nicht erwünschte Unternehmungen mit negativem Erwartungswert zu investieren, weil die Kosten auf die Gläubiger abgewälzt werden können, während der Unternehmer am möglichen Gewinn voll partizipieren. Es bedarf daher neben dem Prinzip der Haftungsbeschränkung eines effektiven Schutzes der Gläubiger.[50]

B. Das Schutzsystem des GmbH-Gesetzes

Wenn soeben festgestellt wurde, dass die Rechtsform der GmbH ganz offensichtlich besondere Gefahren für die Gläubiger mit sich bringt, soll nun geklärt werden, wie der Gesetzgeber versucht hat, einen effektiven Gläubigerschutz zu gewährleisten. Das GmbH-Gesetz hält hierzu verschiedene Gläubigerschutzsysteme bereit. Zu nennen sind dabei die Insolvenzantragspflicht bzw. die Insolvenzverschleppungshaftung, die Vorschriften zur Stammkapitalaufbringung und -sicherung, die Geschäftsführerhaftung und die Liquidationsvorschriften. Diese verschiedenen Säulen des Gläubigerschutzes im GmbH-Recht werden im Verlauf der gesamten Arbeit von Bedeutung sein, insbesondere wenn es um die dogmatische Auseinandersetzung mit dem neuen Haftungskonzept des existenzvernichtenden Eingriffs, dessen Rechtfertigung und Abgrenzung geht.

I. Insolvenzverschleppungshaftung

Im Unterschied zu natürlichen Personen verfügt eine juristische Person wie die GmbH nicht über eine natürliche Kreditfähigkeit, die bei natürlichen Personen auf ihrer sozialen Stellung, ihrer Bildung, ihren Fähigkeiten und vor allem auf ihrer Arbeitskraft beruht. Bei einer juristischen Person kann als Haftungs- und Kreditgrundlage tatsächlich nur auf ihre Vermögenswerte, also auf die Bilanz-

---

[49] Bitter, Durchgriffshaftung bei Personengesellschaften, S. 185

[50] Lehmann, ZGR 1986, 345, 355; Röhricht, in: Festschrift 50 Jahre BGH, S. 83, 99

posten auf der Aktivseite zurückgegriffen werden. Anstatt von Gesellschaft mit beschränkter Haftung wird deshalb auch von „Gesellschaft mit beschränktem Haftungsfond“ gesprochen.[51] Eine Liquidation in der Phase der Überschuldung muss deshalb zwangsläufig zu Gläubigerausfällen führen.

1. Funktionsweise der Insolvenzverschleppungshaftung

Gemäß § 64 Abs. 1 Satz 1 GmbHG haben die Geschäftsführer ohne schuldhaftes Zögern, spätestens aber drei Wochen nach Eintritt der Zahlungsunfähigkeit die Eröffnung des Insolvenzverfahrens zu beantragen. Nach Satz 2 gilt dies sinngemäß, wenn sich eine Überschuldung der Gesellschaft ergibt. Die Dreiwochenfrist ist eine Höchstfrist und darf keinesfalls überschritten werden.[52]

a) Überschuldungsbegriff

Die Gesellschaft ist gemäß § 19 Abs. 1 InsO überschuldet, wenn das Vermögen der Gesellschaft die bestehenden Verbindlichkeiten nicht mehr deckt. Die Bilanz weist dann ein negatives Eigenkapital aus. Der Begriff der Überschuldung ist von den Begriffen Unterbilanz, Masselosigkeit beziehungsweise Massearmut und Vermögenslosigkeit zu unterscheiden. Eine Unterbilanz liegt vor, wenn das Reinvermögen der Gesellschaft kleiner ist als der Betrag ihres Stammkapitals.[53] Massearmut liegt vor, wenn das Aktiv-Vermögen nicht ausreicht, um die Kosten des Insolvenzverfahrens zu decken.[54] Vermögenslosigkeit liegt vor, wenn die Gesellschaft kein oder nur ein verschwindend geringes Aktiv-Vermögen besitzt.[55]

Ihrer Idee nach bewirkt die Insolvenzantragspflicht einen nahezu vollständigen Schutz der Gesellschaftsgläubiger. Bei rechtzeitigem Insolvenzantrag – im Idealfall sofort nach Eintritt der Überschuldung – müsste das Aktivvermögen der Gesellschaft zur Befriedigung der Gläubiger eigentlich ausreichen. Es wird daher noch zu klären sein, wieso dieses Prinzip in der Praxis angesichts der fatalen Insolvenzquoten bei der GmbH offensichtlich versagt.[56]

b) Gesonderte Überschuldungsbilanz

Die Überschuldung der Gesellschaft ist durch eine besondere Überschuldungsbilanz festzustellen, die von der Handelsbilanz zu unterscheiden ist und die auch

[51] Ulmer, in: Festschrift für Duden, S. 661, 676
[52] Schulze-Osterloh, in: Baumbach/ Hueck, Komm. z. GmbHG, § 64 Rn. 44
[53] Schmidt-Leithoff, in: Koppensteiner/ Schmidt-Leithoff, Komm. z. GmbHG, § 63 Rn. 37; Hueck/ Fastrich, in: Baumbach/ Hueck, Komm. z. GmbHG, § 30 Rn. 7
[54] Vgl. Uhlenbruck, in: Uhlenbruck, Komm. z. InsO, § 207, Rn. 2
[55] Rasner, in: Koppensteiner/ Schmidt-Leithoff, Komm. z. GmbHG, § 60 Rn. 34; Schulze-Osterloh, in: Baumbach/ Hueck, Komm. z. GmbHG, Anh. § 77 Rn. 5
[56] Vgl. Mülbert, DStR 2001, 1937, 1939

als Überschuldungs-Status bezeichnet wird.[57] Die Überschuldungsbilanz ist eine Vermögensbilanz.[58] Mit ihr werden die Werte ermittelt, die im Insolvenzfalle tatsächlich den Gläubigern zur Verfügung stehen.[59] Die Überschuldungsbilanz soll also das Schuldendeckungspotential aufzeigen.[60] Hierzu ist die Handelsbilanz schon deshalb nicht geeignet, weil die Wertansätze dort gemäß § 253 Abs. 1 Satz 1 HGB auf Anschaffungs- und Herstellungskosten als Höchstsätze begrenzt, nicht realisierte Gewinne wegen § 252 Abs. 1 Ziff. 4 HGB noch nicht und drohende Verluste wegen § 249 Abs. 1 Satz 1 HGB bereits berücksichtigt sind.[61] Die Geschäftsführer – und zwar jeder Geschäftsführer allein und unabhängig von einer Ressortaufteilung – haben die Überschuldungsbilanz aufzustellen. Die Verpflichtung trifft die Geschäftsführer einzeln, weil sie nach § 15 Abs. 1 InsO auch einzeln antragsberechtigt sind.[62] Die Geschäftsführung hat darüber hinaus eine Beobachtungspflicht und ist zur regelmäßigen Fortschreibung der Überschuldungsbilanz verpflichtet.[63]

c) *Bewertungsgrundsätze*

Da die einzelnen Bilanzposten der Überschuldungsbilanz nicht aus dem letzten Jahresabschluss übernommen werden können, stellt sich die Frage, wie die Aktiva zu bewerten sind. Denkbar ist eine Bewertung nach Fortführungswerten oder eine Bewertung nach Liquidationswerten. Der Liquidationswert eines Vermögensgegenstandes ist der Erlös nach Abzug der Umsatzsteuer, der voraussichtlich bei einer Veräußerung des einzelnen Gegenstandes zu erzielen wäre. Die Bewertung nach Liquidationswerten geht also davon aus, dass das Unternehmen zerschlagen wird, weshalb auch von Zerschlagungswerten gesprochen wird.[64] Dementsprechend ist der Fortführungswert eines Vermögensgegenstandes (going-concern-Wert) davon abhängig, inwieweit er in Zukunft einen Beitrag zum Unternehmensertrag leisten kann.[65] Obwohl auch bei einer Bilanzierung zu Fortführungswerten der Grundsatz der Einzelbewertung gilt, kann der Anteil des einzelnen Vermögensgegenstandes am Gesamtkaufpreis bei einer

---

[57] Kind, in: Braun, Komm. z. InsO, § 19 Rn. 10

[58] Lutter/ Kleindiek, in: Lutter/ Hommelhoff, Komm. z. GmbHG, § 64 Rn. 11; Schmidt-Leithoff, in: Koppensteiner/ Schmidt-Leithoff, Komm. z. GmbHG, § 63 Rn. 38

[59] BGH, Urt. v. 13.7.1992, WM 1992, 1650, 1654, unter III. der Gründe

[60] Schulze-Osterloh, in: Baumbach/ Hueck, Komm. z. GmbHG, § 64 Rn. 13

[61] BGH, Urt. v. 21.2.1994, NJW 1994, 1477, 1478, unter I.1.c) der Gründe; vgl. Uhlenbruck, in: Uhlenbruck, Komm. z. InsO, § 19 Rn. 15

[62] Hüffer, in: Festschrift für Wiedemann, S. 1047, 1047

[63] BGH, Urt. v. 15.10.1996, GmbHR 1997, 25, 27, unter 2.b)bb) der Gründe; sowie OLG Düsseldorf, Urt. v. 20.11.1998, GmbHR 1999, 479, 480 f., unter II.3. der Gründe

[64] Lutter/ Kleindiek, in: Lutter/ Hommelhoff, Komm. z. GmbHG, § 64 Rn. 11; Schmidt-Leithoff, in: Koppensteiner/ Schmidt-Leithoff, Komm. z. GmbHG, § 63 Rn. 34

[65] Lutter/ Kleindiek, in: Lutter/ Hommelhoff, Komm. z. GmbHG, § 64 Rn. 11; Schmidt-Leithoff, in: Koppensteiner/ Schmidt-Leithoff, Komm. z. GmbHG, § 63 Rn. 34

Veräußerung des gesamten Unternehmens einen Anhaltspunkt zur Bewertung bieten.
Da die Fortführungswerte der Vermögensgegenstände in der Regel weitaus höher sind als die Liquidationswerte, kann die Entscheidung für die Bewertungsart notwendigerweise nicht im Ermessen der Geschäftsführung liegen. Gemäß § 19 Abs. 2 InsO ist bei der Bewertung des Schuldnervermögens die Fortführung des Unternehmens zugrunde zu legen, wenn dies nach den Umständen überwiegend wahrscheinlich ist. Eine Bewertung nach Fortführungswerten setzt voraus, dass die Gesellschaft trotz ihrer wirtschaftlichen Krise ihre Verbindlichkeiten jedenfalls in der nächsten Zukunft aller Wahrscheinlichkeit nach erfüllen kann. Voraussetzung ist demnach also eine positive Fortbestehensprognose, die unter Berücksichtigung von Umsatz, Ertrag und vor allem Liquidität dokumentiert werden muss.[66] Zu beachten ist, dass der Gesichtspunkt der Fortführung des Unternehmens nach § 19 Abs. 2 InsO – anders als nach dem vor der Insolvenzrechtsreform herrschenden sog. „zweistufigen Überschuldungsbegriff" [67] – ein bloßer Bewertungsfaktor ist.

d) Ansetzungsfragen

Bei der Aufstellung der Überschuldungsbilanz sind auf der Aktivseite alle Vermögenswerte anzusetzen, die im Falle der Insolvenz nach § 35 InsO zu den verwertbaren Bestandteilen der Masse gehören.[68] Hierzu gehören auch nicht entgeltlich erworbene Vermögensgegenstände des Anlagevermögens, soweit sie verwertbar sind, weshalb sie anders als in der Handelsbilanz mit aufzunehmen sind.[69]
Auf der Passivseite der Überschuldungsbilanz sind die Verbindlichkeiten anzusetzen, die in der Insolvenz von den Gläubigern geltend gemacht werden können. Darlehen, die der Gesellschaft von den Gesellschaftern mit der eindeutigen Erklärung gegeben wurden, dass sie im Falle der Insolvenz hinter anderen Gläubigern zurücktreten, sind nach h.M. nicht in der Überschuldungsbilanz zu passivieren.[70] Umstritten ist, ob dies auch für eigenkapitalersetzende Darlehen ohne Rangrücktrittserklärung gilt, da eigenkapitalersetzende Darlehen ohnehin gemäß

---

[66] BGH, Urt. v. 13.7.1993, BGHZ 119, 201, 214, unter III. der Gründe
[67] BGH, Urt. v. 13.7.1993, BGHZ 119, 201, 213 f., unter III. der Gründe; zur Entwicklung des Überschuldungsbegriffs vgl. Hüffer, in: Festschrift für Wiedemann 2002, S. 1047, 1049 ff.
[68] Pape, in: Kübler/ Prütting, Komm. z. InsO, Bd. I, § 19 Rn. 10; Schulze-Osterloh, in: Baumbach/ Hueck, Komm. z. GmbHG, § 64 Rn. 14
[69] Lutter/ Kleindiek, in: Lutter/ Hommelhoff, Komm. z. GmbHG, § 64 Rn. 20; Schulze-Osterloh, in: Baumbach/ Hueck, Komm. z. GmbHG, § 64 Rn. 14
[70] OLG Hamburg, Urt. v. 18.7.1986, ZIP 1986, 1113, 1115, unter I.1)b) der Gründe; Pape, in: Kübler/ Prütting, Komm. z. InsO, Bd. I, § 19 Rn. 14; K. Schmidt, in: Scholz, Komm. z. GmbHG, I. Bd., §§ 32a, 32b Rn. 109; Ulmer, in: Hachenburg, Komm. z. GmbHG, Bd. 3, § 63 Rn. 46a

§ 39 InsO nachrangig sind.[71] Der BGH hat sich jedenfalls in seiner grundlegenden Entscheidung vom 8.1.2001[72] für eine Passivierungspflicht entschieden. Zugleich hat er in dieser Entscheidung auch zu den Anforderungen Stellung genommen, die an eine Rangrücktrittserklärung zu stellen sind.[73]
Rückstellungen sind nur insoweit anzusetzen, als sie auch für solche Risken gebildet wurden, die in der Insolvenz fortbestehen. Nicht zu berücksichtigen sind deshalb Aufwandsrückstellungen für zukünftige Investitionen oder Rückstellungen wegen Garantierisiken. Gemäß §§ 53 InsO sind aber Rückstellungen für die Kosten des Insolvenzverfahrens zu bilden. Gleiches gilt für Sozialplan- und Betriebsrentenansprüche, die auch durch das Insolvenzverfahren entstehen.[74]

e) Rechtsfolgen

aa) Schadensersatz nach § 823 Abs. 2 BGB i.V.m. § 64 Abs. 1 Satz 2 GmbHG

Rechtsfolge der Verletzung der Insolvenzantragspflicht ist vor allem die Schadensersatzpflicht gegenüber den Gesellschaftsgläubigern nach § 823 Abs. 2 BGB i.V.m. § 64 Abs. 1 Satz 2 GmbHG. Hinsichtlich des Umfangs der Schadensersatzpflicht ist zwischen Alt- und Neugläubigern zu unterscheiden. Der den Altgläubigern zu ersetzende Schaden ist nach ganz h.M. auf den Betrag beschränkt, um den sich die Masse infolge der Insolvenzverschleppung verringert hat (sog. Quotenschaden).[75] Seit der grundlegenden Entscheidung des BGH vom 6.6.1994[76] wird Neugläubigern das volle negative Interesse als Schadensersatz zugesprochen.

bb) Ersatz von Zahlungen gemäß § 64 Abs. 2 GmbHG

Bei Verletzung der Insolvenzantragspflicht sind die Geschäftsführer der Gesellschaft gemäß § 64 Abs. 2 GmbHG ferner zum Ersatz von Zahlungen verpflichtet, die nach Eintritt der Zahlungsunfähigkeit oder nach Feststellung der Überschuldung geleistet werden; es sei denn, die Zahlungen sind mit der Sorgfalt ei-

---

71 *Gegen eine Passivierungspflicht:* Schulze-Osterloh, in: Baumbach/ Hueck, Komm. z. GmbHG, § 64 Rn. 18; Ulmer, in: Hachenburg, Komm. z. GmbHG, Bd. 3, § 63 Rn. 46a
Für eine Passivierungspflicht: OLG Düsseldorf, Urt. v. 17.12.1998, GmbHR 1999, 615, 617, unter III.2.a) der gründe; OLG Hamburg, Urt. v. 18.7.1986, ZIP 1986, 1113, 1115, unter I.1)a) der Gründe; Schmidt-Leithoff, in: Rowedder/ Schmidt-Leithoff, Komm. z. GmbHG, § 63 Rn. 68; K. Schmidt, in: Scholz, Komm. z. GmbHG, I. Bd., §§ 32a, 32b Rn. 109

72 BGH, Urt. v. 8.1.2001, ZIP 2001, 235, 237, 1. Leitsatz und unter I.2.c)bb)(3) der Gründe

73 Hierzu zuletzt OLG Frankfurt a.M., Urt. v. 20.2.2003, GmbHR 2004, 53, 54 f.

74 Lutter/ Kleindiek, in: Lutter/ Hommelhoff, Komm. z. GmbHG, § 64 Rn. 22, 23

75 BGH, Urt. v. 30.3.1998, BGHZ 138, 211, 214, unter II.1.a) der Gründe; BGH, Urt. v. 6.6.1994, BGHZ 126, 181, 190, unter II.1. der Gründe; aus der Lit.: Lutter/ Kleindiek, in: Lutter/ Hommelhoff, Komm. z. GmbHG, § 64 Rn. 47

76 BGH, Urt. v. 6.6.1994, BGHZ 126, 181, 190, unter II.1. der Gründe; bestätigt in BGH, Urt. v. 30.3.1998, BGHZ 138, 211, 214, unter II.1. der Gründe; aus der Lit.: Lutter/ Kleindiek, in: Lutter/ Hommelhoff, Komm. z. GmbHG, § 64 Rn. 48 m.w.N.

nes ordentlichen Geschäftsmanns vereinbar. Soweit dieser Anspruch zur Befriedigung der Gesellschaftsgläubiger erforderlich ist, wird er gemäß §§ 64 Abs. 2 Satz 3, 43 Abs. 3, 9b Abs. 1 GmbHG weder durch einen Verzicht oder Vergleich der Gesellschaft ausgeschlossen noch dadurch, dass der Geschäftsführer bei Auszahlung einen Gesellschafterbeschluss befolgt hat. Der Begriff der Zahlung in § 64 Abs. 2 GmbHG ist weit zu verstehen; verboten ist jede Form der Masseschmälerung.[77]

2. Schwächen der Insolvenzverschleppungshaftung

Es wurde die Frage aufgeworfen, wieso die Gläubiger im Falle der Insolvenz der GmbH nach allen in der Praxis gemachten Erfahrungen nicht mit einer 100 Prozent-Quote oder einer dieser nahe kommenden Quote auf ihre Forderungen rechnen können, sondern nur eine wesentlich niedrigere Quote oder sogar Massearmut zu erwarten haben.[78] Dies soll im Folgenden geklärt werden.

a) Problem der enttäuschten Fortführungsprognose

Die Geschäftsführung ist nicht zwangsläufig zur Insolvenzantragstellung verpflichtet, wenn das Vermögen nach Liquidationswerten die Schulden nicht deckt. Das ist dann nicht Fall, wenn die Fortführungsprognose positiv ist und die Bilanzierung nach Fortführungswerten keine Überschuldung ergibt. Auch wenn eine positive Fortführungsprognose von der Geschäftsführung auf der Grundlage von Fakten dokumentiert werden muss, so besteht – wie bei jeder Prognose – die Gefahr, dass sie sich die nicht bewahrheitet und die Gesellschaft zusammenbricht.

Sobald die Fortführungsprognose nicht mehr aufrechterhalten werden kann, ist die Überschuldungsbilanz auf der Grundlage der Liquidationswerte zu erstellen. In der Zwischenzeit können sich die Aktiva der Gesellschaft nach Liquidationswerten aber stark verringert und die Passiva der Gesellschaft erhöht haben. Der Wechsel der Bewertungsmethode führt deshalb häufig dazu, dass die Summe der Verbindlichkeiten den Wert des Vermögens übersteigt[79] und an Insolvenzmasse nicht mehr viel zu realisieren ist[80]. Wird dann liquidiert, so muss es auch bei baldiger Antragstellung auf Insolvenzeröffnung zu Forderungsausfällen der Gläubiger kommen. Demnach tragen die Gläubiger der Gesellschaft das Risiko, dass die Gesellschaft trotz einer ordnungsgemäß zustande gekommenen positiven Fortführungsprognose doch liquidiert wird. Die Haftungsmasse verringert sich durch eine enttäuschte Fortführungsprognose schnell zu Lasten der Gläubiger, weil die weiterlaufenden Verpflichtungen – wie Miet-, Energie- und Lohn-

---

[77] K. Schmidt, in: Scholz, Komm. z. GmbHG, I. Bd., II. Bd., § 64 Rn 24
[78] Vgl. Röhricht, in: Festschrift 50 Jahre BGH, S. 83, 94
[79] Nassall, ZIP 2003, 969, 973
[80] Roth, NZG 2003, 1081, 1083

kosten – sich nicht sofort kostenneutral ablösen lassen.[81] Hinzu kommt die Unklarheit, welche Anforderungen an eine ordnungsgemäße Fortführungsprognose zu stellen sind. Einer Prognose-Entscheidung haftet zudem immer die subjektive Einschätzung desjenigen an, der sie vornimmt.
Die Höhe des durch die enttäuschte Fortführungsprognose verursachten Verlustes hängt ferner erheblich davon ab, wie hoch die Fortführungswerte angesetzt werden. Insgesamt haben die Geschäftsführer hier einen erheblichen Spielraum, der es ihnen in der Krise der GmbH ermöglicht, den Insolvenzantrag hinauszuzögern.[82] Es liegt auf der Hand, dass die Geschäftsführung in der Regel darum bemüht sein wird, eine Bilanz zu Fortführungszwecken aufzustellen, die keine Überschuldung ergibt.[83]

b) *Problem unerwarteter Forderungsausfälle und Verbindlichkeiten*

Eine weitere Schwäche des auf die Insolvenzantragspflicht aufbauenden Gläubigerschutzes liegt darin, dass unerwartete Forderungsausfälle und unerwartete Verbindlichkeiten auch in einer Überschuldungsbilanz nicht erfasst werden können. Besteht etwa ein großer Teil der Aktiva aus Forderungen gegenüber einem einzigen Kunden, der plötzlich und unerwartet insolvent wird, so kann mit einem Schlag eine hohe Überschuldung entstehen, obwohl die bilanzielle Situation des Unternehmens zuvor keinen Grund zur Sorge gab. Auch dem „Bremer Vulkan"-Urteil lag ein Sachverhalt zugrunde, bei dem Forderungen der Gesellschaft aus einem Liquiditätsverbund in Höhe von rund 590 Millionen DM plötzlich auf 0 wertberichtigt werden mussten. Das führte zu einer Überschuldung der Gesellschaft in Höhe von 233 Millionen DM.[84]
Gleiches gilt bei unerwarteten Verbindlichkeiten – etwa durch extrem hohe Schadensersatzforderungen. Beide Fälle sind in der Praxis durchaus häufig zu beobachten. So übersteigen etwa Schadensersatzforderungen durch Rückrufaktionen des Endherstellers den Wert aller Aktiva eines Zuliefererbetriebes oft um ein Vielfaches. Zwar ist der wirtschaftlich meist stärkere Abnehmer im Interesse der Aufrechterhaltung der Geschäftsbeziehung häufig zu einem Forderungsverzicht bereit; wird die Schadensersatzforderung jedoch durchgesetzt, so bleibt dem Zuliefererbetrieb nur noch der Gang zum Insolvenzgericht. Die Folgen sind ein hohes negatives Eigenkapital und entsprechend geringe Insolvenzquoten für die Gläubiger.

---

[81] Röhricht, in: Festschrift 50 Jahre BGH, S. 83, 95, 1. Abs.; K. Schmidt, ZIP 1988, 1497, 1502
[82] Gätsch, Gläubigerschutz, S. 101; vgl. Ulmer, ZHR 148 (1984), 391, 400
[83] Konzen, in: Festschrift für Wiedemann, S. 323, 332
[84] BGH, Urt. v. 17.9.2001, BGHZ 149, 10, 18 = GmbHR 2001, 1036, 1038 – „Bremer Vulkan", unter I. 2. der Gründe

c) *Problem der Beschränkung des Normadressatenkreises*

Ferner liegt eine Schwäche des § 64 GmbHG darin, dass nur die Geschäftsführer oder die Liquidatoren (§ 71 GmbHG) zur Insolvenzantragstellung verpflichtet sind und nur sie zum Ausgleich herangezogen werden können.[85] Zwar hat die Rechtsprechung den Normadressatenkreis auch auf die so genannten faktischen Organe ausgedehnt.[86] Der BGH betont jedoch auch, dass eine interne Einwirkung auf die satzungsmäßigen Geschäftsführer hierzu nicht ausreicht. Es muss vielmehr auch ein eigenes, nach außen hervortretendes, üblicherweise der Geschäftsführung zuzurechnendes Handeln gegeben sein.[87]

II. Aufbringung und Sicherung des Stammkapitals

Neben der Insolvenzantragspflicht bzw. der Insolvenzverschleppungshaftung bilden die Vorschriften zur Aufbringung und Erhaltung des Stammkapitals eine weitere wesentliche Säule des Gläubigerschutzes in der GmbH. Die Funktion des Stammkapitals und die Funktionsweise der Kapitalerhaltungsvorschriften spielen beim Verständnis des Haftungskonzepts des existenzvernichtenden Eingriffs, dessen Einordnung und Abgrenzung eine besondere Rolle, wie sich im Verlauf der Arbeit zeigen wird.

1. Aufbringung des Stammkapitals

a) *Überblick*

Gemäß § 5 Abs. 1 GmbHG beträgt das Mindest-Stammkapital 25.000 Euro. Indem sich die Gesellschafter durch die Übernahme der Stammeinlagen verpflichten, ihre Einlage zu leisten, besitzt die Gesellschaft bereits bei ihrer Errichtung Vermögen mindestens in Höhe des Stammkapitals. Dieses besteht in den Stammeinlageforderungen gegenüber den Gesellschaftern oder – wenn diese ihre Einlagen bereits geleistet haben – in Barvermögen oder bei Sachgründungen in Anlagevermögen. Gemäß § 19 Abs. 2 GmbHG kann der Gesellschafter nicht von der Einlagepflicht bereit werden. Er darf auch nicht mit einer Gegenforderung aufrechnen und hat bei einer Sacheinlage wegen einer Gegenforderung kein Zurückbehaltungsrecht. Zum Zeitpunkt der Gründung muss das Eigenkapital also mindestens dem Stammkapital entsprechen. Man spricht insofern auch vom gesetzlich vorgeschriebenen Mindesteigenkapital der GmbH.[88] Richtigerweise ist diese Definition aber nur im Gründungszeitpunkt zutreffend.

---

[85] K. Schmidt, ZIP 1988, 1497, 1500
[86] BGH, Urt. v. 21.3.1988, ZIP 1988, 771, 771, Leitsatz
[87] BGH, Urt. v. 24.6.2002, ZIP 2002, 1578 – „KBV", 3. Leitsatz; BGH, Urt. v. 21.3.1988, BGHZ 104, 44, 48; siehe auch Ulmer, ZHR 148 (1984), 391, 414
[88] Wiedemann, in: Festschrift für Beusch, S. 893, 896 ff.

Die Gesellschafter sind selbstverständlich frei, ein über den gesetzlich festgelegten Mindestbetrag hinausgehendes Stammkapital festzulegen. Ferner sind sie frei, ihrer Gesellschaft mehr Eigenkapital zuzuführen als zur Deckung des Stammkapitals erforderlich ist. Dies wird schon deshalb häufig aus praktischen Gründen notwendig sein, weil die Kreditinstitute bei der Gewährung von Krediten vor allem die Eigenkapitalquote berücksichtigen.[89] Im Hinblick auf Basel II[90] wird die Eigenkapitalquote in Zukunft noch von größerer Bedeutung sein.[91]

b) Bilanzierung

Nach der Bilanzvorschrift des § 42 Abs. 1 GmbHG ist das Stammkapital in der Jahresbilanz als gezeichnetes Kapital auszuweisen. Es ist also auf der Passivseite als Eigenkapital einzustellen (§ 266 Abs. 3 A. I. HGB), wobei der Ansatz zum Nennwert zu erfolgen hat (§ 283 HGB). Damit ist das Stammkapital ein grundsätzlich fester bilanzieller Rechnungsposten, der nur im Wege der Kapitalerhöhung oder -herabsetzung veränderbar ist.[92]
Das Stammkapital ist nur ein Teil des Eigenkapitals. Zum Eigenkapital gehören nach § 266 Abs. 3 C HGB neben dem Stammkapital auch die Kapital- und Gewinnrücklagen sowie der Jahresüberschuss. Auch die stillen Reserven gehören im Hinblick auf den Gläubigerschutz hierher, wenngleich sie in der Bilanz nicht auftauchen und daher nicht zum Eigenkapital im engeren Sinne zu zählen sind.
Das Stammkapital gibt keine Auskunft über die Höhe und die Zusammensetzung des Gesellschaftsvermögens, weder zum Zeitpunkt der Eintragung noch danach. Das Gesellschaftsvermögen besteht unter anderem aus Immaterialgütern, Sach- und Finanzanlagen, Vorräten, Forderungen, Barmitteln und Bankguthaben. Es ändert sich ständig, sowohl in seiner Zusammensetzung als auch in seiner Höhe. Das Stammkapital ist dagegen eine fixe Größe. Für den Geschäftsverkehr ist die Höhe und Zusammensetzung des Gesellschaftsvermögens zum Gründungszeitpunkt deshalb nur aus der Eröffnungsbilanz ersichtlich,[93] die gemäß §§ 42 Abs. 1 GmbHG, 242 Abs. 1 HGB zu Beginn des Handelsgewerbes zu erstellen ist.[94]

---

[89] Vonnemann, GmbHR 1992, 77, 78

[90] Basel II bezeichnet das vom Basler Ausschuss für Bankaufsichtsrecht im Januar 2001 veröffentlichte – und im Mai 2001 in überarbeiteter Form vorgelegte Konsultationspapier mit dem Titel „Die neue Basler Eigenkapitalvereinbarung" sowie eine Vielzahl weiterer seitdem von verschiedenen Arbeitsgruppen erarbeitete Papiere zu den neuen Eigenkapitalvorschriften für Banken. Die Materialien sind abrufbar unter http://www.europa.eu.int/comm /internal_market/en/finances/capitaladequacy/index.htm.

[91] Wellensiek, BB 2003, 1

[92] Joost, ZHR 148 (1984), 27, 28; Hueck/ Fastrich, in: Baumbach/ Hueck, Komm. z. GmbHG, § 30 Rn. 4

[93] Schulze-Osterloh, in: Baumbach/ Hueck, Komm. z. GmbHG, § 41 Rn. 40

[94] Zum „Beginn des Handelsgewerbes" siehe Schulze-Osterloh, in: Baumbach/ Hueck, Komm. z. GmbHG § 41 Rn. 40 und 18, m.w.N.

c) Mögliche Funktionen des Stammkapitals

Dem Stammkapital werden verschiedene Funktionen zugeschrieben: So soll das Stammkapital den Gesellschaftsgläubigern als eine Mindesthaftsumme zur Befriedigung ihrer Forderungen zur Verfügung stehen.[95] Auch soll hierdurch eine finanzielle Grundlage der Gesellschaft geschaffen werden, um eine wirtschaftliche Bewegungsfreiheit zu ermöglichen.[96]
Ferner wird genannt, dass das Stammkapital das der Gesellschaft zur freien Verfügung stehende Betriebsvermögen darstellt[97] und die Gesellschafter am unternehmerischen Risiko beteiligt.[98] Das Stammkapital soll auch Aussagen über das zum Gründungszeitpunkt vorhandene Mindestgesellschaftsvermögen machen.[99] Andere sprechen ihm lediglich die Funktion zu, eine Art Mindestpreis für die Eintragung einer GmbH zu sein, um auf diese Weise völlig unseriöse Gesellschaftsgründungen zu verhindern.[100]

aa) Funktion eines Haftungsfonds zur Befriedigung der Gläubiger

Die Kapitalerhaltungs-Vorschriften können nicht verhindern, dass das von der Gesellschaft getragene Unternehmen Verluste erwirtschaftet. Macht das Unternehmen Verluste, so werden zunächst – soweit vorhanden – die Eigenkapitalrücklagen etwa aus Vorjahresgewinnen verbraucht. Sind die Eigenkapitalrücklagen verbraucht, so werden die Verluste auch durch das zur Erhaltung des Stammkapitals erforderliche Vermögen ausgeglichen. Im Laufe der Zeit kann das Stammkapital der Gesellschaft also nahezu aufgebraucht sein. Die Verpflichtung zur Antragstellung auf Eröffnung des Insolvenzverfahrens wird dadurch noch nicht ausgelöst, sondern erst durch Überschuldung oder Zahlungsunfähigkeit. Hieraus folgt, dass das Stammkapital nicht der Befriedigung der Gesellschaftsgläubiger dienen kann. Im Falle der Insolvenz wird das Stammkapital nämlich in der Regel verbraucht sein.

bb) Funktion der Vermeidung alsbaldiger Überschuldung

Zurecht wird dem Stammkapital aber eine Pufferfunktion zugesprochen.[101] Das Stammkapital soll gewährleisten, dass nicht jeder Verlust sogleich zur Über-

---

[95] Ulmer, in: Hachenburg, Komm. z. GmbHG, Bd. 1, § 5 Rn. 6; Konzen, in: Festschrift für Wiedemann, S. 323, 335; Tomat, Grenzen des Weisungsrechts, S. 146; Weitbrecht, Haftung der Gesellschafter bei materieller Unterkapitalisierung, S. 19
[96] Kahler, BB 1985, 1429, 1434
[97] Westermann, in: Scholz, Komm. z. GmbHG, I. Bd., § 30 Rn. 1; Kleffner, Erhaltung des Stammkapitals, S. 23; Gätsch, Gläubigerschutz, S. 73
[98] Tomat, Grenzen des Weisungsrechts, S. 146; Wiedemann, Gesellschaftsrecht, Bd. I., S. 565
[99] Ulmer, in: Hachenburg, Komm. z. GmbHG, Bd. 1, § 5 Rn. 6
[100] Ulmer, in: Hachenburg, Komm. z. GmbHG, Bd. 1, § 5 Rn. 7
[101] Lutter, ZGR 1982, 244, 249, unter II.1.a): „Risikopolster"; Lutter/ Hommelhoff, ZGR 1979, 31, 59; Mülbert, DStR 2001, 1937, 1942: „Risikopuffer"; Stimpel, in: Festschrift für

schuldung führt. Der Sinn des Eigenkapitals liegt jedoch nicht darin, die Gesellschaft mit Kapital auszustatten, das dieser zur freien Verfügung steht.[102] Zur freien Verfügung gestellt werden kann der Gesellschaft nämlich auch Fremdkapital.

Die Notwendigkeit, die Gesellschaft überhaupt mit Eigenkapital auszustatten, hängt eng mit dem Überschuldungsverbot zusammen. Hätte die Gesellschaft nämlich gleich zu Beginn der Geschäftstätigkeit kein Eigenkapital, so läge bereits mit der Bezahlung der ersten Stromrechnung eine Überschuldung vor. Denn durch die Bezahlung der Stromrechnung verändert sich der Buchungsposten „Fremdkapital" auf der Passivseite nicht, aber auf der Aktivseite fließt Vermögen ab. Es kommt auch kein Aktivtausch in Betracht, weil der Strom verbraucht ist und deshalb nicht aktiviert werden kann. Ein Unternehmen hat vor Realisierung eines ersten Gewinns meist also auch Ausgaben, die durch Verbrauch zu echten Verlusten führen. Darum bedarf es notwendigerweise des Eigenkapitals, um zumindest in der Anfangsphase des Unternehmens eine Überschuldung zu vermeiden. Das gesetzlich vorgeschriebene Mindest-Stammkapital verhindert also zunächst nur, dass es zu schnell zu einer Überschuldung kommt. Die Bestimmung des § 5 Abs. 1 GmbHG ist somit auf Insolvenzvermeidung angelegt.[103]

cc) *Funktion eines Risikopolsters auch über die Anfangsphase hinaus*

Dem Stammkapital wird auch über die Anfangsphase der Unternehmung hinaus die Funktion zugesprochen, als eine Art Verlustpolster zu dienen. Sinn des Stammkapitals und seiner Erhaltung sei es, der Gesellschaft ein Mindest-Eigenkapital bereitzustellen, damit wirtschaftliche Verluste nicht sofort das zur Befriedigung der Gläubiger erforderliche Gesellschaftsvermögen angreifen; dies könne unmittelbar zu Forderungsausfällen der Gesellschaftsgläubiger führen.[104] Daran bestehen aus zwei Gründen erhebliche Zweifel: Zum einen beträgt das gesetzliche Mindest-Stammkapital unabhängig von der Größe des Unternehmens nur 25.000 Euro. Es ist deshalb denkbar, dass eine Gesellschaft mit einem Umsatz von beispielsweise 250 Millionen Euro ein Eigenkapital von nur 25.000 Euro aufweist.[105] Erleidet eine Gesellschaft dieser Größe auch nur einen relativ kleinen Betriebsverlust in Höhe von 100.000 Euro, so wäre sie bereits weit überschuldet. Zum zweiten ist zu berücksichtigen, dass es keine Verpflichtung zur Erhaltung des so genannten „Risikopolsters" gibt. Es besteht nur eine Verpflichtung zur einmaligen Aufbringung des Risikopolsters und ein Verbot zur

Goerdeler, S. 601, 608: „Finanzpolster"; Wiedemann, Gesellschaftsrecht, Bd. I., S. 577: „Verlustpolster".; ders., ZGR 2003, 283, 295

[102] So aber Gätsch, Gläubigerschutz, S. 73

[103] Kleffner, Erhaltung des Stammkapitals, S. 24; Weitbrecht, Haftung der Gesellschafter bei materieller Unterkapitalisierung,, S. 45

[104] Westermann, in: Scholz, Komm. z. GmbHG, I. Bd. § 30 Rn. 1

[105] Vgl. das Beispiel der Lufthansa-Service GmbH bei Lutter, ZGR 1982, 244, 249

Rückzahlung an die Gesellschafter. Die Pufferfunktion des Eigenkapitals besteht daher nur im Anfangsstadium der Gesellschaft.[106]

dd) Funktion der Risikobeteiligung

Dem Stammkapital wird auch die Funktion eines Risikobeitrags zugesprochen, den die Gesellschafter leisten müssen, damit die Geschäftsrisiken zwischen Gesellschaften und Geschäftspartnern angemessen verteilt werden.[107] So zeigt die Verpflichtung zur Aufbringung des Stammkapitals, dass das mit der Teilnahme am Wirtschaftsverkehr verbundene Risiko nicht vollständig auf die Gläubiger der Gesellschaft abgewälzt werden soll. Die Gesellschafter werden durch die Vorschriften zur Kapitalaufbringung gezwungen, einen etwaigen Verlust wenigstens zu einem Teil mitzutragen.
Die Verpflichtung zur Aufbringung des Stammkapitals ist tatsächlich aber nicht geeignet, eine angemessene Risikoverteilung zwischen den Gesellschaftern und den Gläubigern einer GmbH herzustellen. In vielen Fällen steht das gesetzlich vorgeschriebene Mindest-Stammkapital in einem derart krassen Missverhältnis zu den mit der Unternehmenstätigkeit verbunden Chancen und Risiken, dass der Verlust des Mindest-Stammkapitals keine Einbuße ist, die von gesellschaftsschädlichen Maßnahmen abhalten könnte.[108]
Es wäre nicht einmal unverständlich, wenn die Gesellschafter über die GmbH hochspekulative Geschäfte tätigen und einen Totalverlust bewusst in Kauf nehmen. Denn sie partizipieren vollständig an den Chancen des Geschäftes, während die Risiken aufgeteilt werden. Mathematisch sind die Geschäfte für die Gesellschafter sogar um so interessanter, je risikoreicher und damit zugleich chancenreicher sie sind. Ein Beispiel: Die GmbH verfügt über ein Barvermögen von 50.000 Euro. 25.000 Euro hiervon sind Eigenkapital und die anderen 25.000 Euro sind kreditfinanziert, also Fremdkapital. Nun „investiert" das Unternehmen die gesamten 50.000 Euro, indem der Geschäftsführer das Geld beim Roulette auf Zahl setzt. Die Chance beträgt 1:36. Realisiert sich die Chance, so würde die Gesellschaft einen Gewinn von 1.750.000 Euro erzielen. Der Kreditgeber hätte gegen die Gesellschaft weiterhin nur eine Forderung in Höhe von 25.000 Euro. Für die Gesellschafter mit ihrem Einsatz von 25.000 Euro ergäbe sich eine Gewinnquote von 1:72 bei einer Wahrscheinlichkeit von 1:36. Das Verhältnis zwischen Gewinnaussichten und Gewinnwahrscheinlichkeit verbessert sich für die Gesellschafter sogar noch mit sinkender Eigenkapitalquote und höherem Risiko. Zwar liegt die mangelnde Seriosität beim Roulettespiel auf der Hand. Die spekulativen Möglichkeiten, die einige Börsengeschäfte bieten, sind jedoch vergleichbar.

---

[106] Wiedemann, ZGR 2003, 283, 295
[107] Wiedemann, Gesellschaftsrecht, Bd. I., S. 565
[108] Ziemons, Haftung der Gesellschafter, S. 133

ee) Zusammenfassung

Das Mindest-Stammkapital verhindert nur, dass bereits geringe Verluste in der Anfangsphase des Unternehmens zur Überschuldung führen. Das Mindest-Stammkapital ist nicht in der Lage, echten Solidaritätsschutz zu gewährleisten.[109] Es bietet nicht einmal ausreichenden Schutz vor offensichtlich unlauteren Gründungen. Es fällt daher schwer, das Stammkapital als Korrelat zur Haftungsbeschränkung zu bezeichnen.[110]

2. Kapitalerhaltungsvorschriften

a) Überblick

Nach § 30 GmbHG darf das zur Erhaltung des Stammkapitals erforderliche Vermögen der Gesellschaft nicht an die Gesellschafter ausgezahlt werden. Zahlungen, die unter Verstoß gegen dieses Verbot geleistet werden, sind der Gesellschaft nach § 31 GmbHG zu erstatten. Die §§ 30, 31 GmbHG betreffen sowohl tatsächliche Auszahlungen als auch verdeckte Gewinnausschüttungen. Es werden jedoch nicht alle Vermögensminderungen erfasst. Erforderlich ist die Herbeiführung oder Verschärfung einer Unterbilanz[111] und eine Zuwendung aus dem Gesellschaftsvermögen zu Gunsten des Gesellschafters oder einer ihm nahe stehenden Person.[112] Das Verbot greift auch ein, wenn durch die Vermögensverlagerung das Stammkapital vollständig aufgezehrt wird – oder schon ist – und so die Überschuldung der Gesellschaft herbeigeführt oder verstärkt wird.[113]

b) Schwächen der Kapitalerhaltungsvorschriften

aa) Problem der Nichterfassung bilanzneutraler Eingriffe

Die §§ 30, 31 GmbHG setzten tatbestandlich voraus, dass das Stammkapital angegriffen wird. Nicht geschützt ist dagegen nach herrschender Meinung die konkrete Zusammensetzung des Gesellschaftsvermögens.[114] Die Vorschriften

---

[109] Winter, in: Scholz, Komm. z. GmbHG, I. Bd., § 5 Rn. 20

[110] So aber Immenga, Personalistische Kapitalgesellschaft, S. 403; vgl. auch Wiedemann, Gesellschaftsrecht, Bd. I., S. 558

[111] Zum Begriff und zur Abgrenzung siehe oben unter B I.1.a)

[112] Westermann, in: Scholz, Komm. z. GmbHG, I. Bd., § 30 Rn. 19 ff.; Hueck/ Fastrich in: Baumbach/ Hueck, Komm. z. GmbHG, § 30 Rn. 7

[113] BGH, Urt. v. 5.2.1990, NJW 1990, 1730, 1731 f., unter 2. der Gründe; K. Schmidt, Gesellschaftsrecht, § 37 III 1 d, S. 1135; a.A. für diesen Fall nämlich nur analoge Anwendung der §§ 30, 31 GmbHG die bis 1990 vorherrschende Praxis, vgl. BGH, Urt. v. 29.3.1973, BGHZ 60, 324, 331, unter II.4. der Gründe

[114] Lutter/ Hommelhoff, in: Lutter/ Hommelhoff, Komm. z. GmbHG, § 30 Rn. 2a; Mülbert, ZGR 1995, 578, 591 f.; Römermann/ Schröder, GmbHR 2001, 1017, alle m.w.N.; a.A. Schön ZHR 159 (1995), 359, m.w.N.; umfangreiche kritische Auseinandersetzung mit dieser abweichenden Ansicht bei Mülbert, ZGR 1995, 578, 591 f.

reagieren also nur auf solche Sachverhalte, in denen die Stammkapitalziffer als Kontrollgröße überhaupt herangezogen werden kann.[115] Es sind darüber hinaus aber verschiedene Formen von Eingriffen[116] denkbar, die zur Schädigung und sogar zur Insolvenz der Gesellschaft führen können, ohne dass das Stammkapital unmittelbar berührt wird. Angesprochen ist insbesondere der Abzug nicht bilanziell erfasster Ressourcen, wie das Know-how, die Mitarbeiter oder der Kundenstamm. Hierbei handelt es sich meist um langfristig wirkende Benachteiligungen, die kurzfristig sogar zu einer Verbesserung der Bilanz führen können[117] - etwa weil Personal- oder Forschungskosten sofort gesenkt werden können. Derartige Eingriffe können nicht zu einer Haftung aus § 31 GmbHG führen. § 30 GmbHG entfaltet also kein Verbot hinsichtlich solcher Maßnahmen, die sich nicht unmittelbar auf die Bilanz auswirken; und zwar selbst dann nicht, wenn die Gesellschaft infolge dieser Maßnahmen geradewegs in die Insolvenz getrieben wird.[118]

bb) Problem der Beschränkung auf die Rückerstattungspflicht

§ 31 GmbHG berücksichtigt nicht, dass es Entnahmen nach § 30 GmbHG gibt, die sich nicht in einem Kapitalabfluss erschöpfen, sondern die einen weiteren Schaden nach sich ziehen.[119] Zu denken ist vor allem an die Fälle, in denen der Gesellschaft notwendige Anlagen entzogen werden. Der hierdurch entstehende Schaden kann dabei weitaus größer sein als der Wert der entzogenen Maschine. Zum Teil werden diese Fälle für nicht wirklich relevant erachtet, weil der Gesellschafter kein Interesse daran habe, seine eigene Gesellschaft zu ruinieren – zumal wenn sich die Gesellschaft in wirtschaftlichen Schwierigkeiten befände.[120] Diese Beurteilung deckt sich jedoch nicht mit den Beobachtungen in der Praxis. Vielfach ist es nämlich so, dass das Unternehmen als Ganzes für den Gesellschafter überhaupt keinen Vermögenswert mehr darstellt. Deshalb unterliegen die Gesellschafter nicht selten der Versuchung, einige Gegenstände des Unternehmens in letzter Sekunde zu versilbern, in der Hoffnung, dass der Vermögensabzug nicht entdeckt wird. Es kann auch beobachtet werden, dass die Gesellschaft durch den Abzug von Produktionsmitteln bewusst in die masselose Insolvenz geführt wird, um dem Insolvenzverfahren und den damit verbundenen Untersuchungen des Insolvenzverwalters zu entgehen.[121] So bemerkte Kilger im

---

[115] Keßler, GmbHR 2002, 945, 949

[116] Vgl. die Aufzählung bei Vetter, ZIP 2003, 601, 601

[117] Kropff, in: MüKo z. AktG, Bd. 8, vor § 311 Rn. 99

[118] Lutter/ Banerjea, ZGR 2003, 402, 422, unter VII.2.a)bb); Röhricht, in: Festschrift 50 Jahre BGH, S. 83, 94; Vetter, ZIP 2003, 601, 601

[119] Keßler, GmbHR 2002, 945, 949; Röhricht, in: Festschrift 50 Jahre BGH, S. 83, 95; Vetter, ZIP 2003, 601, 601

[120] So Bitter, WuB II C § 13 GmbHG 2.02 sub. 4

[121] Keßler, GmbHR 2002, 945, 949

Vorfeld der Insolvenzrechtsreform ironisch, der „Könner" mache nicht einfach Konkurs, er mache masselos Konkurs.[122]
Im Ergebnis haben die Gesellschafter die Rechtsfolge des § 31 GmbHG nicht wirklich zu fürchten. Nach § 31 GmbHG ist das abgezogene Vermögen schlimmstenfalls zu erstatten. Es bedarf daher eines über die Rückerstattung nach §§ 30, 31 GmbHG hinausgehenden Gläubigerschutzes.[123]

cc) Grundsätzliches Desinvestitions- und Schädigungsrecht

§ 30 GmbHG verbietet lediglich die Auszahlung des Vermögens, das zur Erhaltung des Stammkapitals erforderlich ist. Im Umkehrschluss folgt daraus, dass der Alleingesellschafter gesellschaftsrechtlich grundsätzlich nicht daran gehindert wird, das über die Stammkapitalziffer hinausgehende Kapital komplett und ohne sachliche Rechtfertigung zu entnehmen.[124] Der Abzug von Maschinen oder anderen Ressourcen ist ebenfalls grundsätzlich unproblematisch, sofern nicht das zur Erhaltung des Stammkapitals erforderliche Vermögen berührt wird. Ebenso wenig wie es ein Verbot von Auszahlungen bis zu dieser Grenze gibt, sind die Gesellschafter aufgrund von § 30 GmbHG daran gehindert, in schädigender Weise auf ihre Gesellschaft einzuwirken.[125] Etwas anderes gilt nur dann, wenn der Gesellschafter hierdurch vorsätzlich Gläubiger der GmbH schädigt. Der Gesellschafter haftet dann über § 826 BGB.[126]

III. Geschäftsführerhaftung gemäß § 43 GmbHG

Anders als in der AG, deren Leitung in den Händen des weitgehend autonom handelnden Vorstands liegt (§ 76 Abs. 1 AktG) und deren Unternehmensverfassung nur ausnahmsweise Geschäftsführungsbefugnisse der Aktionäre anerkennt (§ 119 Abs. 2 AktG), können die Gesellschafter einer GmbH der Geschäftsführung weitgehend uneingeschränkt Weisungen erteilen (§ 37 Abs. 1 GmbHG). Dabei sind die Gesellschafter nicht gehindert, gegenüber der Geschäftsführung grundsätzlich auch solche Weisungen zu erteilen, die zu einer Beeinträchtigung des Gesellschaftsvermögens oder einer Verschlechterung der Wirtschafts- und

---

[122] Kilger, AnwBl. 1987, 425, 426
[123] Bitter, WM 2001, 2133, 2136; Lutter/ Banerjea, ZGR 2003, 402, 422
[124] BGH, Urt. v. 16.9.1985, BGHZ 95, 330, 340 = JZ 1986, 901 ff. – „Autokran", unter II.4. der Gründe; Altmeppen, Abschied vom qualifiziert faktischen Konzern, S. 59; Fleck, ZGR 1990, 31, 34; Lutter, ZIP 1985, 1425, 1429; Ulmer, ZHR 148 (1984), 391, 399; Vetter, ZIP 2003, 601, 601
[125] Altmeppen, ZIP 2001, 1837, 1842; Keßler, GmbHR 2005, 257, 259; ders., GmbHR 2002, 954, 949; Röhricht, in: Festschrift 50 Jahre BGH, S. 83, 92, unter III; OLG Frankfurt a.M., GmbHR 1997, 346
[126] Römermann/ Schröder, GmbHR 2001, 1015, 1018

Ertragslage der Gesellschaft führen.[127] Diese Abhängigkeit des Geschäftführers von den Gesellschaftern bedingt im Weisungsfall grundsätzlich seine Freistellung von der Haftung gegenüber der Gesellschaft nach § 43 Abs. 2 GmbHG.[128] Hinzu kommt, dass der Geschäftsführer nach § 38 Abs. 1 GmbHG jederzeit abberufen werden kann, was zusätzlich für einen erheblichen Druck auf die Geschäftsführung sorgt. Häufig werden deshalb auch gesetzeswidrige Gesellschafterbeschlüsse ausgeführt. Zwar scheidet eine Freistellung des Geschäftsführers von seiner Haftung dann aus. Der Anspruch der Gesellschaft aus § 43 Abs. 2 GmbHG wird jedoch allenfalls von einem Insolvenzverwalter aufgedeckt und verfolgt. Ferner reicht das Privatvermögen des Geschäftsführers zum Ausgleich des von ihm verursachten Schadens häufig nicht aus. Im Ergebnis scheidet der von den Gesellschaftern abhängige Geschäftsführer als Garant für einen effektiven Gläubigerschutz aus.[129]

IV. Liquidationsvorschriften

1. Überblick

Die zentrale Gläubigerschutzvorschrift in der Liquidation ist § 73 GmbHG, der in Abs. 1 bestimmt, dass die Verteilung des Vermögens an die Gesellschafter erst erfolgen darf, wenn die Schulden der Gesellschaft getilgt sind. Zudem darf die Verteilung nicht vor Ablauf eines Jahres seit dem Tag vorgenommen werden, an dem in den öffentlichen Blättern zum dritten Mal die Aufforderung an die Gläubiger erfolgt ist, sich bei der Gesellschaft zu melden.[130]

In der Liquidation geht der Gläubigerschutz damit weit über die §§ 30 ff. GmbHG hinaus. Es besteht ein totales Leistungsverbot auch oberhalb des zur Deckung des Stammkapitals erforderlichen Vermögens. Die absolute Leistungssperre beginnt mit der Auflösung der Gesellschaft, zum Beispiel durch Gesellschafterbeschluss gemäß § 60 Abs. 1 Ziff. 2 GmbHG.

Verstöße gegen die Leistungssperre verpflichten die Liquidatoren gemäß §§ 73 Abs. 3, 43 Abs. 3 GmbHG zum Schadensersatz. Der Schadensersatzanspruch steht der GmbH zu und ist doppelt begrenzt, zum einen bis zur Höhe der Forderungen der unberücksichtigten Gläubiger und zum anderen bis zur Höhe der zu Unrecht verteilten Beträge.[131]

---

[127] BGH, Urt. v. 31.1.2001, ZIP 2000, 493, 494, unter I.2. der Gründe; ausführlich: OLG Frankfurt a.M., Urt. v. 7.2.1997, GmbHR 1997, 346, 348, 1. Leitsatz und unter 2.a) der Gründe; Altmeppen, ZIP 2001, 1837, 1842 f.; Röhricht, in: Festschrift 50 Jahre BGH, S. 83, 92 f.

[128] Zu den Voraussetzungen unten im 3 Teil unter A.III.1.b)

[129] Assmann, JZ 1986, 881, 886, unter II.3.b); Kleindiek, Strukturvielfalt, S. 58 ff.; Ulmer, ZHR 148 (1984), 391, 401

[130] In der Praxis erfolgt die Bekanntmachung i.d.R. an drei aufeinanderfolgenden Tagen im Bundesanzeiger.

[131] Lutter/ Kleindiek, in: Lutter/ Hommelhoff, Komm. z. GmbHR, § 73 Rn. 12

2. Schwächen der Liquidationsvorschriften

Die Liquidationsvorschriften sind nicht auf die Liquidation der masselosen GmbH ausgerichtet, bei der es nichts zwischen den Gesellschaftern zu verteilen gibt und deren Gesellschaftsvermögen nicht einmal zur Befriedigung der Gläubiger ausreicht.[132] Die dem Gläubigerschutz dienenden Vorschriften der InsO greifen nur für die Dauer des Insolvenzverfahrens. Wird der Insolvenzantrag mangels Masse abgewiesen und das Insolvenzverfahren eingestellt, gelten lediglich die allgemeinen gesellschaftsrechtlichen Liquidationsvorschriften. Diese nehmen im Falle der masselosen GmbH wenig Rücksicht auf die Belange der Gläubiger. Die Liquidatoren sind meist die bisherigen Geschäftsführer, obwohl diese zur Schmälerung der Masse häufig verantwortlich beigetragen haben. Naturgemäß besteht deshalb auch wenig Anreiz, Schadensersatzforderungen gegen die Geschäftsführung geltend zu machen oder Rückzahlungen eines eigenkapitalersetzenden Gesellschafterdarlehens aufzudecken.[133] Oft bleibt sogar der Anspruch der Gesellschaft auf Zahlung der rückständigen Stammeinlage unaufgedeckt.[134]

V. Zusammenfassung

Es ist ein Wesensmerkmal der Gesellschaft mit beschränkter Haftung, dass der Schaden beim Zusammenbruch des Unternehmens (zum Teil) von den Gläubigern der Gesellschaft zu tragen ist. Problematisch ist, dass das geschriebene GmbH-Recht die Schädigung der GmbH durch ihren eigenen Gesellschafter solange nicht sanktioniert, wie das zur Erhaltung des Stammkapitals erforderliche Vermögen nicht berührt wird. Dabei ist es sogar unerheblich, ob die Schädigung durch den Gesellschafter grob sorgfaltswidrig oder vorsätzlich erfolgt. Das geschriebene GmbH-Recht berücksichtigt auch nicht, ob die Schädigung im Ergebnis zur Existenzvernichtung der Gesellschaft führt. Wird die Gesellschaft auf diese Weise in die Insolvenz geführt, greifen die zum Schutz der Gläubiger bestehenden Liquidationsvorschriften nicht. In der masselosen Insolvenz bewirken die Liquidationsvorschriften keinen hinreichenden Gläubigerschutz.
Der Verlust des vom Gesellschafter investierten Kapitals in Höhe von mindestens 25.000,00 Euro ist keine Einbuße, die von gesellschaftsschädlichen Maßnahmen abhalten könnte.[135] Auch die Geschäftsführerhaftung garantiert keine Seriosität, weil sie grundsätzlich dann nicht eingreift, wenn die Schädigung auf einer Weisung des Alleingesellschafters oder der Gesellschaftergesamtheit beruht und außerdem grundsätzlich verzichtbar ist. Schließlich werden die Geschäftsführer sich auch rechtswidrigen Weisungen der Gesellschafter – trotz des

---

[132] Konzen, in: Festschrift für Wiedemann, S. 323, 328 f.
[133] Konzen, in: Festschrift für Wiedemann, S. 323, 324 f.
[134] Uhlenbruck, ZIP 1996, 1641, 1650
[135] Ziemons, Haftung der Gesellschafter, S. 135

mit der Ausführung solcher Weisungen verbundenen Haftungsrisikos für die Geschäftsführer – nur schwer widersetzen können.

C. Entwicklung ergänzender Schutzkonzepte in der Rechtsprechung

I. Überblick

Da der Gläubigerschutz im GmbH-Gesetz – wie im vorherigen Abschnitt gezeigt – nicht ausreichend ist[136], zeigten sich in der Lehre und Rechtsprechung bereits frühzeitig Tendenzen, den Gläubigerschutz zu erweitern. Zunächst wurde versucht, dem Gläubigerschutzproblem mit einer Durchgriffshaftung der Gesellschafter zugunsten der Gesellschaftsgläubiger zu begegnen. Zwar war und ist die Möglichkeit eines Durchgriffs in der Rechtsprechung im Grundsatz anerkannt.[137] Außerhalb der Fälle der Vermögensvermischung[138] war man sich aber sowohl innerhalb der Rechtsprechung als auch innerhalb der Lehre uneins, bei welchen Sachverhalten eine Durchgriffshaftung Anwendung finden könnte.[139]
Da sich der Durchgriffsansatz – außer in den Fällen der Vermögensvermischung – zunächst nicht durchsetzen konnte, entwickelten Rechtsprechung und Lehre seit den siebziger Jahren einen neuen Haftungsansatz, der allerdings ausschließlich konzernrechtlicher Natur war. In Konzernlagen sah man die Gefahr, dass das herrschende Unternehmen vorrangig die Interessen des Konzerns zu Lasten einer abhängigen Gesellschaft verfolgt und so auf die Interessen der abhängigen Gesellschaft nicht entsprechend Rücksicht genommen wird.[140]
Ausgehend vom Aktienkonzernrecht wurde der Versuch unternommen, die Probleme des Gläubigerschutzes im GmbH-Konzern auf ähnliche Weise zu lösen wie bei der Aktiengesellschaft. 1972 wurde vom Arbeitskreis GmbH-Reform[141] sogar der Vorschlag zur Einführung eines eigenen GmbH-Konzernrechts gemacht, der in der kleinen GmbH-Novelle von 1980 jedoch keine Berücksichtigung fand. Die Vorschläge des Arbeitskreises GmbH-Reform fanden dennoch Anklang in der Literatur und seit den achtziger Jahren auch in

---

[136] Vgl. Bitter, WM 2001, 2133, 2136; Schnauder/ Müller-Christmann, JuS 1998, 980, 982
[137] Vgl. BGH, Urt. v. 30.1.1956, BGHZ 20, 4, 12, unter I.2.; BGH, Urt. v. 29.11.1956, BGHZ 22, 226, 230, Leitsatz; BGH, Urt. v. 14.12.1959, BGHZ 31, 258, 271, unter I.2. der Gründe; BGH, Urt. v. 14.5.1974, NJW 1974, 1371, 1372, unter II.2.a) der Gründe; BSG, Urt. v. 7.12.1983, NJW 1984, 2117, 2118; BSG, Urt. v. 1.2.1996, ZIP 1996, 1134, 1135, unter II. der Gründe; BAG, Urt. v. 3.9.1998, NJW 1999, 740, 741, unter II.1. der Gründe; BAG, Urt. v. 8.9.1998, NJW 1999, 2612, 2613, unter I. der Gründe
[138] Hierzu ausführlich unten im 2. Teil unter A.I.2.b)aa)
[139] Zur Dogmatik der Durchgriffshaftung ausführlich im 2. Teil
[140] BGH v. 13.10.1977, BGHZ 69, 334, 337, unter II.2. der Gründe; BGH, Urt. v. 29.3.1993, BGHZ 122, 123, 126 = JZ 1993, 575, 576 f. – „TBB“, unter III.2.a); Assmann, JZ 1986, 881, 885; Ulmer, ZHR 148 (1984), 391, 396 f.
[141] Arbeitskreis GmbH-Reform, S. 47 ff., mit Gesetzesvorschlag S. 56 ff.; zur Entwicklung siehe Wiedemann, in: 50 Jahre Bundesgerichtshof, S. 337, 344

der Rechtsprechung. Vor diesem Hintergrund entwickelte der BGH in einer Serie von vier Grundsatzentscheidungen[142] das Konzept des qualifiziert faktischen Konzerns in einer Analogie zu den §§ 302, 303 AktG.[143]
Mit drei Urteilen aus dem Jahr 2001 und 2002, dem „Bremer Vulkan"-Urteil vom 17.9.2001[144], dem Urteil vom 25.2.2002[145] und dem „KBV"-Urteil vom 24.6.2002[146], hat der BGH dieses Haftungskonzept ausdrücklich aufgegeben und das neue Haftungskonzept des existenzvernichtenden Eingriffs auf den Weg gebracht. Im Jahr 2004 ergingen drei weitere Urteile zur Existenzvernichtungshaftung[147], die das neue Haftungskonzept konkretisierten.

II. Gläubigerschutz als Reflex des Minderheitenschutzes – Die „ITT"-Entscheidung

Gänzlich unabhängig vom früheren Haftungskonzept des qualifiziert faktischen Konzern ist seit der bekannten „ITT"-Entscheidung[148] aus dem Jahr 1975 die Haftung des Gesellschafters wegen Verstoßes gegen die gesellschaftsrechtliche Treuepflicht anerkannt.[149] Daran wird sich auch durch das neue Haftungskonzept des existenzvernichtenden Eingriffs nichts ändern.

1. Die „ITT"-Entscheidung

Im „ITT"-Fall führte eine GmbH als Komplementärin die Geschäfte mehrerer Kommanditgesellschaften. Die GmbH wurde von ihrem Mehrheitsgesellschafter dazu veranlasst, für ihre Kommanditgesellschaften einen so genannten Service-Vertrag mit einer anderen 100prozentigen Tochtergesellschaft des Mehrheitsgesellschafters abzuschließen. Dadurch waren die Kommanditgesellschaften zur Abführung einer so genannten Konzernumlage in Höhe von 1 Prozent ihres Umsatzes verpflichtet, obwohl sie hierfür keine entsprechenden Gegenleistungen erhielten. Der Minderheitsgesellschafter der GmbH, der zudem auch an den Kommanditgesellschaften beteiligt war, klagte gegen die Mehrheitsgesellschafterin, weil durch die Umlage ein Teil des Gewinns der Unternehmensgruppe

---

[142] BGH, Urt. v. 16.9.1985, BGHZ 95, 330 = JZ 1986, 901 – „Autokran"; BGH, Urt. v. 20.2.1989, BGHZ 107,7 = NJW 1989, 1800 – „Tiefbau"; BGH, Urt. v. 23.9.1991, BGHZ 115, 187 = JZ 1992, 728 – „Video"; BGH, Urt. v. 29.3.1993, BGHZ 122,123 = JZ 1993, 575 – "TBB"
[143] Kurzübersicht bei Hirte, Kapitalgesellschaftsrecht, Rn. 649 ff., S. 191 ff.
[144] BGH, Urt. v. 17.9.2001, BGHZ 149, 10 = GmbHR 2001, 1036 – „Bremer Vulkan"
[145] BGH, Urt. v. 25.2.2002, ZIP 2002, 848
[146] BGH, Urt. v. 24.6.2002, ZIP 2002, 1578 – „KBV"
[147] BGH, Urt. v. 20.9.2004, ZIP 2004, 2138 ff.; BGH, Urt. v. 13.12.2004, ZIP 2005, 117 ff.; Urt. v. 13.12.2004 – „Handelsvertreter", ZIP 2005, 250 ff.
[148] BGH, Urt. v. 5.6.1975, BGHZ 65, 15 = JZ 1976, 408 – „ITT"
[149] Hueck/ Fastrich, in: Baumbach/ Hueck, Komm. z. GmbHG, § 13 Rn. 21; Lutter/ Bayer, in: Lutter/ Hommelhoff, Komm. z. GmbHG, § 14 Rn. 18 ff.; Pentz, in: Rowedder/ Schmidt-Leithoff, Komm. z. GmbHG, § 13 Rn. 35; jeweils m.w.N.

zugunsten der Mehrheitsgesellschafterin abgeschöpft worden war und dies zu einer treuwidrigen Verteilung des Reingewinns geführt hatte.
Der BGH meinte hierzu, aus der für die Gesellschaftermehrheit bestehende Möglichkeit, durch Einflussnahme auf die Geschäftsführung die gesellschaftsbezogenen Interessen der Mitgesellschafter zu beeinträchtigen, ergäbe sich zugleich die gesellschaftsrechtliche Pflicht, auf diese Interessen der Mitgesellschafter Rücksicht zu nehmen.[150] Die Beziehungen der Gesellschafter untereinander seien von der gesellschaftsrechtlichen Treuepflicht bestimmt. Der BGH begründete die Treuepflichtbindung der Gesellschafter einer GmbH damit, dass „die nähere Ausgestaltung ihrer Organisation und ihre wirtschaftliche Betätigung oft in erheblichem Maß dem unmittelbaren Einfluss ihrer Gesellschafter unterliegt und die inneren Verhältnisse der GmbH daher auf eine deutliche Nähe zu den Personalgesellschaften angelegt sind."

2. Mittelbarer Gläubigerschutz durch gesellschaftsrechtliche Treuepflicht

Ausgangspunkt der gesellschaftsrechtlichen Treuepflicht ist zwar der Schutz der Minderheitsgesellschafter,[151] mittelbar schützt die gesellschaftsrechtliche Treuepflicht aber auch die Gläubiger der GmbH, weil sich die Gesellschafter gegenseitig kontrollieren und sich durch den Anspruch der Gesellschaft gegen den schadensersatzpflichtigen Gesellschafter die Haftungsmasse der Gesellschaft erhöht.[152] Auf der Grundlage der gesellschaftsrechtlichen Treuepflicht ist die Mehrpersonen-GmbH umfassend vor Eingriffen ihrer Gesellschafter geschützt.[153] Soweit es nicht um deren eigennützige Rechte geht, etwa um das Gewinn- oder Austrittsrecht, haben die Gesellschafter ihre Einflussnahme ausschließlich am Gesellschaftsinteresse auszurichten.[154] Die Gesellschafter dürfen sich keine Gewinnchancen der Gesellschaft aneignen und ihr das Vermöge nicht entziehen, unabhängig davon, ob es zur Erhaltung des Stammkapitals erforderlich ist oder nicht.[155]
Der Gläubigerschutz ist aber nur ein reflexartiger Schutz. Die gesellschaftsrechtliche Treuepflicht – jedenfalls die auf der Grundlage der „ITT"-Rechtsprechung" anerkannte Treuepflicht – ist nicht Bestandteil eines echten

[150] BGH, Urt. v. 5.6.1975, BGHZ 65, 15 = JZ 1976, 408, 408 - „ITT", unter 1. der Gründe
[151] Altmeppen, in: Roth/ Altmeppen, Komm. z. GmbHG, § 13 Rn. 70; Wiedemann, Gesellschaftsrecht, Bd. I., S. 412
[152] Lutter, ZIP 1985, 1425, 1428
[153] Vgl. Vetter, Rechtliche Grenzen, S. 91
[154] Hueck/ Fastrich, in: Baumbach/ Hueck, Komm. z. GmbHG, § 13 Rn. 22; Lutter/ Bayer, in: Lutter/ Hommelhoff, Komm. z. GmbHG, § 14 Rn. 18; Pentz, in: Rowedder/ Schmidt-Leithoff, Komm. z. GmbHG, § 13 Rn. 40; jeweils m.w.N.
[155] Zu den nicht abschließenden Anwendungsfällen: Hueck/ Fastrich, in: Baumbach/ Hueck, Komm. z. GmbHG, § 13 Rn. 27 ff.; Lutter/ Bayer, in: Lutter/ Hommelhoff, Komm. z. GmbHG, § 14 Rn. 20 ff.; Pentz, in: Rowedder/ Schmidt-Leithoff, Komm. z. GmbHG, § 13 Rn. 43 ff.

Gläubigerschutzkonzeptes.[156] Der Ansatz versagt dann, wenn es keine Minderheitsgesellschafter gibt; denn in der Einpersonengesellschaft können naturgemäß diejenigen Regeln nicht zum Tragen kommen, die das Vermögen der Gesellschaft zugunsten der Minderheitsgesellschafter vor Eingriffen durch Mehrheitsgesellschafter schützen.[157] Gleiches gilt für die Mehrpersonen-Gesellschaft in den Fällen, in denen alle Gesellschafter einvernehmlich handeln oder die Minderheit auf ihren Schutz verzichtet.[158]

III. Die BGH-Rechtsprechung zum qualifiziert faktischen Konzern

Im einfachen faktischen GmbH-Konzern sollten nach Ansicht des BGH besondere konzernrechtliche Gläubigerschutzvorschriften nicht erforderlich sein und die Haftung der Gesellschafter nach den Grundsätzen der soeben dargestellten „ITT"-Rechtsprechung zum Schutze der Minderheitsgesellschafter und Gläubiger ausreichen. Dagegen seien im qualifiziert faktischen GmbH-Konzern die im aktienrechtlichen Vertragskonzern geltenden Regelungen entsprechend heranzuziehen. Der herrschende Unternehmensgesellschafter habe in entsprechender Anwendung der §§ 302, 302 AktG während der Dauer des Konzernverhältnisses die Verluste der abhängigen Gesellschaft auszugleichen und danach den Gesellschaftsgläubigern Sicherheit zu leisten.

Im Folgenden werden die vier wesentlichen Entscheidungen des Zweiten Zivilsenats zum qualifiziert faktischen Konzern – „Autokran"[159], „Tiefbau"[160], „Video"[161] und „TBB"[162] – dargestellt. Dabei wird zugleich auch der jeweilige Meinungsstand im Schrifttum nachgezeichnet.

1. Die „Autokran"-Entscheidung

a) Die Entscheidungsgründe

Die Rechtsfigur des qualifiziert faktischen GmbH-Konzerns wurde vom BGH erstmals im „Autokran"-Urteil aus dem Jahr 1985 angewandt.[163] In dem zugrunde liegenden Sachverhalt ging es um die persönliche Haftung des Gesellschaf-

---

[156] Ulmer, GmbHR 1984, 256, 263, unter III.3.; a.A. K. Schmidt, Gesellschaftsrecht, § 20 IV.3., S. 593

[157] Burgard, ZIP 2002, 827, 828; Ulmer, ZHR 148 (1984), 391, 394

[158] Altmeppen, in: Roth/ Altmeppen, Komm. z. GmbHG, § 13 Rn. 90; Bitter, WM 2001, 2133, 2136; Lutter, ZIP 1985, 1425, 1428; Ulmer, ZHR 148 (1984), 391, 394

[159] BGH, Urt. v. 16.9.1985, BGHZ 95, 330 = JZ 1986, 901 – „Autokran"

[160] BGH, Urt. v. 20.2.1989, BGHZ 107,7 = NJW 1989, 1800 – „Tiefbau"

[161] BGH, Urt. v. 23.9.1991, BGHZ 115, 187 = JZ 1992, 728 – „Video"

[162] BGH, Urt. v. 29.3.1993, BGHZ 122,123 = JZ 1993, 575 – "TBB"

[163] BGH, Urt. v. 16.9.1985, BGHZ 95, 330 = JZ 1986, 901 – „Autokran"; in Ansätzen schon BGH, Urt. v. 5.2.1979, BB 1979, 1735, 1737 – „Gervais Danone", unter II.2.a) der Gründe; abweichend noch BGH, Urt. v. 4.5.1977, BGHZ 68, 312, 320 – „Typenhaus", unter II.2.b) der Gründe

ters von sieben GmbH, deren Unternehmensgegenstand die Vermietung von Autokränen war. Der Beklagte leitete die Gruppe wie ein einheitliches Unternehmen, wobei die Kräne der einzelnen Gesellschaften je nach Bedarf zwischen diesen hin und her geschoben wurden. Die Klägerin, von der die einzelnen Gesellschaften die Kräne geleast hatten, nahm den Beklagten nach dem Vermögensverfall der Gesellschaften persönlich in Anspruch.
Der BGH meinte, dass ein solcher faktischer Konzern nicht dem gesetzlichen Leitbild entspricht, das von einer autonomen Gesellschaft ausgeht, die ihre Belange nach eigenständigen Zielvorstellungen unabhängig verfolgt. Es läge auf der Hand, dass die Schutzvorkehrungen, die das GmbH-Recht bei Einzeleingriffen des herrschenden Unternehmens für die Interessen der Gesellschaftsgläubiger bereit hält, nicht dem gesetzlichen Leitbild entsprechend funktionierten.[164] Der BGH sprach sich unter Berufung auf gewichtige Stimmen im Schrifttum[165] dafür aus, die Grundsätze des aktienrechtlichen Vertragskonzernrechts „in vorsichtiger Weise" heranzuziehen. Dabei hatte der BGH zunächst Bedenken, eine Verlustausgleichspflicht analog § 302 AktG auch in der Einmann-GmbH anzunehmen.[166] Stattdessen bejahte er eine Ausfallhaftung analog §§ 303, 322 Abs. 2 und 3 AktG.[167] Werde das Eigeninteresse der abhängigen GmbH infolge eines von dem herrschenden Unternehmen – sachlich umfassend und zeitlich andauernd – ausgeübten Einflusses nachhaltig beeinträchtigt, so sei ein vergleichbarer Schutz, jedenfalls zugunsten der Gläubiger geboten. Der Umstand, dass das herrschende Unternehmen die Leitungsmacht der abhängigen GmbH dauernd und umfassend ausübt, begründe die Vermutung, dass bei der Geschäftsführung auf die eigenen Belange der GmbH nicht angemessen Rücksicht genommen wurde. Das herrschende Unternehmen könne die Vermutung aber auszuräumen, indem es belegt, dass der pflichtgemäß handelnde Geschäftführer einer selbständigen GmbH deren Geschäfte unter den gegebenen Umständen nicht anders geführt hätte.[168]

b) Einordnung der Entscheidung

Nach der Konzeption des „Autokran"-Urteils war die Haftung im qualifiziert faktischen Konzern an zwei Voraussetzungen gebunden: Zum einen an die dauerhafte und umfassende Einflussnahme des herrschenden Unternehmens auf die

---

[164] BGH, Urt. v. 16.9.1985, BGHZ 95, 330, 342 = JZ 1986, 901, 904 – „Autokran", unter II. 5. a) der Gründe
[165] Emmerich, in: Scholz, Komm. z. GmbHG, I. Bd., Anh. II Rn. 141; Zöllner, in: Baumbach/ Hueck, Komm. z. GmbHG, 14. Aufl., Schlussanh. I Rn. 29; jeweils m.w.N.
[166] BGH, Urt. v. 16.9.1985, BGHZ 95, 330, 346 = JZ 1986, 901, 905 – „Autokran", unter II. 5. c) der Gründe
[167] BGH, Urt. v. 16.9.1985, BGHZ 95, 330, 334, 346 = JZ 1986, 901, 902, 906 – „Autokran", unter II. sowie II.5.c) der Gründe
[168] BGH, Urt. v. 16.9.1985, BGHZ 95, 330, 346 = JZ 1986, 901, 905 – „Autokran", unter II. 5. b) der Gründe

Geschäftsführung der beherrschten Gesellschaft; und zum anderen an die Verletzung des Eigeninteresses jener Gesellschaft zugunsten des Konzerninteresses. Beide Elemente wurden im Wege einer widerlegbaren Vermutung miteinander verknüpft.[169]
Schwierigkeiten bereitete die Entscheidung deshalb, weil der BGH mit der Möglichkeit eines direkten Gläubigeranspruchs nach § 303 AktG und dem Entlastungsbeweis ähnlich § 317 Abs. 2 AktG zwei sich nach den gesetzgeberischen Vorstellungen eigentlich ausschließende Nachteilsausgleichsmechanismen kombinierte. Während im Falle vereinzelt nachteiliger Eingriffe in die abhängige AG ein Entlastungsbeweis sinnvoll und vom Gesellschafter auch zu führen ist, hielt der Gesetzgeber im Falle dauerhafter und umfassender Einflussnahme einen punktuellen Schadensausgleich nicht für möglich und statuierte im Aktienrecht statt dessen eine generelle Verlustausgleichspflicht ohne Entlastungsmöglichkeit.[170]
Später wurde die in der „Autokran“-Entscheidung aufgenommene Entlastungsmöglichkeit vom damaligen Senatsvorsitzenden Stimpel damit begründet, dass im GmbH-Recht anders als im Aktienrecht die Haftung nicht schon auf die dauernde Leitungsmacht gestützt werden kann, da das GmbH-Gesetz anders als das AktG jedem Mehrheitsgesellschafter eine solche Befugnis einräumt.[171] Demnach sollte der Tatbestand also ein Verhaltenselement enthalten – nämlich die Interessenbeeinträchtigung, die vom Gläubiger allerdings nicht dargetan werden musste, sondern bei dauernder und umfassender Leitung vermutet wurde.[172] Das Haftungskonzept des BGH ließ sich deshalb je nach Blinkwinkel als „modifizierte Verhaltenshaftung“[173] oder als „eingeschränkte Strukturhaftung“[174] bezeichnen.

2. Die „Tiefbau“-Entscheidung

In der „Tiefbau“-Entscheidung[175] hatte der BGH über eine Klage gegen eine Bank zu entscheiden, die über Treuhänder die Anteilsmacht an einer GmbH erworben und die Geschäfte der GmbH maßgeblich geführt hatte. Nachdem das Konkursverfahren über das Vermögen der GmbH eröffnet worden war, machte der Konkursverwalter geltend, die GmbH sei in vielfältiger Weise auf Anweisung der Bank geschädigt worden.

---

[169] Vgl. Lutter, ZIP 1985, 1425, 1429
[170] Vgl. Assmann, JZ 1986, 881, 884
[171] Stimpel, AG 1986, 117, 122
[172] Lutter, ZIP 1985, 1425, 1430; K. Schmidt, ZIP 1988, 1497, 1507; unklar Römermann/Schröder, GmbHR 2001, 1015, 1016
[173] Bitter, Durchgriffshaftung bei Personengesellschaften,, S. 445; Lutter, AG 1990, 179, 182
[174] Kleindiek, Strukturvielfalt, S. 272; vgl. Ulmer, in: Hachenburg, Bd. 3, Anh. § 77 Rn. 112 f., der Elemente beider Haftungstypen feststellt.
[175] BGH, Urt. v. 20.2.1989, BGHZ 107, 7 = NJW 1989, 1800 – „Tiefbau“

Der BGH bestätigte die Analogie zum aktienrechtlichen Vertragskonzern und ließ es ausreichen, dass das herrschende Unternehmen „im finanziellen Bereich die Leitung vollständig an sich gezogen hat".[176] Zumindest für die mehrgliedrige GmbH sollte eine Verlustausgleichspflicht analog § 302 AktG in Betracht kommen.[177] Anders als in der „Autokran"-Entscheidung meinte der BGH, dass die Haftung nicht mehr davon abhängt, ob das herrschende Unternehmen die GmbH pflichtgemäß wie ein Geschäftsführer einer autonomen GmbH geführt hat. Vielmehr sollte der herrschende Gesellschafter nur dann nicht haften, wenn bei der abhängigen GmbH Verluste auf Umständen beruhen, die mit der Ausübung der Leitungsmacht nichts zu tun haben.[178] Dies wurde in der Literatur zum Teil als Hinwendung zur reinen Strukturhaftung verstanden.[179]

3. Die „Video"-Entscheidung

a) Entscheidungsgründe

Ihren Höhepunkt erreichte die Rechtsprechung zum qualifiziert faktischen Konzern mit dem „Video"-Urteil[180] aus dem Jahr 1991. Der BGH hatte dabei über die persönliche Haftung eines Alleingesellschafters und Geschäftsführers einer wegen Vermögenslosigkeit gelöschten GmbH zu entscheiden. Gegenstand der Geschäftstätigkeit der GmbH war die Vervielfältigung von Videofilmen. Der betreffende Alleingesellschafter betrieb zudem als Einzelkaufmann die Einrichtung von Videotheken und hielt weitere Beteiligungen an verschiedenen ebenfalls im Video-Geschäft tätigen GmbH.
Der BGH bestätigte und ergänzte seine Rechtsprechung zur Haftung im qualifiziert faktischen Konzern. Im ersten Leitsatz des „Video"-Urteils fasste der BGH seine Überlegungen dahingehend zusammen, dass der Allein- oder Mehrheitsgesellschafter einer GmbH grundsätzlich nach den Haftungsregeln im qualifiziert faktischen Konzern haftet, wenn er gleichzeitig deren alleiniger Geschäftsführer ist und sich außerdem als Einzelkaufmann unternehmerisch betätigt.[181] Der BGH begründete dies damit, dass der geschäftsführende Alleingesellschafter die Leitungsmacht in einer Weise ausübt, wie sie kaum intensiver sein kann.[182]

---

[176] BGH, Urt. v. 20.2.1989, BGHZ 107, 7, 17 = NJW 1989, 1800, 1802 – „Tiefbau", unter III.3.a) der Gründe
[177] Unter Berufung auf Assmann, JZ 1986, 928, 932ff.; Fleck, WM 1986, 1213; Ulmer, NJW 1986, 1582 f.; Stimpel, in: Festschrift für Goerdeler, S. 601, 618, 1. Abs.
[178] BGH, Urt. v. 20.2.1989, BGHZ 107,7, 17 = NJW 1989, 1800, 1802 – „Tiefbau", unter III. 3. a) der Gründe
[179] Kleindiek, Strukturvielfalt, S. 267; rückblickend Döser, AG 2003, 404, 411
[180] BGH, Urt. v. 23.9.1991, BGHZ 115, 187 = JZ 1992, 728 – „Video"
[181] BGH, Urt. v. 23.9.1991, BGHZ 115, 187 = JZ 1992, 728 – „Video", 1. Leitsatz
[182] BGH, Urt. v. 23.9.1991, BGHZ 115, 187, 195 = JZ 1992, 728, 730 – „Video", unter 2.c)aa) der Gründe

Ausdrücklich meinte der 2. Senat unter Bezugnahme auf seinen früheren Vorsitzenden Stimpel[183], es ginge nicht um eine Haftung wegen schuldhaft nicht ordnungsgemäßer Geschäftsführung; vielmehr gehe es um die Pflicht zur Übernahme des Risikos, das sich aus der Einbindung der abhängigen Gesellschaft in die übergeordneten Konzerninteressen ergibt.[184]
Die Entlastungsmöglichkeit schränkte der BGH weiter ein. Den Einwand, die Insolvenz der GmbH sei auf unvorhersehbare erhebliche Forderungsausfälle zurückzuführen, ließ er nur gelten, wenn die Forderungsausfälle katastrophenähnlich durch einen plötzlichen Vermögensverfall eines Hauptschuldners ausgelöst wurden.[185]

b) Einordnung der Entscheidung

Das „Video"-Urteil erfuhr in der Literatur[186] massive Kritik. Deren Kern lag darin, dass die im Urteil aufgestellten Grundsätze im Ergebnis auf eine weitgehende Abschaffung der Haftungsbeschränkung der GmbH hinausliefen.[187] Da der Entlastungsbeweis praktisch nicht zu führen war, haftete im Ergebnis jeder Einmann-Gesellschafter-Geschäftsführer persönlich, wenn er sich anderweitig unternehmerisch betätigte.[188] Die Vermutungskaskaden, wonach bei einem Einmann-Gesellschafter-Geschäftsführer eine dauernde und umfassende Leitung angenommen wurde, aus der sich wiederum die Vermutung eines Fehlverhaltens ergab, führten de facto zur reinen Zustandshaftung.[189] Abgelehnt wurde in der Literatur insbesondere die Ableitung einer strukturellen Gefährdung aus der Geschäftsführerstellung des Alleingesellschafters.[190] Schließlich gibt es keinen Erfahrungssatz, dass in einer GmbH, deren noch anderweitig unternehmerisch tätiger Gesellschafter zugleich Geschäftsführer ist, typischerweise auf die Belange

---

[183] Stimpel, ZGR 1991, 144, 154, 1. Abs.
[184] BGH, Urt. v. 23.9.1991, BGHZ 115, 187, 194 = JZ 1992, 728, 730 – „Video", unter 2. b) der Gründe
[185] BGH, Urt. v. 23.9.1991, BGHZ 115, 187, 196 = JZ 1992, 728, 730 f. – „Video", unter 2. c)bb) der Gründe
[186] Altmeppen, DB 1991, 2225, 2230, unter V.1.: „Abschaffung der Haftungsbeschränkung"; Flume, ZIP 1992, 817, 818: „Verstoß gegen ‚Gesetz und Recht' "; Gäbelein; GmbHR 1992, 273, 273, befürchtete sogar, dass das Urteil zum „Abwandern oder zum Fernhalten von Unternehmen vom Industriestandort Deutschland beitragen wird"; Kleindiek, ZIP 1991, 1330 ff.; Knobbe-Keuk, DB 1992, 1461, 1461: „Erdbeben ‚Video' "; Mertens, AG 1991, 434; K. Schmidt, ZIP 1993, 549, 551, unter II.3.1.: „unhaltbar weite Tatbestand", Westermann, S. 21, 38
[187] Röhricht, ZGR 1999, 445, 465, 1. Abs.; rückblickend Römermann/ Schröder, GmbHR 2001, 1015, 1016; K. Schmidt, ZIP 1991, 1325, 1329; Timm, NJW 1992, 2185, 2189 f.; Westermann, ZIP 1993, 554, 555 f.
[188] Altmeppen, DB 1991, 2225, 2228; ders., ZIP 1992, 1668, 1669; ders., Abschied vom qualifiziert faktischen Konzern, S. 54; Flume, ZIP 1992, 817, 819; Timm, GmbHR 1992, 213, 219
[189] Lutter, JZ 1993, 580 f.
[190] Kleindiek, ZIP 1991, 1330, 1333

der GmbH nicht ausreichend Rücksicht genommen wird.[191] Ebenso wenig überzeugte das Argument, der geschäftsführende Alleingesellschafter übe die Leitungsmacht in einer Weise aus, wie sie kaum intensiver sein könne. Die Leitungsmacht des Gesellschafters folgt nämlich bereits aus seiner Weisungsbefugnis. Anders als bei der AG liegt es bei der GmbH ja gerade im Kompetenzbereich der Anteilseigner, sowohl die Leitlinien als auch die Einzelheiten der Unternehmenspolitik und ihrer Umsetzung vorzugeben.[192] Deshalb lehnte es die Literatur im Anschluss an die „Video"-Entscheidung überwiegend ab, aus der dauernden und umfassenden Leitung einer Gesellschaft eine Beeinträchtigung der Eigeninteressen dieser Gesellschaft zu folgern.[193]

4. Die „TBB"-Entscheidung[194]

a) Entscheidungsgründe

Im „TBB"-Fall war über eine Klage gegen den Geschäftsführer und wirtschaftlichen Alleingesellschafter[195] der nach Vermögensverfall aufgelösten Baubetreuungsgesellschaft mbH („TBB-GmbH") zu entscheiden. Der Gesellschafter war daneben noch als Einzelkaufmann und als Mitgeschäftsführer und Mitgesellschafter anderer Gesellschaften im Baubereich tätig. Die Klägerin, ebenfalls eine Baufirma, konnte ihren Anspruch auf Zahlung des Werklohns für von ihr erbrachte Arbeiten gegen die TBB-GmbH nicht durchsetzen. Vor dem Zusammenbruch der Gesellschaften hatte der Beklagte gegenüber seiner Bank für die von ihm geleiteten Gesellschaften schriftlich erklärt, dass jedes der Unternehmen gesamtschuldnerisch für die Verbindlichkeiten der anderen hafte. Die Bank wurde ermächtigt die Kontenstände jeweils vor Saldenaufnahme zu verrechnen. Ein halbes Jahr vor dem Zusammenbruch übereignete die TBB-GmbH sämtliche Büromaschinen und Bürogegenstände an die Bank.

Im 1. Leitsatz der Entscheidung heißt es: „Der eine GmbH beherrschende Gesellschafter haftet entsprechend den §§ 302, 303 AktG, wenn er die Konzernleitungsmacht in einer Weise ausübt, die keine angemessene Rücksichtnahme auf die eigenen Belange der abhängigen Gesellschaft nimmt, ohne dass sich der ihr insgesamt zugefügte Nachteil durch Einzelausgleichsmaßnahmen kompensieren ließe."[196]

---

[191] Kleindiek, GmbHR 1992, 574, 580; Westermann, ZIP 1993, 554, 555 f.

[192] Keßler, GmbHR 2001, 1095, 1096 f.; anders noch ders., GmbHR 2001, 320, 325

[193] Drygala, ZIP 1992, 1628,1628; Flume, ZIP 1992, 817, 819; Kleindiek, ZIP 1991, 1330, 1335; Lutter, in: Heidelberger Konzernrechtstage, S. 183, 196; Timm, GmbHR 1992, 213, 218 f.

[194] BGH, Urt. v. 29.3.1993, BGHZ 122, 123 = JZ 1993, 575 – "TBB"

[195] Der BGH ging davon aus, dass der Beklagte als wirtschaftlicher Alleingesellschafter anzusehen sei. Die Anteile seiner Ehefrau könnten ihm zugerechnet werden, wenn diese ihre Anteile nur als Treuhänderin für den Beklagten hielt: BGH, Urt. v. 29.3.1993, BGHZ 122, 125 f. = JZ 1993, 575, 576 – „TBB", unter III.1. der Gründe

[196] BGH, Urt. v. 29.3.1993, BGHZ 122, 123, = JZ 1993, 575 – „TBB", 1. Leitsatz

In den Gründen führte der BGH aus, Haftungstatbestand sei nicht die dauernde und umfassende Leitung der abhängigen Gesellschaft, sondern die Beeinträchtigung ihrer Interessen.[197] Zwar war schon die „Autokran"-Entscheidung überwiegend so verstanden worden, dass die Interessenbeeinträchtigung – jedenfalls dogmatisch – der eigentliche Haftungsgrund war. In der „TBB"-Entscheidung knüpfte der BGH an die Ausübung der Leitungsmacht aber erstmals nicht mehr die Vermutung, dass die Interessen der abhängigen Gesellschaft verletzt wurden. Dies sollte nunmehr vom Kläger darzulegen und zu beweisen sein. Statt dessen gewährte der BGH dem klagenden GmbH-Gläubiger Erleichterungen hinsichtlich seiner Darlegungslast.[198]

b) Einordnung der „TBB"-Entscheidung

Nach den vom BGH in der „TBB"-Entscheidung aufgestellten Grundsätzen war die dauernde und umfassende Leitung weder eine hinreichende noch eine notwendige Bedingung mehr für das Eingreifen der Gesellschafterhaftung.[199] Der Abschied vom Haftungskonzept des qualifiziert faktischen Konzern stand damit eigentlich bereits fest.[200] Dennoch richtete der BGH das Haftungskonzept weiterhin am Modell des Beherrschungsvertrages des Aktienrechts aus und begründete die Notwendigkeit einer speziellen konzernrechtlichen Haftung weiterhin mit der „bei anderweitiger unternehmerischer Betätigung bestehenden Gefahr einer Interessenkollision"[201]. Der BGH sprach deshalb wohl auch nur von einer „Klarstellung" gegenüber seiner vorherigen Rechtsprechung zum qualifiziert faktischen Konzern, während in der Literatur eher von einer „Kurskorrektur"[202] oder sogar von einer „grundlegenden Neuausrichtung"[203] die Rede war.
Die Analogie zu den §§ 302, 303 AktG mag der Grund dafür gewesen sein, dass in den Jahren nach der „TBB"-Entscheidung vielfach noch am alten Haftungskonzept festgehalten wurde[204]. Die Instanzgerichte setzten die Grundsätze der

---

[197] BGH, Urt. v. 29.3.1993, BGHZ 122, 123, 131 = JZ 1993, 575, 577 f. – „TBB", unter III. 2 c)bb) der Gründe; so schon Kleindiek, GmbHR 1992, 574, 583
[198] Kleindiek, DZWir 1993, 177, 179; ausführlich unten im 3. Teil unter C.
[199] Lutter, JZ 1993, 580, 581; Ulmer, ZIP 2001, 2021, 2022; ders., in: Haftung im qualifiziert faktischen GmbH-Konzern, S. 41,43 f.,46; Röhricht, in: Festschrift 50 Jahre BGH, S. 83, 86
[200] Altmeppen, ZIP 2002, 1553, 1553, unter I.; ders., ZIP 2001, 1837, 1838, unter I.; Ulmer, ZIP 2001, 2021, 2022 f., unter II.1.2.
[201] BGH, Urt. v. 29.3.1993, BGHZ 122, 123, 127 = JZ 1993, 575, 577 – „TBB", unter III. 2 b) der Gründe;
[202] Kleindiek, DZWir 1993, 177: „Kurskorrektur im GmbH-Konzernrecht"; Kowalski, GmbHR 1993, 253: „Wendepunkt"; Röhricht, in: Festschrift 50 Jahre BGH, S. 83, 84: „Kehrtwende"; Westermann, ZIP 1993, 554: „Neuansatz"; Wiedemann, in 50 Jahre Bundesgerichtshof, S. 337, 347
[203] Drygala, GmbHR 1993, 317, 317, Vorwort
[204] Ulmer, ZIP, 2001, 2023; Röhricht, in: Festschrift 50 Jahre BGH, S. 83, 87

die Konzernhaftung wesentlich einschränkenden „TBB"-Entscheidung jedenfalls erst nach und nach um.[205]
Ebenso wie das „Video"-Urteil massive Ablehnung fand, wurde die „Kurskorrektur" des BGH im „TBB"-Urteil vom Schrifttum zunächst überwiegend mit großer Zustimmung aufgenommen.[206]
Zurecht war der BGH – anders als im „Video"-Urteil – von der dauernden und umfassenden Leitung als haftungsbegründendes Merkmal abgerückt, weil trotz einer solchen Leitung die Eigeninteressen der abhängigen Gesellschaft vollauf gewahrt bleiben können.[207]
Die im „TBB"-Urteil" weiterhin proklamierte Anknüpfung an die konzernspezifische Haftung analog zum Vertragskonzernrecht wurde im Anschluss aber vermehrt in Frage gestellt.[208] Denn vor dem Hintergrund der in der „TBB"-Entscheidung entwickelten Grundsätze bestand eigentlich kein Bedürfnis mehr für eine Analogie zu den §§ 302, 302 AktG. So meinte der frühere Vorsitzende Richter des für Gesellschaftsrecht zuständigen II. Zivilsenats Röhricht in einem Beitrag für die Festschrift zum 50jährigen Bestehen des BGH im Jahr 2000, es spräche vieles dafür, dass die Rückkoppelung der Rechtsfolgen an die §§ 302, 303 AktG zu den „noch nicht überwundenen Nachwirkungen" des früheren Ansatzes gehöre und daher nicht mehr zutreffe.[209]

---

[205] Zunächst überwogen im Anschluss an die „TBB"-Entscheidung die Konzernhaftung bejahende Urteile der Instanzgerichte: OLG München, Urt. v. 21.4.1994, ZIP 1994, 1776, 1777, unter I.2. der Gründe; OLG Bamberg, Urt. v. 10.5.1995, AG 1998, 191, 192 f., unter II. der Gründe; OLG Köln, Urt. v. 26.8.1996, BB 1997, 169 ff.; OLG Dresden, Urt. v. 19.12.1996, GmbHR 1997, 215, 217 f., unter IV. der Gründe; OLG München, Urt. v. 28.1.1999, NZG 1999, 1169, 1169 f.; KG, Urt. v. 1.8.2000, NZG 2001, 80, 81, unter 1. der Gründe; LG Münster, Urt. v. 6.1.1997, WM 1997, 672 ff.; AG Eisenach, Urt. v. 13.4.1995, GmbHR 1995, 445, 445.
Später überwogen auch auf der Ebene der Instanzgerichte eine Konzernhaftung ablehnende Entscheidungen: OLG Düsseldorf, Urt. v. 29.11.2000, NZG 2001, 368, 369 f., unter I.2.; OLG Celle, Urt. v. 12.7.2000, GmbHR 2001, 342, 345 f. , unter 5. der Gründe; OLG Düsseldorf, Urt. v. 13.1.2001, AG 2001, 90, 91, unter 2. der Gründe; NZG 1999, 502; OLG Celle, Urt. v. 18.11.1998, NZG 1999, 728 f.; OLG München, Urt. v. 3.12.1997, GmbHR 1998, 285 f., unter 1. der Gründe; OLG Köln, Urt. v. 30.4.1997, NZG 1998, 820, 821 f.; OLG Frankfurt a.M., Urt. v. 30.4.1997, AG 1998, 193 f.
[206] Drygala, GmbHR 1993, 317 ff.; Hommelhoff, ZGR 1994, 395 ff.; Kleindiek, DZWir 1993, 177 ff.; Kowalski, GmbHR 1993, 253 ff.; Krieger, ZGR 1994, 375 ff.; Lutter, JZ 1993, 580 ff.; K. Schmidt, ZIP 1993, 549, 551: „Trendwende in der Tendenz zu begrüßen"; ders. rückblickend, NJW 2001, 3577, 3577: „Balsam auf den Wunden der GmbH-Praxis"; Westermann, ZIP 1993, 554 ff.
[207] So schon Kleindiek, ZIP 1991, 1330, 1335
[208] Altmeppen, DB 1994, 1912, 1917; Bitter, ZIP 2001, 265, 266 ff.; ders., Durchgriffshaftung bei Personengesellschaften, S. 465; Röhricht, in: Festschrift 50 Jahre BGH, S. 83 ff.; K. Schmidt, NJW 1993, 549, 551; Versteegen, DB 1993, 1225, 1228 ff.; a.A. Krieger, ZGR 1994, 375, 377 f.; Lutter, JZ 1993, 580, 581
[209] Röhricht, in: Festschrift 50 Jahre BGH, S. 83, 111

IV. Die grundlegenden Entscheidungen des BGH zur Haftung wegen existenzvernichtenden Eingriffs

Nachdem in der „TBB"-Entscheidung bereits eine Abkehr vom qualifiziert faktischen Konzern zu erkennen war, stellte der BGH mit der Entscheidung „Bremer Vulkan" vom 17.9.2001[210], der darauf folgenden Entscheidungen vom 25.2.2002[211] und schließlich der „KBV"-Entscheidung vom 24.6.2002[212] das Konzept des Gläubigerschutzes im GmbH-Recht endgültig auf eine neue Grundlage.[213] Der BGH entwickelte mit diesen Entscheidungen ein neues Haftungskonzept, das er als „Haftung wegen Existenzvernichtung" oder „Haftung wegen existenzvernichtenden Eingriffs"[214] bezeichnet und die Haftung im qualifiziert faktischen Konzern ersetzen soll.[215]

1. Das „Bremer Vulkan"-Urteil

In seinem Urteil „Bremer Vulkan" hatte der BGH über die Haftung ehemaliger Vorstandsmitglieder des Werfkonzerns „Bremer Vulkan" gegenüber der Bundesanstalt für vereinigungsbedingte Sonderaufgaben wegen zweckwidrig verbrauchter Fördermittel zu entscheiden. Obwohl es eigentlich um die Feststellung einer Schadensersatzpflicht des früheren Vorstands der Bremer Vulkan AG ging, nutzte der BGH die Gelegenheit, um in einem zum Leitsatz erhobenen obiter dictum auf die Haftung der überhaupt nicht verklagten Gesellschafterin wegen Existenzvernichtung ihrer Gesellschaft einzugehen.

a) Sachverhalt

Reduziert man den umfangreichen Sachverhalt auf die für die Gesellschafterhaftung maßgeblichen Punkte, so ging es um folgendes: Die Bremer Vulkan AG übernahm 1992 von der Bundesanstalt für vereinigungsbedingte Sonderaufgaben (früher: Treuhandanstalt) die Geschäftsanteile an einer ostdeutschen Werft, die einen dreistelligen Millionenbetrag als Fördermittel erhalten sollte. Im Gegenzug verpflichtete sich die Bremer Vulkan AG, die ostdeutsche Werft als Verbundgesellschaft zu veranlassen, Investitionen in ähnlichem Umfang vorzunehmen. In der Folgezeit genehmigte die EG die einzelnen Auszahlungen der Beihilfen an die ostdeutsche Werft. Die Zahlungen gelangten alsbald auf das

---

[210] BGH, Urt. v. 17.9.2001, BGHZ 149, 10 = GmbHR 2001, 1036 – „Bremer Vulkan"
[211] BGH, Urt. v. 25.2.2002, ZIP 2002, 848
[212] BGH, Urt. v. 24.6.2002, ZIP 2002, 1578 – „KBV"
[213] Goette, DStR 2001, 1857, 1857; Keßler, GmbHR 2001, 1095, 1097; a.A. Ulmer, ZIP 2001, 2021, 2024: „Von grundlegend Neuem kann jedoch keine Rede sein."; Wilhelm, NJW 2003, 175, 178: „Das Neue ist das Alte."
[214] BGH, Urt. v. 25.2.2002, ZIP 2002, 848, 850, unter 2 b) und 3. der Gründe
[215] Röhricht, Aktuelle höchstrichterliche Rechtsprechung, S. 23

Konto der Treasury[216] der Bremer Vulkan AG, weil die ostdeutsche Werft in den Liquiditätsverbund des Konzerns einbezogen war und sich unter dem Einfluss der Bremer Vulkan AG verpflichtet hatte, frei verfügbare Mittel ausschließlich bei der Treasury der bereits kriselnden Bremer Vulkan AG anzulegen. Im Wege des Liquiditätsausgleichs wurden die der ostdeutschen Werft zur Verfügung gestellten Mittel teilweise westdeutschen Konzernunternehmen überlassen. Ende 1995 konnten dann die Zahlungsanforderungen der ostdeutschen Werft an das zentrale Cash-Management in Höhe von ca. 590 Millionen DM nicht mehr bedient werden. Die Wertberichtigung der Forderungen auf 0 führte zu einer Überschuldung der ostdeutschen Werft in Höhe von ca. 233 Millionen DM.

b) Entscheidungsgründe

In den Entscheidungsgründen des Urteils „Bremer Vulkan" heißt es: „Der Schutz einer abhängigen GmbH gegenüber Eingriffen ihres Alleingesellschafters folgt nicht dem Haftungssystem des Konzernrechts des Aktiengesetzes." Deutlicher konnte der BGH der Lehre vom qualifiziert faktischen Konzern keine Absage erteilen.[217] Stattdessen stellte der BGH den Bestandschutz der GmbH in den Vordergrund.[218] Dieser erfordere, dass der Alleingesellschafter bei Eingriffen in Vermögen und Geschäfts-Chancen der GmbH angemessene Rücksicht auf die Belange der Gesellschaft zu nehmen hat. Hieran fehle es, wenn die Gesellschaft in Folge der Eingriffe ihren Verbindlichkeiten nicht mehr nachkommen kann. Dies führt, so der BGH, zur Haftung der Gesellschafter, wenn sich die Fähigkeit der Gesellschaft zur Befriedigung ihrer Gläubiger nicht schon durch die Rückführung entzogenen Stammkapitals gemäß § 31 GmbHG wiederherstellen lässt.[219]

Der BGH kam zu dem Ergebnis, dass die Belange der ostdeutschen Werft spätestens seit Ende 1995 nicht mehr gewahrt wurden, weil sie die in den Liquiditätsverbund eingebrachten Mittel, die sie zur Erfüllung ihrer Verbindlichkeiten benötigte, von diesem Zeitpunkt an nicht mehr abrufen konnte.

c) Kernaussagen des „Bremer Vulkan"-Urteils

Nach der „TBB"-Entscheidung war die Einordnung des Haftungskonzeptes in eine Konzernhaftung noch umstritten. Während etwa K. Schmidt[220] meinte, die

---

[216] Als Treasury oder Inhouse-Bank wird die Verrechnungszentrale innerhalb von Cash-Managementsystemen bezeichnet, vgl. Jäger, DStR 2000, 1653, 1653

[217] Vgl. Altmeppen, NJW 2002, 321, 321; ders., ZIP 2001, 1837, 1838; a.A. Binz/ Sorg, Die GmbH & Co KG, § 11 Rn. 52, S. 239: „alten Wein in neuen Schläuchen"

[218] BGH, Urt. v. 17.9.2001, BGHZ 149, 10 = GmbHR 2001, 1036 – „Bremer Vulkan", erster Leitsatz: „Gewährleistung ihres Bestandsschutzes"

[219] BGH, Urt. v. 17.9.2001, BGHZ 149, 10, 12 = GmbHR 2001, 1038 – „Bremer Vulkan", unter I. 1. der Gründe

[220] K. Schmidt, NJW 1994, 447

vom BGH in dem „TBB"-Urteil entwickelte Haftung habe mit § 302 AktG gar nichts zu tun, wurde der Konzerntatbestand von weiten Teilen der Literatur[221] immer noch als das zentrale Kriterium des Haftungskonzeptes empfunden. Dagegen ist nicht zu bezweifeln, dass sich der BGH in der Entscheidung „Bremer Vulkan" nun vollständig von der konzernrechtlichen Haftung abgelöst hat.[222] Im Gegensatz zur „TBB"-Entscheidung, in der ebenfalls auf die mangelnde Rücksichtnahme auf die Eigenbelange der Gesellschaft abgestellt wurde, kommt es nun nicht mehr auf jedwede Belange der Gesellschaft an. Es geht nur noch um ihre Fähigkeit zur Bedienung ihrer Verbindlichkeit – und zwar unabhängig davon, ob es sich um eine Einmann-GmbH handelt oder nicht.[223]
Offen ließ der BGH im „Bremer Vulkan"-Urteil noch, wie die Haftung des Gesellschafters wegen existenzvernichtender Eingriffe konstruktiv einzuordnen ist. Vor allem blieb die Frage offen, ob es sich um einen Schadensersatzanspruch der GmbH oder um eine Durchgriffshaftung gegenüber den Gesellschaftsgläubigern handeln soll.[224] Die Formulierung vom „Anspruch der Gesellschaft wegen eines bestandsvernichtenden Eingriffs" wies eigentlich auf eine Innenhaftung hin, wogegen die Formulierung von „einer Haftung des Gesellschafters für die Verbindlichkeiten der [...] GmbH" auf eine Durchgriffshaftung gegenüber den Gesellschaftsgläubigern hindeutete.

2. Das Urteil vom 25.2.2002

a) Sachverhalt

Dem „Bremer Vulkan"-Urteil folgte die Entscheidung des BGH vom 25.2.2002[225]. Ihr lag folgender Sachverhalt zugrunde: An der in Konkurs gefallenen Gemeinschuldnerin mit einem Stammkapital von 100.000 DM, waren drei Gesellschafter beteiligt, einer zu 60 Prozent und zwei zu je 20 Prozent, wobei von letzteren ein Gesellschafter die Anteile als Treuhänder für den Beklagten zu 2) hielt. Die anderen beiden Anteile zu 20 Prozent und 60 Prozent waren an die Beklagte zu 1) als Sicherheit für ein Darlehen an die Gemeinschuldnerin in Höhe von 5 Millionen DM verpfändet. In Höhe von ca. 1,8 Millionen DM wurden private Rechnungen des einen mit 20 Prozent beteiligten Gesellschafters aus Mitteln der Gemeinschuldnerin bezahlt, dies mit Zustimmung der Beklagten zu 1), die hinsichtlich der an sie verpfändeten Anteile zu 20 Prozent und 60 Prozent

[221] Drygala, GmbHR 1993, 317, 322; Krieger, ZGR 1994, 375, 377; Michalski/ Zeidler, NJW 1996, 224, 225; Mutter, JuS 1993, 999, 1002; Ulmer, in: Hachenburg, Komm. z. GmbHG, Bd. 3, Anh. § 77 Rn. 126; Zöllner, in: Baumbach/ Hueck, Komm. z. GmbHG, Schlussanh. I. Rn. 87

[222] Altmeppen, ZIP 2001, 1837, 1846, unter IV.1.; Röhricht, Aktuelle höchstrichterliche Rechtsprechung, S. 23; hierzu ausführlich unten im 3 Teil unter A.II.

[223] Lutter/ Banerjea, ZGR 2003, 402, 413 f.

[224] Bitter, WM 2001, 2133, 3137; Ulmer, ZIP 2001, 2021, 2024

[225] BGH, Urt. v. 25.2.2002, ZIP 2002, 848

das Stimmrecht in der Gesellschafterversammlung ausübte. Nach dem Konkurs der Gesellschaft, machte die Klägerin geltend, die Beklagten seien aus § 31 Abs. 3 GmbHG, wegen einer Treupflichtverletzung gegenüber der Gemeinschuldnerin, wegen Gefährdung ihrer Existenz, aus § 43 Abs. 3 GmbHG, nach den Grundsätzen des qualifiziert faktischen Konzerns und aus unerlaubter Handlung zur Erstattung der 1,8 Millionen DM verpflichtet.

b) Entscheidungsgründe

Neben einer Haftung der Gesellschafter nach § 31 Abs. 3 GmbHG lehnte der BGH eine Haftung aus einem sonstigen Verpflichtungsgrund ab. Zunächst erteilte der BGH dem Treuepflichtansatz eine Absage und führte hierzu aus, dass die Rechtsfolgen eines Verstoßes gegen das Kapitalerhaltungsgebot aus § 30 GmbHG sich ausschließlich nach § 31 GmbHG richten. Die abschließende Regelung dieser Vorschrift schließe eine weitergehende Haftung auch bei schuldhafter Mitwirkung der anderen Gesellschafter an dem Vermögensentzug grundsätzlich aus.[226]

Weiter bestätigte der BGH die Aufgabe seiner Rechtsprechung zur Haftung im qualifiziert faktischen Konzern. Statt dessen spricht er von der „Ausfallhaftung wegen existenzvernichtenden Eingriffs".[227]

Zur Haftung aus § 43 Abs. 3 GmbHG nahm der BGH nur unter dem Gesichtspunkt der faktischen Geschäftsführung Stellung, lehnte sie aber im Ergebnis ab[228]. Auf eine Gesellschafterhaftung analog § 43 GmbHG, wie sie teilweise in der Literatur vorgeschlagen wird[229], ging der BGH überhaupt nicht ein.

Zur Haftung wegen existenzvernichtenden Eingriffs meinte der BGH, eine solche komme in Betracht, wenn die Gesellschafter beim Abzug von Vermögen der Gesellschaft nicht die gebotene angemessene Rücksicht auf die Einhaltung ihrer Fähigkeit zur Bedienung ihrer Verbindlichkeiten nehmen und damit die Insolvenz der Gesellschaft herbeiführen. Dies gelte auch für diejenigen Gesellschafter, die – ohne selbst etwas zu empfangen – durch ihr Einverständnis mit dem Vermögensabzug an der Existenzvernichtung der Gesellschaft mitwirken.[230]

Im Ergebnis lehnte der BGH eine Haftung nach diesen Grundsätzen aber ab, weil er in den Auszahlungen in Höhe von ca. 1,8 Millionen keinen bestandsvernichtenden Eingriff sah. Ein solcher sei schon deshalb nicht zu erkennen, weil die Beklagte zu 1) der Gemeinschuldnerin unstreitig 5 Millionen zur Verfügung gestellt habe.

---

[226] BGH, Urt. v. 25.2.2002, ZIP 2002, 848, 850, unter 2. a) der Gründe
[227] BGH, Urt. v. 25.2.2002, ZIP 2002, 848, 850, unter 3. der Gründe
[228] BGH, Urt. v. 25.2.2002, ZIP 2002, 848, 850 f., unter 5 der Gründe
[229] Hierzu unten im 2. Teil unter B.I. und B.V.2.a)
[230] BGH, Urt. v. 25.2.2002, ZIP 2002, 848, 850, 2. Leitsatz und unter 2 b) der Gründe

c) *Kernaussagen des Urteils vom 25.2.2002*

Gegenüber dem „Bremer Vulkan"-Urteil war zunächst die Ausdehnung der Haftung auf Mitgesellschafter neu. Daneben ist für die dogmatischen Einordnung des neuen Haftungskonzeptes von besonderer Bedeutung, dass der BGH die Haftung ausdrücklich als „Ausfallhaftung"[231] bezeichnete. Da dieser Begriff weitgehend im Sinne einer Außenhaftung verstanden wird[232], deutete das Urteil vom 25.2.2002 bereits die Hinwendung des BGH zu einer Durchgriffshaftung an. Weiterhin ist bemerkenswert, dass im Gegensatz zur „Bremer Vulkan"-Entscheidung[233] nicht mehr von einer „abhängigen" Gesellschaft die Rede war, die Abhängigkeit vom BGH also offensichtlich nicht (mehr) als Haftungsvoraussetzung angesehen wird.[234]

3. Das „KBV"-Urteil

a) *Sachverhalt*

Im „KBV"-Fall[235] hatte der BGH über die persönliche Haftung zweier Gesellschafter der „Kindl Backwaren Vertriebs-GmbH" („KBV") zu entscheiden, nachdem die Klägerin ihren titulierten Werklohnanspruch in Höhe von circa 82.000 DM gegen die masselose KBV nicht vollstrecken konnte. An der Gesellschaft mit einem Stammkapital von 100.000 DM waren der Schwiegervater zu 40 Prozent und sein zum Geschäftsführer bestellter Schwiegersohn zu 60 Prozent beteiligt. Nachdem die Klägerin ihre an die KBV erbrachten Leistungen Mitte 1995 in Rechnung stellte, gründeten die Gesellschafter Ende 1995 eine Auffanggesellschaft, die sowohl die Fabrikations- und Geschäftsräume der KBV als auch deren Personal übernahm. Im Januar 1996 übertrug die KBV alle ihre Forderungen in Höhe von circa 990.000 DM sowie den Warenbestand im Wert von ca. 215.000 DM auf die Auffanggesellschaft. Im Gegenzug übernahm die Auffanggesellschaft Verbindlichkeiten der KBV in Höhe von circa 823.000 DM, worunter sich die Forderung der Klägerin nicht befand.

b) *Entscheidungsgründe*

Zunächst erkannte der BGH die Tatbestandsvoraussetzungen des § 826 BGB bei beiden Gesellschaftern der KBV als gegeben an. Sie hätten planmäßig handelnd der KBV die Haftungsmasse entzogen, jedenfalls zum Vorteil des Schwiegervaters.[236] Sodann widmete sich der BGH der Haftung aus dem Gesichtspunkt des

---

231 BGH, Urt. v. 25.2.2002, ZIP 2002, 848, 850, unter 3. der Gründe
232 Bitter, WuB II C § 13 GmbHG 2.02 sub 4. m.w.N.
233 BGH, Urt. v. 17.9.2001, BGHZ 149, 10 = GmbHR 2001, 1036, 1038 – „Bremer Vulkan", unter I.1. der Gründe
234 Lutter/Banerjea, ZGR 2003, 402, 405
235 BGH, Urt. v. 24.6.2002, ZIP 2002, 1578 – „KBV"
236 BGH, Urt. v. 24.6.2002, ZIP 2002, 1578, 1579 – „KBV", unter 1. der Gründe

„existenzvernichtenden Eingriffs". Der BGH führte aus, das System der auf das Gesellschaftsvermögen beschränkten Haftung beruhe auf der grundlegenden Voraussetzung, dass das Gesellschaftsvermögen, das zur Erfüllung der im Namen der Gesellschaft eingegangenen Verbindlichkeiten benötigt wird, in der Gesellschaft zum Zwecke der Befriedigung ihrer Gläubiger verbleiben muss. Wenn die gebotene Rücksichtnahme auf diese Zweckbindung außerachtgelassen werde, indem der Gesellschaft durch offene oder verdeckte Entnahmen Vermögenswerte entzogen werden, und dadurch die Fähigkeit der Gesellschaft zur Erfüllung ihrer Verbindlichkeiten in einem ins Gewicht fallenden Maße beeinträchtigt wird, so liege darin ein Missbrauch der Rechtsform der GmbH. Dieser müsse zum Verlust des Haftungsprivilegs führen, soweit der der GmbH durch den Eingriff insgesamt zugefügte Nachteil nicht schon nach §§ 30, 31 GmbHG vollständig ausgeglichen werden kann oder kein ausreichender Ausgleich in das Gesellschaftsvermögen erfolgt. Die Gesellschaftsgläubiger seien außerhalb eines Insolvenzverfahrens berechtigt, die Forderung unmittelbar gegen die Gesellschafter geltend zu machen, soweit sie von der Gesellschaft keine Befriedigung erlangen können.[237]

c) Kernaussagen des „KBV"-Urteils

Mit dem „KBV"-Urteil bekräftigte der BGH zunächst die schon im Urteil vom 25.2.2002 eingeschlagene Linie der Durchgriffslösung.[238] Die Formulierung vom „Verlust des Haftungsprivilegs" kann nicht anders verstanden werden. Bemerkenswert ist, dass die Existenzvernichtungshaftung auch dann eingreifen soll, wenn zwar der Anspruch aus § 31 GmbHG besteht, aber ein ausreichender Ausgleich tatsächlich nicht erfolgt. Hinzu kommt, dass die Fähigkeit der Gesellschaft zur Bedienung ihrer Verbindlichkeiten in einem „ins Gewicht fallenden Maße" beeinträchtigt werden muss und dass die Gläubiger die Forderung nur außerhalb eines Insolvenzverfahrens direkt gegenüber den Gesellschaftern geltend machen können, sofern sie von der Gesellschaft keine Befriedigung erlangen.

V. Weitere Entscheidungen des BGH zur Existenzvernichtungshaftung

Nach der ersten Urteilstrias nahm der BGH im Jahr 2004 in drei weiteren Urteilen[239] zur Existenzvernichtungshaftung Stellung, durch die das Haftungskonzept einerseits zwar weiter an Konturschärfe gewonnen hat. Andererseits scheint insbesondere die nachfolgend dargestellte Entscheidung vom 20.09.2004 – jeden-

---

[237] BGH, Urt. v. 24.6.2002, ZIP 2002, 1578, 1579 f. – „KBV", unter 2. der Gründe

[238] So nun auch Ulmer, ZIP 2002, 1049, 1049

[239] BGH, Urt. v. 20.9.2004, ZIP 2004, 2138 ff.; BGH, Urt. v. 13.12.2004, ZIP 2005, 117 ff.; Urt. v. 13.12.2004 – „Handelsvertreter", ZIP 2005, 250 ff.

falls was die dogmatische Einordnung des neuen Haftungskonzeptes angeht – neue Fragen aufzuwerfen.

1. Das „Klinik"-Urteil vom 20.09.2004[240]

a) Sachverhalt

In der ersten Entscheidung des Jahres 2004 zur Existenzvernichtungshaftung war die beklagte AG Alleingesellschafterin einer Klinik-GmbH. Sämtliche Anteile an der AG wurden zunächst von M gehalten und dann auf dessen Ehefrau übertragen. Die beklagte AG gründete auf Veranlassung ihres Alleinanteilsinhabers M während eines laufenden Eröffnungsverfahrens über das Vermögen der Klinik-GmbH, aber noch vor der Eröffnung der Gesamtvollstreckung, eine Schwestergesellschaft, deren Firma sich nur unwesentlich von der Firma der Klinik-GmbH unterschied. M kündigte daraufhin einen mit der Klinik-GmbH geschlossenen Mietvertrag über das Krankenhausgrundstück. Die damalige Geschäftsführerin der Schuldnerin kündigte sodann in ihrer Eigenschaft als Geschäftsführerin einer weiteren GmbH, die ebenfalls zur Unternehmensgruppe des M gehörte, die mit der Klinik-GmbH geschlossenen Bewirtschaftungsverträge. Nach einer von der Geschäftsführerin einberufenen Mitarbeiterversammlung kündigten alle Mitarbeiter der Klinik-GmbH ihre Arbeitsverträge fristlos und erhielten neue Anstellungsverträge mit der neu gegründeten Schwestergesellschaft. In das Verfahren eingebracht wurde insbesondere ein Schreiben der Geschäftsführerin an das Thüringer Ministerium für Soziales und Gesundheit. Darin heißt es u.a.: „Zur Vermeidung einer Haftungsinanspruchnahme der Klinik in E. ist eine neue GmbH gegründet worden und alle Mitarbeiter sind dort neu eingestellt. Ebenso wurde der Mietvertrag und die Erklärung zur Übertragung von Trägeraufgaben der neuen GmbH übertragen." Der Insolvenzverwalter, der das Unternehmen der Klinik-GmbH weiterführte, verlangte von der Beklagten und der mitverklagten Schwestergesellschaft der Klinik-GmbH als Gesamtschuldner u.a. Ersatz des Schadens, der durch den Entzug des Betriebes entstanden war.

b) Entscheidungsgründe

Der BGH ließ die Beklagten im Ergebnis aus § 826 BGB haften. Er ließ es deshalb offen, ob sich ein Schadensersatzanspruch auch bereits aus § 823 Abs. 2 BGB i.V.m. §§ 283d, 266 StGB oder aus § 1 UWG ergibt. Offen bleiben könne auch, ob eine Ersatzpflicht aus den vom Senat aufgestellten Grundsätzen zur Haftung des Gesellschafters wegen existenzvernichtenden Eingriffs folgt, was er aber als „zweifelhaft" bezeichnete.[241]

---

[240] BGH, Urt. v. 20.9.2004, ZIP 2004, 2138 ff.

[241] BGH, Urt. v. 20.9.2004, ZIP 2004, 2138, 2139, unter 2. der Gründe

Die Gesellschafter einer GmbH seien zwar nicht verpflichtet, deren Geschäftsbetrieb im Gläubigerinteresse fortzuführen, sondern könnten ihn mit dem Ziel einer Verlagerung auf eine neu gegründete Gesellschaft einstellen. Dabei müssten sie aber die für die Abwicklung geltenden Regeln beachten. Verlagerten sie außerhalb eines Liquidationsverfahrens planmäßig das Vermögen einschließlich der Geschäftschancen von der alten auf die neue Gesellschaft und entzögen so den Gläubigern der alten Gesellschaft den Haftungsfonds, so widerspreche ein solches Verhalten dem Anstandsgefühl aller billig und gerecht Denkenden und sei damit sittenwidrig.[242] Der BGH führte ferner aus, dass es für eine Haftung nach § 826 BGB nicht darauf ankomme, ob die Schuldnerin zum Zeitpunkt der schädigenden Handlungen bereits insolvenzreif war. Es komme nur darauf an, dass die Gesellschaftsgläubiger infolge der Eingriffe geschädigt worden seien.[243]

c) Kernaussagen des Urteils vom 20.09.2004

Interessant am „Klinik"-Urteil ist vor allem, dass der BGH die Haftung allein auf § 826 BGB stützt und eine Haftung nach den Grundsätzen des existenzvernichtenden Eingriffs offen lässt, obwohl er in seiner Begründung eine Formulierung wählt, die der Definition des existenzvernichtenden Eingriffs in der „KBV"-Entscheidung sehr ähnelt: „Insbesondere dürfen sie nicht ... planmäßig das Vermögen einschließlich der Geschäftschancen von der alten auf die neue Gesellschaft verlagern und so den Gläubigern der alten Gesellschaft den Haftungsfond entziehen." Damit scheint sich der BGH vordergründig von einer Durchgriffshaftung außerhalb der strengen Anforderungen des § 826 BGB zu entfernen. Jedenfalls entsteht der Eindruck, dass die Haftung wegen existenzvernichtenden Eingriffs nach der Auffassung des BGH einer Haftung aus § 826 BGB sehr nahe steht.[244]

2. Das „Autohändler"-Urteil vom 13.12.2004[245]

a) Sachverhalt

In der zweiten Entscheidung des BGH zur Existenzvernichtungshaftung im Jahr 2004 ging es um folgenden Sachverhalt: Der Beklagte war mit 50 % an einer Autohändler-GmbH beteiligt, die 100 % der Anteile an einer anderen, später insolventen Autohändler-GmbH erwarb. Beide Gesellschaften vertrieben als Vertragshändler die Fahrzeuge desselben Herstellers. Der Beklagte, der Geschäftsführer beider Gesellschaften war, wirkte an der einvernehmlichen Beendigung des Vertragshändlervertrages der späteren Gemeinschuldnerin mit. Diese war daraufhin nicht mehr in der Lage, Neufahrzeuge des Herstellers zu verkaufen

---

[242] BGH, Urt. v. 20.9.2004, ZIP 2004, 2138, 2140, unter 2.b) der Gründe
[243] BGH, Urt. v. 20.9.2004, ZIP 2004, 2138, 2141, unter 2.c) der Gründe
[244] Vgl. Wackerbarth, ZIP 2005, 877, 880
[245] BGH, Urt. v. 13.12.2004, ZIP 2005, 117 ff.

und Original-Ersatzteile zu erhalten. Ihr Bestand an Neu- und Gebrauchtfahrzeugen wurde im Wesentlichen von der überlebenden Autohändler-GmbH übernommen. Die Mitarbeiter der späteren Gemeinschuldnerin wurden ebenfalls für die überlebende Autohändler-GmbH tätig. Nach dem Vortrag des Beklagten zahlte diese an die spätere Gemeinschuldnerin für jeden von ihr verkauften Wagen eine Provision i.H.v. 2 %. Die übernommene Autohändler-GmbH wurde zwei Jahre nach der Übernahme liquidiert. Der Antrag auf Eröffnung des Insolvenzverfahrens wurde mangels Masse zurückgewiesen.

b) *Entscheidungsgründe*

Zunächst hielt der BGH unter Bezugnahme auf frühere Rechtsprechung zur Kapitalerhaltung fest, das auch der Gesellschafter der Alleingesellschafterin jedenfalls bei beherrschendem Einfluss als mittelbarer Gesellschafter den Grundsätzen des existenzvernichtenden Eingriffs unterliege. Es sei nicht auf die formaljuristische Konstruktion, sondern auf die tatsächliche Einflussmöglichkeit abzustellen.[246]
Sodann meinte der BGH, das Berufungsgericht, das eine Haftung des Beklagten wegen existenzvernichtenden Eingriffs bejaht hatte, hätte die Anforderungen, die an eine Durchbrechung der Haftungsbeschränkung nach § 13 Abs. 2 GmbH zu stellen sind, zu niedrig angesetzt. Der Beklagte hafte noch nicht deshalb, weil er den Vertragshändlervertrag zwischen dem Hersteller und der Gemeinschuldnerin beendigt habe. Ein Gesellschafter sei nicht verpflichtet, das Unternehmen fortzuführen. Auch stehe ihm frei Geschäftschancen nicht zu ergreifen. Er habe aber das Vermögen der Gesellschaft ordnungsgemäß zu verwerten. Überträgt der Gesellschafter Vermögenswerte an sich oder eine Gesellschaft, an der er beteiligt ist, so müsse hierfür eine marktgerechte Gegenleistung erbracht werden.[247] In diesem Fall sei von Bedeutung, ob die Gemeinschuldnerin für die Übertragung des Kundenstamms ein angemessenen Ausgleich erhalten habe. Da die Vorinstanz hierzu keine Feststellungen getroffen hatte, wies der BGH die Sache zurück. Dabei wies der BGH noch darauf hin, dass sich ein existenzvernichtender Eingriff auch daraus ergeben könne, dass es der Beklagte unterlassen hat, im Zusammenhang mit der Beendigung des Vertragshändlervertrages einen Ausgleichsanspruch nach § 89b HGB gegenüber dem Hersteller geltend zu machen.[248] Ferner sei vom Berufungsgericht zu klären, ob eine angemessene Kompensation für die Übernahme des Fahrzeugbestandes und das Tätigwerden der Mitarbeiter der Gemeinschuldnerin für die überlebende Autohändler-GmbH stattgefunden hat.

---

[246] Urt. v. 13.12.2004, ZIP 2005, 117, 118, unter II.1.a) der Gründe
[247] Urt. v. 13.12.2004, ZIP 2005, 117, 118, unter II.1.b) der Gründe
[248] Urt. v. 13.12.2004, ZIP 2005, 117, 119, unter II.2 der Gründe

c) Kernaussagen des „Autohändler"-Urteils vom 13.12.2004

Eine erhebliche Erweiterung hat die Rechtsprechung zum existenzvernichtenden Eingriff mit dieser Entscheidung dadurch erfahren, dass nicht nur die unmittelbaren Gesellschafter der Haftung unterliegen sollen, sondern auch mittelbare Gesellschafter jedenfalls bei beherrschendem Einfluss.
Der BGH betont in dieser Entscheidung erneut, dass durch den Eingriff ein Vermögensentzug bewirkt werden muss und unvernünftige unternehmerische Entscheidungen nicht ausreichen. Dabei kommen sämtliche denkbaren Maßnahmen als Vermögensentzug in Betracht, auch der Entzug von Geschäftschancen (Kundenstamm) und Know-how.
Die Formulierung des BGH, wonach eine marktgerechte Kompensation erforderlich sein soll, wenn der Gesellschafter Vermögenswerte an sich oder an eine Gesellschaft überträgt, an der er beteiligt ist, könnte Anlass zur Annahme bieten, dass eine unmittelbare oder mittelbare Begünstigung des Gesellschafters Tatbestandsvoraussetzung der Haftung sein soll.[249]

3. Das „Handelsvertreter"-Urteil vom 13.12.2004[250]

a) Sachverhalt

Ebenfalls am 13.12.2004 hatte der BGH über einen Fall zu entscheiden, in dem ein Handelsvertreter offene Provisionsforderungen gegen den mittelbar herrschenden Gesellschafter einer vermögenslosen GmbH einklagte. Die GmbH hatte gegenüber ihren ausländischen Vertriebs-Tochtergesellschaften bereits seit Jahren überfällige Forderungen von ca. 3,8 Mio. Euro. Kurz vor Eröffnung des Konkursverfahrens, das schließlich mangels Masse eingestellt wurde, veräußerte die GmbH ihren Fertigwarenbestand und ihre Rohmaterialien, die bereits vorher an ihre Hausbank zur Sicherung übereignet waren, zum Kaufpreis von 3,6 Mio. Euro bzw. 1,6 Mio. Euro an eine andere GmbH, die den Kaufpreis jedoch nicht bezahlte und vor Ablauf des zweijährigen Zahlungsziel ebenfalls in Konkurs ging.

b) Entscheidungsgründe

Nachdem das Berufungsgericht eine Haftung des Beklagten noch auf der Grundlage der Rechtsprechung zur Haftung im qualifiziert faktischen Konzern bejahte hatte, stellte der BGH zunächst klar, dass diese Rechtsprechung zwischenzeitlich überholt ist. Sodann machte er wie bereits im „Autohändler"-Urteil deutlich, dass eine Haftung nach den Grundsätzen des existenzvernichtenden Eingriffs jedenfalls nicht daran scheitert, dass der Beklagte nicht unmittelbar Gesellschafter

---

[249] Vgl. Wackerbarth, ZIP 2005, 877, 879
[250] Urt. v. 13.12.2004 – „Handelsvertreter", ZIP 2005, 250 ff.

der GmbH war.[251] Dass der Beklagte die GmbH über eine ausländische Holding (B.V.) beherrschte, hielt der BGH nicht für erheblich. Der Anwendung deutschen Rechts stehe dies nicht entgegen, da hier wie im internationalen Konzernrecht die Rechtsordnung maßgeblich sei, der die abhängige Gesellschaft untersteht.[252]
Anders als die Vorinstanz lehnte es der BGH aber ab, einen existenzvernichtenden Eingriff darin zu sehen, dass der Beklagte die Forderungen gegen die ausländischen Vertriebstöchter hatte anwachsen lassen. Dies möge zwar nicht einem „kaufmännisch vernünftigen Wirtschaften" entsprochen haben. Der Haftungstatbestand des existenzvernichtenden Eingriffs beziehe sich aber nicht auf Managementfehler, sondern setze den gezielten, betriebsfremden Zwecken dienenden Entzug von Vermögenswerten voraus, welche die Gesellschaft zur Befriedigung ihrer Verbindlichkeiten benötigt. Die in der Kreditgewährung liegenden Vermögenswerte seien zu den ausländischen Töchtern und nicht zum Gesellschafter gelangt. Der Gesellschafter könne nur etwas davon haben, wenn er eine Weiterverlagerung zu sich selbst geplant hätte.[253] Auch in den Unterschlagungshandlungen gegenüber der Hausbank durch den Verkauf der bereits sicherungsübereigneten Waren und Materialien sah der BGH keinen Eingriff in das Gesellschaftsvermögen.

c) *Kernaussagen des „Handelsvertreter"-Urteils vom 13.12.2004*

Nach dem „Vertragshändler-Urteil" ebenso wie nach dem „Autohändler"-Urteil soll auch der mittelbare Gesellschafter für existenzvernichtende Eingriffe haften, sofern er über einen beherrschenden Einfluss verfügt. Der BGH betont erneut, das Managementfehler alleine nicht ausreichen um eine Haftung zu begründen. Neu am „Handelsvertreter"-Urteil ist der internationale Bezug. Maßgeblich ist die Rechtsordnung der Gesellschaft, in die eingegriffen wurde.

VI. Zusammenfassung der Rechtsprechung des BGH zur Haftung wegen existenzvernichtenden Eingriff

Bereits mit der ersten Urteilstrias aus den Jahren 2001 und 2002 hat der BGH die speziell konzernrechtliche Haftung aus qualifiziert faktischem Konzern aufgegeben. Die Figur des qualifiziert faktischen Konzerns ist damit obsolet.[254] An deren Stelle ist nun die Haftung wegen existenzvernichtenden Eingriffs getreten. Die Grundzüge dieses neuen Haftungskonzeptes hat der BGH sowohl in den ersten drei Urteilen aus den Jahren 2001 und 2004 als auch in den darauf folgenden Entscheidungen aus dem Jahr 2004 aufgezeigt. Die wesentlichen Aussagen der

[251] Urt. v. 13.12.2004 – „Handelsvertreter", ZIP 2005, 250, 251, unter III.1. der Gründe
[252] Urt. v. 13.12.2004 – „Handelsvertreter", ZIP 2005, 250, 251, unter III.2.a) der Gründe
[253] Urt. v. 13.12.2004 – „Handelsvertreter", ZIP 2005, 250, 252, unter III.2.b) der Gründe
[254] Lutter/ Hommelhoff, in: Lutter/Hommelhoff, GmbHG, Anh. § 13 Rn. 26

bisher ergangenen Urteile sollen im folgenden unter Erwähnung noch klärungsbedürftiger Punkte zusammengefasst werden.

(1.) Die dogmatische Einordnung der Haftung wegen existenzvernichtenden Eingriffs ist weiterhin nicht als vollständig geklärt anzusehen. Das Urteil vom 25.2.2002 und insbesondere das „KBV"-Urteil vom 24.6.2002 weisen darauf hin, dass die persönliche Haftung konzeptionell durch eine teleologische Reduktion des § 13 Abs. 2 GmbHG i.V.m. einer analogen Anwendung der §§ 105, 128, 129 HGB erreicht werden soll. Dagegen scheint das „Klinik"-Urteil vom 20.9.2004 die Existenzvernichtungshaftung in die Nähe von § 826 BGB zu bringen.[255] In der „Handelsvertreter"-Entscheidung vom 13.12.2004 meinte der BGH dann wieder, dass der Gesellschafter, der existenzvernichtend in das Vermögen der Gesellschaft eingreift, grundsätzlich die Berechtigung verliert, sich auf die Haftungsbeschränkung des § 13 Abs. 2 GmbHG zu berufen.[256] Dies lässt sich kaum anders verstehen, als eine Außerkraftsetzung des § 13 Abs. 2 GmbH im Wege einer teleologischen Reduktion. Wie der BGH die teleologische Reduktion des § 13 Abs. 2 GmbHG im Einzelnen rechtfertigen will, lässt er indes offen.

(2.) Das wesentliche Tatbestandsmerkmal der neuen Figur sieht der BGH im Eingriff in das Vermögen oder die Interessen der Gesellschaft ohne Rücksicht auf ihre Fähigkeit zur Bedienung ihrer Verbindlichkeiten. Während nach der „KBV"-Entscheidung noch offen war, ob ein derartiger Eingriff auch bei unvernünftigen unternehmerischen Entscheidungen angenommen werden kann, stellte der BGH mit den beiden Entscheidungen vom 13.12.2004 klar, dass der Haftungstatbestand des existenzvernichtenden Eingriffs sich nicht auf Managementfehler bezieht.[257] Offen bleibt jedoch weiterhin, wie sich unvernünftige zur Insolvenz führende Managementfehler von existenzvernichtenden Eingriffen abgrenzen lassen, insbesondere welche Anforderungen an die Qualität und Intensität eines Eingriffs zu stellen sind.

(3.) Mit den Entscheidungen vom 13.12.2004 hat der BGH deutlich gemacht, dass auch mittelbare Gesellschafter jedenfalls bei beherrschendem Einfluss der Haftung wegen existenzvernichtenden Eingriffs unterliegen.[258] Zu der Frage, ob auch das Haftungskonzept des existenzvernichtenden Eingriffs dem Recht der verbundenen Unternehmen zuzuordnen ist, oder

[255] BGH, Urt. v. 20.9.2004, ZIP 2004, 2138, 2140, unter 2.b) der Gründe
[256] Urt. v. 13.12.2004 – „Handelsvertreter", ZIP 2005, 250, 251, unter III.1. der Gründe
[257] Urt. v. 13.12.2004 – „Handelsvertreter", ZIP 2005, 250, 252, unter III.2. b) der Gründe; Urt. v. 13.12.2004 – „Autohändler", ZIP 2005, 117, 118, unter II.2.b) der Gründe
[258] Urt. v. 13.12.2004 – „Handelsvertreter", ZIP 2005, 250, 251, unter III.1. der Gründe

ob der ansonsten nicht unternehmerisch tätige Privatgesellschafter ebenfalls wegen existenzvernichtenden Eingriffs haften soll, erklärt sich der BGH in den bislang ergangenen Entscheidungen nicht ausdrücklich. In der Entscheidung vom 25.2.2002 stellte der BGH jedenfalls klar, dass auch Mitgesellschafter, die an einem existenzvernichtenden Eingriff mitwirken, der Haftung unterliegen.[259] Welche Anforderungen an den Mitwirkungsbeitrag zu stellen sind und ob ggf. auch Enthaltungen in der Gesellschafterversammlung als ausreichend anzusehen sind, klärt der BGH (noch) nicht.

(4.) Während der BGH in der Entscheidung vom 25.2.2002 eine Mithaftung des an dem Eingriff mitwirkenden Gesellschafter auch ohne eigenen Vermögensvorteil annahm[260], meinte er in der „Autohändler"-Entscheidungen vom 13.12.2004, dass eine Haftung nach den Grundsätzen des existenzvernichtenden Eingriffs dann in Betracht käme, wenn der Gesellschafter Vermögenswerte an *sich* oder eine Gesellschaft, an der *er* beteiligt ist, ohne marktgerechte Kompensation überträgt.[261] Ob sich beide Entscheidungen zusammen betrachtet so verstehen lassen, dass wenigstens die unmittelbare oder mittelbare Begünstigung eines Gesellschafters Tatbestandsvoraussetzung sein soll oder ob auf Tatbestandsmerkmal der Begünstigung nicht doch verzichtet werden kann, bleibt zu klären.

(5.) Nach der Formulierung des BGH in der „KBV"-Entscheidung setzt die Haftung voraus, dass durch den Eingriff die Fähigkeit der GmbH verringert oder ausgeschlossen wird, ihre Verbindlichkeiten zu erfüllen. Zu klären bleibt, ob der Eingriff zur Existenzvernichtung führen muss oder ob eine Existenzgefährdung ausreicht. Bislang offen gelassen hat der BGH auch, ob die Haftung auch bei Insolvenzvertiefung eingreift.

(6.) Ob in dem Merkmal der fehlenden Rücksichtnahme ein subjektives Element zu sehen ist, so dass die Haftung erst und nur bei Vorwerfbarkeit des Handelns gegeben wäre, geht aus den bislang ergangenen Entscheidungen zur Haftung wegen Existenzvernichtung nicht deutlich hervor.

(7.) Der BGH betont in seinen Entscheidungen zur Existenzvernichtungshaftung die Subsidiarität dieser Haftung gegenüber den Rückforderungsansprüchen aus den §§ 30, 31 GmbHG. Bereits im „Bremer Vulkan"-Urteil meinte der BGH, ein bestandsvernichtender Eingriff führe nur dann zu ei-

---

[259] Urt. v. 25.2.2002, ZIP 2002, 848, 850, 2. Leitsatz und unter 2 b) der Gründe

[260] Urt. v. 25.2.2002, ZIP 2002, 848, 850, 2. Leitsatz und unter 2 b) der Gründe

[261] Urt. v. 13.12.2004 – „Autohändler", ZIP 2005, 117, 118, unter II.1.b) der Gründe; in Urt. v. 13.12.2004 – „Handelsvertreter", ZIP 2005, 250, 252, unter III.2.b) der Gründe spricht der BGH von einem „Vorteil", den das Berufungsgericht nicht festgestellt hätte.

ner Haftung des Gesellschafters, wenn sich die Fähigkeit der GmbH zur Befriedigung ihrer Gläubiger nicht schon durch die Rückführung des entzogenen Stammkapitals wiederherstellen lässt.[262] Ob der BGH den Vorrang der §§ 30, 31 GmbHG auf der Rechtsfolgen-Ebene oder als tatbestandsausschließendes Merkmal berücksichtigen will, klärt er in den bisherigen Urteilen indes nicht. Auf die berechtigten Zweifel, ob eine Subsidiarität gegenüber den §§ 30, 31 GmbHG überhaupt notwendig ist, geht der BGH nicht ein.

(8.) Hinsichtlich der Rechtsfolgen der Haftung wegen existenzvernichtenden Eingriffs äußert sich der BGH ebenfalls nicht eindeutig. Einerseits soll der Gesellschafter einer GmbH für die Gesellschaftsschulden persönlich haften, wenn er existenzvernichtend in das Vermögen der Gesellschaft eingreift.[263] Dies kann im Sinne einer unbeschränkten Haftung für fremde Schulden, nämlich die der Gesellschaft, verstanden werden. Andererseits soll der Gesellschafter zwar der Höhe nach unbeschränkt haften, aber nur „sofern nicht die zugefügten Nachteile bereits nach den Regeln der §§ 30, 31 GmbHG ausgeglichen werden können oder der Gesellschafter nachweist, dass der Gesellschaft im Vergleich zu der Vermögenslage bei redlichem Verhalten nur ein begrenzter – und dann in diesem Umfang auszugleichender – Nachteil entstanden ist.“[264] Darin könnte man eine Annährung an eine Schadensersatzhaftung sehen.[265]

(9.) Während eines Insolvenzverfahrens soll die Einziehungs- und Prozessführungsbefugnis dem Insolvenzverwalter zustehen. Materiellrechtliche Anspruchsinhaber sollen aber offensichtlich die Gläubiger der Gesellschaft sein. Auf welche insolvenzrechtlichen Vorschriften der BGH dieses Ergebnis stützt, sagt er zumindest nicht ausdrücklich.

---

[262] BGH, Urt. v. 17.9.2001, BGHZ 149, 10, 12 = GmbHR 2001, 1036, 1038 – „Bremer Vulkan“, unter I.1. der Gründe
[263] BGH, Urt. v. 13.12.2004, ZIP 2005, 117, 117, unter II.1. der Gründe
[264] BGH, Urt. v. 13.12.2004 – „Handelsvertreter“, ZIP 2005, 250, 252, unter IV. der Gründe
[265] So Wackerbarth, ZIP 2005, 877, 887

2. Teil
Dogmatische Grundlagen der Existenzvernichtungshaftung

Wie supra gezeigt, ist die dogmatische Grundlage der Haftung wegen existenzvernichtenden Eingriffs vom BGH in den bislang ergangenen Urteilen noch nicht abschließend geklärt worden. Deutlich geworden ist aber, dass der BGH von einem Haftungsdurchgriff aufgrund einer teleologischen Reduktion des § 13 Abs. 2 GmbHG i.V.m. mit einer Analogie zu den §§ 105 Abs. 1, 128, 129 HGB ausgeht. Das dogmatische Gerüst des BGH ist damit zweistufig. Der analogen Anwendung der §§ 105 Abs. 1, 128, 129 HGB ist die teleologische Reduktion des § 13 Abs. 2 GmbHG vorgeschaltet. Der BGH hat bislang aber nicht erklärt, wie er die teleologische Reduktion des § 13 Abs. 2 GmbHG gerade im Falle des existenzvernichtenden Eingriffs rechtfertigen will.
Dem zweistufigen Aufbau folgend, soll zunächst die Funktionsweise des Haftungsdurchgriffs und seine Rechtfertigung im Falle des existenzvernichtenden Eingriffs dargestellt und im Anschluss daran näher auf die Analogie zu den §§ 105 Abs. 1, 128, 129 HGB eingegangen werden.
Sodann werden andere in der Literatur angebotene Begründungsansätze zur Existenzvernichtungshaftung, die nicht auf einer teleologischen Reduktion des § 13 Abs. 2 i.V.m. einer Analogie zu den §§ 105 Abs. 1, 128, 129 HGB aufbauen, dargestellt und bewertet. Vor allem der Abgrenzung gegenüber diesen abweichenden Begründungsansätzen soll die Darstellung der Funktionsweise der Durchgriffshaftung dienen. Es wird dabei auch deutlich werden, dass die in der Literatur angebotenen abweichenden Begründungsansätze überwiegend nicht auf einem „echten" Haftungsdurchgriff aufbauen.

A. Der Begründungsansatz des BGH

I. Teleologische Reduktion des § 13 Abs. 2 GmbHG

1. Funktionsweise der Durchgriffshaftung

In seiner Besprechung des „Bremer Vulkan"-Urteils führt Altmeppen[266] aus, die Durchgriffshaftung sei auf dem Stand der Dogmatik, den die Rechtswissenschaft bereits Mitte des vergangenen Jahrhunderts erreicht habe. Zwar sei im Grundsatz anerkannt, dass auf das Vermögen des Einmann-Gesellschafters durchgegriffen werden kann, wenn dieser die „Grenzen des Respekts gegenüber seiner GmbH" überschreitet. Eine den heutigen Ansprüchen gerecht werdende Dogmatik dieser Durchgriffshaftung sei damit jedoch nicht gewonnen. Der Terminus „Durchgriffshaftung" beschreibe allenfalls ein richtiges Ergebnis.

---

[266] Altmeppen, ZIP 2001, 1837, 1842

Richtig daran ist, dass die grundlegenden Werke, die sich mit der Dogmatik des Durchgriffs beschäftigen, in der Mitte des vergangenen 20. Jahrhunderts verfasst wurden. Allen voran ist hier die Habilitationsschrift von Serick[267] zu nennen. Die Dogmatik der Durchgriffshaftung beschäftigt die Literatur und die Rechtsprechung indes bis heute; es finden sich auch jüngere aufschlussreiche Schriften hierzu.[268]

a) Grundlagen der Durchgriffsproblematik

aa) Die Formeln der Durchgriffshaftung in der Rechtsprechung

In der Rechtsprechung hat die Durchgriffshaftung der Gesellschafter immer nur eine ganz untergeordnete Rolle gespielt.[269] Schon das Reichsgericht nahm nur in seltenen Fällen einen Haftungsdurchgriff an. In einer Entscheidung aus dem Jahre 1920 meinte das Reichsgericht, der Richter habe „vor der juristischen Konstruktion die Wirklichkeit des Lebens und die Macht der Tatsachen zu berücksichtigen", um die rechtliche Verschiedenheit der GmbH und ihres Alleingesellschafters zu überwinden.[270] In einer kurze Zeit später ergangenen Entscheidung heißt es, die Anerkennung der Rechtsfigur einer GmbH mit selbständiger Persönlichkeit habe dort ihre Grenzen, „wo man mit der Konsequenz anfängt, sich an der Natur der Sache zu versündigen, und das Rechtsverhältnis geradezu verfälscht".[271] Diese sich auf Treu und Glauben berufende Rechtsprechung bekräftigte das Reichsgericht in einer weiteren Entscheidung aus dem Jahre 1930. Es heißt dort, der Fortbestand der Rechtspersönlichkeit einer Einmann-GmbH müsse Durchbrechungen erfahren, „wenn die Wirklichkeit des Lebens, die wirtschaftlichen Bedürfnisse und die Macht der Tatsachen es dem Richter gebieten, die juristische Konstruktion hintanzusetzen."[272]
Die Rechtsprechung des Reichsgerichts wurde vom BGH zunächst aufgegriffen. In einer Entscheidung aus dem Jahr 1956 urteilte der BGH, der alleinige Gesellschafter einer GmbH hafte für die Gesellschaftsschulden mit, falls die Verwendung der Rechtsfigur der juristischen Person dem Zweck der Rechtsordnung widerspreche.[273] Über diese allgemeinen Formeln ging die Rechtsprechung nicht hinaus – jedenfalls bis zu den oben besprochenen Urteilen zur Existenzvernichtungshaftung. Weder folgte die Rechtsprechung in ihrer Begründung der Durchgriffshaftung einem einheitlichen dogmatischen Konzept[274] noch stellte sie kon-

---

[267] Serick, Rechtsform und Realität Juristischer Personen, passim.
[268] So insbesondere die Dissertation von Bitter, Durchgriffshaftung bei Personengesellschaften, passim.
[269] Emmerich, in: Scholz, Komm. z. GmbHG, I. Bd., § 13 Rn. 88
[270] RG, Urt. v. 22.6.1920, RGZ 99, 232, 234
[271] RG, Urt. v. 21.10.1921, RGZ 103, 64, 66, 3. Abs.
[272] RG, Urt. v. 19.5.1930, RGZ 129, 50, 53 f., 2. Abs. a.E.
[273] BGH, Urt. v. 29.11.1956, BGHZ 22, 226, Leitsatz
[274] Hueck/ Fastrich, in: Baumbach/ Hueck, Komm. z. GmbHG, § 13 Rn. 11; Mertens, in: Hachenburg, Komm. z. GmbHG, Bd. 1, § 13 Rn. 42

krete Tatbestandsvoraussetzungen auf.[275] Die Rechtsprechung zum Durchgriff wurde auch zunehmend restriktiver und betont nun immer wieder, dass „über die Rechtsform der juristischen Person nicht leichtfertig und schrankenlos hinweggegangen werden" könne.[276]

bb) Die einzelnen Lehren zur Durchgriffsproblematik

(1) Die Missbrauchslehre

Das Problem des Durchgriffs auf die hinter der juristischen Person stehenden realen Personen wurde erstmals von Serick in seiner Habilitationsschrift „Rechtsform und Realität Juristischer Personen" von 1955[277] umfassend untersucht. Zur Haftung wegen Missbrauchs der juristischen Person stellt Serick folgende These auf: „Wird die Rechtsform der juristischen Person missbraucht, so darf sie der Richter, um den erstrebten rechtswidrigen Erfolg zu vereiteln, missachten und vom Grundsatz der scharfen Scheidung zwischen Mitglied und Korporation abweichen."

Serick begründet dies damit, dass die juristische Person als solche nur Anerkennung verdiene, wenn sie sich innerhalb der Zwecke bewegt, für die sie geschaffen ist. Geschaffen sei sie im Bereich des Zivilrechts als ein Instrument für den redlichen Verkehr, das dem Einzelnen ermöglicht, unter Ausschluss der Haftung am Rechts- und Geschäftsleben in einer von den Beteiligten unabhängigen Form teilzunehmen. Wer „die von der Rechtsordnung gezogene Grenze" überschreite, müsse sich gefallen lassen, dass der „Schleier der Korporation vor ihm weggezogen und auf ihn selbst durchgegriffen wird."[278] Ähnlich wird im angloamerikanischen Rechtskreis vom „piercing the corporate veil" gesprochen.[279]

Die Rechtsfolgen bestimmen sich, so Serick, nach der Eigenart des Einzelfalles, wobei diejenige rechtliche Gestaltung zugrunde zu legen ist, die geeignet ist, den rechtswidrig erstrebten Erfolg zu vereiteln. Dabei sei es auch denkbar, das Vermögen der juristischen Person mit dem Vermögen der Gesellschafter gleichzusetzen, um Gläubigern der Gesellschaft den Zugriff auf das Vermögen der Gesellschafter zu ermöglichen.[280]

Neben der Lehre Sericks, die auf einen absichtlichen Rechtsmissbrauch der juristischen Person durch den Gesellschafter abstellt, gibt es eine objektive Variante der Missbrauchslösung. Der Durchgriff setzt demnach keinen absichtlichen

---

[275] Vgl. Emmerich, in: Scholz, Komm. z. GmbHG, I. Bd., § 13 Rn. 89

[276] BGH, Urt. v. 30.1.1956, BGHZ 20, 4, 11, unter I.2. der Gründe; BGH, Urt. v. 14.5.1974, NJW 1974, 1371, 1372, unter II.2.a) der Gründe; BSG, Urt. v. 1.2.1996, ZIP 1996, 1134, 1135, unter II. der Gründe; BAG, Urt. v. 3.9.1998, NJW 1999, 740, 741, unter II.1. der Gründe

[277] Serick, Rechtsform und Realität Juristischer Personen, S. 203

[278] Serick, Rechtsform und Realität Juristischer Personen, S. 204; vgl. K. Schmidt. Gesellschaftsrecht, § 9 I.1.a), S. 217 ff.

[279] Flume, Juristische Person, S. 63 f.

[280] Serick, Rechtsform und Realität Juristischer Personen, S. 207

Rechtsmissbrauch voraus, sondern wird davon abhängig gemacht, ob die Verwendung der juristischen Person objektiv im Widerspruch zur Rechtsordnung steht.[281]
Der objektiven und der subjektiven Missbrauchslösung ist gemeinsam, dass beide auf die Institution der juristischen Person abstellen und nach den Voraussetzungen ihrer Verwendung fragen.[282] Beide Ansätze werden daher auch als „institutionelle Durchgriffslehren“ bezeichnet.[283]

(2) Die Normanwendungstheorie

Als Vertreter einer anderen Variante der Durchgriffslösung – namentlich der so genannten Normanwendungstheorie – tat sich insbesondere Müller-Freienfels[284] hervor. Müller-Freienfels sieht eine wesentliche Schwäche des Ansatzes von Serick darin, dass er von der juristischen Person als einem vorgegebenen festen Rechtssubjekt – im Grunde ähnlich dem Menschen – ausgeht.[285] Deshalb sehe Serick den Durchgriff als eine in Ausnahmefällen gebotene Missachtung der juristischen Person an. Dem widerspricht Müller-Freienfells. Es sei vielmehr die Frage, „ob und inwieweit eine bestimmte Norm in einem konkreten Fall auf diese oder jene juristische Person ihrem Sinn und Zweck nach im Zuge richtiger Gestaltung der sozialen Ordnung anwendbar ist“.[286] Müller-Freienfels beschreibt den Unterschied zwischen der Normanwendungslehre und Sericks Missbrauchslehre so: „Nicht weil diese Einheiten Personen sind, nennt sie das Gesetz Personen, sondern weil und soweit es sie so behandelt wissen will, mag man sie Personen nennen.“[287] Eine einheitliche juristische Person mit der festen Eigenschaft der Haftungsbeschränkung, deren Missachtung wegen deren Missbrauch geboten sei, lehnt Müller-Freienfels ab. Die juristische Person ist für ihn nicht mehr als ein rechtstechnischer Begriff, aus dem sich keine rechtlichen Begründungen gewinnen lassen.[288] Müller-Freienfels verneint zudem ein subjektives Erfordernis in Abgrenzung zu Sericks Lehre, die schon aufgrund der Terminologie des Missbrauchs das Erfordernis einer dahingehenden Absicht nahe legt. Entscheidend ist für Müller-Freienfels allein, ob eine Norm nach ihrer Ratio und ihrer Interessenbewertung im Dienst der jeweiligen Rechts- und Wirtschaftsordnung anzuwenden ist oder nicht.[289]

---

[281] Erlinghagen, GmbHR, 1962, 169, 176; Immenga, Die personalistische Kapitalgesellschaft, S. 405 ff.; Reinhardt, in: Festschrift für Lehmann, S. 576, 589 ff.; BGH, Urt. v. 29.11.1956, BGHZ 22, 226, Leitsatz
[282] Erlinghagen, GmbHR, 1962, 169, 171; Reinhardt, in: Festschrift für Lehmann, S. 576, 579 ff.
[283] Hueck/ Fastrich, in: Baumbach/ Hueck, Komm. z. GmbHG, § 13 Rn. 10
[284] Müller-Freienfels, AcP 156, 522
[285] Müller-Freienfels, AcP 156, 522, 525
[286] Müller-Freienfels, AcP 156, 522, 536
[287] Müller-Freienfels, AcP 156, 522, 527
[288] Müller-Freienfels, AcP 156, 522, 529
[289] Vgl. Rehbinder, in: Festschrift für Fischer, S. 579, 581

(3) Ablehnende Ansichten in der Literatur

Ähnlich kritisch wie Altmeppen[290] äußert sich Wilhelm[291] zum Haftungsdurchgriff. Die Tatsache, dass Sericks Werk 1980 in einer gegenüber der Erstauflage von 1955 unveränderten Fassung wieder aufgelegt wurde, belege, dass in der Zwischenzeit keine wesentlichen Fortschritte erreicht worden seien. Wilhelm setzt sich in seiner 1981 erschienenen Habilitationsschrift „Rechtsform und Haftung bei der juristischen Person" zunächst mit der Missbrauchslehre Sericks und der auf Müller-Freienfels zurückgehenden Normanwendungstheorie auseinander. Die Argumentation beider Varianten der Durchgriffslösung laufe „darauf hinaus, dass notfalls durch einfaches Neglegieren der juristischen Person bzw. durch ihre Gleichstellung oder Identifizierung mit den Mitgliedern, dem Gegner sein Recht verschafft oder die Norm auf die durch Beachtung der juristischen Person anscheinend unbillig abgeschirmten Gesellschafter zur Anwendung gebracht werden".[292] Zutreffend stellt Wilhelm dabei fest, dass die Missbrauchslehre und die Normanwendungstheorie nicht so weit auseinander liegen: Beide Varianten der Durchgriffslösung bejahen einerseits die Notwendigkeit, die juristische Person bzw. die entsprechenden Normen – für die GmbH insbesondere § 13 GmbHG – anzuerkennen, andererseits gelangen sie im Ergebnis dazu, dass diese Anerkennung nur soweit gehen kann, wie dies dem Zweck der Rechtsordnung entspricht.[293]
Dem stellt Wilhelm schon im Grundsatz eine ganz andere Betrachtungsweise gegenüber. Er ist der Auffassung, dass „die juristische Person ernst genommen werden muss und ernst genommen werden kann". Es sei nicht notwendig, bestimmte Fälle auf dem Wege des Durchgriffs zu lösen, um hierdurch unbillige Ergebnisse zu vermeiden. Vielmehr könnten alle Fälle – und zwar dogmatisch sauber – gelöst werden, wenn sie allein unter der Berücksichtigung der zwischen den Rechtssubjekten bestehenden rechtlichen Beziehungen entschieden würden. Vor diesem Hintergrund nimmt er eine Pflichtenbindung des Gesellschafters an, für deren Verletzung dieser nach Organhaftungsgrundsätzen einzustehen hat.

b) Unterscheidung zwischen Durchgriffshaftung und Zurechnungsdurchgriff

Die besondere Problematik der Durchgriffshaftung war in Sericks Werk noch gar nicht aus der allgemeinen Behandlung der Durchgriffsproblematik herausgehoben. Die Durchgriffshaftung ist neben dem Zurechnungsdurchgriff nur ein Teilbereich der Durchgriffsproblematik. Bei der Durchgriffshaftung im Allge-

---

[290] Altmeppen, ZIP 2001, 1837, 1842, unter IV.2.: „Die ‚Durchgriffshaftung' ist jedoch auf dem Stand der Dogmatik, den die Rechtswissenschaft bereits Mitte des vergangenen Jahrhunderts erreicht hatte."
[291] Wilhelm, Rechtsform und Haftung bei der juristischen Person, Vorwort, S. VII
[292] Wilhelm, Rechtsform und Haftung bei der juristischen Person, S. 2; ders., DB 1986, 2113, 2114
[293] Wilhelm, Rechtsform und Haftung bei der juristischen Person, S. 9

meinen geht es um die Frage, ob und unter welchen Voraussetzungen die Gesellschafter für die Verbindlichkeiten ihrer Gesellschaft trotz grundsätzlich bestehender Haftungstrennung in Anspruch genommen werden können. Auf die Unterscheidung zwischen echter und unechter Durchgriffshaftung wird wenig später noch einzugehen sein. Unter dem Begriff des Zurechnungsdurchgriffs werden dagegen die Problemkreise zusammengefasst, bei denen es darum geht, inwieweit sich eine Trennung zwischen der Sphäre der Gesellschaft und der Sphäre ihrer Gesellschafter bei der Auslegung von Gesetzen und Verträgen verbietet.[294] Hinsichtlich des Zurechnungsdurchgriffs sei beispielhaft nur kurz auf folgende Konstellationen hingewiesen:

Um ein Zurechnungsproblem handelt es sich beispielsweise bei der Frage, ob sich die GmbH darauf berufen kann, dass ihr Gesellschafter Dritter i.S.d. § 123 II BGB ist, wenn der vom Gesellschafter getäuschte Vertragspartner ein mit dem ahnungslosen Geschäftsführer der GmbH geschlossenes Geschäft anfechten möchte. Die h.M. sieht den Gesellschafter trotz grundsätzlicher Trennung von Gesellschaft und Gesellschafter bei dieser Konstellation nicht als Dritten an.[295] Auf gleicher Ebene liegen die Durchgriffsfälle beim gutgläubigen Erwerb. So wird die Möglichkeit eines gutgläubigen Erwerbs nach § 892 BGB verneint, wenn der Alleingesellschafter ein fälschlicherweise auf seinen Namen eingetragenes Grundstück an seine GmbH veräußert oder umgekehrt. Begründet wird dies damit, dass es sich bei dem Geschäft zwischen Gesellschaft und Gesellschafter nicht um ein Verkehrsgeschäft handele.[296]

Bei den genannten Fällen geht es zwar um ein Normanwendungsproblem. Anders als bei der Durchgriffslehre geht es aber um die Anwendung von Einzelnormen auf die GmbH und nicht um die Nichtanwendung beziehungsweise teleologische Reduktion von § 13 Abs. 2 GmbHG. K. Schmidt[297] spricht zur Abgrenzung nur in den zuerst genannten Fällen von einer „echten Normzweckmethode“. Zum Teil werden der Haftungsdurchgriff und die Normanwendung als Gegensätze verstanden.[298] Bezieht man die Normanwendungslehre jedoch auf die die Haftungsbeschränkung anordnende Norm – bei der GmbH also auf § 13 Abs. 2 GmbHG – so stellt sich die Normanwendungstheorie als eine Variante des Haftungsdurchgriffs dar.[299]

---

[294] BGH, Urt. v. 5.10.1995, ZIP 1995, 1755, 1756; BGH, Urt. v. 22.1.1990, NJW 1990, 1915, 1915, unter 4. der Gründe; BGH, Urt. v. 22.10.1987, BGHZ 102, 95, Leitsatz

[295] BGH, Urt. v. 22.1.1990, NJW 1990, 1915, 1915 unter 4. der Gründe; Hueck/ Fastrich, in: Baumbach/ Hueck, Komm. z. GmbHG, § 13 Rn. 16; K. Schmidt, Gesellschaftsrecht, § 9 III 2 d, S. 230

[296] Emmerich, in: Scholz, Komm. z. GmbHG, I. Bd., § 13 Rn. 74; Hueck/ Fastrich, in: Baumbach/ Hueck, § 13 Rn. 16

[297] K. Schmidt, Gesellschaftsrecht, § 9 II.1.b), S. 224

[298] Vgl. Kübler, Gesellschaftsrecht, § 23 I, S. 318 ff.

[299] Vgl. Bitter, Durchgriffshaftung bei Personengesellschaften, S. 97

c) *Die Durchgriffshaftung*

Im Folgenden soll auf die ebenfalls von der allgemeinen Durchgriffsproblematik umfassten Problemkreise der Eigenschafts- und Wissenszurechnung, der Stimmverbotsauslegung, des Gutglaubenserwerbs et cetera nicht näher eingegangen werden, sondern nur das für diese Untersuchung relevante Problem der Durchgriffshaftung behandelt werden.

aa) *Abgrenzung zwischen „echter" und „unechter" Durchgriffshaftung*

Unter dem Begriff des Haftungsdurchgriffs werden untechnisch alle Ansätze zusammengefasst, die es ermöglichen, trotz einer durch das Gesetz angeordneten grundsätzlichen Haftungsbeschränkung für Verbindlichkeiten der Gesellschaft auf die hinter der Gesellschaft stehenden Gesellschafter zurückzugreifen.[300] Dabei ist zwischen „echter" und „unechter" Durchgriffshaftung zu unterschieden. Die Annahme einer „echten" Durchgriffshaftung bedeutet, dass die Gesellschafter mit der Haftung der juristischen Person selbst belastet werden.[301] Wenn der Gesellschafter aus einem besonderen Rechtsgrund ohnehin haftet, geht es dagegen nicht um das Durchgriffsproblem.[302] So handelt es sich nicht um eine „echte" Durchgriffshaftung, wenn es um eine deliktische Haftung des Gesellschafters geht (§ 826 BGB, § 823 Abs. 2 i.V.m. §§ 263, 266, 288 StGB etc.).[303] Keine „echte" Durchgriffshaftung liegt selbstverständlich auch in den Fällen vor, in denen der Gesellschafter die persönliche Haftung vertraglich übernommen hat, etwa bei einer Haftung aus Bürgschaft, Kreditauftrag, Schuldbeitritt oder Garantievertrag.[304] Ferner handelt es sich nicht um einen Fall der „echten" Durchgriffshaftung, sondern um einen Fall der Rechtsscheinhaftung, wenn der Gesellschafter den Anschein der persönlichen Haftung hervorgerufen hat[305] oder die

---

[300] Vgl. Bitter, Durchgriffshaftung bei Personengesellschaften, S. 67

[301] Wilhelm, Rechtsform und Haftung bei der juristischen Person, S. 285

[302] Sehr deutlich BGH, Urt. v. 14.12.1959, BGHZ 31, 258, 271; vgl. auch BGH, Urt. v. 25.1.1984, GmbHR 1985, 51, 52 f., unter IV. der Gründe; K. Schmidt, Gesellschaftsrecht, § 9 IV 1 b, S. 233

[303] Vgl. BGH, Urt. v. 30.11.1978, NJW 1979, 2104, 2105, unter II. der Gründe; BGH, Urt. v. 25.4.1988, NJW-RR 1988, 1181, 1182; BGH, Urt. v. 26.6.1989, WM 1989, 1568, 1570, unter 3. der Gründe; BGH, Urt. v. 1.7.1991, WM 1991, 1548, 1551, unter IV. der Gründe; BGH, Urt. v. 25.1.1984, GmbHR 1985, 51, 52 f., unter IV. der Gründe

[304] So ausdrücklich BGH, Urt. v. 14.12.1959, BGHZ 31, 258, 271; vgl. auch K. Schmidt, Gesellschaftsrecht, § 9 IV 1 b, S. 233; Ulmer, in: Hachenburg, Komm. z. GmbHG, Bd. 1, Anh. § 30, Rn. 25; ders., Festschrift für Duden, S. 661, 668

[305] Vgl. BGH, Urt. v. 18.03.1974, BGHZ 62, 216, 222 ff., unter II.1. der Gründe; BGH, Urt. v. 3.2.1975, BGHZ 64, 11 ,17, unter 2.b) der Gründe; BGH, 25.1.1984, GmbHR 1985, 51, 52, unter II. der Gründe; Ulmer, in: Hachenburg, Komm. z. GmbHG, Bd. 1, Anh. § 30 Rn. 27; K. Schmidt, Gesellschaftsrecht, § 9 IV 2 b, S. 236; Keßler, GmbHR 2002, 945, 947; falsche Einordnung bei BGH, Urt. v. 4.5.1977, BGHZ 68, 313, 315, unter II.1. der Gründe

Gefahr besteht, mehrere Unternehmen zu verwechseln.[306] Gleiches gilt für die Haftung des Gesellschafters als Vertreter wegen der Inanspruchnahme eines besonderen persönlichen Vertrauens.[307]
All diesen Fällen liegt nicht die Vorstellung zugrunde, die Haftung der Gesellschafter sei aufgrund der Trennung zwischen dem Gesellschafter und seiner juristischen Person an sich ausgeschlossen und deshalb erst durch einen Durchgriff zu erreichen. Der Gesellschafter verwirklicht vielmehr einen eigenen Haftungstatbestand. Das gleiche gilt auch, wenn sich Gläubiger der GmbH aus abgetretenem oder eingezogenem Recht der Gesellschaft direkt an einen Gesellschafter wenden, also insbesondere wenn der Gesellschafter sich gegenüber seiner GmbH schadensersatzpflichtig gemacht hat (z.B. aus § 43 Abs. 3 GmbHG oder § 826 BGB) oder aus anderen Gründen ein Anspruch der Gesellschaft gegen den Gesellschafter gegeben ist (z.B. aus §§ 30, 31 GmbHG).[308] In diesem Zusammenhang ist auch an die Haftung der Gesellschafter wegen Verletzung der gesellschaftsrechtlichen Treuepflicht nach „ITT"-Grundsätzen[309] zu erinnern. Der reflexartige Gläubigerschutz ist ebenfalls kein „echtes" Durchgriffsproblem. Ein Regelungskonflikt mit dem in § 13 Abs. 2 GmbHG verankerten Trennungsprinzip besteht in all diesen Fällen nicht.[310] Das frühere Haftungskonzept des qualifiziert faktischen Konzerns kann als eine Spielart der Durchgriffshaftung bezeichnet werden, denn im Ergebnis führt es entgegen § 13 Abs. 2 GmbHG zu einer Haftung der Gesellschafter für die Schulden der Gesellschaft. Konzeptionell funktioniert der Haftungsdurchgriff jedoch völlig anders als das Konzept des qualifiziert faktischen Konzerns.[311]

bb) Durchgriffshaftung trotz Achtung der juristischen Person

In Anlehnung an Müller-Freienfels[312] hat Drobnig[313] das Problem der Durchgriffshaftung von der allgemeinen Frage der Missachtung der juristischen Persönlichkeit abgegrenzt. Der Durchgriff und die Anerkennung der juristischen Person seien kein Widerspruch. Beispielhaft verweist Drobnig auf die KGaA, die zwar juristische Person sei, aber mit zum Teil persönlich unbeschränkt haftenden Gesellschaftern. Andererseits gebe es zahlreiche Beispiele für Haftungsbeschränkungen ohne juristische Persönlichkeit, beispielsweise die KG. Aus der Erkenntnis, dass Rechtspersönlichkeit und Haftungsbeschränkung nicht

---

306 OLG Naumburg, Urt. v. 26.9.1996, ZIP 1996, 2111 f.; Rehbinder, in Festschrift für Fischer, S. 579, 597 f.
307 Vgl. BGH, Urt. v. 1.7.1991, WM 1991, 1548, 1549, unter II.1. der Gründe; BGH, Urt. v. 8.10.1987, WM 1987, 1431, 1432, unter II. der Gründe
308 Undeutlich Binz/ Sorg, Die GmbH & Co KG, § 11 Rn. 73, S. 246
309 Hierzu oben im 1. Teil unter C.II.1.
310 Keßler, GmbHR 2002, 945, 947
311 K. Schmidt, ZIP 1993, 549, 552; Wiedemann, ZGR 1986, 656, 661: „Unterfall"
312 Müller-Freienfels, AcP 156 (1957), 522, 525 ff.
313 Drobnig, Haftungsdurchgriff bei Kapitalgesellschaften, S. 21 ff.

zugleich Attribute einer Gesellschaft sein müssen, zieht Drobnig den Schluss, dass die Selbständigkeit der juristischen Person nicht notwendig die Beschränkung der Haftung auf das Vermögen der juristischen Person bedeute. Der Durchgriff auf das Vermögen der Gesellschafter sei daher keine Missachtung der juristischen Person als Rechtssubjekt.[314]
Dem hält Wilhelm entgegen, eine Haftung der Gesellschafter bedürfe – zumindest wenn man mit der Anerkennung der juristischen Person ernst machen wolle – einer besonderen Grundlage: Die juristische Persönlichkeit kann durch ihre Organe selbst und ihr zurechenbar handeln. Hieraus ergäbe sich, dass rechtsgeschäftliche Handlungen der juristischen Person oder Handlungen, die in ihrem Namen getätigt werden, grundsätzlich nur für und gegen die juristische Person selbst wirken.[315] Wilhelm bestreitet nicht, dass die Gesellschafter einer GmbH auch persönlich haften können. Es bedürfe für die persönliche Haftung aber eben einer besonderen Grundlage.

cc) Stellungnahme

(1) Die grundsätzliche Möglichkeit eines Haftungsdurchgriffs

Wilhelm berücksichtigt nicht, dass die GmbH ein vom Gesetzgeber künstlich geschaffenes Gebilde ist.[316] Die GmbH wurde geschaffen, um Unternehmern die Möglichkeit zu bieten, sich unter Begrenzung ihres Verlustrisikos wirtschaftlich zu betätigen. Die GmbH ist also nur ein Mittel zum Zweck. „Aber gerade weil dies so ist“, sagt Lutter anschaulich, „braucht die Rechtsordnung noch lange nicht in die Rolle des Zauberlehrlings zu verfallen, hilflos dem selbst geschaffenen Gebilde ausgeliefert, sondern kann durchaus das selbst erfundene Kunstgebilde in seine von ihren Zwecken her bestimmten Schranken weisen.“[317] Anders gewendet: Allein die Bezeichnung der GmbH als juristische Person bedeutet noch nicht, dass es nicht doch Fälle geben kann, in denen auf das persönliche Vermögen der Gesellschafter durchgegriffen werden kann.
Wilhelm ist allerdings darin zuzustimmen, dass das Handeln der GmbH durch ihre Organe zunächst nur diese berechtigt und verpflichtet und das Eintreten der hinter der GmbH stehenden Personen einer Begründung bedarf.[318] Da die GmbH und die Gesellschafter zwei streng voneinander zu unterscheidende Rechtssubjekte sind, bedarf es zur Inanspruchnahme der Gesellschafter einer Grundlage. Aus dieser Erkenntnis kann jedoch nicht gefolgert werden, dass ein Durchgriff auf die hinter der GmbH stehenden Gesellschafter nicht möglich ist. Dass ein Durchgriff nicht allein deshalb ausgeschlossen ist, weil eine Gesellschaft selbständige Trägerin von Rechten und Pflicht ist, zeigt das Gesetz selbst in § 128

[314] Drobnig, Haftungsdurchgriff bei Kapitalgesellschaften, S. 21
[315] Wilhelm, Rechtsform und Haftung bei der juristischen Person, S. 288
[316] Röhricht, in: Festschrift 50 Jahre BGH, S. 83, 103, 5. Abs.
[317] Lutter, ZGR 1982, 244, 254
[318] So auch Stimpel, in: Festschrift für Goerdeler, S. 601, 605

HGB für die OHG. Zwar ist die OHG keine juristische Person. Sie kann gemäß § 124 HGB dennoch Trägerin von Rechten und Pflichten sein. Wie bei der GmbH gilt auch bei der OHG, dass die Gesellschaft zunächst einmal selbst berechtigt und verpflichtet wird, wenn in ihrem Namen rechtserheblich gehandelt wird. Erst über § 128 HGB wird auf die Gesellschafter der OHG durchgegriffen. Entgegen älterer Auffassungen sind auch bei der OHG Gesellschaftsschuld und Gesellschafterhaftung nicht eins. § 128 HGB begründet vielmehr eine Haftung der Gesellschafter für eine fremde Schuld, nämlich die der Gesellschaft.[319] Die Möglichkeit des Haftungsdurchgriffs kann deshalb auch für die GmbH jedenfalls nicht mit dem Argument verneint werden, die Rechtsbeziehungen zu den Gläubigern seien solche der GmbH und nicht solche der Gesellschafter. Damit kann festgehalten werden, dass die Selbständigkeit der GmbH und die Möglichkeit eines Haftungsdurchgriffs keinen Widerspruch bilden.

(2) Subjektiver Missbrauch, objektiver Missbrauch oder Normanwendungstheorie

Damit ist noch nicht über die Frage entschieden, ob der Ausschluss der Haftungsbeschränkung auf dem Wege eines subjektiven Missbrauchs, eines objektiven Missbrauchs oder einer teleologischen Reduktion des § 13 Abs. 2 GmbHG zu begründen ist. Die auf Serick zurückgehende subjektive Missbrauchslehre nennt als Rechtsgrund für den Durchgriff einen subjektiven, absichtlichen Rechtsmissbrauch der juristischen Person durch den Gesellschafter. Sie stellt damit sehr hohe Anforderungen an einen Durchgriff. Die praktisch in Frage kommenden Fälle ließen sich weitgehend über § 826 BGB lösen, so dass der Anwendungsbereich entsprechend beschränkt wäre. Auch der II. Senat des BGH hat in ausdrücklicher Abgrenzung zu Serick ausgeführt, dass der Durchgriff nicht von einem absichtlichen Missbrauch der Rechtsfigur der juristischen Person abhängt.[320]

Die objektive Missbrauchslehre und die Normanwendungstheorie haben gemeinsam, dass sie kein absichtlich gegen die Rechtsordnung gewendetes Verhalten des Gesellschafters voraussetzen. Schwierigkeiten bereitet die objektive Missbrauchslehre aber insofern, als sie auf eine – wenn auch nur objektiv – zweckwidrige Verwendung der juristischen Person, hier der GmbH, abstellt. In den meisten Fällen steht jedoch nicht die Verwendung der GmbH für einen bestimmten Zweck im Mittelpunkt, sondern es geht darum, dass eine besondere Situation gegeben ist, der eine uneingeschränkte Anwendung des Haftungsprivilegs nicht gerecht wird. Auch dogmatisch ist nicht leicht zu erklären, wie ein Missbrauch der juristischen Person zum Haftungsdurchgriff führt. Die Norman-

---

[319] Hopt, in: Baumbach/ Hopt, Komm. z. HGB, § 128 Rn. 8

[320] BGH, Urt. v. 30.1.1956, BGHZ 20, 4, 13, unter I.2. der Gründe; ähnlich auch das BAG, Urt. v. 3.9.1998, NJW 1999, 740, 741, unter II.1. der Gründe: „objektiver Maßstab“; BAG, Urt. v. 8.9.1998, NJW 1999, 2612, 2613, unter I. der Gründe: „...wenn sich die Wahl der haftungsbeschränkenden Rechtsform objektiv als missbräuchlich darstellt.“

wendungstheorie hat dagegen den Vorteil, dass sie Sinn und Zweck derjenigen Norm mit in die Betrachtung einbezieht, die die Möglichkeit der Haftungsbeschränkung eröffnet. Die Normanwendungstheorie orientiert sich deshalb auch stärker am Gesetz als die Missbrauchslösung.[321] Aus diesem Grund lässt sich der Haftungsdurchgriff mit der Normanwendungstheorie klarer begründen.[322] Ob es sinnvoll ist, eine Norm, hier also § 13 Abs. 2 GmbHG, anzuwenden oder nicht, hängt nicht davon ab, ob der Gesellschafter *die Gesellschaft* zweckwidrig verwendet. Entscheidend ist, dass § 13 Abs. 2 GmbHG in den Fällen unanwendbar ist, die außerhalb des vom Gesetzgeber mit § 13 Abs. 2 GmbHG verbundenen Zwecks liegen.[323] Dies bedeutet jedoch nicht, dass der Haftungstatbestand nicht auch subjektive Elemente aufweisen könnte. Konstellationen, die mit der Haftungsbeschränkung des § 13 Abs. 2 GmbHG nicht vereinbar sind, können auch durch ein schuldhaftes Verhalten des Gesellschafters gekennzeichnet sein.[324]

2. Rechtfertigung des Haftungsdurchgriffs im Falle existenzvernichtenden Eingriffs

Nachdem im vorherigen Abschnitt die Funktionsweise des Haftungsdurchgriffs dargestellt wurde, soll nun aufgezeigt werden, wieso der Haftungsdurchgriff gerade im Falle der Existenzvernichtung gerechtfertigt ist. Dabei wird zunächst zu klären sein, aus welchen Vorschriften des GmbH-Gesetzes sich überhaupt ein Verbot existenzvernichtender Eingriffe herleiten lässt. Sodann soll aufgezeigt werden, wie gerade der Haftungsdurchgriff im Wege der teleologischen Reduktion dogmatisch begründet werden kann.

a) Herleitung des Verbots existenzvernichtender Eingriffe

Eine Begründung für die Haftung wegen existenzvernichtender Eingriffe ist in der Literatur schon lange vor der neuen Rechtsprechung des BGH entwickelt worden. In diesem Zusammenhang wird auch von der Anerkennung eines Bestandsschutzinteresses der GmbH gesprochen, womit nichts anderes gemeint ist, als dass dem Gesellschafter einer GmbH untersagt sein soll, existenzvernichtend in das Vermögen seiner Gesellschaft einzugreifen.

---

[321] Kübler, Gesellschaftsrecht, § 23 I, S. 320

[322] Bitter, WM 2001, 2133, 2139

[323] In diese Richtung: BSG, Urt. v. 1.2.1996, ZIP 1996, 1134, 1135, unter II. der Gründe; sowie BSG, Urt. v. 7.12.1983, NJW 1984, 2117, 2118, abstellend auf den „Zweck des § 13 Abs. 2 GmbHG“

[324] Hierzu ausführlich unten im 3. Teil unter A.VII.

aa) Folgerung eines Verbots aus den Kapitalerhaltungsvorschriften

Hervorzuheben ist insbesondere Fleck, der die Existenz eines Bestandsschutzinteresses mit dem Schutzzweck der Kapitalerhaltungsvorschriften begründet.[325] In den zwingenden Gesetzesvorschriften der §§ 30 und 43 Abs. 3 Satz 3 GmbHG zeige sich das Kapitalerhaltungsinteresse der Gesellschaft. Nach dem in diesen Vorschriften zum Ausdruck kommenden Schutzgedanken müsse ein Verbot auch für solche Maßnahmen gelten, die zwar nicht unmittelbar das zur Deckung des Stammkapitals erforderliche Vermögen angreifen, aber das Unternehmen wirtschaftlich zum Erliegen bringen und so voraussichtlich in absehbarer Zeit mindestens zum Verlust des Stammkapitals, wenn nicht zur Überschuldung der Gesellschaft führen.[326] Dass ein wirksamer Kapitalschutz am Verbot direkter Auszahlungen aus dem Nennkapital nicht Halt machen dürfe, zeige sich auch in der früheren Behandlung kapitalersetzender Darlehen und in den später hierzu vom Gesetzgeber getroffenen Regelungen der §§ 32 a, 32 b GmbHG. Ähnlich meint Röhricht[327], es wäre widersinnig anzunehmen, das gesetzliche Regelsystem gebiete einerseits nach § 31 GmbHG die Rückerstattung jedes noch so geringen aber zur Erhaltung des Stammkapitals erforderlichen Betrages und verzichte andererseits auf die Sanktionierung der viel einschneidenderen Folgen existenzvernichtender Eingriffe.

bb) Folgerung eines Verbots aus den Liquidationsvorschriften

Winter[328] folgert ein Bestandsschutzinteresse der GmbH aus den Liquidationsvorschriften. Zwar könnten die Gesellschafter grundsätzlich Eingriffe bis zur Grenze des § 30 GmbHG vornehmen und das den Betrag des Stammkapitals übersteigende Vermögen ausschütten. Hieraus folge jedoch nicht, dass jede aktive Einflussnahme auf die GmbH zulässig ist, die sich nicht sofort auf das zur Stammkapitalbildung erforderliche Vermögen auswirkt. Weitergehende Schranken für die Einflussnahme der Gesellschafter könnten sehr wohl rechtsfortbildend entwickelt werden.[329] Winter weist darauf hin, dass sich auf der Grundlage der normativen Vorgaben des GmbH-Gesetzes rechtsfortbildend Regelungen entwickeln lassen, die dem mit den Normen des GmbH-Gesetzes verfolgten, aber wegen der Umgehungsmöglichkeiten nicht realisierten Zweck zur Durchsetzung verhelfen. Mit den Liquidationsvorschriften der §§ 65 GmbHG habe der Gesetzgeber den Gesellschaftern ein geordnetes Verfahren zur Liquidation und zur Deinvestition ihres eingesetzten Kapitals zur Verfügung gestellt. Hieraus

[325] Mülbert, DStR 2001, 1937, 1942; Fleck, ZGR 1990, 31, 38
[326] Fleck, ZGR 1990, 31, 38
[327] Röhricht, in: Festschrift 50 Jahre BGH, S. 83, 102
[328] Winter, ZGR 1994, 570 ff.
[329] Winter, ZGR 1994, 570, 586

ergebe sich ein Verbot der „Liquidation auf kaltem Wege".[330] Da der Gesetzgeber eine geordnete Liquidation verlange, spreche die Befugnis der Gesellschaftergesamtheit zur jederzeitigen Änderung des Gesellschaftszwecks und Auflösung der Gesellschaft gerade nicht gegen sondern für die Anerkennung eines Eigeninteresses der GmbH. Die Gesellschaftergesamtheit dürfe selbstverständlich liquidieren, aber nur in einem geordneten Verfahren. Hierin liege eine von der Gesellschaftergesamtheit zu respektierende und das Eigeninteresse der GmbH bildende Schranke.
Keßler[331] begründet das Bestandsschutzinteresse der GmbH ebenfalls mit den Liquidationsvorschriften. Das normative Konzept der GmbH beruhe auf der immanenten Prämisse, dass eine Beendigung der Gesellschaft infolge eines Willensakts ihrer Gesellschafter nur im Rahmen eines ordentlichen Liquidationsverfahren möglich ist, welches den wirtschaftlichen und rechtlichen Belangen der Gesellschaftsgläubiger in angemessener Weise Rechnung trägt.[332]

cc) Folgerung eines Verbots aus dem Gesellschaftszweck

Schließlich wird das Bestandsschutzinteresse aus dem Gesellschaftszweck gefolgert.[333] Eine Maßnahme der Gesellschafter, die einen existenzvernichtenden Inhalt habe, soll grundsätzlich eine Verletzung des auf Gewinnerzielung gerichteten Gesellschaftszwecks darstellen und aufgrund einer damit einhergehenden Verletzung der Satzung rechtswidrig sein.[334] Die Satzung bestimmt gemäß § 3 Abs. 1 Ziff. 2 GmbHG insbesondere den Unternehmensgegenstand der Gesellschaft, aus dem der Gesellschaftszweck folgt. Ohne abweichende Satzungsbestimmung sei als Zweck der Gesellschaft eine selbständige und erwerbswirtschaftliche Tätigkeit in der Absicht der Gewinnerzielung festgelegt. Dies bedeute, dass das Gesellschaftsinteresse unabhängig von dem jeweiligen Willen der Gesellschaftergesamtheit darauf ausgerichtet ist, Gewinne zu erzielen und demzufolge das Interesse der Gesellschaft zumindest auf Bestandserhaltung gerichtet ist.[335] Zwar könne der Gesellschaftszweck durch die Gesellschafter geändert werden. Es bedürfe hierfür jedoch einer Satzungsänderung.[336] Die Änderung des Gesellschaftszwecks hin zur Existenzvernichtung der GmbH sei sogar vom Gesetzgeber vorgesehen: Die Gesellschafter müssten dazu aber einen Auflösungs-

---

[330] Winter, ZGR 1994, 570, 586; zustimmend Röhricht, in: Festschrift 50 Jahre BGH, S. 83, 98, 2. Abs.; ablehnend Mülbert, DStR 2001, 1937, 1942, der die Begründung allein in den §§ 30 ff. GmbHG sucht.
[331] Keßler, GmbHR 2001, 1095, 1099; ders., GmbHR 2002, 945, 950
[332] Keßler, GmbHR 2001, 1095, 1099
[333] Büscher, Die qualifiziert faktische Konzernierung, S. 143 ff.; Tieves, Der Unternehmensgegenstand der Kapitalgesellschaft, S. 577 ff.; Tomat, Grenzen des Weisungsrechts der GmbH Gesellschafter, S. 143 f; Ziemons, Haftung der Gesellschafter, S. 130 ff.; vgl. auch Wiedemann, in: 50 Jahre Bundesgerichtshof, S. 337, 353
[334] Büscher, Die qualifiziert faktische Konzernierung, S. 147
[335] Ziemons, Haftung der Gesellschafter, S. 137 f.
[336] Büscher, Die qualifiziert faktische Konzernierung, S. 143

beschluss gemäß § 60 Abs. 1 Nr. 2 GmbHG fassen. Zudem habe die Abänderung des Gesellschaftszwecks gemäß § 54 Abs. 3 GmbHG keine rechtliche Wirkung, bevor sie nicht in das Handelsregister eingetragen wird.

dd) Stellungnahme

(1) Herleitung aus der Haftungsfreistellungsnorm des § 13 Abs. 2 GmbH

Der Konzeption der GmbH liegt ebenso wie bei Personengesellschaften und Einzelunternehmen die Vorstellung zugrunde, dass ein Scheitern der Unternehmung grundsätzlich nicht im Interesse des Unternehmers liegt und dieser deshalb seinem Unternehmen nicht bewusst Nachteile zufügen wird, wenn damit die Gefahr der Existenzvernichtung verbunden ist.[337] Sowohl die persönlich haftenden Gesellschafter einer OHG als auch Einzelunternehmer werden ihrem Unternehmen zwar gelegentlich Nachteile zufügen – schon deshalb, weil sie zur Bestreitung ihres Lebensunterhalts Entnahmen tätigen. Sie werden jedoch wegen ihrer persönlichen Haftung davon ablassen, dem Unternehmen Nachteile zuzufügen, wenn mit diesen Nachteilen die Gefahr der Existenzvernichtung ihrer Unternehmung verbunden ist. Dem kann nicht entgegengehalten werden, dass mit jeder Unternehmung die Gefahr des Scheiterns verbunden ist, weil es bei der Existenzvernichtung um eine vorsätzliche Nachteilszufügung[338] seitens der Gesellschafter geht. Dass auch der Einzelkaufmann oder der OHG-Gesellschafter seinem Unternehmen vorsätzlich Nachteile zufügt, wenn damit die Gefahr der Existenzvernichtung verbunden ist, kann aufgrund der persönlichen Haftung ausgeschlossen werden.

Dass der GmbH-Gesellschafter sich gerade aufgrund der Haftungstrennung anders verhalten könnte, hat der Gesetzgeber nicht bedacht. Mit der GmbH wollte der Gesetzgeber lediglich der Risikoaversion unbeschränkt haftender Personen entgegentreten und damit insbesondere die Investitionsbereitschaft in risikoreichere Unternehmungen fördern.[339] Das Risiko des Scheiterns der Unternehmung wird vom Gesetz deshalb über den Weg der Haftungstrennung bewusst zum Teil auf die Gläubiger der Gesellschaft verlagert. Der Gesetzgeber ging folglich davon aus, dass der GmbH-Gesellschafter sich risikobereiter verhalten werde als ein Einzelkaufmann oder ein OHG-Gesellschafter. Hiermit muss der Geschäftsverkehr rechnen. Im übrigen aber ging der Gesetzgeber und geht auch der Geschäftsverkehr davon aus, dass sich der Gesellschafter einer GmbH bei Einwirkungen auf seine GmbH grundsätzlich nicht anders verhält als ein OHG-

---

[337] Vgl. Burgard, WM 1993, 925, 927

[338] Zum Nachteilsbegriff ausführlich unten im 3. Teil unter A.II.2.b)ee)

[339] Hierzu oben im 1. Teil unter A. III.1.; die Trennung von Kapital und Management sowie die Investition in mehrere Unternehmungen bedeutet aus der Sicht der Unternehmer im Grunde nichts anderes als ein erhöhtes Risiko.

Gesellschafter oder ein Einzelkaufmann.[340] Dass der GmbH-Gesellschafter seiner GmbH vorsätzlich Nachteile zufügt, die zur Existenzvernichtung führen, damit muss und kann der Geschäftsverkehr nicht rechnen. Bestätigt wird dies dadurch, dass zumindest für die unabhängige GmbH lange Zeit wie selbstverständlich von einem natürlichen Gleichlauf der Gesellschafter- und der Gläubigerinteressen ausgegangen wurde. So meinte etwa Assmann[341], der Alleingesellschafter einer unabhängigen GmbH bliebe schon deshalb berechenbar, weil er an der Erhaltung seiner „Melkmaschine" interessiert sei. Dieses Bild vom GmbH-Gesellschafter entspricht zwar der gesetzgeberischen Vorstellung, allerdings nicht der Realität. Dem ist durch ein Verbot existenzvernichtender Eingriffe Rechnung zu tragen, welches im GmbHG so nicht ausdrücklich formuliert ist. Andernfalls wäre die GmbH kein volkswirtschaftlich sinnvolles Konstrukt der Rechtsordnung. Keßler[342] spricht in diesem Zusammenhang von einer „immanenten Funktionsbedingung unternehmenstragender juristischer Personen". Auch Röhricht[343] sieht in dem Verbot existenzvernichtender Eingriffe ein Funktionsprinzip der Kapitalgesellschaften. Derjenige, der der Gesellschaft das von ihr zur Befriedigung der Gläubiger benötigte Vermögen entzieht und die Gläubiger dann auf den unzureichenden Rest verweisen will, stellt nach Ansicht Röhrichts das richtig verstandene gesetzliche System der Kapitalgesellschaft auf den Kopf. Ähnlich meinte schon Lehmann[344], das Privileg der beschränkten Haftung sollte nur für denjenigen Unternehmer reserviert sein, der die Herausforderung des Wettbewerbs grundsätzlich vorbehaltlos auf sich nimmt und die Haftungsbeschränkung nur passiv als ultima ratio zur eigenen Rettung für den Fall des wirtschaftlichen Zusammenbruchs betrachtet. Derjenige, der das Prinzip der beschränkten Haftung dagegen strategisch als Mittel zur Kostenüberwälzung auf die Allgemeinheit einsetzt, solle mit der Sanktion des Durchgriffs belastet werden.

(2) Keine Herleitung aus den §§ 30, 31 GmbHG oder den Liquidationsvorschriften

Dagegen können die §§ 30, 31 GmbHG das Verbot existenzvernichtender Eingriffe eigenständig nicht begründen. Sie stellen lediglich klar, dass das gemäß § 5 GmbHG von den Gesellschaftern aufzubringende Kapital nicht wieder an diese zurückgezahlt werden darf. Eine darüber hinaus gehende Aussage enthalten die §§ 30, 31 GmbHG nicht.[345]

---

[340] Ebenso Becker, Wettbewerbsverbot, S. 168; vgl. Röhricht, in: Festschrift 50 Jahre BGH, S. 83, 102

[341] Assmann, JZ 1986, 928, 930

[342] Keßler, GmbHR 2002, 945, 946

[343] Röhricht, Aktuelle höchstrichterliche Rechtsprechung, S. 27

[344] Lehmann, ZGR 1986, 345, 362 f.

[345] Vgl. Haas, WM 2003, 1929, 1932

Ob das Verbot existenzvernichtender Eingriffe auch aus den Liquidationsvorschriften hergeleitet werden kann, ist ebenfalls zweifelhaft. Existenzvernichtende Eingriffe des Gesellschafters in seine GmbH stellen sich nämlich nicht in allen Fällen als eine Umgehung der Liquidationsvorschriften dar. Dies wäre nur dann der Fall, wenn existenzvernichtende Eingriffe der Gesellschafter mit der Fassung eines Liquidationsbeschlusses vergleichbar wären. Subjektiv unterscheiden sich die beiden Alternativen jedoch erheblich: Im Falle eines Liquidationsbeschlusses haben die Gesellschafter gerade die Absicht, die Existenz der Gesellschaft zu beenden. Bei existenzvernichtenden Eingriffen, ist es jedoch möglich, dass sich die Gesellschafter ex ante über den Bestand der Gesellschaft gar keine Gedanken machen oder davon ausgehen, dass die Gesellschaft den Eingriff schon verkraften wird.[346] Mit den Liquidationsvorschriften lässt sich deshalb eine Haftung nur hinsichtlich solcher existenzvernichtender Eingriffe begründen, bei denen die Gesellschafter die Existenzvernichtung zum Zeitpunkt der Durchführung der Maßnahme beabsichtigen oder zumindest in Kauf nehmen. In diesen Fällen würden die Gesellschafter gegenüber den Gläubigern aber bereits nach § 826 BGB haften.

b) Begründung für die Reduktion des § 13 Abs. 2 GmbHG

Nachdem im vorherigen Abschnitt a) eine Begründung für die Existenz des Verbotes existenzvernichtender Eingriffe geliefert wurde, soll nun dargestellt werden, wie sich gerade die Reduktion des § 13 Abs. 2 GmbHG im Falle existenzvernichtenden Eingriffs dogmatisch begründen lässt.
In der „KBV“-Entscheidung[347] führte der BGH aus: „Die Notwendigkeit der Trennung des Vermögens der Gesellschaft von dem übrigen Vermögen der Gesellschaft und die strikte Bindung des ersteren zur – vorrangigen – Befriedigung der Gesellschaftsgläubiger besteht während der gesamten Lebensdauer der GmbH. Beide – Absonderung und Zweckbindung – sind unabdingbare Voraussetzungen dafür, dass die Gesellschafter die Beschränkung ihrer Haftung auf das Gesellschaftsvermögen in Anspruch nehmen können.“ Der BGH spricht damit einerseits die Fallgruppe der Vermögensvermischung und andererseits die neue Fallgruppe der Existenzvernichtung an.[348] Die Fallgruppe der materiellen Unterkapitalisierung lässt der BGH dagegen unerwähnt.[349] Die Missachtung der strikten Bindung des Gesellschaftsvermögen zur Befriedigung der Gläubiger ist die neue, neben die Vermögensvermischung tretende Konstellation, die einen Haftungsdurchgriff rechtfertigen soll. Keine Zustimmung verdient daher die Einschätzung Altmeppens, der BGH differenziere nicht hinreichend zwischen den Fallgruppen.[350]

---

[346] Becker, Wettbewerbsverbot, S. 138 f.; vgl. Tomat, Grenzen des Weisungsrechts, S. 150
[347] BGH, Urt. v. 24.6.2002, ZIP 2002, 1578, 1580.– „KBV“, unter 2. der Gründe
[348] Haas, WM 2003, 1929, 1931
[349] Vgl. Ulmer, JZ 2002, 1047, 1949
[350] Altmeppen, ZIP 2002, 1553, 1563

aa) Vergleich zur Begründung der Reduktion des § 13 Abs. 2 GmbHG im Falle der Vermögensvermischung – Einheit von § 13 Abs. 2 GmbHG und Beachtung der Kapitalerhaltungsvorschriften

Für die Fälle der Vermögensvermischung wird der Durchgriff auf das Vermögen der Gesellschafter damit gerechtfertigt, dass die Bewegungen in das und vor allem aus dem Gesellschaftsvermögen nicht mehr nachvollziehbar sind und eine Kontrolle darüber nicht mehr möglich ist, ob die Gläubigerschutzvorschriften eingehalten wurden, allen voran die Vorschriften zur Erhaltung des Stammkapitals. Da die Kapitalerhaltungsvorschriften des GmbH-Gesetzes und § 13 Abs. 2 GmbHG eine Einheit bilden[351], ist es nur konsequent das Haftungsprivileg der Gesellschafter nicht gelten zu lassen, wenn die Kapitalerhaltungsvorschriften von den Gesellschaftern außer Funktion gesetzt werden.[352] Will man die Kapitalerhaltungsvorschriften dann nicht leer laufen lassen, so ist § 13 Abs. 2 GmbHG seinem Sinn und Zweck entsprechend zu reduzieren. Sorgen die Gesellschafter nicht für eine ordnungsgemäße Dokumentation von Zahlungsvorgängen – insbesondere im Hinblick auf von ihnen veranlasste Kapitalentnahmen – so setzen sie damit die Wirkungsfähigkeit der Kapitalerhaltungsregeln außer Kraft. Bereits dieser Umstand führt zum Durchgriff, ohne dass es noch des Nachweises einer Existenzvernichtung oder sonstiger Schädigungen bedarf.[353]
Für Raiser ergibt sich die Haftung aus dem Gedanken des venire contra factum proprium: Wer die Haftungsbeschränkung in Anspruch nimmt, verhält sich widersprüchlich, wenn er die Vermögenstrennung nicht beachtet.[354] Altmeppen rechtfertigt den Durchgriff im Falle der Vermögensvermischung damit, dass wegen der Unkontrollierbarkeit der Kapitalerhaltungsvorschriften im Grunde eine Beweislastumkehr stattfindet. Die Haftung sei deshalb unbeschränkt, weil wegen der Unkontrollierbarkeit auch dem Gesellschafter der Beweis nicht möglich ist, dass die Kapitalerhaltungsvorschriften eingehalten wurden.[355]
Im Falle der Existenzvernichtung ist eine Außerkraftsetzung des Kapitalerhaltungsrechts durch den Gesellschafter dagegen nicht festzustellen. Zwar kann in den Fällen des existenzvernichtenden Eingriffs auch das Kapitalerhaltungsrecht einschlägig sein.[356] Das GmbH-Recht reagiert auf die Fälle der Existenzvernichtung jedoch nur unzureichend oder gar nicht. Es geht also nicht um die Außerfunktionssetzung des Kapitalerhaltungsrechtes durch ein Verhalten des Gesellschafters (wie bei der Vermögensvermischung), sondern darum, dass das Kapitalerhaltungsrecht in Fällen der Existenzvernichtung von vornherein nicht hin-

---

[351] Keßler, GmbHR 2002, 945, 948; Stimpel, in: Festschrift für Goerdeler, S. 601, 605
[352] Röhricht, in: Festschrift 50 Jahre BGH, S. 83, 89
[353] Lutter/ Banerjea, ZGR 2003, 402, 426
[354] Raiser, Recht der Kapitalgesellschaften, § 29 III.4., S. 228
[355] Altmeppen, ZIP 2002, 1553, 1558 f., 1563, unter IV.2.3.2. und VI.2.
[356] Zum Verhältnis des Kapitalerhaltungsrechts zur Haftung wegen Existenzvernichtung ausführlich unten im 3. Teil unter D.

reichend funktioniert.[357] Die Regeln zum existenzvernichtenden Eingriff und die §§ 30, 31 GmbHG sind also zwei parallele, sich einander ergänzende Rechtsinstitute.[358] Folglich lässt sich die Durchgriffshaftung wegen Existenzvernichtung – anders als die Durchgriffshaftung wegen Vermögensvermischung – nicht mit einer Außerfunktionssetzung des Kapitalerhaltungsrechts begründen.

bb) Einheit von § 13 Abs. 2 GmbH und Beachtung des Existenzvernichtungsverbots

Im Falle existenzvernichtender Eingriffe sind die Schutznormen zur Kapitalsicherung zwar nicht außer Kraft gesetzt, sie bieten jedoch von vorneherein keinen angemessenen Gläubigerschutz. Auch die anderen zwingenden Gläubigerschutznormen, wie die Liquidationsvorschriften und die Vorschriften zur Geschäftsführerhaftung bieten im Falle des existenzvernichtenden Eingriffs keinen ausreichenden Gläubigerschutz.
Wenn der BGH meint, die strikte Bindung des Gesellschaftsvermögens zur Befriedigung der Gesellschaftsgläubiger sei neben der Vermögenstrennung Voraussetzung der Haftungsbeschränkung, dann heißt das, dass nicht nur das Kapitalerhaltungsrecht, sondern auch die Beachtung des Verbots existenzvernichtender Eingriffe mit § 13 Abs. 2 GmbHG eine Einheit bildet.
Damit kann festgehalten werden, dass existenzvernichtende Eingriffe einen Sachverhalt begründen, der mit dem Sinn und Zweck der Haftungsfreistellungsnorm des § 13 Abs. 2 GmbHG nicht vereinbar ist, so dass sich der Gesellschafter, der existenzvernichtend in seine GmbH eingreift, auch nicht auf die Haftungsfreistellungsnorm des § 13 Abs. 2 GmbHG berufen kann.

II. Analoge Anwendung der §§ 128 ff. HGB

Da es für die GmbH keine dem § 128 HGB entsprechende gesetzliche Regelung im Gesetz gibt, bedarf es neben der Restriktion des § 13 GmbH noch einer Anspruchsgrundlage, denn die Restriktion der Haftungsfreistellungsnorm des § 13 GmbH führt für sich alleine ja noch nicht zu einer persönlichen Haftung der Gesellschafter für die Verbindlichkeiten der GmbH. So weist Ulmer darauf hin, dass die Entscheidung für das Durchgriffskonzept dem Rechtsanwender nicht die Suche nach einer Anspruchsgrundlage für das Vorgehen der Gläubiger gegen die haftenden Gesellschafter erspart.[359]
Wenn im vorherigen Kapitel die OHG als Beispiel dafür angeführt wurde, dass die Möglichkeit eines Haftungsdurchgriffs entgegen der These von Wilhelm kein Widerspruch zur selbständigen Rechtsträgerschaft ist, so liegt eine analoge

[357] Röhricht, in: Festschrift 50 Jahre BGH, S. 83, 111; Vetter, ZIP 2003, 601, 601
[358] Diem, ZIP 2003, 1283, 1286
[359] Ulmer, JZ 2002, 1049; 1050; dies wird übersehen von Görner/ Kling, GmbHR 2004, 778, 779

Anwendung der §§ 128 ff. HGB als Haftungsgrundlage nahe. Bereits im „Autokran"-Urteil des BGH[360] heißt es:

Wenn aber ein Ausnahmezustand vorliegt, dessentwegen sich die GmbH-Gesellschafter auf die rechtliche Selbständigkeit der juristischen Person nicht berufen dürfen, so heißt das, dass sie zu behandeln sind, als hätten sie das von der GmbH betriebene Handelsgeschäft selbst ohne Beschränkung der Haftung auf das Gesellschaftsvermögen (§ 13 Abs. 2 GmbHG) geführt. In entsprechender Anwendung der §§ 105, 128 HGB haften sie daher persönlich; entsprechend § 129 Abs. 1 HGB können sie ferner Einwendungen, die der Gesellschaft nicht zustehen, ebenfalls den Gesellschaftsgläubigern gegenüber nicht geltend machen.

Die analoge Anwendung der §§ 128 ff. HGB ist der teleologischen Reduktion des § 13 Abs. 2 GmbHG also nachgeschaltet.[361]

1. Analogievoraussetzungen

Im folgenden soll untersucht werden, ob eine analoge Anwendung der §§ 128 ff. HGB gerechtfertigt ist. Voraussetzung für eine Analogie ist zunächst das Vorhandensein einer planwidrigen Regelungslücke und die Notwendigkeit ihrer Schließung unter Anwendung von Normen, die für eine gleichgerichtete Interessenlage gelten.[362]

2. Regelungslücke

Im GmbHG ist nicht geregelt, was gelten soll, wenn § 13 Abs. 2 GmbHG aufgrund teleologischer Reduktion nicht zur Anwendung kommt. Die in § 13 Abs. 2 GmbHG geregelte alleinige Haftung des Gesellschaftsvermögens für die Verbindlichkeiten der GmbH bildet nicht schon ein begriffsnotwendiges Merkmal der GmbH als juristische Person, sondern stellt sich als Folge einer konstitutiven gesetzlichen Regelung dar.[363] Findet § 13 Abs. 2 GmbHG keine Anwendung, so soll folglich gerade nicht nur das Gesellschaftsvermögen für die Verbindlichkeiten der GmbH haften. Andernfalls hätte es des § 13 Abs. 2 GmbHG gar nicht bedurft.

3. Rechtsgedanke der §§ 128 ff. HGB

Der Analogieschluss auf das Recht der OHG, namentlich auf die §§ 128 ff. HGB, setzt eine gleichgerichtete Interessenlage voraus. Aus der Begründung des Entwurfs des Gesetzes betreffend die Gesellschaften mit beschränkter Haftung

---

[360] BGH, Urt. v. 16.9.1985, BGHZ 95, 330, 332 = JZ 1986, 901, 902 – „Autokran", unter I.b) der Gründe

[361] Undeutlich Bitter, Durchgriffshaftung bei Personengesellschaften, S. 98 f. ; anders auch Görner/ Kling, GmbHR 2004, 778, 779

[362] Larenz, Allgemeiner Teil des bürgerlichen Rechts, § 4 Rn. 69, S. 114

[363] Emmerich, in: Scholz, Komm. z. GmbHG, I. Bd., § 13 Rn. 55

vom 20.4.1892[364] geht hervor, dass die GmbH zwischen der OHG und der AG angesiedelt werden sollte. Ziel war es, eine Gesellschaftsform zu schaffen, die es den Mitgliedern trotz dauernder Beteiligung und begrenzter Mitgliederzahl ermöglichen sollte, ihre Haftung zu begrenzen. Die GmbH wurde jedoch nicht auf der Grundlage der OHG aufgebaut, sondern als eine eigenständige Gesellschaftsform konzipiert. Der Umstand, dass die GmbH gerade nicht auf die OHG aufbaut, die GmbH also nicht lediglich ein „Schleier“[365] der OHG ist, könnte gegen eine Vergleichbarkeit der Sachverhalte und gegen eine Analogie zu den §§ 128 ff. HGB sprechen.
Eine analoge Anwendung der §§ 128 ff. HGB verlangt jedoch keine strukturelle Übereinstimmung zwischen den beiden Gesellschaftsformen. Entscheidend ist allein, ob die für die Regelung der §§ 128 ff. HGB maßgebliche Interessenlage in beiden Gesellschaften übereinstimmt. Es geht also um die Frage, ob der in den § 128 ff. HGB zum Ausdruck kommende Rechtsgedanke, wonach die Gesellschafter für die Verbindlichkeiten der Gesellschaft persönlich und gesamtschuldnerisch einzustehen haben, grundsätzlich auch für die GmbH Geltung beansprucht und nur solange nicht zur Anwendung kommt, wie § 13 Abs. 2 GmbHG dies verhindert.
In seiner Rechtsprechung zur Haftungsstruktur der GbR hat der BGH[366] hervorgehoben, dass im Rahmen unternehmenstragender Außengesellschaften die persönliche und gesamtschuldnerische Haftung der Gesellschafter – wie sie in den §§ 128 ff. HGB zu Tage tritt – den Regelfall darstellt, während die Haftungsbeschränkung auf das Gesellschaftsvermögen eine zu legitimierende Ausnahme ist.[367] Man kann den BGH so verstehen, dass die §§ 128 ff. HGB im Grunde für alle unternehmenstragenden Gesellschaftsformen gelten, solange deren Nichtgeltung nicht gesetzlich legitimiert ist.[368] Für die GmbH ist dann § 13 Abs. 2 GmbHG eine solche gesetzliche Legitimation.

4. Ergebnis

Folgt man der hier vertretenen Auffassung, wonach die Haftungsfreistellungsnorm des § 13 Abs. 2 GmbHG im Falle existenzvernichtender Eingriffe des GmbH-Gesellschafters teleologisch zu reduzieren ist, so liegt zum einen eine Regelungslücke und zum anderen eine Interessenlage vor, die mit der Situation in einer OHG vergleichbar ist. Die hieraus folgende analoge Anwendung der §§ 105, 128, 129 HGB kann jedoch nur im Zusammenhang mit der Restriktion des § 13 Abs. 2 GmbH gesehen werden. Lehnt man eine teleologische Reduktion

---

364 RT-Aktenstück Nr. 660, S. 3724

365 Vgl. Serick, Rechtsform und Realität Juristischer Personen, S. 204

366 BGH, Urt. v. 29.1.2001, BGHZ 146, 341, 358, unter B. der Gründe; BGH, Urt. v. 27.9.1999, BGHZ 142, 315, 318, unter B.1.a) der Gründe

367 So auch Pentz, in: Rowedder/ Schmidt-Leithoff, Komm. z. GmbHG, § 13, Rn. 145

368 Ähnlich Hölzle, ZIP 2003, 1376, 1381; vgl. auch Habermeier, in: Staudinger, Komm. z. BGB, Vorb. zu §§ 705-740 Rn. 30

des § 13 Abs. 2 GmbH hingegen ab und zieht statt dessen andere Haftungsgrundlagen heran, wie es gewichtige Stimmen in der Literatur vorgeschlagen, wird es auf eine Analogie zu den §§ 105, 128, 129 HGB nicht mehr ankommen. Welche alternativen Haftungsgrundlagen von der Literatur vorgeschlagen werden, soll nun im folgenden dargestellt werden.

B. Alternative Haftungsgrundlagen in der Literatur

Die Lösung der Haftung wegen gesellschaftsschädigender Eingriffe seitens der Gesellschafter von einer konzernrechtlichen Haftung wird in der Literatur ganz überwiegend befürwortet[369]. Hinsichtlich der dogmatischen Einordnung, der tatbestandlichen Voraussetzungen und der Haftungsfolgen unterscheiden sich die von Teilen der Literatur angebotenen Lösungen zum Schutz der Gläubiger mitunter aber erheblich vom Konzept des BGH. Im Wesentlichen stehen sich in der Literatur die folgenden Haftungskonzepte gegenüber:

I. Der Organhaftungsansatz

Vor allem von Wilhelm[370] wird die Ansicht vertreten, dass die Haftung wegen Eingriffen in die Gesellschaft als Sorgfaltshaftung analog § 43 GmbHG begründet werden kann. Der Umstand, dass den Gesellschaftern nach § 37 Abs. 1 GmbHG ein Weisungsrecht eingeräumt wird, begründe keine Ermächtigung an die Gesellschafter zu kaufmännisch nicht vertretbarem Wirtschaften.[371] Jede Entscheidung der Gesellschafter, die das Gesellschaftsvermögen betrifft, sei eine Entscheidung über fremdes Vermögen[372]. Da aber jede fremdbezogene Machtausübung an Pflichten gebunden sei, hätten die Gesellschafter für deren Verletzung nach Organhaftungsgrundsätzen einzustehen,[373] wobei Haftungsmaßstab die Sorgfalt eines ordentlichen Kaufmanns sei.[374] Dem Widerspruch zur Konzeption des Gesetzgebers, der eine dem § 43 GmbHG entsprechende Haftung der Gesellschafter gerade nicht normiert hat, begegnet Wilhelm mit dem Argu-

---

369 Altmeppen, ZIP 2001, 1837, 1839: „in jeder Hinsicht zu begrüßen"; ders., NJW 2002, 321, 324; Bitter, WM 2001, 2133, 2134 f.; Keßler, GmbHR 2001, 1095: „folgerichtig und konsequent"; Raiser, in: Festschrift für Ulmer, 2003, S. 493, 500: „bessere dogmatische Grundlage"; K. Schmidt, NJW 2001, 3577, 3579: „klare Verbesserung"; Wilhelm, NJW 2003, 175, 176: „Rückkehr vom Ausflug des BGH"

370 Wilhelm, NJW 2003, 175, 179; ders., DB 1986, 2113, 2117 ff.; ders., in: Festschrift für Flume, S. 337, 343 ff.; ders., Rechtsform und Haftung bei der juristischen Person, S. 336 ff.

371 Wilhelm in: Festschrift für Flume, S. 337, 395; so auch Altmeppen, Abschied vom qualifiziert faktischen Konzern, S. 62

372 Wilhelm, Rechtsform und Haftung bei der juristischen Person, S. 338 f.; zustimmend Altmeppen, in: Roth/ Altmeppen, Komm. z. GmbHG, § 13 Rn. 97

373 Wilhelm, Rechtsform und Haftung bei der juristischen Person, S. 337 ff.; ders., DB 1986, 2113, 2117; so auch Altmeppen, Abschied vom qualifiziert faktischen Konzern, S. 60

374 Wilhelm, Rechtsform und Haftung bei der juristischen Person, S. 335, a.E.; ders., in: Festschrift für Flume, S. 337, 382

ment, die Eigenständigkeit der juristischen Person sei nicht zu Ende gedacht worden.[375]

Eine Modifikation dieses Ansatzes wird von Altmeppen[376] vorgeschlagen. Altmeppen gibt zu bedenken, dass die gewöhnliche Geschäftsführerhaftung nach § 43 Abs. 2 GmbH grundsätzlich verzichtbar ist[377]; jedenfalls solange es sich nicht um existenzvernichtende Maßnahmen oder eine Verletzung der Kapitalerhaltungsvorschriften handelt.[378] Er schlägt deshalb eine analoge Anwendung von § 93 Abs. 5 Satz 2 und 3 AktG vor. Danach haftet der Gesellschafter, wenn erstens ein gröblicher Sorgfaltsverstoß im Sinne der Verletzung des Mindeststandards ordnungsgemäßen unternehmerischen Verhaltens festgestellt werden kann und zweitens die Geschäftsleiterhaftung zur Befriedigung der Gläubiger erforderlich ist.[379] Sofern es um Maßnahmen geht, die einen gewöhnlichen, nicht groben Verstoß gegen die Sorgfalt eines ordentlichen Geschäftsmannes darstellen, sollen diese keine Haftung begründen können. Da sich auch der Einmann-Gesellschaft-Geschäftsführer jenseits der Grenzen der Stammkapitalerhaltung und der Existenzvernichtung nach herrschender Meinung von der Haftung wegen sorgfaltswidrigem Verhalten freizeichnen kann[380], müsse dies auch für die Haftung des Alleingesellschafters gelten, der sich durch Ausübung seines Weisungsrechtes an der organisatorischen Leitung der GmbH beteiligt.[381]

---

[375] Wilhelm, Rechtsform und Haftung bei der juristischen Person, S. 347

[376] Altmeppen, ZIP 2002, 1553, 1562; ders., NJW 2002, 321, 322 ff.; ders., ZIP 2001, 1837, 1842 ff.; ders., ZIP 1999, 1354, 1355; ders., in: Roth/ Altmeppen, Komm. z. GmbHG, § 13 Rn. 102 ff.; ähnlich Luttermann, BB 2001, 2433, 2435

[377] Mertens, in: Hachenburg, Komm. z. GmbHG, Bd. 2, § 43 Rn. 86; Rowedder/ Koppensteiner, § 43 Rn. 22, 30, 38; Schneider, in: Scholz, Komm. z. GmbHG, I. Bd., § 43 Rn. 187; Zöllner, in: Baumbach/ Hueck, Komm. z. GmbHG, § 43 Rn. 37

[378] Vgl. Altmeppen, in: Roth/ Altmeppen, Komm. z. GmbHG, § 13 Rn. 101

[379] Altmeppen, ZIP 2002, 1553, 1562; ders., NJW 2002, 321, 323 f.; ders. ZIP 2001, 1837, 1845; ders., in: Roth/ Altmeppen, Komm. z. GmbHG, § 13 Rn. 102

[380] BGH, Urt. v. 10.5.1993, BGHZ 122, 333, 336, unter I.1. der Gründe; BGH, Urt. v. 28.9.1992, BGHZ 119, 257, 261 f., unter II.2. der Gründe; Hommelhoff/ Kleindiek, in: Lutter/ Hommelhoff, Komm. z. GmbHG, § 43 Rn 22; Koppensteiner, in: Rowedder/ Schmidt-Leithoff, Komm. z. GmbHG, § 43 Rn. 30

[381] Altmeppen, ZIP 2001, 1837, 1845; ders. NJW 2002, 321, 323 f.; ders., in: Roth/ Altmeppen, Komm. z. GmbHG, § 13 Rn. 103

II. Der Treuepflichtansatz – Haftung wegen Pflichtverletzung in einem Sonderrechtsverhältnis

Nach einer auf Ulmer zurückgehenden Ansicht[382] haftet auch der Einmann-Gesellschafter wegen Verletzung der gegenüber der Gesellschaft bestehenden Treuepflicht. Hiervon unterscheidet sich die insbesondere von K. Schmidt[383] vertretene Haftung der Gesellschafter wegen Pflichtverletzung des zwischen Gesellschafter und Gesellschaft bestehenden Sonderrechtsverhältnisses nur terminologisch.[384] Die Mitgliedschaft in der GmbH begründet hiernach eine Sonderrechtsbeziehung des Gesellschafters sowohl zu den Mitgesellschaftern – sofern diese vorhanden sind – als auch zur Gesellschaft.[385] Zu den sich hieraus ergebenden Pflichten gehört nach dieser Ansicht auch die Treuepflicht des Alleingesellschafters gegenüber seiner Gesellschaft.[386]

Die Gesellschafter, die durch positives Tun in schuldhafter Weise zu einer Schädigung der Gesellschaft beitragen, sollen danach wegen Verletzung dieser Treuepflicht schadensersatzpflichtig sein.[387] Dieses Verständnis geht über die „ITT"-Entscheidung weit hinaus, denn dort verurteilte der BGH den Mehrheitsgesellschafter alleine auf der Grundlage der zwischen den Gesellschaftern bestehenden Treuepflicht.

Folgt man diesem Ansatz, so kann als Anspruchsgrundlage § 280 Abs. 1 BGB herangezogen werden.[388] Entsprechend sprach K. Schmidt früher[389] von einer „Haftung des Gesellschafters aus positiver Forderungsverletzung".[390]

Ferner wird vorgeschlagen, die Wertung des § 43 Abs. 3 Satz 2 GmbHG heranzuziehen, so dass die Haftung – soweit sie zur Befriedigung der Gläubiger er-

---

382 Ulmer, ZIP 2001, 2021, 2026; grundlegend ders., ZHR 148 (1984), 391, 416 ff.; in die gleiche Richtung: Burgard, Cash Pooling und Existenzgefährdung, S. 58 ff.; ders., ZIP 2002, 827, 831 f.; Hartmann, GmbHR 1999, 1061, 1062 ff.; Mödel, JuS 2003, 14, 16, unter II.3.e) und III.; Mülbert, DStR 2001, 1937, 1946 f.; Tieves, Der Unternehmensgegenstand der Kapitalgesellschaft, S. 542 ff.; Winter, ZGR 1994, 570, 581, unter IV.1.b)

383 K. Schmidt, Gesellschaftsrecht, § 37 III 7, S. 1151, § 39 III 2, S. 1222; ders., in: K. Schmidt/ Uhlenbruck, Die GmbH in Krise, Sanierung und Insolvenz, Rn. 1947 ff.; ders., NJW 2001, 3577, 3580; ders., ZIP 1989, 545, 546; ders., ZIP 1988, 1497, 1505 f.; ebenso Priester, ZGR 1993, 512, 521 ff.; Roth, ZGR 1993, 170, 209; Schnauder/ Müller-Christmann, JuS 1998, 980, 984 f.

384 Vgl. Lutter/Banerjea, ZGR 2003, 402, 408; Ulmer, ZIP 2001, 2021, 2026

385 Flume, Die juristische Person, § 8 I, S. 258 ff.; Priester, ZGR 1993, 512, 521; K. Schmidt, ZIP 1989, 545, 546; ders., ZIP 1988, 1497, 1505 f.; ders., Gesellschaftsrecht, § 19 III 1, S. 552 ff.; Wiedemann, Gesellschaftsrecht, Bd. I., S. 302;

386 Priester, ZGR 1993, 512, 521; K. Schmidt, Gesellschaftsrecht, § 19 III 1, S. 552 ff.; ders., ZIP 1989, 545, 546; ders., ZIP 1988, 1497, 1505 f.

387 K. Schmidt, ZIP 1989, 545, 546

388 Burgard, ZIP 2002, 827, 830, 837, unter III.2. sowie These 8

389 Vor Neufassung des § 280 BGB im Zuge der Schuldrechtsreform

390 K. Schmidt, ZIP 1988, 1487, 1505; ähnlich Priester, ZGR 1993, 512, 522

forderlich ist – auch dann nicht entfällt, wenn alle Gesellschafter zustimmen oder ein Alleingesellschafter gehandelt hat.[391]
Die Mehrheit der Stimmen innerhalb des Treuepflichtansatzes geht in Abgrenzung zur Treuepflichthaftung nach den Grundätzen der „ITT"-Rechtsprechung[392] davon aus, dass die Haftung eines Alleingesellschafters nicht bei jedweder Schädigung durch Verfolgung eigensüchtiger Interessen eingreift; dies gelte nur dann, wenn der Eingriff existenzgefährdend oder existenzvernichtend ist.[393] Begründet wird diese Einschränkung damit, dass die Treuepflicht des Alleingesellschafters gegenüber der GmbH entweder gar nicht erst weiter reicht oder aber bis zur Grenze der Existenzgefährdung disponibel ist.[394] Weiter geht die Auffassung von Burgard, der ebenfalls auf die Treuepflicht der Gesellschafter gegenüber der Gesellschaft abstellt, hieraus aber ein grundsätzliches Schädigungsverbot auch außerhalb der Grenzen der Existenzgefährdung für den Alleingesellschafter ableitet.[395]
Da der Schadensersatzanspruch der Gesellschaft mit dem Ausfall der Gläubiger der GmbH nicht identisch sein muss, wird vertreten, die Haftung auf den Ausfall der Gläubiger zu begrenzen.[396] Inhaber des Schadensersatzanspruchs sei die GmbH, die im Falle eines Insolvenzverfahrens vom Insolvenzverwalter vertreten wird. Dem Interesse der Gesellschaftsgläubiger an einer direkten Inanspruchnahme der Gesellschafter im Falle der massearmen GmbH könne aber dadurch Rechnung getragen werden, dass diesen ein eigenes Verfolgungsrecht entsprechend den aktienrechtlichen Vorschriften[397] eingeräumt wird.[398]
Einen Konzernsachverhalt soll die Haftung wegen Pflichtverletzung in einem Sonderrechtsverhältnis nicht voraussetzen. Andererseits könne die fehlerhafte Konzernleitung aber eine Begehungsweise innerhalb des viel allgemeineren Haftungstatbestandes sein.[399]

---

[391] K. Schmidt, ZIP 1988, 1487, 1506; so auch Luttermann, BB 2001, 2433, 2436, allerdings im Rahmen des Organhaftungsansatzes; Tieves, Der Unternehmensgegenstand der Kapitalgesellschaft, S. 549

[392] Hierzu oben im 1. Teil unter C.II.

[393] Priester, ZGR 1993, 512, 521; Ulmer, ZIP 2001, 2021, 2026; ders., ZHR 148 (1984), 391, 420; Winter, ZGR 1994, 570, 585 ff.; siehe auch Tieves, Der Unternehmensgegenstand der Kapitalgesellschaft, S. 587 ff., der eine Treuepflichthaftung darüber hinaus auch bei einem nicht nur punktuellen Verstoß gegen den Unternehmensgegenstand annimmt.

[394] Hartmann, GmbHR 1999, 1061, 1063; Henze, GmbHR 2000, 1069, 1072

[395] Burgard, ZIP 2002, 827, 833, 837 f., These 9

[396] Ulmer, ZIP 2001, 2021, 2028

[397] § 62 Abs. 2, § 93 Abs. 5, § 117 Abs. 5, § 309 Abs. 4 Satz 3; § 310 Abs. 4. § 317 Abs. 4, § 318 Abs. 4 AktG

[398] K. Schmidt, in: K. Schmidt/ Uhlenbruck, Die GmbH in Krise, Sanierung und Insolvenz, Rn. 1947; Ulmer, ZIP 2001, 2021, 2027

[399] K. Schmidt, ZIP 1989, 545, 548; a.A. wohl Ulmer, ZIP 2001, 2021, 2027

III. Die Durchgriffshaftung wegen materieller Unterkapitalisierung

Nach der Auffassung von Bitter[400] führt die Diskussion um die Bestandsgefährdung der Gesellschaft nur die Diskussion um die Durchgriffshaftung wegen materieller Unterkapitalisierung mit anderer, aber unzutreffender Begrifflichkeit fort.[401] Auch andere Autoren halten die Existenzvernichtungshaftung lediglich für eine Ausprägung der Haftung wegen materieller Unterkapitalisierung[402] oder sehen – umgekehrt – die Haftung wegen materieller Unterkapitalisierung als einen Unterfall der Existenzvernichtungshaftung an.[403]
Bitter geht davon aus, dass die Haftungsbeschränkung auf einer angemessenen Risikoteilung zwischen Gesellschaftern und Gläubigern beruht. Demnach soll das Haftungsprivileg entfallen, wenn der Gesellschaft ein übermäßiges, nicht mehr mit dem Sinn und Zweck der Haftungsbeschränkung zu vereinbarendes Insolvenzrisiko aufgebürdet wird.[404] Damit will Bitter - konzeptionell ganz ähnlich wie der BGH[405] - die Haftungsbeschränkung im Wege der teleologischen Reduktion des § 13 Abs. 2 GmbHG durchbrechen.
Auch Keßler[406] und Hoffmann[407] gelangen im Ergebnis zu einem Haftungsdurchgriff. Die Gesellschafter könnten sich im Falle rechtsmissbräuchlichen Verhaltens nicht auf das Trennungsprinzip des § 13 GmbHG berufen. Anders als Bitter begründet Keßler den Haftungsdurchbruch aber mit einem Verstoß gegen das Gebot angemessener Risikobeteiligung, sondern mit der Umgehung der Liquidationsvorschriften. Er sieht das Verhalten der Gesellschafter dann als rechtsmissbräuchlich an, wenn sie die vom Gesetzgeber vorgegebenen Normen über die Art und Weise der Liquidation dadurch umgehen, dass sie durch zurechenbare Eingriffe den Zusammenbruch der Gesellschaft ohne gläubigerschützende Verfahrensregeln bewirken.[408]

IV. § 826 BGB als Anspruchsgrundlage

Vermehrt finden sich Stimmen in der Literatur, die eine Haftung wegen existenzvernichtenden Eingriffs außerhalb der strengen Anforderungen des § 826 BGB für entbehrlich halten.[409] Auftrieb erhielt diese Auffassung insbesondere

400 Bitter, WM 2001, 2133, 2137 ff.; eingehend ders., Durchgriffshaftung bei Personengesellschaften, S. 82 ff.
401 Bitter, WM 2001, 2133, 2136
402 Tiedemann, NZG 2004, 177, 179
403 Hölzle, ZIP 2004, 1729, 1730
404 Bitter, WM 2001, 2133, 2139 f.
405 BGH, Urt. v. 24.6.2002, ZIP 2002, 1578, 1578 – „KBV“, 1. Leitsatz: „Verlust des Haftungsprivilegs“
406 Keßler, GmbHR 2002, 945, 949
407 Hoffmann, NZG 2002, 68, 71
408 Keßler, GmbHR 2002, 945, 950
409 Schröder, GmbHR, 227, 228; Wackerbarth, ZIP 2005, 877, 886; wohl auch Goette, DStR 2005, 197, 200

durch die oben dargestellte „Klinik"-Entscheidung des BGH vom 20.9.2004. In dieser Entscheidung stützte der BGH die Haftung allein auf § 826 BGB und ließ eine Haftung nach den Grundsätzen des existenzvernichtenden Eingriffs offen, obwohl er in seiner Begründung eine Formulierung wählte, die der Definition des existenzvernichtenden Eingriffs in der „KBV"-Entscheidung sehr ähnelt: „Insbesondere dürfen sie nicht ... planmäßig das Vermögen einschließlich der Geschäftschancen von der alten auf die neue Gesellschaft verlagern und so den Gläubigern der alten Gesellschaft den Haftungsfond entziehen." Hieraus wird zum Teil gefolgert, die Fälle der Haftung wegen Existenzvernichtung ließen sich auch in den Anwendungsbereich des § 826 BGB einordnen.[410]

V. Stellungnahme

1. Zur Abkehr vom qualifiziert faktischen Konzern

Die Abkehr vom qualifiziert faktischen Konzern ist zu begrüßen. Der entscheidende Fehler des Modells lag darin, dass die Normen des aktienrechtlichen Vertragskonzernrecht auf die GmbH analog angewendet wurden, obwohl diese nicht analogiefähig sind.[411] Eine Analogie würde voraussetzen, dass die Situation im aktienrechtlichen Vertragskonzern mit der im GmbH-Konzern vergleichbar ist. Dies ist nicht der Fall: Der Vorstand der Aktiengesellschaft handelt gemäß § 76 Abs. 1 AktG eigenverantwortlich. Fehlt es an einem Beherrschungsvertrag so gilt dies auch im Konzern, da in diesem Fall gegenüber der abhängigen AG kein Weisungsrecht i.S.d. § 309 AktG besteht.[412] Dagegen können die Gesellschafter der GmbH ihrer Geschäftsführung sowohl in als auch außerhalb von Konzernlagen – im Rahmen der gesetzlichen Grenzen – Weisungen jeder Art erteilen.[413] Trotz dieser Weisungsgebundenheit der GmbH-Geschäftsführung gilt die grundsätzliche Haftungstrennung zwischen Gesellschaft und Gesellschafter. Hierin liegen zwei nicht kompatible Wertentscheidungen des Gesetzgebers; mit der Folge, dass die an die Leitungsmacht des Gesellschafters anknüpfende Haftung im aktienrechtlichen Vertragskonzern gemäß § 302 AktG nicht auf den GmbH-Konzern übertragbar ist.[414]
Die weitere Schwäche des Haftungskonzeptes des qualifiziert faktischen Konzerns lag in der Verengung des Gläubigerschutzproblems auf die Fälle im GmbH-Konzern.[415] Tatsächlich kann es auch außerhalb von Konzernsachverhal-

---

[410] Goette, DStR 2005, 197, 200
[411] Bitter, WM 2001, 2133, 2135; ausführlich ders., ZIP 2001, 265, 266; Römermann/ Schröder, GmbHR 2001, 1015, 1017; Westermann, NZG 2002, 1129, 1132; Wilhelmi, DZWIR 2003, 45, 47
[412] Altmeppen, DB 1991, 2225, 2225; Assmann, JZ 1986, 881, 885 f.
[413] Altmeppen, DB 1991, 2225, 2226; Ehricke, in: Festschrift für Immenga, S. 537, 541
[414] Bitter, WM 2001, 2133, 2135
[415] Bitter, WM 2001, 2133, 2135; Lutter/ Banerjea, ZGR 2003, 403, 407; K. Schmidt, NJW 2001, 3577, 3579; Goette, DStR 2005, 197, 200

ten zu einer Störung des Interessengleichlaufs zwischen Gesellschaft und Gesellschafter kommen.[416] Die Unmöglichkeit des Einzelausgleichs, mit dem die Rechtsfigur des qualifiziert faktischen Konzerns zu begründen versucht wurde, ist zudem kein spezifisch konzernrechtliches, sondern ein allgemein kapitalgesellschaftsrechtliches Problem, das deshalb auch nicht konzernrechtlich zu lösen ist.[417]

2. Zu den einzelnen Lösungsmodellen in der Literatur

a) Zum Organhaftungsansatz

Am Organhaftungsansatz ist zu kritisieren, dass der Gesellschafter einer GmbH kein Ersatzgeschäftsführer der Gesellschaft ist und es gerade keine generelle Einstandspflicht für Missmanagement des Gesellschafters gibt.[418] Nur durch die Ausübung seines Weisungsrechts wird der Gesellschafter einer GmbH nicht zum Quasi-Geschäftsführer.[419] Es ist deshalb nicht einzusehen, weshalb der Gesellschafter als Quasi-Geschäftsführer haftbar gemacht werden soll, obwohl es um die Auswirkungen von Maßnahmen geht, die von ihm gerade in der Funktion als Gesellschafter getroffen werden.[420] Die Verpflichtungen der Geschäftsführung würden andernfalls mit den ganz anderen Bindungen der Gesellschafter zu ihrer Gesellschaft vermischt.[421] Die Aufgaben beider Organe sind überhaupt nicht miteinander vergleichbar. Während der Geschäftsführer beispielsweise für die Gesellschaft aktiv tätig werden muss, beschränkt sich die Handlungspflicht des Gesellschafters auf die Einzahlung der von ihm gezeichneten Einlage.[422] Die hierbei von Wilhelm angebotene Lösung überzeugt nicht, sondern verdeutlicht eher die Schwäche des Organhaftungsansatzes: Wilhelm will den Gesellschafter auf der Grundlage der Organhaftung analog § 43 GmbHG in Krisensituationen zum Handeln verpflichten und ihn auch für das Unterlassen von Weisungen haften lassen.[423] Die Gesellschafter trifft jedoch keine Pflicht zur Überwachung der

---

[416] Ausführlich oben im 1. Teil unter A. II.

[417] Wilhelmi, DZWIR 2003, 45, 47; a.A. wohl Ulmer, ZHR 148 (1984), 391, 396; ders., ZIP 2001, 2021, 2027

[418] Röhricht, in: Festschrift 50 Jahre BGH, S. 83, 105; ders., WpG 1992, 784 ff.; Fleck, ZGR 1990, 31, 36; Priester, ZGR 1993, 512, 525 f.; K. Schmidt, ZIP 1989, 545, 546

[419] So schon Ulmer, GmbHR 1984, 256, 263, unter III.3.; Tieves, Der Unternehmensgegenstand der Kapitalgesellschaft, S. 541 f.

[420] Vgl. Ulmer, ZIP 2002, 1049 f.: „schwer nachvollziehbarer Umweg“; ders., ZIP 2001, 2021, 2025; Wilhelmi, DZWIR 2003, 45, 51

[421] Westermann, NZG 2002, 1129, 1134

[422] Altmeppen, ZIP 2002, 1553, 1562

[423] Wilhelm, Rechtsform und Haftung bei der juristischen Person, S. 356; ders., DB 1986, 2113, 2118

Geschäftsführung; sie bilden keinen Aufsichtsratsersatz.[424] Die Überwachungsrechte aus § 46 Nr. 6 GmbHG sind ihnen in ihrem eigenen Interesse zugeteilt und nicht zum Schutze der Gesellschaft oder Dritter.[425] Ferner wäre eine Handlungspflicht nicht mit der gesetzlichen Funktion des Geschäftsführers zu vereinbaren, der dann zum Boten der Gesellschafter degradiert würde.[426] Letztlich bliebe auch unklar, wann der Gesellschafter zum Tätigwerden verpflichtet ist. Strukturell verzichtet der Organhaftungsansatz auf die Existenzvernichtung der Gesellschaft, obwohl nur im Falle der Existenzvernichtung eine Haftung gerechtfertigt ist.[427] Auch der von Altmeppen vorgeschlagene Rekurs auf § 93 Abs. 5 Satz 2 und 3 AktG[428] begrenzt nicht wirklich die Haftung der Gesellschafter auf die Fälle der Existenzvernichtung, sondern nur den Direktzugriff der Gesellschaftsgläubiger.[429] Mit anderen Worten: Die analoge Anwendung des § 93 Abs. 5 Satz 2 und 3 GmbHG ändert nichts daran, dass der Organhaftungsansatz von Sorgfaltspflichten der Gesellschafter gegenüber ihrer GmbH auch jenseits der Existenzgefährdung ausgeht, also außerhalb unmittelbarer Gefährdung von Gläubigerbelangen. Dies würde im Ergebnis dazu führen, dass Schäden der Gesellschaft aufgrund grober Sorgfaltspflichtverletzung seitens des Gesellschafters auch dann vom diesem zu ersetzen wären, wenn diese minimal und nicht kausal für die möglicherweise erst Jahre spätere[430] Existenzvernichtung der Gesellschaft sind.

b) Zum Treuepflichtansatz

Ähnliche Probleme wie der Organhaftungsansatz bereitet die Haftung wegen Pflichtverletzung in einem Sonderrechtsverhältnis oder wegen Treuepflichtverletzung. Der Unterschied zum Organhaftungsansatz ist in konzeptioneller Hinsicht nicht sehr groß. Beide Modelle stellten auf eine Sorgfaltspflichtverletzung des Gesellschafters ab: Beim Organhaftungsansatz werden die sich aus der Sonderrechtsverbindung zwischen Geschäftsführer und Gesellschaft ergebenden Sorgfaltspflichten analog herangezogen. Bei der Treuepflichtlösung sollen sich die Sorgfaltspflichten aus dem zwischen dem Gesellschafter und der Gesellschaft bestehenden Sonderrechtsverhältnis ergeben.[431] Darin liegt zum einen der konstruktive Vorteil der Treuepflichtlösung gegenüber dem Organhaftungsan-

---

[424] Priester, ZGR 1993, 512, 524; K. Schmidt, NJW 2001, 3577, 3580; ders., ZIP 1989, 545, 546; ders. ZIP 1988, 1497, 1508; ders., in: K. Schmidt/ Uhlenbruck, Die GmbH in Krise, Sanierung und Insolvenz, Rn. 1891

[425] Priester, ZGR 1993, 512, 524

[426] Ziemons, Haftung der Gesellschafter, S. 70

[427] Hoffmann, NZG 2002, 68, 69; so schon Röhricht, in: Festschrift 50 Jahre BGH, S. 83, 113: „...wenn sich die zunächst nur gegebene Existenzgefährdung zur Existenzvernichtung verdichtet hat."; ausführlich unten im 3. Teil unter A.V.

[428] Altmeppen, ZIP 2002, 1553, 1562

[429] K. Schmidt, NJW 2001, 3577, 3580

[430] Gemäß § 93 Abs. 6 AktG verjähren die Ansprüche aus § 93 AktG erst in 5 Jahren.

[431] Vgl. K. Schmidt, NJW 2001, 3578, 3580

satz, weil nicht auf eine ganz andere Sonderrechtsverbindung zurückgegriffen werden muss, nämlich die zwischen der Gesellschaft und dem Geschäftsführer. Gleichzeitig liegt darin aber auch die Schwäche des Ansatzes, weil nicht klar ist, welche Sorgfaltspflichten die Sonderrechtsverbindung zwischen der Gesellschaft und dem Gesellschafter kennzeichnen.[432] Dies wird von K. Schmidt selbst eingeräumt, wenn er sagt, das Konzept der mitgliedschaftlichen Sonderrechtsverbindung liefere zunächst nur das dogmatische Gerüst und noch keine Einzelfalllösung.[433]

Schließlich setzt die Haftung wegen Treuepflichtverletzung eine Existenzvernichtung der Gesellschaft ebenso wenig voraus wie eine Haftung nach § 43 GmbHG analog. Statt auf die Existenzvernichtung stellt das Modell – zumindest seiner Konstruktion nach – allein auf die Verletzung von Pflichten ab, die den Gesellschaftern vermeintlich obliegen. Zwar will die Mehrzahl der Autoren die Haftung wegen Treuepflichtverletzung nur dann eingreifen lassen, wenn die „Interessenverfolgung sich mit einem existenzgefährdenden oder existenzvernichtenden Eingriff zu Lasten der GmbH und ihrer Gläubiger verbindet“[434]; dennoch bleibt offen, auf welche Weise die Existenzvernichtung konstruktiv im Tatbestand Berücksichtigung finden soll.[435]

Einige Vertreter der Treuepflichtlösung verzichten im Ergebnis denn auch ganz auf die Existenzvernichtung als Tatbestandsmerkmal.[436] Im Ergebnis führt die Annahme einer Treuepflicht des Alleingesellschafters gegenüber seiner GmbH zu einem Anspruch der Gesellschaft auf Schadensersatz, obwohl es den Gläubigern im Falle der Existenzvernichtung nur um den Ausgleich der Forderungen geht, mit denen sie infolge der Existenzvernichtung ausgefallen sind. Anders gewendet: Es geht um den unmittelbaren Schutz der Gläubiger und nicht um den Schutz der GmbH vor ihrem Alleingesellschafter.[437] Im Falle der Existenzvernichtung ist der Schadensersatz gegenüber der Gesellschaft deshalb nicht die geeignete Rechtsfolge.[438] Welcher Schaden der Gesellschaft entstanden ist, ist für die Gesellschaftsgläubiger letztlich unerheblich. So kann die Gesellschaft durch Maßnahmen der Gesellschafter geschädigt werden, ohne dass ihre Existenz vernichtet wird. Auch kann im Falle einer Existenzvernichtung der Schaden der Gesellschaft weit über die Überschuldung der Gesellschaft hinausgehen. Der Widerspruch zwischen dem das Außenverhältnis betreffenden Anspruch und der das Innenverhältnis betreffenden Treuepflicht[439] wird von den Vertretern der Treuepflichtlösung denn auch zugestanden. So wird – allerdings ohne nähere

[432] Altmeppen, ZIP 2002, 1553, 1562
[433] K. Schmidt, ZIP 1989, 545, 546; vgl. ders., ZIP 1988, 1497, 1505 f.
[434] So Ulmer, ZIP 2001, 2021, 2026
[435] Ähnlich Altmeppen, ZIP 2001, 1837, 1842
[436] Burgard, ZIP 2002, 827, 830 f; K. Schmidt, ZIP 1988, 1506; Ziemons, Haftung der Gesellschafter, S. 130 ff.
[437] Benecke, BB 2003, 1190, 1193; Lutter/ Banerjea, ZGR 2003, 402, 412
[438] Lutter/ Banerjea, ZGR 2003, 402, 412
[439] Benecke, BB 2003, 1190, 1193

Begründung und entgegen dem eigentlichen Konzept der Treuepflichthaftung – entweder eine Verlustausgleichspflicht als unmittelbare Folge der Treuepflichtverletzung[440] oder eine Begrenzung der Schadensersatzhaftung auf Beseitigung der Überschuldung vorgeschlagen[441].
Für das Treuepflichtkonzept spricht auch nicht, dass der BGH in seinem „ITT“-Urteil die Haftung des beklagten Gesellschafters mit der Existenz einer gesellschaftsrechtlichen Treuepflicht begründet hat.[442] Wie bereits dargestellt wurde, ging es dort um den Schutz der Minderheitsgesellschafter und nur reflexartig um den Schutz der GmbH-Gläubiger.[443] Ebenso wenig spricht die „ITT“-Rechtsprechung dafür, die Existenzvernichtungshaftung als Innenhaftung zu gestalten. Im Hinblick auf den Minderheitenschutz bietet sich als Rechtsfolge ein Ausgleich gegenüber der Gesellschaft schon deshalb an, weil der wirtschaftliche Schaden der Mitgesellschafter mit dem Schaden der Gesellschaft identisch ist.[444] Dies gilt für den Schaden der Gläubiger der Gesellschaft jedoch nicht.

c) *Zur Durchgriffshaftung wegen materieller Unterkapitalisierung*

Die Durchgriffshaftung wegen materieller Unterkapitalisierung unterscheidet sich vom Treuepflichtansatz und vom Organhaftungsansatz konzeptionell vor allem dadurch, dass sie nicht zu einer Schadensersatzhaftung gegenüber der Gesellschaft führt, sondern zu einer Haftung der Gesellschafter direkt gegenüber den Gesellschaftsgläubigern.
Allerdings ist die Existenzvernichtungshaftung kein Unterfall der Durchgriffshaftung wegen materieller Unterkapitalisierung, sondern gründet auf einem eigenständigen Konzept. Der Ansatz der Haftung wegen materieller Unterkapitalisierung versagt bereits dann, wenn die Existenz der Gesellschaft durch einen Eingriff ihres Gesellschafters unmittelbar vernichtet wird. Ausgangspunkt der Überlegungen zur Durchgriffshaftung wegen materieller Unterkapitalisierung ist, dass den Gesellschaftern die Fortführung ihres Unternehmens im Zustand der Unterkapitalisierung nicht erlaubt ist, so dass sie – wenn sie keine Mittel zur Verfügung stellen – die Gesellschaft ordentlich liquidieren müssen. Im Falle der unmittelbaren Existenzvernichtung fehlt es aber schon an der notwendigen Fortführung der Gesellschaft im Zustand der Unterkapitalisierung, weil ohnehin nur noch die Möglichkeit bleibt, Antrag auf Eröffnung des Insolvenzverfahrens zu stellen. Die Schwierigkeiten werden noch dadurch verstärkt, dass die mehrheitlich geforderte qualifizierte Unterkapitalisierung in zeitlicher Hinsicht voraussetzt, dass der Geschäftsbetrieb für eine gewisse Dauer im Zustand der materiellen Unterkapitalisierung fortgeführt wird.

---

[440] Mülbert, DStrR 2001, 1937, 1946 f.
[441] Ulmer, ZIP 2001, 2021, 2028
[442] So aber Lutter/ Banerjea, ZGR 2003, 402, 411
[443] Hierzu oben im 1. Teil unter C.II.
[444] Vgl. Keßler, GmbHR 2001, 1095, 1098

Nicht nur hinsichtlich der möglichen Anwendungsfälle, sondern auch konzeptionell unterscheidet sich die Haftung wegen existenzvernichtenden Eingriffs von der Haftung wegen materieller Unterkapitalisierung. Während die materielle Unterkapitalisierung lediglich einen Zustand beschreibt, stellt der existenzvernichtende Eingriff auf ein Verhalten des Gesellschafters ab.[445] Zwar wird auch vertreten, in der Verwendung der materiell unterkapitalisierten GmbH selbst liege die Verletzungshandlung.[446] Dagegen spricht jedoch, dass der existenzvernichtende Eingriff von der bloßen Fortführung der Gesellschaft zu unterscheiden ist, wie der Begriff „Eingriff" schon sprachlich zeigt. Folglich unterscheiden sich auch die tatbestandlichen Voraussetzungen erheblich, wobei das Konzept der Haftung wegen existenzvernichtenden Eingriffs auf die schwierige Definition der materiellen Unterkapitalisierung verzichten kann.

d) Zu § 826 BGB als Anspruchgrundlage

Tatsächlich hat der BGH in den Fällen, in denen er eine Haftung nach den Grundsätzen des existenzvernichtenden Eingriffs für möglich gehalten hat, zugleich eine mögliche Haftung des Gesellschafters wegen sittenwidriger, vorsätzlicher Schädigung nach § 826 BGB angenommen. Die Formulierungen des BGH, wonach eine Haftung nach § 826 BGB bzw. die Haftung nach den Grundsätzen des existenzvernichtenden Eingriffs „daneben"[447] oder „ebenso wenig"[448] eingreife, zeigt allerdings, dass es sich nach der Auffassung des BGH hierbei um zwei getrennt von einander zu behandelnde und untersuchende Anspruchsgrundlagen handelt.[449]
Auch das „Klinik"-Urteil vom 20.9.2004 kann nicht als Beleg dafür herangezogen werden, dass der BGH die Fälle des existenzvernichtenden Eingriffs allein mit § 826 BGB in den Griff zu kriegen versucht. In diesem Fall lag nämlich ganz offensichtlich eine sittenwidrige, vorsätzliche Schädigung der Gläubiger i.S.d. § 826 BGB vor. Dem Gericht lag im konkreten Fall ein Schreiben der früheren Geschäftsführerin der insolventen GmbH vor, in dem ausdrücklich erwähnt wurde, dass der Eingriff in das Vermögen der GmbH durch Verlagerung der Betriebsmittel auf eine neu gegründete GmbH, gerade „zur Vermeidung einer Haftungsinanspruchnahme" erfolgte.[450] Es ging also nicht nur um einen vorsätzlichen, zielgerichteten Eingriff, sondern um eine vorsätzliche und zielgerichtete Gläubigerschädigung. Darin liegt ein wesentlicher Unterschied, denn eine Haftung wegen existenzvernichtenden Eingriffs soll auch dann in Betracht

---

[445] Vgl. Bitter, WM 2001, 2133, 2137
[446] So Hölzle, ZIP 2004, 1729, 1730
[447] BGH, Urt. v. 13.12.2004 – „Autohändler", ZIP 2005, 117, 118, unter II.1.b) der Gründe
[448] BGH, Urt. v. 13.12.2004 – „Handelsvertreter", ZIP 2005, 250, 252, unter III.2.b) der Gründe
[449] So auch Eidenmüller, in: Eidenmüller, Ausländische Kapitalgesellschaften, § 4 Rn. 20, S. 92
[450] BGH, Urt. v. 20.9.2004, ZIP 2004, 2138, 2139, unter 2.b) der Gründe

kommen, wenn dem Gesellschafter bei seinem existenzvernichtenden Eingriff kein Vorsatz hinsichtlich der Gläubigerschädigung zur Last fällt. Derartige Fälle lassen sich aber nicht unter § 826 BGB subsumieren. Entsprechend meinte Röhricht, für derartige Fallgruppen sei der in Betracht kommende Rückgriff auf § 826 BGB nur unter Vergewaltigung vor allem der subjektiven Tatbestandsmerkmale möglich und daher unbefriedigend, weshalb man eine davon unabhängige Haftungsgrundlage suche.[451] Ein eingeschränktes Verschuldenserfordernis, etwa das der Gesellschafter die Gefahr der Gläubigerschädigung hätte erkennen können, genügt den Anforderungen des § 826 BGB hingegen nicht.

VI. Zusammenfassung

Die von der Literatur angebotenen alternativen Haftungskonzepte überzeugen nicht. Aus dogmatischer Sicht ist die Durchgriffslösung des BGH, also die teleologische Reduktion des § 13 Abs. 2 GmbHG i.V.m. einer Analogie zu den §§ 105, 128, 129 HGB, vorzuziehen. Da es bei der Existenzvernichtungshaftung um die haftungsrechtliche Verantwortlichkeit der Gesellschafter gerade in ihrer Funktion als Gesellschafter geht, liegt es nahe, an diejenige Norm im GmbH-Gesetz anzuknüpfen, die das Haftungsgefüge zwischen Gesellschaft und Gesellschafter regelt, namentlich an § 13 Abs. 2 GmbHG. Damit wird jedenfalls vermieden, die gesetzliche Kompetenzverteilung zwischen Gesellschafter und Geschäftsführung zu stören. Die grundsätzliche Möglichkeit im Wege der teleologischen Reduktion des § 13 Abs. 2 GmbHG eine persönliche Haftung der Gesellschafter zu erreichen ist anerkannt, wie insbesondere die Fallgruppe der Vermögensvermischung belegt. Dass sich der Haftungsdurchgriff auch im Falle existenzvernichtender Eingriffe seitens der Gesellschafter dogmatisch sauber begründet lässt, konnte ebenfalls im vorherigen Abschnitt aufgezeigt werden.
Die Durchgriffslösung des BGH sieht sich zwar dem Einwand ausgesetzt, dass mit der Entscheidung für sie noch keine Aussage über die einzelnen Tatbestandsvoraussetzungen getroffen ist.[452] Die „pragmatische Fundierung des Modells der Durchgriffshaftung“[453] kann aber auch davor bewahren, Sachverhalte in bestehende gesetzliche Normen oder anerkannte Konzepte zu zwingen, die sich später möglicherweise dann doch wieder als nicht praktikabel erweisen. Die Durchgriffslösung ist wesentlich offener und lässt der Rechtsprechung und Literatur die notwendige Freiheit, das Haftungskonzept des existenzvernichtenden Eingriffs stückweise weiterzuentwickeln und zu verfeinern. Es wird Gegenstand des nächsten Teils dieser Arbeit sein, dem Haftungskonzept im Hinblick auf die Tatbestandsvoraussetzungen und die Rechtsfolgen mehr Konturschärfe zu geben.

---

[451] Röhricht, in: Festschrift 50 Jahre BGH, S. 83, 97
[452] Altmeppen, ZIP 2002, 1553, 1561; Drygala, GmbHR 2003, 729, 731
[453] So Keßler, GmbHR 2002, 945, 946

3. Teil
Tatbestand und Rechtsfolgen der Haftung

A. Die Tatbestandsvoraussetzungen der Haftung

I. Einleitung

Die Lehre von der Durchgriffshaftung wird zum Teil deshalb als verfehlt angesehen, weil es ihr nicht möglich sei, Einzeltatbestände zu bestimmen. Sie sei insgesamt dadurch gekennzeichnet, dass mit ihr eine Haftung ohne Haftungstatbestand und daher ohne rechtliche Einordnung angestrebt wird.[454] Die Rechtsprechung des BGH zur Existenzvernichtung führe im Einzelfall zwar zu richtigen Ergebnissen, jedoch nicht zur Entwicklung konkreter Tatbestände.[455] Es wird auch vor einer Entwicklung wie im englischen Recht gewarnt, wo die Rechtsprechung allein einzelfallbezogen entscheide und ein System nicht zu erkennen sei.[456] Zwar ist die Herausarbeitung der tatbestandlichen Voraussetzungen des Haftungsdurchgriffs ebenso notwendig wie schwierig. Lehre und Rechtsprechung sind aber nicht daran gehindert, Haftungsvoraussetzungen zu entwickeln.[457] Den Kritikern ist allerdings darin zuzustimmen, dass bis zu den hier besprochenen Entscheidungen zur Existenzvernichtungshaftung keine wirkliche Subsumtion des Sachverhalts unter einen Durchgriffshaftungstatbestand stattgefunden hatte. Die bis dahin aufgestellten Formeln waren nicht geeignet, auch nur annähernd zu verdeutlichen, unter welchen Voraussetzungen der Haftungsdurchgriff erfolgt. So wurden etwa „besonders qualifizierte Umstände"[458] verlangt oder „subjektive Gesichtspunkte, die das Verhalten des sich auf die Selbständigkeit berufenden Gesellschafters als einen Verstoß gegen Treu und Glauben oder die guten Sitten erscheinen lassen".[459] Wann diese Voraussetzungen vorliegen sollen, dafür wurden nur beispielhafte Umschreibungen angeboten. Im Folgenden soll deshalb der Versuch unternommen werden, die Tatbestandsvoraussetzungen der Existenzvernichtungshaftung zu konkretisieren.

II. Haftungsadressaten

1. Kein Erfordernis eines Konzerns i.S.d. § 18 AktG

Nach der „TBB"-Entscheidung nahm die überwiegende Meinung in der Literatur zunächst weiterhin an, dass eine einheitliche Leitung im Sinne des § 18 AktG

[454] Wilhelm, Rechtsform und Haftung bei der juristischen Person, S. 316, 1. Abs.
[455] Altmeppen, ZIP 2002, 1553, 1562
[456] Drygala, GmbHR 2003, 729, 731
[457] Vgl. Ulmer, ZIP 2001, 2021, 2026; Wiedemann, ZGR 2003, 283, 286
[458] BGH, Urt. v. 26.11.1957, WM 1958, 460, 462; BGH, Urt. v. 4.7.1961, GmbHR 1961, 161, 162; BGH, Urt. v. 14.5.1974, NJW 1974, 1371, 1372
[459] BGH, Urt. v. 26.11.1957, WM 1958, 460, 462

Voraussetzung für eine Haftung des Einfluss nehmenden Gesellschafters analog §§ 302, 303 AktG ist.[460] Dies erschien zunächst auch nahe liegend, da sich das Urteil in seinen unmittelbaren Äußerungen noch auf Schädigungen einer *abhängigen* GmbH durch ihren Unternehmensgesellschafter im *Konzerninteresse* beschränkte.[461]
Die auch für das GmbH-Recht geltende Definition des § 18 AktG umschreibt den Konzern als die Zusammenfassung mehrerer rechtlich selbständiger Unternehmen unter einheitlicher Leitung.[462] Dabei stützt sich die Leitung im faktischen Konzern anders als im Vertragskonzern (§ 291 AktG) nicht auf einen Beherrschungsvertrag.[463] Das Gesetz sagt nicht, was unter einer einheitlichen Leitung zu verstehen ist. Zum Teil wird angenommen, dass eine einheitliche wirtschaftliche Planung für die zusammengefassten Unternehmen in grundsätzlichen Fragen der Unternehmenspolitik genügt.[464] Andere Autoren stellen auf die Durchsetzung einer umfassenden Finanzplanung ab.[465]
Immer stärker wurden dann diejenigen Literaturstimmen, die der einheitlichen Leitung keine eigenständige tatbestandliche Bedeutung beimaßen.[466] Zumindest sollte es ausreichen, wenn der GmbH-Gesellschafter den konzernrechtlichen Unternehmensbegriff[467] erfüllt und eine Beteiligung hält, kraft derer seine GmbH als eine von ihm abhängige Gesellschaft angesehen werden kann. Dass sowohl in den Gründen des „TBB"-Urteils als auch in der Diskussion zu „TBB" immer wieder der Konzernbegriff verwendet wurde, bedeutete danach nicht, dass eine einheitliche Leitung Voraussetzung der Haftung im qualifiziert faktischen Konzern war; denn der Sprachgebrauch verwendet den Konzernbegriff als Sammelbegriff, der auch reine Abhängigkeitsverhältnisse einschließt. Die vom BGH in der „TBB"-Entscheidung verwendete Formulierung vom Missbrauch

---

460 Gätsch, Gläubigerschutz, S. 181; Krieger, ZGR 1994, 375, 378; Michalski/ Zeidler, NJW 1996, 224, 225; Mutter, JuS 1993, 999, 1002; Ulmer, in: Hachenburg, Komm. z. GmbHG, Bd. 3, Anh. § 77 Rn. 126; Zöllner, in: Baumbach/ Hueck, Komm. z. GmbHG, Schlussanh. I. Rn. 87; ; immer noch Eberl-Borges, WM 2003, 105, 107; vgl. auch OLG Düsseldorf, Urt. v. 13.1.2000, AG 2001, 90 f., unter 1.a) der Gründe; LG Münster, Urteil v. 6.1.1997, WM 1997, 672, 673, unter I. der Gründe

461 BGH, Urt. v. 29.3.1993, BGHZ 122,123 = JZ 1993, 575 – "TBB", 1. und 2. Leitsatz und unter III.2.b)

462 Hüffer, Komm. z. AktG, § 18 Rn. 2; Koppensteiner, in: Rowedder/ Schmidt-Leithoff, Komm. z. GmbHG, 2002, Anh. § 52 Rn. 18

463 Hüffer, Komm. z. AktG, § 18 Rn. 3

464 Emmerich/ Sonnenschein, Konzernrecht, § 4 II 1, S. 57 f., m.w.N.

465 Koppensteiner, in: Rowedder/ Schmidt-Leithoff, Komm. z. GmbHG, 2002, Anh. § 52 Rn. 18

466 Altmeppen, in:, Komm. z. GmbHG, Anh. § 13 Rn. 149; Emmerich/ Sonnenschein, Konzernrecht, § 20a III 2, S. 357; Hommelhoff, ZGR 1994, 395, 400, unter I.2.; Kropff, AG 1993, 485, 488; ders, in: MüKo z. AktG, Bd. 8, Anh. § 317 Rn. 32 f.; K. Schmidt, ZIP 1993, 549, 552; ders. schon, ZIP 1988, 1497, 1507; Röhricht, in: Festschrift 50 Jahre BGH, S. 83, 118 ff.; Winter, ZGR 1994, 570, 590 f.; Zöllner, in: Baumbach/ Hueck, Komm. z. GmbHG, 16 Aufl., 1996, Anh. Konzernrecht Rn. 81; rückblickend Wilhelm, NJW 2003, 175, 177

467 Hierzu sogleich unter A.II.2

einer beherrschenden Gesellschafterstellung deutete vielmehr darauf hin, dass es nur auf das Bestehen eines Beherrschungsverhältnisses ankommen sollte.[468] Bestätigt wurde dies dann im „Bremer Vulkan“-Entscheidung.[469] In den beiden Leitsätzen und den Gründen sprach der BGH nur noch von der „abhängigen GmbH“.[470]

2. Kein Erfordernis einer konzernrechtlichen Unternehmenseigenschaft des Gesellschafters i.S.d. § 15 AktG

Wenn das Haftungskonzept der Existenzvernichtungshaftung jedenfalls keine Konzernverbindung im Sinne des § 18 AktG voraussetzt, stellt sich die Frage, ob es überhaupt noch dem Recht der verbundenen Unternehmen zuzuordnen ist oder auf eine Unternehmenseigenschaft des haftenden Gesellschafters gänzlich verzichtet werden kann.

a) Diskussionsstand nach der „TBB“-Entscheidung

In der „TBB“-Entscheidung hielt der BGH noch ausdrücklich an der Notwendigkeit eines besonderen Konzernhaftungsrechts für die abhängige GmbH fest. Diese Notwendigkeit ergäbe sich daraus, dass sich in bestimmten Konzernlagen wegen der infolge der Dichte der Einflussnahme des herrschenden Unternehmens unübersichtlich gewordene Eingriffe nicht mehr isolieren lassen.[471] Auch in der Literatur wurde aus den vom BGH in der „TBB“-Entscheidung genannten Gründen zunächst überwiegend angenommen, dass die Haftung der Gesellschafter auf den Bereich der verbundenen Unternehmen i.S.d. § 15 AktG beschränkt ist.[472]

Der Unternehmensbegriff wird von den §§ 15 ff. AktG verwendet, ohne diesen zu definieren. Eine für alle oder zumindest für die Mehrzahl der Regelungszusammenhänge passende Definition des Unternehmensbegriffs gibt es nicht. Vielmehr ist der Begriff zweckbezogen zu interpretieren.[473] Was im Hinblick auf die Problematik der Beherrschung einer Gesellschaft unter einem Unternehmen zu verstehen ist, ist allerdings seit dem „Veba/Gelsenberg“-

---

[468] Kropff, AG 1993, 485, 488

[469] Vgl. Ulmer, ZIP 2001, 2021, 2023

[470] BGH, Urt. v. 17.9.2001, BGHZ 149, 10 = GmbHR 2001, 1036 – „Bremer Vulkan“, 1. und 2. Leitsatz sowie unter I.1. der Gründe

[471] BGH, Urt. v. 29.3.1993, BGHZ 122,123, 131 = JZ 1993, 575, 577 – „TBB“, unter III.2.a) der Gründe; ebenso auch später BGH, Urt. v. 25.11.1996, BB 1997, 489, 489 f, unter 1. der Gründe

[472] Kleindiek, DZWir 1993, 177, 182; ders., GmbHR 1992, 574, 583; Kropff, AG 1993, 485, 488; a.A. Kübler, NJW 1993, 1204, 1205; K. Schmidt, ZIP 1993, 549, 552; ders. schon, ZIP 1988, 1497, 1507; Röhricht, in: Festschrift 50 Jahre BGH, S. 83, 118 ff.; Winter, ZGR 1994, 570, 590 f.

[473] Hüffer, Komm. z. AktG, § 15 Rn. 7

Urteil[474] weitgehend geklärt. Danach ist dann von einem Unternehmen auszugehen, wenn ein Gesellschafter, unabhängig von seiner Rechtsform, unternehmerische Interessen auch außerhalb seiner Beteiligung verfolgt.[475] Die von der Rechtsprechung in der „TBB"-Entscheidung und in Teilen der Literatur geforderte Beschränkung auf den Bereich der verbundenen Unternehmen hatte demnach zur Folge, dass ein Privatgesellschafter, der keine anderweitigen unternehmerischen Interessen verfolgt, nicht nach den Grundsätzen der „TBB"-Entscheidung haftbar sein konnte.

b) Diskussionsstand nach der „Bremer Vulkan"-Entscheidung

Zu der Frage, ob auch das neue Haftungskonzept dem Recht der verbundenen Unternehmen zuzuordnen ist, oder ob der ansonsten nicht unternehmerisch tätige Privatgesellschafter ebenfalls wegen existenzvernichtenden Eingriffs haften soll, erklärt sich der BGH weder in der „Bremer Vulkan"-Entscheidung noch in den Folgeentscheidungen ausdrücklich.
Für eine Einordnung auch des neuen Haftungskonzeptes in das Recht der verbundenen Unternehmen könnte sprechen, dass in der „Bremer Vulkan"-Entscheidung nur vom Bestandsschutz der *abhängigen* GmbH die Rede war.[476] Der BGH legte damit eine Einordnung unter die Terminologie des § 17 AktG nahe.[477] Nach der auch für das GmbH-Recht geltenden Definition des § 17 AktG sind abhängige Unternehmen rechtlich selbständige Unternehmen, auf die ein anderes Unternehmen unmittelbar oder mittelbar einen beherrschenden Einfluss ausüben kann. Nach § 17 Abs. 2 AktG wird von einem im Mehrheitsbesitz stehenden Unternehmen vermutet, dass es von dem mehrheitsbeteiligten Unternehmen abhängig ist. Allerdings geht § 17 AktG – wie das Konzernrecht insgesamt – davon aus, dass nur Unternehmen im konzernrechtlichen Sinne an einer tatbestandsmäßigen Verbindung beteiligt sein können.[478]
Dementsprechend finden sich in der Literatur Stimmen, die weiterhin eine Beschränkung der Haftung auf Unternehmensverbindungen für geboten halten. So meint Ulmer[479], dass es beim neuen Haftungskonzept – wie im Rahmen der bisherigen Konzernhaftung – um die spezifischen Eingriffsgefahren für Gläubiger geht, die sich vor allem beim Bestehen einer Unternehmensverbindung ergeben. Bei schädigenden Eingriffen eines nicht unternehmerischen Alleingesellschafters soll dagegen eine Haftung nach § 31 GmbHG wegen Verletzung der Kapi-

---

[474] BGH, Urt. v. 13.10.1977, BGHZ 69, 334, 336 ff. – Veba/ Gelsenberg – , unter II.2. der Gründe
[475] Koppensteiner, in: Rowedder/ Schmidt-Leithoff, Komm. z GmbHG, 2002, Anh. § 52, Rn. 8
[476] BGH, Urt. v. 17.9.2001, BGHZ 149, 10 = GmbHR 2001, 1036 – „Bremer Vulkan", 1. und 2. Leitsatz sowie unter I.1. der Gründe
[477] Vgl. Raiser, in: Festschrift für Ulmer, S. 493, 500, im Ergebnis für eine Erstreckung auf Privatgesellschafter
[478] Koppensteiner, in: Rowedder/ Schmidt-Leithoff, Komm. z. GmbHG, Anh. § 52, Rn. 7
[479] Ulmer, ZIP 2001, 2021, 2027

talerhaltungsvorschriften ausreichen, weil sich dessen Einfluss auf die betroffene GmbH beschränke.
Durchgesetzt hat sich aber ganz offensichtlich die gegenteilige Auffassung, wonach es auf eine Unternehmenseigenschaft des Gesellschafters nicht mehr ankommt.[480] Diese Auffassung verdient Zustimmung, da es keinen Unterschied macht, ob der Alleingesellschafter, der außerhalb der GmbH keiner unternehmerischen Betätigung nachgeht, seine GmbH bis zur Existenzvernichtung schädigt oder ob dasselbe durch einen Unternehmensgesellschafter geschieht. Da die Folgen der Existenzvernichtung für die Gläubiger der GmbH dieselben sind, kann die Gewährleistung des Bestandsschutzinteresses der Gesellschaft im Hinblick auf den Gläubigerschutz nicht davon abhängen, ob der Gesellschafter sich noch anderweitig unternehmerisch betätigt.[481] Schon im Vorfeld der „Bremer Vulkan"-Entscheidung meinte Röhricht in dem bereits erwähnten Festschriftbeitrag, es sei widersinnig, „wenn sich der Gesellschafter der Haftung mit der Begründung entziehen könnte, der existenzvernichtende Eingriff sei nicht im Konzerninteresse, sondern zu rein privaten Zwecken erfolgt."[482]
Vor diesem Hintergrund ist anzunehmen, dass der BGH das Merkmal der Abhängigkeit nur deshalb mit in den Leitsatz der „Bremer Vulkan"-Entscheidung aufnahm, weil an der Abhängigkeit kein Zweifel bestand.[483] Dafür, dass der BGH das Konzept des Gläubigerschutzes in der GmbH nicht mehr von der Unternehmenseigenschaft des Gesellschafters abhängig machen will, spricht letztlich auch, dass in den Folgeurteilen vom 25.2.2002 und vom 24.6.2002 („KBV") nicht mehr von der „abhängigen" GmbH die Rede ist.
Zu erinnern ist in diesem Zusammenhang daran, dass die Argumentation der Revision in dem der „Video"-Entscheidung zugrundeliegenden Verfahren der heute herrschenden und hier vertretenen Sichtweise entsprach[484], der der BGH damals aber noch nicht zu folgen bereit war. Im Rahmen des Haftungskonzeptes des qualifiziert faktischen Konzerns stellte der BGH allerdings darauf ab, ob der beherrschende Gesellschafter seiner Pflicht nachgekommen war, die Konzernleitung in einer bestimmten Art und Weise auszuüben. Von diesem Ansatz ausgehend kam eine Haftung überhaupt nur gegenüber einem Unternehmensgesellschafter in Betracht. Vor dem Hintergrund des neuen Haftungskonzeptes spielt die Unternehmenseigenschaft dagegen keine Rolle mehr, da die Haftung hier an

---

[480] Bender, GmbHR 2002, 552, 554; Döser, AG 2003, 406, 414; Drygala, GmbHR 2003, 729, 732; Hoffmann, NZG 2002, 68, 70; Lampert, JA 2002, 355, 358; Raiser, in: Festschrift für Ulmer, 2003, S. 493, 500 f.; Röhricht, in: Festschrift 50 Jahre BGH, 83, 118 ff.; Römermann/ Schröder, GmbHR 2001, 1015, 1018; so schon K. Schmidt, ZIP 1993, 549, 552; ders., ZIP 1988, 1497, 1507; Winter, ZGR 1994, 570, 590 f.
[481] Ausführlich Röhricht, in: Festschrift 50 Jahre BGH, 83, 118 ff.;
Winter, ZGR 1994, 570, 590 f.
[482] Röhricht, in: Festschrift 50 Jahre BGH, S. 83, 119
[483] Dies wird auch von Ulmer, ZIP 2001, 2021, 2023, nicht ausgeschlossen.
[484] BGH, Urt. v. 23.9.1991, BGHZ 115, 187, 189 = JZ 1992, 728, 730 – „Video", unter 2. a) der Gründe

das Verbot existenzvernichtender Eingriffe und nicht mehr an eine Pflicht zur ordnungsgemäßen Konzernleitung anknüpft.[485]

Für die Praxis kann dennoch davon ausgegangen werden, dass der Mehrzahl der Fälle, in denen die Grundsätze der Existenzvernichtungshaftung zur Anwendung gelangen, Vermögensverschiebungen innerhalb eines Unternehmensverbundes zugrunde liegen.[486] So werden etwa der Abzug von Ressourcen und Know-how, der Entzug von Gewinnchancen sowie bilanztechnische Entnahmen zu Lasten der Gesellschaft meist einer anderen Unternehmung zugute kommen, die unmittelbar oder mittelbar mit dem Gesellschafter verbunden ist. Auch im „KBV"-Fall erfüllte zumindest einer der Gesellschafter die Voraussetzungen des konzernrechtlichen Unternehmensbegriffs, indem er sowohl an der insolventen als auch an der Auffanggesellschaft beteiligt war.

3. Anwendbarkeit der Existenzvernichtungshaftung in der mehrgliedrigen GmbH

Der BGH stellt in der Entscheidung „Bremer Vulkan" mehrfach ausdrücklich auf den „Schutz gegen Eingriffe des Alleingesellschafters" ab[487]. Dies könnte so verstanden werden, dass das neue Haftungsinstitut des existenzvernichtenden Eingriffs in der mehrgliedrigen Gesellschaft keine Anwendung finden soll.[488] Unproblematisch abzulehnen ist dies jedenfalls, soweit der Eingriff von der Gesamtheit der Gesellschafter getragen wird[489], da insofern keine Unterschiede festzustellen sind.[490]

a) Argumente gegen eine Anwendbarkeit

aa) Grundsätze des qualifiziert faktischen Konzerns als Minderheitenschutz

Geht es nicht um einen Eingriff der Gesellschaftergesamtheit, sondern um einen Eingriff eines Mitgesellschafters, so ist zu berücksichtigen, dass das Interesse der Gesellschafterminderheit nicht auf ein Verbot existenzvernichtender Eingriffe beschränkt ist. Deshalb wird zu Bedenken gegeben, dass die Aufgabe der Rechtsprechung zum qualifiziert faktischen Konzern in der mehrgliedrigen GmbH eine viel weitergehende Bedeutung hat als im Fall der Einmann-GmbH, weil auch der Minderheitenschutz früher über die Normen des Vertragskonzern-

---

[485] Hoffmann, NZG 2002, 68, 70

[486] Vgl. Ulmer, JZ 2002, 1049, 1051; ders., ZIP 2001, 2021, 2023; ders., in: Haftung im qualifiziert faktischen GmbH-Konzern, S. 41, 50 ff.

[487] BGH, Urt. v. 17.9.2001, BGHZ 149, 10 = GmbHR 2001, 1036 – „Bremer Vulkan", 1. und 2. Leitsatz sowie unter I.1. der Gründe

[488] Eberl-Borges, WM 2003, 105, 106; dies., Jura 2002, 761, 764; Lampert, JA 2002, 355, 358; offen gelassen von Altmeppen, ZIP 2001, 1837, 1838

[489] So der Sachverhalt in BGH, Urt. v. 24.6.2002, ZIP 2002, 1578, 1579, 1580 – „KBV"

[490] Raiser, in: Festschrift für Ulmer, 2003, S. 493, 501

rechts gelöst wurde.[491] Dies könnte für die Weitergeltung des qualifiziert faktischen Konzerns in der mehrgliedrigen GmbH sprechen, und zwar sowohl zum Schutze der Mitgesellschafter als auch zum Schutze der Gesellschaftsgläubiger.

bb) Gewährleistung des Gläubigerschutzes schon durch die „ITT"-Rechtsprechung

Auf der anderen Seite könnte ein besonderer Gläubigerschutz in der mehrgliedrigen GmbH wegen Existenzvernichtung entbehrlich sein, weil die Gläubiger schon mittelbar durch die gesellschaftsrechtliche Treuepflicht nach den Grundsätzen der „ITT"-Rechtsprechung[492] geschützt werden.[493]

b) Stellungnahme

Auch in der mehrgliedrigen GmbH ist eine analoge Anwendung der §§ 302, 303 AktG abzulehnen, weil die Analogievoraussetzungen in der mehrgliedrigen Gesellschaft ebenso wenig vorliegen wie in der Einmann-GmbH.[494] Vor allem bedarf es keiner spezifisch konzernrechtlichen Haftung zum Schutze der Mitgesellschafter. Die Mitgesellschafter werden nach den Grundsätzen der „ITT"-Rechtsprechung[495] bereits durch eine entsprechende Treuepflicht der Gesellschafter ausreichend geschützt, deren Verletzung zum Schadensersatz verpflichtet.[496] Zudem kann ein Gesellschafterbeschluss, der eine Entziehung von Gesellschaftskapital zugunsten eines Gesellschafters zum Gegenstand hat, durch jeden Mitgesellschafter angefochten werden. Der Schutz der Mitgesellschafter spielte deshalb schon im qualifiziert faktischen Konzern in der Praxis keine Rolle.[497] Ebenso wenig, wie es einer analogen Anwendung der §§ 302, 303 AktG in der mehrgliedrigen GmbH bedarf, ist der besondere Gläubigerschutz wegen existenzvernichtenden Eingriffs in der mehrgliedrigen GmbH verzichtbar. Es wäre nicht verständlich, die Existenzvernichtungshaftung deshalb abzulehnen, weil die Gläubiger mittelbar auch dadurch geschützt werden, dass die Mitgesellschafter Ausgleich des Schadens wegen Verletzung der Treuepflicht verlangen können.[498] Zwischen den beiden Ansprüchen besteht weder hinsichtlich ihrer dogmatischen Grundlagen noch hinsichtlich ihrer Voraussetzung und Rechtsfolgen ein Zusammenhang. Für die Gesellschaftsgläubiger unterscheidet sich der

---

491 Hoffmann, NZG 2002, 68, 72, im Ergebnis gegen eine analoge Anwendung der §§ 302, 303 AktG.
492 Hierzu oben im 1. Teil unter C.II.
493 Vgl. Raiser, in: Festschrift für Ulmer, 2003, S. 493, 501
494 Ehricke, in: Festschrift für Immenga, S. 537, 544, der betont, dass dies selbst im Falle eines bestehenden Beherrschungsvertrages gilt; Römermann/ Schröder, GmbHR 2001, 1015, 1019; hierzu oben unter
495 BGH, Urt. v. 5.6.1975, BGHZ 65, 15 = JZ 1976, 408 – „ITT"
496 Römermann/ Schröder, GmbHR 2001, 1015, 1019
497 Altmeppen, ZIP 2001, 1837, 1838
498 Hoffmann, NZG 2002, 68, 74; Raiser, in: Festschrift für Ulmer, S. 493, 501

Anspruch der Gesellschaft wegen Treuepflichtverletzung nach der „ITT“-Rechtsprechung nicht von einem anderen Anspruch der Gesellschaft, der die Haftungsmasse erhöht. Vor allem aber greift der mittelbare Schutz der Gläubiger nach „ITT“-Grundsätzen schon dann nicht, wenn die Mitgesellschafter auf ihren Schutz verzichten.[499]
Es bleibt somit festzuhalten, dass das neue Haftungsinstitut des existenzvernichtenden Eingriffs die analoge Anwendung des konzernrechtlichen Instrumentariums der §§ 302 ff. AktG sowohl im Falle der Einmann- als auch im Falle der mehrgliedrigen GmbH vollständig verdrängt.[500] Auch Gesellschafter in einer mehrgliedrigen GmbH haften wegen existenzvernichtender Eingriffe nach den Grundsätzen des neuen Haftungsinstituts und nicht analog §§ 302, 303 AktG.

III. Das Tatbestandsmerkmal des Eingriffs

1. Möglichkeiten zur Einflussnahme des Gesellschafters

Ein Eingriff des Gesellschafters setzt voraus, dass der Gesellschafter das Handeln der Gesellschafter in irgendeiner Weise beeinflusst. Deshalb ist zunächst zu klären, welche Möglichkeiten die Gesellschafter überhaupt haben, um auf ihre GmbH einzuwirken.

a) Die Organisationsverfassung der GmbH

Zwar sind die Gesellschafter das oberste Willensorgan der Gesellschaft.[501] Sie sind aber nicht deren Vertretungsorgan. Vertreten wird die GmbH nach außen durch ihre Geschäftsführer. Eine Ausnahme besteht nur hinsichtlich bestimmter körperschaftsrechtlicher Rechtsgeschäfte. Zu nennen sind unter anderem die Bestellung und Anstellung der Geschäftsführer, die Wahl und Abberufung zusätzlicher Gesellschaftsorgane (etwa eines Beirats), der Abschluss eines Generalbereinigungsvertrags mit einem Geschäftsführer, die Bestellung von Prüfungsorganen im Rahmen der Kompetenzen des § 46 Nr. 8 GmbHG. Außerhalb körperschaftsrechtlicher Maßnahmen können die Gesellschafter mangels Vertretungsmacht im Außenverhältnis nicht wirksam für die Gesellschaft handeln. Da die Entscheidungen der Gesellschafter einer rechtsgeschäftlichen Umsetzung bedürfen, sind die Gesellschafter auf die Mitwirkung der Geschäftsführung angewiesen.[502] So ist es ihnen ohne entsprechendes Handeln der Geschäftsführer nicht möglich, über das Vermögen der GmbH zu verfügen. Nehmen die Gesellschaf-

---

[499] So schon Lutter, ZIP 1985, 1425, 1428
[500] Bender, GmbHR 2002, 552, 553
[501] K. Schmidt, GmbHR, § 33 V 2.a), S. 994; Lutter/ Hommelhoff, in: Lutter/ Hommelhoff, Komm. z. GmbHG, § 45 Rn. 2
[502] Lutter/ Hommelhoff, in: Lutter/ Hommelhoff, Komm. z. GmbHG, § 45 Rn. 4; Nassall, ZIP 2003, 969, 974

ter eigenmächtig Auszahlungen vor, so haften sie nach Deliktsrecht.[503] Ebenso wenig können die Gesellschafter eigenmächtig Aufträge entgegennehmen und vergeben oder Personal einstellen und entlassen. Dies gilt selbst hinsichtlich solcher Maßnahmen, die dem Tätigkeitskatalog des § 46 GmbHG unterfallen oder aufgrund des Gesellschaftsvertrags der Bestimmung durch die Gesellschafter unterliegen. Beispielsweise entscheidet zwar die Gesellschafterversammlung gemäß § 46 Abs. 1 Ziff. 7 GmbHG über die Bestellung der Prokuristen. Die Gesellschafter beschließen jedoch nur intern über die Bestellung; nach außen gegenüber dem zu Bestellenden wird die Prokura durch die Geschäftsführer erteilt.[504] Deshalb ist zunächst zu klären, welche Möglichkeit die Gesellschafter überhaupt haben, auf die GmbH einzuwirken.

b) Das Weisungsrecht der Gesellschafter nach § 37 Abs. 1 GmbHG

aa) Umfang des Weisungsrechts

Die Brücke zwischen der umfassenden Leitungskompetenz der Gesellschafter im Innenverhältnis und der Vertretungsmacht der Geschäftsführer im Außenverhältnis bildet das Weisungsrecht der Gesellschafter nach § 37 Abs. 1 GmbHG. Das Weisungsrecht der Gesellschafter und die Folgepflicht der Geschäftsführer kennzeichnen das Organisationsstatut der GmbH. Die Gesellschafter unterliegen grundsätzlicher keiner Einschränkung dahingehend, ob, wann und für welche Maßnahmen sie den Geschäftsführern Weisungen erteilen wollen.[505] Sie können die Geschäftsführer auch anweisen, einzelne Geschäfte mit bestimmten Abnehmern zu tätigen oder dies zu unterlassen. Auch wirtschaftlich unzweckmäßige Weisungen sind von den Geschäftsführern grundsätzlich zu befolgen.[506]

bb) Weisungsbeschlüsse

§ 37 Abs. 1 GmbHG betrifft nur Weisungen in Form von Gesellschaftsbeschlüssen. Beruhen die Weisungen nicht auf einem Gesellschafterbeschluss, so werden sie nicht von § 37 Abs. 1 GmbHG gedeckt.[507] Die Beschlüsse können in einer Versammlung nach § 48 Abs. 1 GmbHG, im schriftlichen Verfahren gemäß § 48 Abs. 2 GmbHG oder auch telefonisch und sogar konkludent zustande kommen.[508] Die Gesellschafter müssen aber zum Ausdruck bringen, dass sie

---

[503] Burgard, ZIP 2002, 827, 832

[504] Lutter/ Hommelhoff, in: Lutter/ Hommelhoff, Komm. z. GmbHG, § 46 Rn. 19

[505] Koppensteiner, in: Rowedder/ Schmidt-Leithoff, Komm. z. GmbHG, § 37 Rn. 26; Lutter/ Hommelhoff, in: Lutter/ Hommelhoff, Komm. z. GmbHG, § 37 Rn. 18

[506] Lutter/ Hommelhoff, in: Lutter/ Hommelhoff, Komm. z. GmbHG, § 37, Rn 23;

[507] Koppensteiner, in: Rowedder/ Schmidt-Leithoff, Komm. z. GmbHG, § 43 Rn. 27; unmittelbare Weisungen eines herrschenden Konzern-Gesellschafters sind aber aufgrund eines Beherrschungsvertrages möglich, vgl. Kleindiek, Strukturvielfalt, S. 23 f.

[508] Roth, Komm. z. GmbHG, § 48 Rn. 5; K. Schmidt, in: Scholz, Komm. z. GmbHG, II. Bd., § 48 Rn. 62

eine gesellschaftliche Angelegenheit durch gemeinsamen Entschluss verbindlich regeln wollen.[509] In der Einmann-GmbH erübrigt sich eine förmliche Versammlung und Beschlussfassung. Es genügt insofern der einfache Entschluss des Gesellschafters[510], wobei gemäß § 48 Abs. 3 GmbHG allerdings eine unverzügliche Niederschrift und Unterzeichnung zu erfolgen hat.

cc) Grenzen der Folgepflicht der Geschäftsführer

Da die Gesellschafter in den meisten Fällen auf die Geschäftsführung angewiesen sind, um überhaupt auf die Gesellschaft einwirken zu können, stellt sich die Frage, wie die Geschäftsführer mit rechtswidrigen Weisungen der Gesellschafter zu verfahren haben. Dabei ist zwischen unwirksamen, nichtigen und anfechtbaren Beschlüssen der Gesellschafter zu unterscheiden. Unwirksam sind Beschlüsse dann, wenn der Beschlusstatbestand zwar abgeschlossen ist, aber ein zusätzliches Wirksamkeitserfordernis noch fehlt.[511] So bedürfen beispielsweise satzungsändernde Beschlüsse zur Wirksamkeit der Eintragung in das Handelsregister. Weisungen, die auf unwirksamen Gesellschafterbeschlüssen beruhen, dürfen entgegen der grundsätzlichen Pflicht zur Befolgung der Gesellschafterweisungen von den Geschäftsführern nicht ausgeführt werden.[512] Hinsichtlich der Nichtigkeit und Anfechtbarkeit von Beschlüssen enthält das GmbHG keine eigenen Regeln. Überwiegend ist aber anerkannt, dass die betreffenden Regeln des AktG analog für die GmbH heranzuziehen sind.[513] In § 241 AktG sind die Nichtigkeitsgründe ausdrücklich abschließend aufgezählt.
Nach § 241 Ziff. 3 AktG analog sind Beschlüsse nichtig, die mit dem Wesen der GmbH nicht vereinbart werden können oder Vorschriften verletzen, die ausschließlich oder überwiegend zum Schutze der Gläubiger der GmbH oder sonst im öffentlichen Interesse gegeben sind. Gläubigerschützende Funktion kommt den meisten zwingenden Vorschriften des GmbH-Gesetzes zu, insbesondere den Vorschriften zur Kapitalaufbringung und -erhaltung. Gesellschaftsbeschlüsse, deren Ausführung zur Folge hätte, dass das zur Erhaltung des Stammkapitals erforderliche Vermögen angegriffen wird, sind daher nichtig.[514] Auch Kapitalerhöhungsbeschlüsse, die die Übernahme von Stammeinlagen durch die Gesellschaft selbst vorsehen[515], oder Entlastungsbeschlüsse, mit denen Verstöße gegen § 30 GmbHG gebilligt werden, sind nichtig.[516]

---

[509] BGH, Urt. v. 7.2.1972, BGHZ 58, 115, 120, unter III.2.c)
[510] BGH, Urt. v. 13.5.1968, WM 1968, 1329, unter II. der Gründe
[511] Raiser, in: Hachenburg, Komm. z. GmbHG, Bd. 2, Anh. § 47 Rn. 21; Schmidt, in: Scholz, Komm. z. GmbHG, II. Bd., § 45 Rn. 40, 53 ff.
[512] Lutter/ Hommelhoff, in: Lutter/ Hommelhoff, Komm. z. GmbHG, § 37 Rn. 22
[513] Koppensteiner, in: Rowedder/ Schmidt-Leithhoff, Komm. z. GmbHG, § 47 Rn. 94, m.w.N.
[514] Koppensteiner, in: Rowedder/ Schmidt-Leithhoff, Komm. z. GmbHG, § 47 Rn. 101
[515] BGH, Urt. v. 9.12.1954, BGHZ 15, 391, 392 f.
[516] BGH, Urt. v. 20.3.1986, WM 1986, 789, 790, unter 2. der Gründe

dd) Nichtigkeit existenzgefährdender Weisungen

Zu beachten ist zunächst, dass die Entscheidung, ob Weisungsbeschlüsse rechtswidrig sind oder nicht, nicht davon abhängig gemacht werden kann, ob die Ausführung der Weisung später auch tatsächlich zur Existenzvernichtung führt; denn ob sich die Gefahr realisiert oder nicht, können die Geschäftsführer zum Zeitpunkt der Ausführung oder der Entscheidung hierüber naturgemäß noch nicht wissen.[517]

Auch schon vor den Entscheidungen des BGH zum existenzvernichtenden Eingriff wurden existenzgefährdende Weisungen in der Literatur[518] für rechtswidrig gehalten. Dem ist zuzustimmen, wenn man wie hier dem BGH folgt und eine Durchgriffshaftung der Gesellschafter bei existenzvernichtenden Maßnahmen annimmt. Da der Rechtsfigur der Existenzvernichtungshaftung die Erkenntnis zugrunde liegt, dass es ein eigenes, nicht disponibles Bestandsinteresse der Gesellschaft gibt, das auf das Verbot existenzvernichtender Eingriffe gerichtet ist, können Weisungen mit existenzgefährdendem Inhalt nicht rechtmäßig sein.[519]

Für existenzgefährdende Weisungsbeschlüsse stellt sich deshalb die Frage, ob diese lediglich anfechtbar oder nichtig sind. Für die Nichtigkeit spricht eindeutig, dass das Verbot des existenzvernichtenden Eingriffs ausschließlich dem Schutz der Gesellschaftsgläubiger dient. Ferner garantiert nur die Nichtigkeitsfolge eine effektive Durchsetzung dieses Verbots.[520] Daher sind analog § 241 Ziff. 3 AktG existenzgefährdende Weisungen nichtig.

ee) Notwendigkeit einer Gesellschafterhaftung trotz unwirksamer Weisung?

Dass auf existenzgefährdende Eingriffe gerichtete Weisungen nichtig und damit nicht zu befolgen sind, macht eine Haftung der Gesellschafter wegen existenzvernichtenden Eingriffs nicht entbehrlich. Auch das Haftungsrisiko für den Geschäftsführer gemäß § 43 Abs. 2 GmbHG vermittelt noch keinen nachhaltigen Schutz der Gesellschaft vor derartigen Einflussnahmen. Die rein faktischen Druckmittel – insbesondere der Umstand, dass die Geschäftsführer jederzeit abberufen werden können – sind so groß, dass die Geschäftsführer sich häufig nicht widersetzen können.[521]

---

[517] Zur Beurteilung des Gesellschafterverhaltens ex post vgl. Lutter/Banerjea, ZGR 2003, 402, 417

[518] Büscher, Die qualifiziert faktische Konzernierung, S. 153 f.; Fleck, ZGR 1990, 31, 43; Priester, ZGR 1993, 512, 520 ff.; K. Schmidt, Gesellschaftsrecht, §§ 37 IV, 39 I 2, 40 III 3; ders., ZIP 1986, 146, 148; Winter, ZGR 1994, 570, 592; vgl. Lutter/ Banerjea, ZIP 2003, 2177, 2177 ff.

[519] Ähnlich Vetter, Rechtliche Grenzen, S. 87; Weber/ Brügel, DB 2004, 1923, 1926

[520] Büscher, Die qualifiziert faktische Konzernierung, S. 153

[521] Freitag, WM 2003, 805, 808; Kleindiek, Strukturvielfalt, S. 60

c) *Sonstige Einflussnahme auf die Geschäftsführer*

Weisungen, die ohne zugrunde liegenden Gesellschafterbeschluss erteilt werden, sind für die Geschäftsführung grundsätzlich unbeachtlich.[522] Für die Geschäftsführung besteht dann keine Folgepflicht.[523] Derartige Weisungen sind selbst dann unbeachtlich, wenn der anweisende Gesellschafter aufgrund der Beteiligungsverhältnisse die Macht hätte, einen entsprechenden Gesellschafterbeschluss herbeizuführen.[524] Zwar sieht das Gesetz derartige Anweisungen durch einen Gesellschafter im Alleingang nicht vor. Verboten sind sie jedoch nicht. Eine dem § 117 AktG entsprechende Regelung bezüglich Einflussnahmen auf die Geschäftsführung fehlt im GmbH-Gesetz.
Obwohl nach dem zuvor Gesagtem keine Folgepflicht besteht, werden informelle Weisungen dennoch nicht selten von der Geschäftsführung beachtet werden, weil den Gesellschaftern genügend Druckmittel zur Verfügung stehen, um ohne einen entsprechenden Gesellschafterbeschluss auf die Geschäftsführung einzuwirken. Informelle Einflussnahmen sind deshalb ebenso haftungsrelevant wie Weisungen.[525] Die Möglichkeiten der Einflussnahme sind vielfältig. Es kommt jedoch allein darauf an, ob das Verhalten des Gesellschafters von der Geschäftsführung als Aufforderung zur Ausführung bestimmter Maßnahmen zu verstehen ist.[526] Auch als „Ratschläge" formulierte Äußerungen der Gesellschafter können also eine entsprechende Einflussnahme darstellen.

d) *Stimmverhalten in der Gesellschafterversammlung*

In der mehrgliedrigen GmbH, in der die Weisung von der Gesellschafterversammlung ausgeht, kann die Einflussnahme des Gesellschafters in seinem Stimmverhalten in der Gesellschafterversammlung liegen.

aa) *Keine Befreiung entsprechend § 117 Abs. 7 Ziff. 1 AktG*

Die Willensbildung der Gesellschafter in Angelegenheiten einer mehrgliedrigen Gesellschaft erfolgt gemäß § 48 Abs. 1 GmbHG durch Beschlussfassung. Eine entsprechende Anwendung von § 117 Abs. 7 Ziff. 1 AktG, der den Aktionär von der Schadensersatzpflicht nach § 117 AktG ausnimmt, wenn die Einflussnahme in der Ausübung des Stimmrechts in der Hauptversammlung bestanden hat, kommt nicht in Betracht. § 117 Abs. 7 Ziff. 1 AktG ist eine Sondervorschrift, die kein allgemeines Prinzip des Kapitalgesellschaftsrechts enthält und deshalb

---

[522] Lutter/ Hommelhoff, in: Lutter/ Hommelhoff, Komm. z. GmbHG, § 37, Rn. 17
[523] Schneider, in: Scholz, Komm. z. GmbHG, I. Bd., § 43 Rn. 97
[524][524] Zöllner, in: Baumbach/ Hueck, Komm. z. GmbHG, § 43 Rn. 28
[525] Vgl. Kleindiek, Strukturvielfalt, S. 27
[526] Vgl. Kropff, in: MüKo z. AktG, Bd. 8, § 311 Rn. 73

nicht auf Beschlüsse der Gesellschafterversammlung einer GmbH ausgedehnt werden kann.[527]

bb) Mitwirkungsbeitrag

Im Urteil vom 25.2.2002 entschied der BGH, dass jeder Gesellschafter, auch ohne selbst etwas erhalten zu haben, haftet, wenn er durch sein Einverständnis mit dem Vermögensabzug an der Existenzvernichtung der Gesellschaft mitgewirkt hat.[528] Der BGH verlangt für die Haftung eines Mitgesellschafters also zumindest irgendeine Form der Mitwirkung.[529]
Weitergehend als der BGH will Wiedemann[530] die Mitgesellschafter auch dann haften lassen, wenn sie keinen Mitwirkungsbeitrag geleistet haben. Die Durchgriffshaftung sei keine Handelndenhaftung, sondern Statusverantwortung. Stattdessen will Wiedemann auf die Haftungsfreizeichnung des Publikumsaktionärs beziehungsweise die der Anlagegesellschafter zurückgreifen.[531]
Die Heranziehung von § 128 HGB analog als Anspruchsgrundlage spricht zugegebenermaßen zunächst eher für eine gesamtschuldnerische Haftung aller Gesellschafter unabhängig von ihrer individuellen Mitwirkung.[532] Damit würde die GmbH im Falle des existenzvernichtenden Eingriffs aber praktisch zur OHG.[533] Mit dem Wesen und dem Zweck der GmbH wäre dies jedoch nicht zu vereinbaren: Schließlich wurde als einer der wesentlichen Vorzüge der GmbH die Möglichkeit der Trennung von Kapital und Management ausgemacht.[534] Nimmt man auch die Mitgesellschafter in Anspruch, die mit der Schädigung nicht einverstanden waren oder von dieser überhaupt nichts erfahren haben, dann könnten sich die Gesellschafter nicht mehr auf die Bereitstellung von Kapital beschränken. Um sich nicht der Gefahr der Existenzvernichtungshaftung auszusetzen, müssten sie die Geschäfte der GmbH und die Aktivitäten ihrer Mitgesellschafter ständig kontrollieren. Für die Gesellschaft wäre es dann nahezu unmöglich, Eigenkapitalgeber zu finden. Die Attraktivität der GmbH zu erhalten, war schließlich auch das Motiv, das die Rechtsprechung dazu bewogen hat, die Haftung der Mitgesellschafter nach § 31 Abs. 3 GmbHG zu begrenzen.[535]

---

[527] Hüffer, in: Hachenburg, Komm. z. GmbHG, Bd. 2, § 47 Rn. 196; Roth, ZGR 1993, 170 ff.; Winter, S. 84; Ziemons, Haftung der Gesellschafter, S. 152; Zöllner, Schranken mitgliedschaftlicher Stimmrechtsmacht, S. 431
[528] BGH, Urt. v. 25.2.2002, ZIP 2002, 848, 850, 2. Leitsatz und unter 2 b) der Gründe
[529] So auch Altmeppen, ZIP 2002, 1553, 1558; Keßler, GmbHR 2002, 945, 950
[530] Wiedemann, ZGR 2003, 283 ff.
[531] Wiedemann, ZGR 2003, 283, 292
[532] Vgl. Weitbrecht, Haftung der Gesellschafter bei materieller Unterkapitalisierung, S. 75
[533] Lutter/ Banerjea, ZGR 2003, 402, 436
[534] Hierzu oben im 1. Teil unter A.III.2.
[535] vgl. Cahn, ZGR 2003, 298, 303

cc) *Bloße Kenntnis von einem Eingriff nicht ausreichend*

Ohne jeglichen Beitrag zur Existenzvernichtung kommt eine Haftung der Gesellschafter aus den oben genannten Gründen nicht in Betracht.[536] Fraglich ist, ob eine Mitwirkung der Gesellschafter bereits dann angenommen werden kann, wenn der Gesellschafter Kenntnis von einem Eingriff hat und untätig bleibt. Dies würde voraussetzen, dass der Gesellschafter bei Kenntnis von einem Eingriff zum Handeln verpflichtet ist. Eine Eingriffsverhinderungs- oder Erfolgsabwendungspflicht der Mitgesellschafter ist jedoch mangels entsprechender rechtlicher Grundlage abzulehnen. Das Gesetz gibt den Gesellschaftern der GmbH keine Handlungspflichten auf. Grundsätzlich hat es sein Bewenden damit, dass der Gesellschafter seine Einlage aufbringt und sie der Gesellschaft belässt.[537] Auch der Rechtsgedanke des § 425 BGB, wonach Pflichtverletzungen eines Schuldners den anderen potentiellen Schuldnern nicht zuzurechnen sind, wird als Argument gegen eine Eingriffverhinderungs- oder Erfolgabwendungspflicht vorgebracht.[538]

dd) *Einverständnis als Mitwirkungshandlung*

Der BGH verlangt zwar einen Beitrag des Gesellschafters zum existenzvernichtenden Eingriff, damit dieser mit seinem persönlichen Vermögen haftet. Dabei soll aber ausreichen, dass der Gesellschafter sein Einverständnis zum existenzvernichtenden Eingriff erklärt.[539] Das Einverständnis sieht der BGH offensichtlich als die schwächste Form der Mitwirkung an. Es kommt somit darauf an, wie das Einverständnis zu definieren ist. Unproblematisch, aber auch selten werden die Fälle sein, in denen eine ausdrückliche Einverständniserklärung vorliegt. Problematisch sind die Fälle, in denen der Gesellschafter sich der Stimme enthält oder der Abstimmung fern bleibt.

1) Keine Verpflichtung zur Widerspruchserklärung oder zur Klageerhebung

Fraglich ist, ob die Stimmenthaltung oder das Fernbleiben als konkludente Zustimmung zum existenzvernichtenden Eingriff ausgelegt werden kann. So könnte man in Erwägung ziehen, vom Gesellschafter einen Widerspruch oder die Erhebung einer Anfechtungs- oder Nichtigkeitsklage zu verlangen. Gegen Letzteres spricht aber schon, dass es sich bei der Befugnis zur Erhebung der Anfechtungs- oder Nichtigkeitsklage um ein eigennütziges Verwaltungsrecht der Gesellschafter handelt[540] und dem Gesellschafter keine Pflicht zur Erhebung einer

---

[536] Wilhelmi, DZWIR 2003, 45, 49
[537] Altmeppen, ZIP 2002, 1553, 1562
[538] Lutter/ Banerjea, ZGR 2003, 402, 438
[539] BGH, Urt. v. 25.2.2002, ZIP 2002, 848, 850, 2. Leitsatz und unter 2 b) der Gründe
[540] Hüffer, in: MüKo z. AktG, Bd. 7, § 245 Rn. 7

Klage gegen den Gesellschafterbeschluss auferlegt werden kann.[541] Es wird aber vertreten, jedenfalls die in Kenntnis eines Eingriffs erfolgte Duldung als Einverständnis im Sinne der Existenzvernichtungshaftung anzusehen, da den Gesellschaftern ein Widerspruch zumutbar sei.[542] Hierfür spricht zwar, dass sich die Gesellschafter andernfalls einer Haftung leichter entziehen könnten. Der Gesellschafter, der sich bei der Beschlussfassung seiner Stimme enthält, bringt aber bereits hinreichend zum Ausdruck, dass er den Beschluss nicht mit trägt, denn seine Stimmenthaltung wirkt sich nicht anders aus, als wenn er gegen den Beschluss gestimmt hätte.[543] Gleiches gilt für den Gesellschafter, der von seinem Recht zur Teilnahme an der Gesellschafterversammlung keinen Gebrauch macht. Dem Recht steht nämlich keine Verpflichtung zur Teilnahme gegenüber.[544] Die bloße Duldung, die nicht mehr ist als die bloße Untätigkeit in Kenntnis des Eingriffs, führt daher nicht zu einer Haftung der Mitgesellschafter.[545]

2) Kausalität des Einverständnisses

Nach der Formulierung des BGH setzt die Haftung des Mitgesellschafters voraus, dass dieser *durch* sein Einverständnis an der Schädigung mitgewirkt hat.[546] Deshalb ist fraglich, ob das Einverständnis zur Begründung der Haftung ausreicht oder ob nicht noch ein Kausalzusammenhang zwischen Einverständnis und Schädigung hinzukommen muss. So wird vertreten, dass eine Haftung des Mitgesellschafters dann entfallen soll, wenn der schädigende Gesellschafter den existenzvernichtenden Eingriff auch ohne das Einverständnis des Mitgesellschafters hätte vornehmen können, etwa weil der Mitgesellschafter keine Einflussmöglichkeit auf die Geschicke der Gesellschaft hat.[547] Zur Beurteilung der Einflussmöglichkeit wird vorgeschlagen, im Zweifel die Wertung des § 32 a Abs. 3 Satz 2 GmbHG heranzuziehen, welcher nichtgeschäftsführende Gesellschafter, die maximal mit zehn Prozent am Stammkapital beteiligt sind, von den Regeln des kapitalersetzenden Darlehens ausnimmt.[548]

Der Behauptung, dass es in diesen Fällen an der erforderlichen Kausalität des Einverständnisses für den Schaden fehlt, ist zu widersprechen. Es ist nicht ersichtlich, wieso der Mitgesellschafter, der dem Eingriff zugestimmt hat, dadurch entlastet werden sollte, dass der Eingriff auch ohne sein Einverständnis hätte vorgenommen werden können. Es handelt sich in diesen Fällen auch nicht um

---

[541] Raiser, in: Hachenburg, Komm. z. GmbHG, Bd. 2, Anh. § 47 Rn. 152

[542] So wohl Lutter/ Banerjea, ZGR 2003, 402, 437, unter X.3.a); Ziemons, Haftung der Gesellschafter, S. 159 f.

[543] Büscher, Die qualifiziert faktische Konzernierung, S. 155

[544] Hüffer, Komm. z. AktG, § 118 Rn. 12

[545] So auch Bruns, WM 2003, 815, 821

[546] BGH, Urt. v. 25.2.2002, ZIP 2002, 848, 850, 2. Leitsatz und unter 2 b) der Gründe

[547] Lutter/ Banerjea, ZGR 2003, 402, 437

[548] Lutter/ Banerjea, ZGR 2003, 402, 437

ein Problem der fehlenden Kausalität. Vielmehr ist jedes Einverständnis mitursächlich für den eintretenden Schaden. Andernfalls wären die Fälle nicht in den Griff zu bekommen, in denen alle Gesellschafter der Existenzvernichtung zustimmen und sich aufgrund entsprechender Anteilsverhältnisse darauf berufen können, dass der Eingriff auch ohne ihre Zustimmung hätte vorgenommen werden können.
Die Regelung des § 32 a Abs. 3 Satz 2 GmbHG passt auch nicht: Zwar geht es um die Einflussmöglichkeiten der Gesellschafter, die das Gesetz bei einer Beteiligung von maximal zehn Prozent offensichtlich als gering erachtet. Der Bestimmung liegt jedoch kein allgemeingültiger und übertragbarer Rechtsgedanke der Gestalt zugrunde, dass Handlungen von Kleingesellschaftern grundsätzlich nicht schadensursächlich sind. Es handelt sich vielmehr um eine spezielle Regelung, die nur im Kontext zu den Regeln des kapitalersetzenden Darlehens zu sehen ist. Es muss deshalb dabei bleiben, dass jedes Einverständnis kausal für den existenzvernichtenden Eingriff ist, mit der Folge, dass jeder Gesellschafter, der sich mit einem existenzvernichtenden Eingriff einverstanden erklärt, riskiert, sein Haftungsprivileg zu verlieren.[549]

e) Unterlassen

Die Frage, ob auch ein Unterlassen Eingriffsqualität haben kann, wird dann relevant, wenn die Gesellschafter die Geschäftsführung zwar nicht aktiv beeinflussen; die Existenzvernichtung durch die Geschäftsführer aber sehenden Auges zulassen, obwohl sie den Eingriff oder den Erfolg kraft ihres Weisungsrechts verhindern könnten. So wird zum Teil vertreten, dass neben aktiven Eingriffen grundsätzlich auch Eingriffe durch Unterlassen gebotener Einflussnahme denkbar sind.[550] Haftungsbegründend komme in Betracht, dass „unternehmerische Gesellschafter" eine dringend erforderliche Einwirkung auf einen augenscheinlich ungeeigneten Geschäftsführer unterlassen.[551]
Für die Eingriffsqualität eines Unterlassens könnte sprechen, dass der BGH auch im Hinblick auf die Haftung des Gesellschafters wegen Vermögensvermischung offensichtlich keine Einflussnahme des Gesellschafters verlangt, sondern die Einfluss-Möglichkeit genügen lässt.[552]
Ob dies für den Fall der Vermögensvermischung gerechtfertigt ist, ist nicht Gegenstand dieser Untersuchung. Für den Fall der Existenzvernichtung genügt die Einflussmöglichkeit jedenfalls nicht. Es kann hier nichts anderes gelten als in den Fällen, in denen die Mitgesellschafter trotz Kenntnis eines Eingriffs anderer

---

[549] Vgl. Burgard, ZIP 2001, 1874, 1876; Bruns, WM 2003, 815, 821
[550] Insbesondere Wilhelm, DB 1986, 2113, 2118, 2 Abs.; in diese Richtung noch K. Schmidt, ZIP 1988, 1497, 1498: „Verantwortung für die [...] Nichtverhinderung des Unternehmenszusammenbuchs"
[551] Lutter/ Banerjea, ZGR 2003, 402, 416
[552] BGH, Urt. v. 13.4.1994, BGHZ 125, 366, 368 f., unter I.2. der Gründe; vgl. Büscher, Die qualifiziert faktische Konzernierung, S. 161

Mitgesellschafter untätig bleiben. Da es eine Eingriffverhinderungs- oder Sanierungspflicht nicht gibt, kann das bloße Unterlassen nicht mit einer existenzvernichtenden Handlung gleichgesetzt werden.[553] Die den Gesellschaftern mit § 46 Ziff. 6 GmbHG eingeräumten Überwachungsrechte gehen nicht einher mit entsprechenden Überwachungspflichten, denn die Rechte sind den Gesellschaftern nur in ihrem eigenen Interesse eingeräumt.[554] Eine Haftung wegen Unterlassen kommt auch nicht für „unternehmerische Gesellschafter“[555] in Betracht. Es ist bereits fraglich, was man sich unter einem unternehmerischen Gesellschafter vorzustellen hat, denn jeder Gesellschafter betätigt sich bereits durch seine Investition als Unternehmer. Stellt man sich unter einem unternehmerischen Gesellschafter einen Gesellschafter vor, der in einem besonderen Umfang aktiv von seiner Einflussmöglichkeit auf die Geschäftsführung Gebrauch macht – wobei wiederum fraglich ist, wann dies der Fall sein soll – , so ergibt sich hieraus für die Haftung der Gesellschafter wegen Unterlassen keine Besonderheit. Aus einer allgemeinen aktiven Einflussnahme in der Vergangenheit erwachsen jedenfalls grundsätzlich keine Handlungspflichten für die Zukunft.

Im Urteil vom 25.2.2002 sowie im Urteil „KBV“ hat der BGH die Durchgriffshaftung nur für solche (Mit-)Gesellschafter angenommen, die durch ihr Einverständnis mit dem Vermögensabzug an der Existenzvernichtung der Gesellschaft mitgewirkt haben.[556] Insofern wird auch eine Zustimmung zu Maßnahmen der Geschäftsführung als aktive Mitwirkung an der Existenzvernichtung zu verstehen sein. Einen Gesellschafter, der dagegen in keiner Weise an der Existenzvernichtung mitgewirkt hat, also nicht einmal seine Zustimmung hierzu gegeben hat, haftet daher nicht. Auch bei einer bloßen Duldung der Maßnahme des Geschäftsführers durch den Gesellschafter beziehungsweise die Gesellschaftergesamtheit kann eine notwendige Mitwirkung nicht bejaht werden.[557]

In der Literatur wird die Beschränkung des BGH zum Teil als zu eng empfunden.[558] Die Durchgriffshaftung sei keine Handelndenhaftung, sondern Statusverantwortung. Die Gesellschafter seien deshalb für die Finanzverfassung ihrer GmbH auch dann verantwortlich, wenn sie sich nicht an der Geschäftsführung beteiligen und nicht konkret an dem Vermögensabzug mitgewirkt haben.[559] Diese Betrachtungsweise sieht sich allerdings dem Einwand ausgesetzt, dass sie zu einer Haftung auch solcher Gesellschafter führt, die die Existenzvernichtung seitens der Geschäftsführung mangels entsprechender Anteilsverhältnisse nicht einmal hätten verhindern können. Auch wenn vorgeschlagen wird, einschränkend auf die Haftungsfreizeichnung des Publikumsaktionärs und der Anlagege-

[553] Vgl. Keßler, GmbHR 2005, 257, 260; Vetter, Rechtliche Grenzen, S. 88
[554] Priester, ZGR 1993, 512, 524
[555] Vgl. Lutter/ Banerjea, ZGR 2003, 402, 416
[556] BGH, Urt. v. 25.2.2002, ZIP 2002, 848, 850, 2. Leitsatz und unter 2 b) der Gründe; BGH, Urt. v. 24.6.2002, ZIP 2002, 1578, 1580 – „KBV“, unter 2. der Gründe
[557] Vgl. Bruns, WM 2003, 815, 821
[558] Roth, NZG 2003, 1081, 1083
[559] Wiedemann, ZGR 2003, 281, 291 f.

sellschafter zurückzugreifen,[560] hilft dies nicht weiter. Die entscheidende Schwäche dieses Ansatzes liegt darin, dass er mit den ökonomischen Zielen, denen die GmbH letztlich dient, nicht zu vereinbaren ist. Die außerordentlich wichtige Trennung von Geschäftsführung und Kapital würde durchbrochen, wenn der Investor einer Eingriffverhinderungs- oder Erfolgabwendungspflicht unterworfen wäre, sobald seine Beteiligung eine gewisse Größe erreicht hat. Dafür, dass sich die Durchgriffshaftung auf eine Art Statusverantwortung der Gesellschafter stützt, findet sich im Gesetz auch kein Anhaltspunkt.[561] Wollte man die Gesellschafter dagegen alleine schon aufgrund ihres Status haften lassen, so ginge dies weiter als die dem „Autokran"-Urteil zugrundeliegende abgeschwächte Strukturhaftung, der der BGH bereits in der „TBB"-Entscheidung eine Absage erteilte.

In der „Autohändler"-Entscheidung vom 13.12.2004 meinte der BGH, ein existenzvernichtender Eingriff könne im konkreten Fall auch darin gesehen werden, dass der Gesellschafter dafür gesorgt habe, dass die Gesellschaft ihren Handelsvertreteranspruch nach § 89 b HGB nicht geltend gemacht hat. Dies wurde in der Literatur zum Teil als Beleg dafür verstanden, dass ein existenzvernichtender Eingriff nach der Auffassung des BGH nicht nur in einem aktiven Tun, sondern auch in einer pflichtwidrigen Unterlassung bestehen kann.[562] Tatsächlich aber wird der BGH insofern falsch interpretiert. Entscheidend war im konkreten Fall nicht das Unterlassen der Geltendmachung des Handelsvertreterausgleichsanspruchs. Es kam vielmehr darauf an, dass der Gesellschafter dafür gesorgt hat, dass die Gesellschaft den Anspruch nicht geltend macht. Dabei handelt es sich aber wiederum um ein aktives Tun, entweder in der Form einer konkreten Weisung oder einer sonstigen Beeinflussung der Geschäftsführung.

2. Konkretisierung des Eingriffsmerkmals

In der „Bremer Vulkan"-Entscheidung und den Folgeentscheidungen sind die Voraussetzungen die an einen Eingriff zu stellen sind, weit umschrieben, und eine Beschränkung auf bestimmte Handlungen ist nicht ausdrücklich vorgesehen.[563] Das „TBB"-Urteil verlangte einen objektiven Missbrauch des Gesellschafters bei Ausübung seiner Leitungsmacht. Der objektive Missbrauch wird dort beschrieben als das „Fehlen angemessener Rücksichtnahme auf die eigenen Belange der GmbH"[564]. In der „Bremer-Vulkan"-Entscheidung[565] vom

[560] Wiedemann, ZGR 2003, 281, 292; ders., Gesellschaftsrecht, S. 224

[561] A.A. Wiedemann, ZGR 2003, 402, 416, der §§ 24, 31 Abs. 3 GmbHG als Niederschlag einer solchen Statusverantwortung nennt

[562] Schröder, GmbHR 2005, 227, 228

[563] Vgl. Benecke, BB 2003, 1190, 1194

[564] BGH, Urt. v. 29.3.1993, BGHZ 122,123, 131 = JZ 1993, 575, 578 – „TBB", unter III. 2 c) bb) der Gründe

[565] BGH, Urt. v. 17.9.2001, BGHZ 149, 10 = GmbHR 2001, 1036, 1038 – „Bremer Vulkan", unter I.1. der Gründe

17.9.2002 und den Folgeentscheidungen vom 25.2.2002[566] und 24.6.2002[567] knüpft der BGH an diese Formulierung an. Die vom BGH gebotene Beschreibung bietet jedoch keinen subsumtionsfähigen Tatbestand. Zu klären ist deshalb, welche Anforderungen konkret an eine Maßnahme zu stellen sind, um sie als Eingriff qualifizieren zu können. Äußerungen, wonach ein zur Durchgriffshaftung führender Eingriff „von ganz einschneidender Wirkung für das Vermögen oder die Geschäfts-Chancen der GmbH“[568] sein muss, sind jedenfalls nicht geeignet, das Tatbestandsmerkmal des Eingriffs zu konkretisieren.

a) Intensität des Eingriffs – Kriterien im qualifiziert faktischen Konzern

Denkbar wäre es, das Eingriffsmerkmal anhand der Intensität des Eingriffs zu konkretisieren.

aa) Kriterium der „nachhaltigen Interessenbeeinträchtigung“

So wurde auf der Grundlage der „TBB“-Entscheidung von den meisten Autoren zur Konkretisierung des Tatbestandsmerkmals der „fehlenden angemessenen Rücksichtnahme“ tatsächlich auf eine „nachhaltige Interessenbeeinträchtigung“ abgestellt.[569]
Krieger[570] meinte etwa, die persönliche Inanspruchnahme des Gesellschafters sei nur gerechtfertigt, wenn die Nachteilszufügung des Gesellschafters *nachhaltig* ist. Das Gewicht der Beeinträchtigung müsse so sein, dass die Haftungsfolgen des qualifiziert faktischen Konzerns dazu in einem angemessenen Verhältnis stehen.[571] Der Qualifizierungstatbestand sei zudem erst dann erfüllt, wenn die Nachteilszufügung nicht dem Einzelausgleich zugänglich ist.[572] Hierzu gehört laut Krieger die Situation, dass eine übergroße Fülle schädigender Maßnahmen den Durchblick unmöglich macht.[573] Ähnlich meinte zuvor schon Lutter[574], die unternehmerische Einbindung der abhängigen Gesellschaft genüge noch nicht; es müsse die beständige und breitflächige Schädigung ihrer Interessen hinzukommen, so dass ein Einzelausgleich ausgeschlossen ist.

---

[566] BGH, Urt. v. 25.2.2002, ZIP 2002, 848, 850, unter 2. b) der Gründe
[567] BGH, Urt. v. 24.6.2002, ZIP 2002, 1578, 1579, 1580 – „KBV“, unter 2. der Gründe
[568] So Bruns, WM 2003, 815, 819, linke Spalte
[569] Decher, in: Haftung im qualifiziert faktischen GmbH-Konzern, S. 25, 30, 2. Abs.; ders., in: MüHdb. d. Gesellschaftsrechts, Bd. 3, (1. Auflage, 1996) § 71 Rn. 12 ff., S. 1152 ff.; Krieger, ZGR 1994, 375, 384; ders., in: Heidelberger Konzernrechtstage, S. 41, 44; Lutter, JZ 1993, 580, 581, unter 2.b)(1); Preuß, Haftung im qualifiziert faktischen Konzern, S. 111; Stodolkowitz, ZIP 1992, 1517, 1521; Ulmer, in: Heidelberger Konzernrechtstage, S. 65, passim; Westermann, ZIP 1993, 554, 556
[570] Krieger, ZGR 1994, 375, 379; ders., in: Heidelberger Konzernrechtstage, S. 41, 44
[571] Krieger, ZGR 1994, 375, 384
[572] Krieger, ZGR 1994, 375, 383
[573] Krieger, ZGR 1994, 375, 385
[574] Lutter, ZGR 1982, 244, 267

bb) Kriterium des „Interessenumbruchs"

Hommelhoff[575] und Kleindiek[576] sprachen statt von einer „nachhaltigen Interessenbeeinträchtigung" von einem „Interessenumbruch". Dieser sei das zentral bedeutsame Merkmal und dann erreicht, wenn die Interessen der abhängigen Gesellschaft in einer Weise beeinträchtigt werden, der im Wege des Einzelausgleichs nicht mehr Rechnung getragen werden kann. Auslöser eines solchen Interessenumbruchs waren danach entweder die beständig schädigende Einflussnahme oder Einzelmaßnahmen der Gesellschafter.[577]
Vereinzelt wurde auf einen „vollständigen Interessenumbruch" abgestellt. Der Umschwung vom punktuellen Einzelausgleich hin zum Verlustausgleich beziehungsweise zur Ausfallhaftung ließe sich mit leichtgewichtigen Verfehlungen nicht plausibel legitimieren.[578] Deshalb müsse das Niveau ausgeprägt hoch liegen, und es sei ein „vollständiger Interessenumbruch" bei der abhängigen Gesellschaft zu fordern. Das Niveau ist danach erreicht, sobald das herrschende Unternehmen die abhängige Gesellschaft ganz in seine Dienste stellt oder sie für die Zwecke des Konzerns ausbeutet.[579]

cc) Stellungnahme

(1) Fehlende Subsumtionsfähigkeit

Schwierigkeiten bereiten die Kriterien des „Interessenumbruchs" und der „nachhaltigen Interessenbeeinträchtigung" deshalb, weil sie ebenso wenig subsumtionsfähig sind wie die vom BGH angebotene Beschreibung der „fehlenden angemessenen Rücksichtnahme". Es gibt eben keine eindeutigen Kriterien dafür, wann ein „Interessenumbruch" bzw. eine „nachhaltigen Interessenbeeinträchtigung" angenommen werden kann. Dies wurde von Hommelhoff selbst eingeräumt.[580]
Die Schwierigkeiten bei der Subsumtion dürften – neben den für den Kläger bestehenden Beweisschwierigkeiten – der eigentliche Grund dafür gewesen sein, warum der BGH im Rahmen des qualifiziert faktischen Konzerns zunächst eine Beweislastumkehr annahm und später vom GmbH-Gläubiger zur Schlüssigmachung seiner Klage lediglich die Darlegung von Indizien für eine „nachhaltige Interessenbeeinträchtigung" verlangte.[581] Die Problematik verlagerte sich damit weg vom materiellen Recht hin zur Beweisführung.[582] Dabei konnte bis zuletzt

---

575 Hommelhoff, ZGR 1994, 395, 410 f.
576 Kleindiek, DZWir 1993, 177, 178; ders., GmbHR 1992, 974, 583
577 Kleindiek, GmbHR 1992, 974, 583
578 Hommelhoff, ZGR 1994, 395, 409
579 Hommelhoff, ZGR 1994, 395, 410 f.
580 Hommelhoff, ZGR 1994, 395, 411
581 Hierzu ausführlich unten im 3. Teil unter C.
582 Ähnlich Lutter/ Banerjea, ZGR 2003, 402, 413 f.

nicht eindeutig geklärt werden, welche Anforderungen an die vom Kläger darzulegenden Indizien zu stellen sind.

(2) Keine notwendige Existenzvernichtung im qualifiziert faktischen Konzern

Die Kriterien der „nachhaltigen Interessenbeeinträchtigung" und des „Interessenumbruchs" sind nur im Zusammenhang mit dem Konzept und den Motiven des qualifiziert faktischen Konzerns zu verstehen.

(a) Fehlende Isolierbarkeit von Schädigungen als Ausgangspunkt des früheren Konzepts

Wie zu Beginn dieser Untersuchung dargestellt, weist die Treuepflichtlösung nach den Grundsätzen der „ITT"-Rechtsprechung im Hinblick auf den Gläubigerschutz einige Schwächen auf.[583] Zum einen versagt der reflexartige Gläubigerschutz in den Fällen, in denen es um eine Einmann-GmbH geht. Zum anderen sind diejenigen Fälle problematisch, bei denen Schadensersatzansprüche wegen Verletzung der gesellschaftsrechtlichen Treuepflicht zwar möglich, diese aber aus praktischen Gründen nicht durchsetzbar sind, weil man die einzelnen Eingriffe wegen der Massenhaftigkeit und Unkontrollierbarkeit der Verletzungstatbestände nicht isolieren kann.[584]
Gerade letztere Fallgestaltung war der Ausgangspunkt der Überlegungen zum qualifiziert faktischen Konzern: Das Problem der Massenhaftigkeit von Eingriffen und deren fehlende Isolierbarkeit sollte mit einer analogen Anwendung der §§ 302, 303 AktG gelöst werden.[585] Insofern war es durchaus nachvollziehbar, dass der BGH im „Autokran"-Urteil und den Folgeentscheidungen auf eine „dauernde und umfassende Leitung" abstellte. Die Schädigungen mussten vom Kläger zunächst nicht dargelegt werden, sondern wurden im Falle dauernder und umfassender Leitung vermutet. Dies erschien zunächst auch plausibel. Denn wie sollte der Kläger die Schädigungen darlegen können, wenn sie aufgrund der unübersichtlichen Verhältnisse nicht isolierbar waren?
Auch nachdem der BGH seine Vermutungsregeln in der „TBB"-Entscheidung aufgab, blieb die mangelnde Isolierbarkeit der Eingriffe und die Unmöglichkeit des Einzelausgleichs weiterhin das Motiv für das Haftungskonzept des qualifiziert faktischen Konzerns.[586] Da dem Kläger nun aber nicht mehr die Vermutungsregeln zugute kamen, bestand für ihn das alte Problem, dass er Schädigungen der GmbH in einem Umfang darzulegen und zu beweisen hatte, der einen

---

[583] Hierzu oben im 1. Teil unter C.II.
[584] Vgl. Lutter, ZIP 1985, 1425, 1429
[585] Altmeppen, in: Roth/ Altmeppen, Komm. z. GmbHG, Anh. § 13 Rn. 162; Decher, in: Haftung im qualifiziert faktischen GmbH-Konzern, S. 25, 32, 3. Abs.; Lutter, ZIP 1985, 1425, 1430; Röhricht, in: Festschrift 50 Jahre BGH, S. 83, 84
[586] BGH, Urt. v. 29.3.1993, BGHZ 122,123, 131 = JZ 1993, 575, 578 – „TBB", unter III. 2 c) bb) der Gründe

Einzelausgleich unmöglich machte. Insofern versuchte man, sich mit den Begriffen der „nachhaltigen Interessenbeeinträchtigung" oder des „Interessenumbruchs" zu helfen. Da auch diese Begriffe nicht unmittelbar subsumtionsfähig sind, wurden dem Kläger Erleichterungen bei der Darlegungslast gewährt, so dass er im Ergebnis nur Umstände darzulegen brauchte, die auf eine nachhaltige Interessenbeeinträchtigung schließen ließen.[587]

Sofern es um eine Mehrpersonen-GmbH geht, mag dies noch nachzuvollziehen sein, da in diesem Fall der Mehrheitsgesellschafter seine GmbH nach den Grundsätzen der „ITT"-Rechtsprechung in der Tat in keiner Weise zum Nachteil der Minderheit schädigen darf und auf jedweden Belang der GmbH Rücksicht nehmen muss.[588] Hat die Beeinträchtigung der Belange ein Ausmaß angenommen, die einen Einzelausgleich praktisch unmöglich macht, so erscheint der Verlustausgleich bzw. die Ausfallhaftung als Rechtsfolge denkbar. Aus dogmatischen Gründen ist allerdings zu bedenken, dass auch in der Mehrpersonen-GmbH die Globalhaftung nur mittelbar dem Schutz der Gläubiger dienen konnte, weil sich das Eigeninteresse einer konzernierten GmbH nicht von dem der konzernfreien GmbH unterscheiden kann.[589]

Sofern es um eine Einmann-GmbH geht oder die Minderheitsgesellschafter auf ihren Schutz verzichten, können die Kriterien der „nachhaltigen Interessenbeeinträchtigung" oder des „Interessenumbruchs" nicht weiterführen; es sei denn, man nimmt im Ergebnis auch die Sanktionierung solcher Maßnahmen hin, die nach der Konzeption der GmbH – vor allem auch nach eigener Auffassung des BGH[590] – eigentlich zulässig sind: Wie bereits festgestellt wurde, darf der Alleingesellschafter seine GmbH schädigen, ihr Vermögen und Geschäfts-Chancen entziehen, Personal abwerben et cetera. Das darf er jedenfalls solange, wie die Existenz der Gesellschaft durch diese Maßnahmen nicht vernichtet wird und die Kapitalerhaltungsvorschriften eingehalten werden.[591] Dies war ja gerade der Grund dafür, dass es der BGH selbst ablehnte, den Treuepflichtgedanken des „ITT"-Urteils auf die Einmann-GmbH zu übertragen.[592]

Ob die geschädigte GmbH in einen Konzern eingebunden ist oder nicht, kann dabei keine Rolle spielen. Deshalb darf auch die Konzernmutter die Interessen ihrer GmbH nachhaltig beeinträchtigen oder die GmbH ganz in die Dienste des

---

587 Hierzu ausführlich unten in diesem Teil unter C.

588 Hierzu oben im 1. Teil unter C.II.

589 Römermann/ Schröder, GmbHR 2001, 1015, 1017

590 Hierauf weist schon Wilhelm, DB 1986, 2113, 2114, hin: „Mit der so hochgehaltenen GmbH-gesetzlichen Rechtslage ist nun sicher aber auch die vom BGH seinerseits entwickelte Haftung analog §§ 303, 322 Abs. 2 AktG nicht vereinbar."; vgl. auch Winter, ZGR 1994, 570, 589, der umgekehrt den Tatbestand des qualifiziert faktischen Konzerns als einen Beleg dafür ansieht, dass der BGH von einer weitergehende Verantwortlichkeit der Gesellschafter ausgeht.

591 Röhricht, in: Festschrift 50 Jahre BGH, S. 83, 96, 3. Abs.

592 BGH, Urt. v. 16.9.1985, BGHZ 95, 330, 340 = JZ 1986, 901, 904 – „Autokran", unter II.4. der Gründe

Konzerns stellen[593], solange hierdurch nicht die Existenz der Gesellschaft vernichtet wird und die Kapitalerhaltungsvorschriften eingehalten werden.
Für das Kriterium einer „nachhaltigen Interessenbeeinträchtigung" beziehungsweise eines „Interessenumbruchs" bei der Einmann-GmbH ließe sich zwar ins Feld führen, dass auch die einzelnen Verletzungen der Kapitalerhaltungsvorschriften, die selbstverständlich auch in der Einmann-GmbH gelten, nicht isolierbar sein können.[594] Dem entspricht es, wenn einige Stimmen im Schrifttum meinen, das Rechtsinstitut des qualifiziert faktischen Konzerns habe im Wesentlichen der Beweiserleichterung gegenüber den Tatbeständen der Kapitalerhaltung gedient.[595] Die Formulierungen von der „nachhaltigen Interessenbeeinträchtigung" und des „Interessenumbruchs" konnten aber auch bei dieser Fallgestaltung nicht weiterhelfen, denn selbst wenn sich massenhafte Schädigungen feststellen lassen – sei es der Abzug von zur Deckung des Stammkapitals nicht benötigtem Vermögen oder der Entzug von Geschäfts-Chancen – steht dies einer dem Einzelausgleich nicht zugänglichen Verletzung der Kapitalerhaltungsvorschriften nicht gleich.
Fraglich erscheint darüber hinaus, ob im Falle einer Konzernierung Schädigungen überhaupt schwerer zu isolieren sind.[596] Goette[597] weist darauf hin, dass den zum qualifiziert faktischen Konzern ergangenen Urteilen durchweg Sachverhalte zugrunde lagen, in denen es nicht um eine undurchschaubare und unkontrollierbare Konzerngeschäftsführung ging, infolgedessen die Schädigung der betreffenden Gesellschaft nicht mehr isolierbar und ein Einzelausgleich unmöglich gewesen wäre.

(b) Existenzvernichtung als Ausgangspunkt des neuen Haftungskonzeptes

Im qualifiziert faktischen Konzern ging es also – zumindest vom gedanklichen Ansatz her – darum, das Problem der fehlenden Isolierbarkeit massenhafter Schädigungen in den Griff zu bekommen. Gegenstand des neuen Haftungskonzeptes sind dagegen die Fälle, in denen das gesellschaftsrechtliche Einzelausgleichsystem versagt, weil entweder die Grundsätze der „ITT"-Rechtsprechung mangels Minderheitsgesellschaftern nicht eingreifen und der Eingriff deshalb keinen Schadensersatz auslöst oder sich der zugefügte Nachteil nicht nach § 31 GmbHG kompensieren lässt. Dabei geht es jeweils immer nur um existenzvernichtende Eingriffe.[598]

---

[593] A.A. offensichtlich Hommelhoff, ZGR 1994, 395, 410 f.
[594] So ausdrücklich BGH, Urt. v. 20.2.1989, BGHZ 107,7 = NJW 1989, 1800, 1802 – „Tiefbau", unter III. 3. a) der Gründe
[595] So Altmeppen, ZIP 2001, 1837, 1839; ebenso Wilken, DB 2001, 2383, 2384
[596] Vgl. Büscher, Die qualifiziert faktische Konzernierung, S. 168; Gätsch, S. 112 ff.
[597] Goette, in: Haftung im qualifiziert faktischen GmbH-Konzern, S. 11, 22; ders., DStR 2000, 1066, 1068; ders., DStR 2001, 1857
[598] Röhricht, in: Festschrift 50 Jahre BGH, S. 83, 111 f., 2. Abs.

Es kommt also nicht mehr auf eine „nachhaltige Interessenbeeinträchtigung" oder einen „Interessenumbruch" an, sondern darauf, ob die GmbH durch den Eingriff ihre Fähigkeit zur Erfüllung ihrer Verbindlichkeiten verliert.[599]
Zwar waren die Gesellschaften in allen von der Rechtsprechung behandelten Fällen des qualifiziert faktischen Konzerns insolvent. Die Konzernhaftung wurde jedoch nicht mit der sich aus der Gesellschaftermaßnahme resultierenden Insolvenz der Gesellschaft, sondern mit der Unmöglichkeit des Einzelausgleichs aufgrund „nachhaltiger Interessenbeeinträchtigung" begründet.[600] Die Insolvenz war somit nicht Teil des Haftungstatbestands, sondern indizierte allenfalls die als Folge der Nachteilszufügung eingetretene Schädigung der Gläubiger.[601] Dies zeigt sich schon darin, dass die Konzernhaftung mit ihrer Pflicht zum Verlustausgleich analog § 302 AktG vor der Insolvenz schützen sollte.[602]
Für die Einmann-GmbH nahm die Rechtsprechung zum qualifiziert faktischen Konzern schon seit dem „TBB"-Urteil im Grunde an, dass der Durchgriff auf das Privatvermögen des Gesellschafters die Existenzvernichtung der Gesellschaft voraussetzt.[603] Es heißt dort: „Im Fall einer Einpersonengesellschaft fehlt es an einer solchen angemessenen Rücksichtnahme, wenn die Gesellschaft infolge der im Konzerninteresse ausgeübten Einwirkung *ihren Verbindlichkeiten nicht mehr nachkommen kann.*"[604]
Das neue Haftungskonzept des existenzvernichtenden Eingriffs trägt nun endgültig der Erkenntnis Rechnung, dass die Belange der GmbH im Hinblick auf den Gläubigerschutz bis zur Grenze der Existenzvernichtung disponibel sind. Sowohl in der Einmann-GmbH als auch in der Mehrpersonen-GmbH setzt der Durchgriff die Kausalität des Eingriffs für die Unfähigkeit der GmbH voraus, ihren Verbindlichkeiten nachzukommen. Auf eine „nachhaltige Interessenbeeinträchtigung" oder einen „Interessenumbruch" kommt es demnach nicht mehr an.

b) Qualität des Eingriffs

Nach dem Vorstehenden kommt es also nicht mehr auf die Intensität des Eingriffs an, weil sich die Intensität bereits aus dem Kausalitätserfordernis des Eingriffs für die Unfähigkeit zur Bedienung der Verbindlichkeiten ergibt. Die oben zitierte Passage des „TBB"-Urteils, wonach es in der Einmann-GmbH an einer

[599] Lutter/ Banerjea, ZGR 2003, 402, 413 f.; vgl. Röhricht, in: Festschrift 50 Jahre BGH, S. 83, 90
[600] Hommelhoff, ZGR 1994, 395, 413; Krieger, ZGR 1994, 375, 379; Kropff, AG 1993, 485, 490; Lutter, JZ 1993, 580, 581
[601] So Kropff, AG 1993, 485, 490
[602] Lutter/ Banerjea, ZGR 2003, 402, 408, in Fußnote 26
[603] Vgl. Lutter/ Banerjea, ZGR 2003, 402, 414, in Fußnote 53
[604] BGH, Urt. v. 29.3.1993, BGHZ 122,123, 131 = JZ 1993, 575, 578 – „TBB", unter III. 2 c) bb) der Gründe; bestätigt in BGH, Urt. v. 19.9.1994, NJW 1994, 3288, 3290, unter I.2.c) der Gründe; BGH, Urt. v. 25.11.1996, ZIP 1997, 416, 417, unter 3. der Gründe

angemessenen Rücksichtnahme fehlt, wenn die Gesellschaft infolge der Einwirkungen ihren Verbindlichkeiten nicht nachkommen kann, könnte man wörtlich genommen so verstehen, dass die Kausalität der Maßnahme für die Existenzvernichtung nicht nur erforderlich, sondern auch hinreichend ist.[605] Dies würde bedeuten, dass jede zur Insolvenz der Gesellschaft führende Maßnahme der Gesellschafter – also auch unternehmerisch verständliche Entscheidungen – haftungsbegründend sein können. Damit wäre das Haftungsprivileg aber effektiv ausgeschaltet.[606] Insofern herrscht weitgehend Einigkeit darüber, dass Leitungsmaßnahmen, die unternehmerisch verständlich erscheinen, selbst wenn sie sich als Fehler erweisen und zur Insolvenz der Gesellschaft führen, keine Durchgriffshaftung auslösen.[607] Entscheidend ist daher, wie unzulässige Einflussnahmen der Gesellschafter von zwar schlechter, aber noch erlaubter Leitung der Gesellschaft abzugrenzen sind.

aa) Kriterium der „ins Gewicht fallenden Maßnahmen"

Im „KBV"-Urteil ist von „angemessener Rücksichtname" und von „ins Gewicht fallenden Maßnahmen" die Rede.[608] Hieraus ergibt sich zwar, dass Bagatellfälle nicht zu einem Durchgriff führen sollen.[609] Es bleibt aber offen, was unter „ins Gewicht fallenden Maßnahmen" zu verstehen ist. In der Literatur wird ein unbeachtlicher Bagatellfall zum Beispiel dann angenommen, wenn eine ohnehin am Rande der Insolvenz stehende Gesellschaft mit weiteren Verbindlichkeiten geringfügig belastet wird und dies zu einer Insolvenzbeschleunigung führt.[610] Es wird auch davon gesprochen, dass ein zur Durchgriffshaftung führender Eingriff von ganz einschneidender Wirkung für das Vermögen oder die Geschäfts-Chancen der GmbH sein muss.[611]

Ob überhaupt ein Bedürfnis dafür besteht, „ins Gewicht fallende Maßnahmen" von „Bagatellfällen" abzugrenzen, ist jedoch eher zweifelhaft. Schließlich genügt die Feststellung eines noch so intensiven Eingriffs für sich allein nicht. Hinzukommen muss noch die Unfähigkeit der Gesellschaft zur Erfüllung ihrer Verbindlichkeiten als Folge des Eingriffs.[612] Führt eine Maßnahme aber zur Insolvenz der Gesellschaft, so wird man nach allgemeinem Sprachgebrauch wohl nicht mehr von einem Bagatellfall reden können. Ebenso kann die Belastung der

---

[605] Vgl. Kropff, AG 1993, 485, 490

[606] Hoffmann, NZG 2002, 68, 69

[607] Cahn, ZGR 2003, 298, 312; Pentz, in: Rowedder/ Schmidt-Leithoff, Komm. z. GmbHG, § 13 Rn. 144; Raiser, in: Festschrift für Ulmer, S. 493, 503; K. Schmidt, NJW 2001, 3577, 3581; Ulmer, in: Haftung im qualifiziert faktischen GmbH-Konzern, S. 41, 56; Westermann, NZG 2002, 1129, 1135; unklar Benecke, BB 2003, 1190, 1194

[608] BGH, Urt. v. 24.6.2002, ZIP 2002, 1578, 1579, 1580 – „KBV", 2. Leitsatz und unter 2. der Gründe

[609] Ulmer, JZ 2002, 1049, 1051

[610] Lutter/ Banerjea, ZGR 2003, 402, 415

[611] Bruns, WM 2003, 815, 819; Roth, NZG 2003, 1081, 1082

[612] Hierzu ausführlich unten in diesem Teil unter A.V.

Gesellschaft mit neuen Verbindlichkeiten nicht „geringfügig sein", wenn die Begründung der neuen Verbindlichkeiten die Ursache für die Insolvenz ist. Letztlich stellt sich die Abgrenzung zwischen „ins Gewicht fallenden Maßnahmen" und Bagatellfällen also als ein Kausalitätsproblem dar. Ist eine Maßnahme kausal für die Insolvenz, dann fällt sie auch ins Gewicht. Es ist deshalb nicht anzunehmen, dass den einschränkenden Formulierungen von „angemessener Rücksichtnahme" und von „ins Gewicht fallenden Maßnahmen" überhaupt eigenständige Bedeutung zukommt.[613] Jedenfalls ist äußerst fraglich, ob die Einschränkungen des BGH zur Bestimmung der an einen Eingriff zu stellenden Anforderungen geeignet sind.[614]

bb) Die Sorgfalt eines ordentlichen Kaufmanns oder die Mindeststandards ordnungsgemäßen unternehmerischen Verhaltens als Kriterium?

Die vom BGH bereits im „TBB"-Urteil gebotene Definition des objektiven Missbrauchs als „das Fehlen angemessener Rücksichtnahme auf die eigenen Belange" könnte im Sinne eines sorgfaltspflichtwidrigen Verhaltens verstanden werden.[615] Wilhelm[616] will den Gesellschafter, der dem Geschäftsführer Weisungen hinsichtlich der Geschäftsführung erteilt, analog § 43 GmbHG haften lassen, also dann, wenn er nicht die Sorgfalt an den Tag legt, die ein ordentlicher Geschäftsmann in verantwortlich leitender Position bei selbständiger Wahrnehmung fremder Vermögensinteressen zu beachten hat.[617] Altmeppen qualifiziert die Maßnahme eines Gesellschafters dann als Eingriff, wenn der Gesellschafter gegen den „Mindeststandard ordnungsgemäßen unternehmerischen Verhaltens" verstößt.[618] Nicht weit davon entfernt ist die Auffassung von K. Schmidt.[619] K. Schmidt stellt auf die Sorgfaltspflichten ab, die sich aus der zwischen der Gesellschaft und dem Gesellschafter bestehenden Sonderverbindung ergeben sollen, also quasi auf die – allerdings nicht näher konkretisierten – Pflichten eines ordentlichen *Gesellschafters*. Auch Röhricht spricht in seinem bereits erwähnten Beitrag von der „Verpflichtung zu einem seriösen, ordnungsgemäßen kaufmän-

---

[613] A.A. offensichtlich Lutter/ Banerjea, ZGR 2003, 402, 407: „eine gewisse Einschränkung des Tatbestandes"

[614] Vgl. Ulmer, JZ 2002, 1049, 1051; Wiedemann, ZGR 2003, 282, 292; Lutter/ Banerjea, ZGR 2003, 402, 415

[615] Preuß, Haftung im qualifiziert faktischen Konzern, S. 116

[616] Wilhelm, Rechtsform und Haftung bei der juristischen Person, S. 336 ff.

[617] Vgl. Hommelhoff/ Kleindiek, in: Lutter/ Hommelhoff, Komm. z. GmbHG, § 43 Rn. 21, hinsichtlich des für Geschäftsführer geltenden Sorgfaltspflichtmaßstabs.

[618] Altmeppen, ZIP 2002, 1553, 1562; ders., NJW 2002, 321, 323 f.; ders. ZIP 2001, 1837, 1841; ähnlich Luttermann, BB 2001, 2433, 2435

[619] K. Schmidt, NJW 2001, 3577, 3579 f.; ders. 1986, 148; ders., Gesellschaftsrecht, § 37 III 7, S. 1150, § 39 III 2, S. 1222, § 40 III 2 c, S. 1254

nischen Verhalten“[620] und vom „Mindeststandard seriösen kaufmännischen Verhaltens“[621].

Die Überlegungen zur Sorgfaltspflicht ließen sich möglicherweise im Rahmen des neuen Haftungskonzeptes fruchtbar machen. Der Pflichtenmaßstab eines ordentlichen und gewissenhaften Kaufmanns beziehungsweise der Mindeststandard ordnungsgemäßen unternehmerischen Verhaltens könnte innerhalb des Durchgriffskonzepts zur Beantwortung der Frage herangezogen werden, unter welchen Voraussetzungen eine Gesellschaftermaßnahme als Eingriff zu qualifizieren ist, mit der Folge, dass der Gesellschafter im Falle der hierdurch verursachten Insolvenz persönlich haftet.

Dagegen spricht jedoch, dass die Gesellschafter grundsätzlich auch solche Maßnahmen beschließen können, von denen ein ordentlicher Kaufmann absehen würde.[622] Die Gesellschafter sind nämlich in ihrer Rolle als Anteilseigner an der Gesellschaft gerade keine Kaufleute, sondern private Investoren.[623] Es spielt keine Rolle, ob die Geschäfte der Gesellschaft auf Veranlassung der Gesellschafter gut oder schlecht geführt werden. Bei der Existenzvernichtungshaftung geht es deshalb nicht um eine Haftung wegen fahrlässig oder grob fahrlässig getroffene Fehlentscheidungen.[624] Dafür spricht, dass der Unternehmer mit seiner Entscheidung für die Gesellschaftsform der GmbH aus guten Gründen gerade bezweckt, das Risiko seiner persönlichen Haftung auch für den Fall auszuschließen, dass seine Entscheidungen fehlerhaft oder grob fehlerhaft sind. Wenn Altmeppen[625] meint, „jeder Kaufmann würde sich auch dagegen verwahren, die Haftung für fremde Verbindlichkeiten zu übernehmen, wenn dem nicht ein solides Geschäft zugrunde liegt“, so berücksichtigt er nicht, dass der GmbH-Gesellschafter gegenüber dem Rechtsverkehr ebenso wenig eine Soliditätszusage abgibt wie ein Einzelkaufmann oder ein OHG-Gesellschafter. Geschäftspartner eines Einzelkaufmanns oder einer OHG müssen damit rechnen, dass ihr Schuldner durch schlechtes und sogar grob fehlerhaftes Management zahlungsunfähig wird. Es bleibt auch offen, was Altmeppen unter einem soliden Geschäft verstanden wissen will.

---

620 Röhricht, in: Festschrift 50 Jahre BGH, S. 83, 98
621 Röhricht, in: Festschrift 50 Jahre BGH, S. 83, 101
622 Fleck, ZGR 1990, 31, 36 f.
623 Reiner, in: Festschrift für Boujong, S. 415, 434
624 Burgard, Cash Pooling und Existenzgefährdung, S. 53 Fn. 38; vgl. Keßler, GmbHR 2005, 257, 260
625 Altmeppen, DB 1994, 1912, 1915

cc) Feststellung der objektiven Rechtswidrigkeit anhand typisierter Fallkonstellationen

Raiser[626] schlägt vor, die Abgrenzung zwischen erlaubten Maßnahmen und haftungsauslösenden Eingriffen anhand von Fallkonstellationen[627] vorzunehmen. Diese ließen sich ähnlich wie bei der Haftung nach §§ 30, 31 GmbHG typisieren. Die objektive Rechtswidrigkeit einer Maßnahme sei beispielsweise indiziert, wenn der herrschende Gesellschafter Geschäfte mit der Gesellschaft tätigt und Leistung und Gegenleistung nicht gleichwertig sind. Gleiches soll gelten, wenn der Gesellschafter Geschäfts-Chancen der Gesellschaft an sich zieht und die Gesellschaft einen Vermögensnachteil erleidet, der für die Illiquidität ursächlich ist, oder wenn der Gesellschafter die Gesellschaft ohne unternehmerisch verständliche Gründe daran hindert, Forderungen gegen Dritte einzuziehen.
Es ist schon fraglich, ob die Maßnahmen der Gesellschafter in den von Raiser angeführten Fallkonstellationen tatsächlich alle als pflichtwidrig beziehungsweise als mit § 13 Abs. 2 GmbHG unvereinbar zu qualifizieren sind. Es ist zu berücksichtigen, dass Nachteilszufügungen seitens der Gesellschafter nicht per se verboten sind. Weist der Alleingesellschafter beispielsweise die Geschäftsführung seiner GmbH an, Forderungen Dritter nicht einzuziehen, so ist diese Maßnahme – selbst wenn sie unternehmerisch nicht begründet sein sollte – nicht per se verboten; das gilt jedenfalls, solange die Existenz der Gesellschaft hierdurch nicht gefährdet wird. Hieran kann kein Zweifel bestehen, denn wenn die Gesellschafter grundsätzlich berechtigt sind, bis zur Grenze der Kapitalerhaltungsvorschriften Entnahmen zu tätigen oder – worin kein Unterschied liegt – auf Forderungen der GmbH gegen sich selbst zu verzichten, muss auch der Verzicht auf Forderungen gegenüber Dritten grundsätzlich rechtmäßig sein. Gleiches gilt für den Entzug von Geschäfts-Chancen der Gesellschaft oder für Geschäfte der Gesellschaft mit dem Gesellschafter oder Dritten, wenn Leistung und Gegenleistung nicht gleichwertig sind.
Vor allem aber hat der Ansatz Raisers die Schwäche, dass er von Fallgruppen ausgeht und keinen Tatbestand bildet, unter den auch zukünftige, bislang noch nicht bedachte Fälle subsumiert werden können.

dd) Unterkapitalisierung oder Insolvenzwahrscheinlichkeit als Kriterium?

Bitter[628] stellt allein auf das Kriterium der Unterkapitalisierung ab. Verboten ist danach nicht irgendeine ökonomische Aktivität, die eine gewisse Existenzgefährdung mit sich bringt, sondern nur die einseitige Risikoüberwälzung auf die Gläubiger. Die Unterkapitalisierung und die damit verbundene übermäßige In-

---

[626] Raiser, in: Festschrift für Ulmer, 2003, S. 493, 503; eine Fallgruppenbildung wurde schon von Burgard, WM 1993, 925, 928, vorgeschlagen.
[627] Siehe auch die Fallgruppen bei Bruns, WM 2003, 815, 819
[628] Bitter, WM 2001, 2133, 2137 ff.

solvenzwahrscheinlichkeit und nicht die Bestandsgefährdung als solche seien das wirkliche Gläubigerschutzproblem. Deshalb ginge es bei der Diskussion um die Bestandsgefährdung im Grunde um nichts anderes als um das Problem der Unterkapitalisierung mit unzutreffender Begrifflichkeit.[629] Zur Präzisierung des Tatbestandes der Durchgriffshaftung stellt Bitter weiter auf die Insolvenzwahrscheinlichkeit als maßgebliches Kriterium ab.[630] Er geht davon aus, dass die Gläubiger einer GmbH allenfalls zur Übernahme eines Ausfallrisikos von 5 bis 10 Prozent bereit sind. Deshalb nimmt er einen Missbrauch an, wenn dieser Wert deutlich überschritten wird.[631] Ähnlich will Roth[632] auf die Kapitalstruktur der Gesellschaft abstellen. Je schlechter die Kapitalstruktur sei, desto weniger unternehmerische Waghalsigkeit sei den Gesellschaftern gestattet.
Schon aus praktischen Gründen ist es nicht möglich, die Haftung an die Unterkapitalisierung zu knüpfen, weil es keine operablen Kriterien dafür gibt, den Zustand der Unterkapitalisirung festzustellen.[633] Das Abstellen auf die Insolvenzwahrscheinlichkeit widerspricht zudem Bitters eigener These, wonach die Ratio der Haftungsbeschränkung die Möglichkeit einer Existenzvernichtung gerade voraussetzt.[634] Die vorgeschlagene Bandbreite von 5 bis 10 Prozent Ausfallrisiko ist nicht nur zu ungenau; es bleibt auch offen, wann von einer deutlichen Überschreitung dieses Wertes ausgegangen werden kann, um auf das Privatvermögen des Gesellschafters durchgreifen zu können. Letztlich gibt es auch keinen gültigen Erfahrungssatz, wonach Gläubiger nur mit einem Ausfallrisiko von 5 bis 10 Prozent einverstanden sind. Im Ergebnis läuft Bitters Vorschlag darauf hinaus, spekulativeren, aber auch chancenreicheren Unternehmungen die Rechtsform der GmbH zu verwehren. Es gibt aber keinerlei Anhaltspunkte dafür, dass der Gesetzgeber spekulativere Unternehmungen nur in der Rechtsform der AG zulassen wollte.

ee) Eigener Ansatz: Nachteilszufügung als Kriterium

Bereits in der „TBB"-Entscheidung war von der „Nachteilszufügung" die Rede.[635] Auch das Tatbestandsmerkmal des Eingriffs im Rahmen der Existenzvernichtungshaftung setzt zunächst einmal eine Nachteilszufügung des Gesellschafters voraus. Wo sich als Folge der Gesellschaftermaßnahme keine Nachteile für

---

[629] Bitter, WM 2001, 2133, 2137; ähnlich Wiedemann, ZGR 283, 292
[630] Ähnlich Lutter/ Banerjea, ZGR 2003, 402, 416
[631] Bitter, WM 2001, 2133, 2141
[632] Roth, NZG 2003, 1081, 1084
[633] Binz/ Sorg, Die GmbH & Co KG, § 11 Rn. 106, S. 257; Drygala, GmbHR, 2003, 729, 734, Fußnote 68; Fleischer, ZGR 2001, 1, 11; Reiner, in: Festschrift für Boujong, S. 415, 434
[634] Bitter, WM 2001, 2133, 2136
[635] BGH, Urt. v. 29.3.1993, BGHZ 122,123, 131 = JZ 1993, 575, 578 – „TBB", unter III. 2 c) cc) der Gründe

die Gesellschaft ergeben, bedarf es keiner Haftung.[636] Dies führt zu der Frage, wann eine Maßnahme als nachteilig für die Gesellschaft anzusehen ist.

(1) Verschlechterung der Vermögenslage

Die Formulierung von der Nachteilszufügung erinnert an die aus dem Aktienrecht bekannten Vorschriften über die verbotene Einflussnahme herrschender Unternehmen.[637] Nach § 311 Abs. 1 AktG ist es dem herrschenden Unternehmen untersagt, die abhängige Gesellschaft zu einer nachteiligen Maßnahme zu veranlassen. Grundtatbestand ist demnach die Veranlassung zu nachteiligem Handeln. Ein Nachteil i.S.d. § 311 AktG liegt dann vor, wenn sich die Vermögens- oder Ertragslage der Gesellschaft, wie sie sich bei Einbeziehung aller Chancen und Risiken in eine Bewertung ergibt, verschlechtert.[638] Dies ist im GmbH-Recht nicht anders zu beurteilen. Maßnahmen, welche die Vermögens- oder Ertragslage voraussichtlich nicht verschlechtern, sind nicht nachteilig. Dabei kommt es nicht auf einen Vergleich der Vermögenslage vor und nach der getroffenen Maßnahme an, sondern auf die Erwartung, die sich aus einer Gegenüberstellung von Chancen und Risiken ergibt.[639]

(2) Beurteilungszeitpunkt

Im Rahmen von § 311 AktG bemisst sich der Nachteil aus einer Bewertung von Vor- und Nachteilen zum Zeitpunkt der Einflussnahme. In diese Bewertung fließen – wie bei jeder Prognose – Erwartungen zum Zeitpunkt der Vornahme der Maßnahme mit ein.[640] Für die Nachteilszufügung eines Gesellschafters gegenüber seiner GmbH ergibt sich nichts anderes.

In der „TBB"-Entscheidung stellte der BGH ebenfalls auf eine Betrachtung ex ante ab. Es ging dort bekanntermaßen um die Risiken, die durch eine Haftungsübernahme für fremde Schulden begründet werden.[641] Der BGH meinte, diese Risiken könnten je nach der Vermögenslage des gesamten Unternehmensverbundes so groß sein, dass sie sich unmittelbar auf den Vermögensstand des von der Gefahr einer Inanspruchnahme betroffenen Unternehmens auswirken. Folglich erblickt der BGH den Nachteil bereits in der Übernahme des Risikos und nicht erst in der tatsächlichen Inanspruchnahme; er stellt also auf eine Betrachtung ex ante ab.

---

[636] Krieger, ZGR 1994, 375, 379; Kropff, in: MüKo z. AktG, Bd. 8, Anh. § 317 Rn. 35

[637] Vgl. Kropff, AG 1993, 485, 486
Ulmer, in: Haftung im qualifiziert faktischen GmbH-Konzern, S. 41, 54

[638] Habersack, in: Emmerich/ Habersack, Aktien- und GmbH-Konzernrecht, § 311 Rn. 39; Kropff, in: MüKo z. AktG, Bd. 8, § 311 Rn. 138

[639] Kropff, in: MüKo z. AktG, Bd. 8, § 311 Rn. 138

[640] Kropff, in: MüKo z. AktG, Bd. 8, § 311 Rn. 141

[641] Hierzu oben unter § 3 III.4.

Ob der Gesellschafter seiner GmbH einen Nachteil zufügt, ist auch im GmbH-Recht nach den Umständen zum Zeitpunkt der Einwirkung zu entscheiden. Eine Beurteilung der Maßnahme ex post ist abzulehnen, weil sie dem Gesellschafter die Risiken einer späteren Entwicklung und damit entgegen § 13 Abs. 2 GmbH auch das allgemeine unternehmerische Risiko aufbürden würde.[642]

(3) Verhältnis Nachteilszufügung zur Insolvenz

Eine Maßnahme ist nicht allein deshalb als Nachteilszufügung zu qualifizieren, weil sie im Ergebnis zur Insolvenz der Gesellschaft führt. Das folgt schon aus der Erkenntnis, dass die Nachteiligkeit der jeweiligen Maßnahme aus der Sicht ex ante zu beurteilen ist. So wie nicht jede Nachteilszufügung zu einem Schaden oder sogar zur Insolvenz der Gesellschaft führen muss, kann auch eine Maßnahme, die zum Zeitpunkt ihrer Vornahme nach Leistung und Gegenleistung beziehungsweise nach Vor- und Nachteilen ausgeglichen ist, also keine Nachteilszufügung darstellt, aus unvorhersehbaren Gründen fehlschlagen und zu einem Schaden[643] und in der Folge auch zur Insolvenz der Gesellschaft führen. Hieraus folgt, dass die Nachteilszufügung unabhängig davon zu beurteilen ist, ob die Existenz der Gesellschaft später vernichtet wird.
Macht man sich den Unterschied zwischen Nachteilszufügung einerseits und Schaden beziehungsweise Insolvenz andererseits bewusst, so wird deutlich, dass die Ursächlichkeit einer Maßnahme für die Insolvenz die Haftung des Gesellschafters noch nicht begründet. Vielmehr ist des weiteren erforderlich, dass die Maßnahme zum Zeitpunkt ihrer Vornahme bereits nachteilig für die GmbH ist.[644] Erst das Kriterium der Nachteilszufügung macht die Maßnahme eines Gesellschafters zu einem Eingriff.

(4) Vorsätzliche Nachteilszufügung

Im Rahmen von § 311 AktG geht es nur um diejenigen negativen Auswirkungen auf die Vermögens- oder Ertragslage der Gesellschaft, die ihre Ursache in der Abhängigkeit der Gesellschaft haben. Deshalb fehlt es nach der h.M. an einem Nachteil i.S.d. § 311 AktG, wenn ein ordentlicher und gewissenhafter Geschäftsleiter einer unabhängigen Gesellschaft die nachteilige Maßnahme bei pflichtmäßiger Beurteilung ebenfalls vorgenommen hätte.[645] Dem Begriff des

[642] Kropff, AG 1993, 485, 491 f., unter III.3.,a.E.
[643] Vgl. zum Verhältnis von Nachteil und Schaden Kropff, in: MüKo z. AktG, Bd. 8, § 311 Rn. 113, 114
[644] Ebenso Drygala, GmbHR 2003, 729, 733, unter III.2.a)
[645] BGH, Urt. v. 1.3.1999, WM 1999, 850, 853, unter II.2.f) der Gründe; Habersack, in: Emmerich/ Habersack, Aktien- und GmbH-Konzernrecht, § 311 Rn. 40; Hommelhoff, S. 118 f.; Hüffer, Komm. z. AktG, § 311 Rn. 27; Koppensteiner, in: Kölner Komm. z. AktG, § 311 Rn. 22 mit zahlreichen weiteren Nachweisen auch zur gegenteiligen Auffassung; Krieger, in: MüKo z. AktG, Bd. 1, § 69 Rn. 65; Kropff, in: MüKo z. AktG, Bd. 8, § 311 Rn. 140; a.A. Baumbach/ Hueck, Komm. z. AktG, § 311 Rn. 8

Nachteils i.S.d. § 311 AktG ist damit eine Sorgfaltspflichtverletzung i.S.d. § 93 Abs. 1 Satz 1 AktG immanent.[646]
Fraglich ist, ob dies für die Nachteilszufügung als Tatbestandsmerkmal der Existenzvernichtungshaftung im GmbH-Recht ebenso zu beurteilen ist.[647] Der Nachteilsbegriff, so wie er dem § 311 AktG zugrunde liegt, ergibt sich aus dem Zweck des § 311 AktG, das Vermögen der Gesellschaft gegen Beeinträchtigungen durch ihren Anteilseigner als herrschendes Unternehmen zu schützen.[648] Dabei sollen die §§ 311 ff. AktG zwar die Einflussmöglichkeiten des herrschenden Unternehmens beschränken. Das allgemeine unternehmerische Risiko soll dagegen von der Gesellschaft und ihren Gläubigern getragen werden. Das ist im Rahmen der Existenzvernichtungshaftung nicht anders.
Im Rahmen des Haftungskonzeptes des existenzvernichtenden Eingriffs eines GmbH-Gesellschafters genügt eine Nachteilszufügung, die auf einem grob fahrlässigen Verhalten des Gesellschafters beruht, indes nicht, um den Gesellschafter persönlich in Anspruch zu nehmen. Es ist weiter gehend eine vorsätzliche Nachteilszufügung zu verlangen.[649]
Es geht nicht um die Sanktionierung von fahrlässig oder grob fahrlässig getroffenen Fehlentscheidungen.[650] Der Gesellschafter, der die Geschäftsführung beispielsweise anweist, einen für die Gesellschaft objektiv nachteiligen Auftrag anzunehmen, soll nur dann im Falle der hierdurch verursachten Existenzvernichtung mit seinem persönlichen Vermögen einstehen, wenn er um die Nachteiligkeit des Geschäftes wusste. Dagegen reicht es nicht aus, wenn der Gesellschafter die Nachteiligkeit des Geschäftes hätte erkennen müssen. Dies gilt also auch dann, wenn der Gesellschafter auf die Vornahme von Kalkulationen verzichtet, die aus kaufmännischer Sicht dringend geboten sind, und die Nachteiligkeit der Maßnahme deshalb grob fahrlässig nicht erkennt. Gerade im Bereich der kleinen GmbH-Betriebe würden die Anforderungen an die Gesellschafter sonst überspannt. Soll der Gesellschafter einer Auto-Reparaturwerkstatt-GmbH im Falle der Insolvenz persönlich haften, wenn er ohne vorherige Kalkulation eine überdimensionierte Hebebühne kauft, die sich niemals amortisiert? Soll der Gesellschafter einer Bauhandwerker-GmbH im Falle der Insolvenz persönlich haften, weil er mangels vorheriger sorgfältiger Prüfung einen viel zu umfangreichen und nicht kostendeckenden Auftrag angenommen hat? Ich denke nein, denn mit der Betätigung in der Rechtsform der GmbH will sich der Unternehmer vor der

---

[646] Habersack, in: Emmerich/ Habersack, Aktien- und GmbH-Konzernrecht, § 311 Rn. 40
[647] Dafür offensichtlich Krieger, ZGR 1994, 375, 380; ebenso wohl Altmeppen, ZIP 2001, 1837, 1841
[648] Kropff, in: MüKo z. AktG, Bd. 8, § 311 Rn. 138
[649] In diese Richtung wohl auch Bruns, WM 2003, 815, 817, unter II: „In subjektiver Hinsicht bleibt damit die regelmäßig zu bejahende Frage, ob der Eingriff bewusst erfolgte oder nicht.“; Wiedemann, in: 50 Jahre Bundesgerichtshof, S. 337, 364: „absichtlicher Schädigung durch Eingriffe in das Vermögen“
[650] Böcker, GmbHR 2004, 1257, 1262; Burgard, Cash Pooling und Existenzgefährdung, S. 53 Fn. 38; vgl. oben unter A.III.2.b)bb)

Gefahr der persönlichen Haftung gerade auch in diesen Fällen schützen. Er mag zwar ein schlechter Unternehmer sein; er hat die Rechtsform der GmbH jedoch nicht missbraucht.

Für die Notwendigkeit einer vorsätzlichen Nachteilszufügung spricht auch, dass Entnahmen im engeren Sinne oder – jenseits des Anwendungsbereichs von § 30 GmbHG – sonstige Vermögensabschöpfungen als Grundtatbestand der Existenzvernichtungshaftung anzusehen sind.[651] Hierbei handelt es sich naturgemäß um bewusste Nachteilszufügungen. Fahrlässiger oder leichtfertiger Umgang mit dem Gesellschaftsvermögen ist dem nicht gleichzusetzen.[652] Zwar legt die Terminologie des BGH von der „angemessenen Rücksichtnahme" in der Tat eine Haftung wegen Sorgfaltspflichtverletzung nahe. Dies bedeutet jedoch nicht, dass den Gesellschafter die Pflicht trifft, bei unternehmerischen Entscheidungen vorab sorgfältig zu prüfen, ob sich die jeweilige Entscheidung nachteilig für die GmbH auswirkt oder nicht. Vielmehr ist der BGH so zu verstehen, dass den Gesellschafter erst dann eine Sorgfaltspflicht trifft, wenn er seine GmbH tatsächlich benachteiligen will; erst dann trifft ihn die Pflicht, darauf zu achten, dass trotz der Nachteilszufügung die Fähigkeit der Gesellschaft erhalten bleibt, ihre Verbindlichkeiten zu erfüllen. In diesem Sinne lässt sich nun auch Röhricht[653] verstehen. Anlässlich der Jahrestagung der Gesellschaftsrechtlichen Vereinigung 2002 zog er das Fazit, die neue Rechtsprechung verlange von dem Gesellschafter einer GmbH nicht mehr, als dass er bei Entnahmen (!) aus dem Gesellschaftsvermögen oder bei Eingriffen in die Marktstellung eine angemessene Rücksichtnahme walten lässt.

Ferner kann von einem GmbH-Gesellschafter hinsichtlich des Umgangs mit dem Vermögen seiner GmbH nicht mehr erwartet werden als von einem Einzelkaufmann oder einem OHG-Gesellschafter. Auch bei einem Einzelkaufmann oder einem OHG-Gesellschafter muss der Geschäftsverkehr damit rechnen, dass diese ihr Unternehmen durch fahrlässige oder grob fahrlässige Entscheidungen ruinieren. Den Gläubigern steht dann auch bei unbeschränkter Haftung des Unternehmers letztlich nur das tatsächlich vorhandene Vermögen als Haftungsmasse zur Verfügung.[654] Der Geschäftsverkehr rechnet aus gutem Grund jedoch nicht damit, dass ein Einzelkaufmann oder ein OHG-Gesellschafter seinem Unternehmen vorsätzlich Nachteile zufügt, wenn damit die Gefahr der Existenzvernichtung des Unternehmens verbunden ist.[655] In der Praxis kann ein solches Verhalten bei einem Einzelkaufmann oder einem OHG-Gesellschafter jedenfalls nicht beobachtet werden. Bei der GmbH ist dies anders: Dort gibt es das Phänomen, dass der Gesellschafter seine eigene Gesellschaft trotz der Gefahr der

---

[651] Vgl. Röhricht, Aktuelle höchstrichterliche Rechtsprechung, S. 31; siehe auch Roth, NZG 2003, 1081, 1085, unter V.1., der i.E. aber auf eine Unterkapitalisierung abstellt.

[652] A.A. Roth, NZG 2003, 1081, 1085, unter V.2.

[653] Vgl. Röhricht, Aktuelle höchstrichterliche Rechtsprechung, S. 31

[654] Vgl. Ehricke, AcP 1999, 257, 288, unter II.1.e)bb), im Hinblick auf Deliktsgläubiger; Hofmann, NJW 1966, 1941, 1945, 3. Abs.

[655] Hierzu schon oben unter § 4 IV.2.c)aa)

Existenzvernichtung vorsätzlich schädigt, weil sich die Nachteilszufügung aufgrund der Haftungstrennung für ihn persönlich als vorteilhaft erweisen kann.[656] Erst wenn der Gesellschafter die Haftungsbegrenzung bewusst in seiner Kalkulation berücksichtigt, verbietet sich eine Berufung auf das Haftungsprivileg. Gegen das Kriterium der bewussten Nachteilszufügung lässt sich auch nicht einwenden, dass das Haftungskonzept des existenzvernichtenden Eingriffs dann entbehrlich ist, weil man die verbleibenden Fälle über § 826 BGB lösen könnte. Eine Haftung des Gesellschafters gegenüber den Gläubigern der Gesellschaft nach § 826 BGB setzt nämlich (bedingten) Vorsatz hinsichtlich der Insolvenzreife voraus.[657] Im Rahmen des Haftungskonzeptes des existenzvernichtenden Eingriffs genügt dagegen schon der Vorsatz in Bezug auf die Nachteilszufügung. Der Gesellschafter haftet hiernach im Falle tatsächlicher Existenzvernichtung als Folge bewusster Nachteilszufügung also auch dann, wenn er eine Schädigung der Gläubiger weder gewollt noch billigend in Kauf genommen hat. Außerdem wird eine auf Schadensersatz gegenüber der Gesellschaft gerichtete Haftung der Gesellschafter den Schwierigkeiten nicht gerecht, die sich für die Gläubiger aus der Existenzvernichtung ergeben.[658]

(5) Keine Beschränkung auf einen bilanziellen Vermögensentzug – Verschiedene Eingriffsformen

Im Urteil vom 25.2.2002[659] und im Urteil „KBV“[660] spricht der BGH nur noch vom „Vermögensabzug“ beziehungsweise vom „Vermögensentzug“, während er in der Entscheidung „Bremer Vulkan“ sowohl auf Eingriffe in das Vermögen als auch „in Geschäfts-Chancen“[661] abstellt. Zwar steht der Entzug von Vermögenswerten oftmals im Vordergrund. Ein Schädigung kann aber nicht nur in der Entziehung von Vermögenswerten liegen, sondern auch im Entzug personeller Ressourcen, dem Eingehen von Risiken oder im Entzug von Geschäftschancen.[662] Erst recht setzt der Eingriff keinen Abzug bilanziell erfassten Vermögens voraus.[663] Schließlich ist es gerade die erkannte Schwäche des geschriebenen Gläubigerschutzes im GmbH-Recht, dass die §§ 30, 31 GmbHG nur die Fälle des echten Vermögensabzugs erfassen, die einer bilanziellen Betrachtung zugänglich sind.[664] Dass der BGH die Anwendung des Instituts des existenzver-

---

[656] Siehe oben unter § 1 II.2.a)

[657] Vgl. Reiner, in: Festschrift für Boujong, S. 415, 444, hinsichtlich der Gläubigergefährdung durch Darlehensgewährung

[658] Hierzu oben unter § 3 V.4.b)cc)

[659] BGH, Urt. v. 25.2.2002, ZIP 2002, 848, 850, 2. Leitsatz und unter 2.b) der Gründe

[660] BGH, Urt. v. 24.6.2002, ZIP 2002, 1578, 1579, 1580 – „KBV“, unter 2. der Gründe

[661] BGH, Urt. v. 17.9.2001, BGHZ 149, 10 = GmbHR 2001, 1036, 1038 – „Bremer Vulkan“, unter I.1. der Gründe

[662] Lutter/ Banerjea, ZGR 2003, 402, 414 f.; Wiedemann, ZGR, 2003, 283, 293

[663] So auch schon Hommelhoff, ZGR 1994, 395, 413

[664] Siehe oben im 1. Teil unter B.II.2.b)aa)

nichtenden Eingriffs nun auf die Fälle eines echten Vermögensabzugs reduzieren wollte, ist nicht anzunehmen.[665] Die engeren Formulierungen des „Vermögensabzugs" beziehungsweise des „Vermögensentzugs", die der BGH im Urteil vom 25.2.2002 verwendet, sind daher nicht als Beschränkung des Anwendungsbereichs der Existenzvernichtungshaftung zu verstehen.[666]
Der klassische Fall eines Eingriffs liegt zunächst in dem Entzug von Liquidität, also die Auszahlung liquider Gesellschaftsmittel. Daneben kommt aber auch der Entzug anderer materieller Ressourcen als Eingriff in Betracht, etwa wenn Maschinen, Patente oder Forderungen auf Veranlassung des Gesellschafters weggeben werden. Auch darin ist eine Nachteilszufügung zu sehen, wenn der Weggabe dieser Ressourcen im Rahmen einer Gesamtbetrachtung ex ante kein entsprechender Vorteil für die Gesellschaft gegenübersteht. Ein relevanter Eingriff kann auch in der Übertragung personeller Ressourcen liegen, insbesondere in der Veranlassung zur einvernehmlichen Beendigung von Arbeitsverhältnissen mit weiterhin benötigten Mitarbeitern, die dann meist gleich von einer neuen oder anderen zum Unternehmenskreis des gleichen Gesellschafters gehörenden Gesellschaft wieder eingestellt werden.

(6) Ermittlung des nachteiligen Charakters einer Maßnahme

In den Fällen des Liquiditätsabzugs und dem Entzug personeller oder materieller Ressourcen ist die Ermittlung des nachteiligen Charakters dieser Maßnahmen nicht mit besonderen Schwierigkeiten verbunden. Problematischer ist dagegen die Ermittlung eines nachteiligen Charakters beim Eingehen von Geschäftsrisiken oder dem Entzug von Geschäftschancen.
In dem Eingehen von Geschäftsrisiken liegt grundsätzlich nämlich noch keine Nachteilszufügung, weil den Geschäftsrisiken unter gewöhnlichen Umständen auch entsprechend hohe Geschäfts-Chancen gegenüberstehen. Folglich kommt eine Haftung der Gesellschafter in Ermangelung einer Nachteilszufügung selbst dann nicht in Betracht, wenn das entsprechende Geschäft im Ergebnis zur Insolvenz der Gesellschaft führt. In der Regel werden die Gesellschafter die Geschäftsführung zwar nicht anweisen, Geschäfte zu tätigen, bei denen die Geschäftsrisiken höher sind als die damit verbundenen Geschäfts-Chancen, die also einen negativen Erwartungswert aufweisen. Dies kann jedoch unter gewissen Umständen durchaus auch anders sein. Zu Beginn dieser Untersuchung wurde die Möglichkeit der Gesellschafter einer GmbH, die Kosten ihrer Unternehmung zu externalisieren als allgemeines Problem der Haftungsbeschränkung erkannt.[667] Für den Gesellschafter persönlich kann es aufgrund der Haftungstrennung vorteilhaft sein, auch Geschäftsrisiken einzugehen, denen keine gleichwertigen Geschäfts-Chancen gegenüberstehen, weil er an den Chancen

---

[665] Anders wird der BGH wohl verstanden von Wilhelmi, DZWir 2003, 45, 46
[666] Lutter/ Banerjea, ZGR 2003, 402, 415, 1. Abs.
[667] Hierzu oben im 1. Teil unter A.II.2.

persönlich ungleich stärker partizipiert als an den Risiken.[668] Die Vornahme solcher Geschäfte stellt sich dann aber als Nachteilszufügung dar[669], mit der Konsequenz, dass der Gesellschafter, der seine Gesellschaft zur Vornahme eines derartigen Geschäfts in Kenntnis der ungleichen Verteilung von Chancen und Risiken anweist, im Falle der Existenzvernichtung persönlich haftet.
Ganz ähnlich verhält es sich mit dem Entzug von Geschäfts-Chancen. Üblicherweise wird der Entzug von Geschäfts-Chancen mit der Eliminierung gleichwertiger oder höherer Geschäftsrisiken einhergehen. Entscheidet sich der Gesellschafter beispielsweise zur Einstellung eines Produkts, so wird er dies in der Regel nur tun, weil eine weitere Herstellung des Produkts wegen der damit verbundenen Kosten nicht mehr lukrativ erscheint. Sind die mit der weiteren Produktion verbundenen Chancen jedoch höher als die Risiken, und veranlasst der Gesellschafter seine GmbH dennoch zur Produkteinstellung – etwa weil er das Produkt in einem anderen Unternehmen herstellen lassen will – so liegt eine Nachteilszufügung vor.[670]

(7) Nachteilskompensation

Noch auf der Grundlage der „TBB"-Rechtsprechung wurde vertreten, dass das Tatbestandsmerkmal der mangelnden Rücksichtnahme nicht erfüllt ist, wenn der Gesellschafter die mit der Maßnahme verbundenen Nachteile durch mindestens gleichwertige Vorteile kompensiert. Dem Gesellschafter müsse es gestattet sein, seiner GmbH Nachteile zuzufügen, wenn sich die Vermögenslage der Gesellschaft „unter dem Strich" nicht verschlechtert.[671] Zu einer ordnungsgemäßen (Konzern-)Leitung gehöre die Notwendigkeit und rechtliche Möglichkeit nachteiliger Einzelentscheidungen bei mittelfristigem Ausgleich von Vor- und Nachteilen sowie von Chancen und Risiken.[672]
In der Entscheidung vom 25.2.2002[673] scheint der BGH hieran anzuknüpfen. In dem Entzug von circa 1,8 Millionen DM zugunsten eines der Gesellschafter sei schon deswegen kein Eingriff zu sehen, weil die beklagten Gesellschafter der GmbH später insgesamt circa 8,6 Millionen DM zur Verfügung gestellt hatten. Auch in der Literatur findet sich die Einschränkung, dass nur der kompensationslose Entzug von Vermögenswerten und konkreten Erwerbsaussichten einen Eingriff darstellen kann.[674]

---

[668] Vgl. Raiser, in: Festschrift für Ulmer, S. 493, 503
[669] Habersack, in: Emmerich/ Habersack, Aktien- und GmbH-Konzernrecht, § 311 Rn. 54
[670] Vgl. Raiser, in: Festschrift für Ulmer, S. 493, 503; Habersack, in: Emmerich/ Habersack, Aktien- und GmbH-Konzernrecht, § 311 Rn. 57 f., sieht hier große Schwierigkeiten bei der Bewertung derartiger Maßnahmen.
[671] Krieger, ZGR 1994, 375, 380, unter III.1.c); Lutter, JZ 1993, 580, unter 3.a)
[672] Lutter, JZ 1993, 580, 581, unter 3.a)
[673] BGH, Urt. v. 25.2.2002, ZIP 2002, 848, 850, unter 2.b) der Gründe
[674] Hoffmann, NZG 2002, 68, 69, unter II.

Der Nachteilskompensation kommt jedoch keine eigenständige Bedeutung zu. Jedenfalls ist nicht ersichtlich, wie es trotz Kompensation der Nachteilszufügung seitens der Gesellschafter überhaupt noch zu einer Existenzvernichtung der Gesellschaft als Folge (!) der Nachteilszufügung kommen kann. Ob ein Nachteil kompensiert wurde oder nicht, ist vielmehr schon im Rahmen der Ermittlung des nachteiligen Charakters einer Maßnahme relevant, weil der nachteilige Charakter einer Maßnahme – wie bereits ausgeführt – im Rahmen einer Gesamtbetrachtung der damit verbundenen Vor- und Nachteile ex ante zu ermitteln ist.

IV. Begünstigung von Gesellschaftern kein Tatbestandsmerkmal

In der „Autohändler"-Entscheidung vom 13.12.2004 meinte der BGH, der Gesellschafter, der Vermögenswerte *an sich oder eine Gesellschaft, an der er beteiligt ist*, verschiebt, verhalte sich unredlich, wenn hierfür keine marktgerechte Gegenleistung erbracht wird.[675] Dies wird in der Literatur zum Teil so interpretiert, dass die Vermögensminderung zu einem zumindest mittelbaren Vorteil eines Gesellschafters geschehen muss.[676]

Dass die Begünstigung von Gesellschaftern eine Tatbestandsvoraussetzung sein soll, leuchtet jedoch nicht ein. Zur Abgrenzung von Managementfehlern gegenüber relevanten Eingriffen bedarf es einer solchen Tatbestandsvoraussetzung nicht.[677] Solange dem Gesellschafter nur Managementfehler vorzuwerfen sind, fehlt es ja schon an der Voraussetzung der vorsätzlichen Nachteilszufügung. Es ist auch nicht klar, warum der Gesellschafter, der durch eine vorsätzliche Nachteilszufügung die Insolvenz seiner GmbH verursacht hat, dann nicht haften soll, wenn er durch dieses Verhalten nicht begünstigt wurde. In der Praxis wird es zwar in den meisten Fällen ohnehin so sein, dass mit der Nachteilszufügung zugleich eine unmittelbare oder mittelbare Begünstigung des betreffenden Gesellschafters verbunden ist. Es ist aber nicht auszuschließen, dass ein Gesellschafter, der für die Unternehmung seiner GmbH keine Zukunft mehr sieht, Vermögenswerte ohne marktgerechte Kompensation an einen Dritten, z.B. einen Freund, Geschäftspartner etc., überträgt, ohne dass sich hieraus eine mittelbare Begünstigung des Gesellschafters erkennen bzw. beweisen ließe.

Auch die Rechtsprechung zur Kapitalerhaltungshaftung spricht nicht für das Erfordernis einer Gesellschafterbegünstigung.[678] Die Haftung nach §§ 30, 31 GmbHG setzt zwar voraus, dass ein Gesellschafter Empfänger der Auszahlung gewesen sein muss. Anders als bei der Existenzvernichtungshaftung enthält die Haftung aus §§ 30, 31 GmbHG aber kein Verhaltensmoment und greift deshalb auch ohne entsprechende Weisung des Gesellschafters ein. In den Fällen, in denen die Auszahlung dagegen mit dem Einverständnis oder sogar auf Anweisung

---

[675] Urt. v. 13.12.2004, ZIP 2005, 117, 118, unter II.1.b) der Gründe

[676] Wackerbarth, ZIP 2005, 877, 879; so auch Weller, Europäische Rechtsformwahlfreiheit, S. 158

[677] So aber Wackerbarth, ZIP 2005, 877, 879

[678] A.A. Weller, Europäische Rechtsformwahlfreiheit, S. 159

des Gesellschafters erfolgt, nimmt die Rechtsprechung auch eine Haftung des Gesellschafters nach §§ 30, 31 GmbHG an, wenn er nicht tatsächlicher Empfänger der Auszahlung ist.[679] Die Rechtsprechung zur Kapitalerhaltungshaftung spricht also gerade gegen das Erfordernis einer Gesellschafterbegünstigung, weil die Existenzvernichtungshaftung ein entsprechendes Verhalten des Gesellschafters voraussetzt. Damit kann festgehalten werden, dass die Existenzvernichtungshaftung keine Begünstigung eines Gesellschafters verlangt.[680]

V. Das Tatbestandsmerkmal der Existenzvernichtung

1. Insolvenz als Voraussetzung

Die soeben erörterten Eingriffsformen begründen für sich alleine noch keine Haftung des Gesellschafters. Nach Auffassung des BGH setzt der Durchgriff auf das persönliche Vermögen des Gesellschafters ferner die Insolvenz der Gesellschaft voraus. Hierfür spricht schon die Bezeichnung als Haftung wegen Existenzvernichtung. In der Entscheidung „Bremer Vulkan“ meinte der BGH, an der gebotenen angemessen Rücksichtnahme fehle es dann, wenn die Gesellschaft ihren Verbindlichkeiten nicht mehr nachkommen kann.[681] Im 2. Leitsatz des „KBV“-Urteils heißt es, außerhalb eines Insolvenzverfahrens seien die Gesellschaftsgläubiger berechtigt, ihre Forderungen gegen die Gesellschafter geltend zu machen, soweit sie von der Gesellschaft keine Befriedigung erlangen können.[682] Damit setzt die Haftung wegen existenzvernichtenden Eingriffs nach der Auffassung des BGH tatbestandlich voraus, dass die Gesellschaft als Folge des Eingriffs entweder in die Zahlungsunfähigkeit oder in die Überschuldung gerät.[683] In der Literatur wird dies ganz überwiegend bestätigt.[684] Einer persönlichen Haftung der Gesellschafter bedürfe es nur dann, wenn die Nachteilszufügung zur Insolvenz der Gesellschaft führt. Die drakonische Folge des Durchgriffs könne dann nicht zugelassen werden, wenn die Gesellschaft selbst ihren Verbindlichkeiten nachkommen kann.[685] Begründet wird die Tatbestands-

---

679 BGH, Urteil v. 10.12.1984, ZIP 1985, 279, Leitsatz; Lutter/ Hommelhoff, in: Lutter/ Hommelhoff, GmbHG, § 30 Rn. 22

680 So auch Hölzle, 2003, 1376; Vetter, ZIP 2003, 601, 607; Wiedemann, ZGR 2003, 283, 294

681 BGH, Urt. v. 17.9.2001, BGHZ 149, 10 = GmbHR 2001, 1036, 1038 – „Bremer Vulkan“, 1. Leitsatz und unter I.1. der Gründe

682 BGH, Urt. v. 24.6.2002, ZIP 2002, 1578 – „KBV“, 2. Leitsatz

683 Nassall, ZIP 2003, 969, 973

684 Binz/ Sorg, Die GmbH & Co KG, § 11 Rn. 46, S. 238; Bruns, WM 2003, 815, 820; Cahn, ZGR 2003, 298, 312; Drygala, GmbHR 2003, 729, 736; Hoffmann, NZG 2002, 68, 69; Lutter/ Banerjea, ZGR 2003, 402, 417; Nassall, ZIP 2003, 969, 972; Raiser, in: Festschrift für Ulmer, 2003, S. 493, 500; Röhricht, in: Festschrift 50 Jahre BGH, S. 83, 98; Roth, NZG 2003, 1081, 1081; Wiedemann, Gesellschaftsrecht, Bd. I., S. 222; a.A. Burgard, Cash-Pooling und Existenzgefährdung, passim.; ders., ZIP 2002, 827, 830, in Fußn. 39

685 Lutter/ Banerjea, ZGR 2003, 402, 417; ebenso Röhricht, in: Festschrift 50 Jahre BGH, S. 83, 109

beschränkung mit einem Verweis auf die Vorschriften der §§ 31 Abs. 2 und 4, 43 Abs. 3 Satz 2 und 3 GmbHG.[686] Eine Haftung der Gesellschafter wird deshalb abgelehnt, wenn die Befriedigung der Gesellschaftsgläubiger durch das Gesellschaftsvermögen sichergestellt ist.[687]

2. Existenzvernichtung versus Existenzgefährdung

Zum Teil wird in der Literatur vertreten, schon die bloße Existenzgefährdung könne zu einer Haftung des Gesellschafters führen.[688] Zwar würde eine Existenzgefährdungshaftung eine stärkere gläubigerschützende Wirkung haben als eine Existenzvernichtungshaftung, da sie auf eine vorgezogene Ausschüttungssperre hinauslaufen würde.[689] Eine Existenzgefährdungshaftung hätte damit auch eine eher präventive Wirkung; anders als die Existenzvernichtungshaftung, die ein entsprechendes Verhalten der Gesellschafter erst in der Insolvenz zu kompensieren versucht und somit reaktiv ist.
Erst das Tatbestandsmerkmal der Insolvenz trägt aber der Erkenntnis Rechnung, dass das Eigeninteresse der Gesellschaft nur auf ein Verbot der Existenzvernichtung gerichtet ist. Dem Gesellschafter sind Nachteilszufügungen jenseits der Kapitalerhaltungsvorschriften grundsätzlich erlaubt, weil es im GmbH-Recht an einem allgemeinen Schädigungsverbot fehlt.[690] Das Vermögen der Gesellschaft ist der Disposition des Alleingesellschafters oder der Gesellschaftergesamtheit überhaupt nur insoweit entzogen ist, als es um die Existenzvernichtung der Gesellschaft geht.[691] Der Schutz vor Eingriffen in die Gesellschaft wird nur um der Belange der Gläubiger Willen gewährleistet. Diese sind aber überhaupt nur im Falle der Existenzvernichtung tangiert.[692] Existenz*gefährdende* Eingriffe, ohne dass sie auch tatsächlich zur Insolvenz der Gesellschaft führen, können dagegen – außerhalb der Grundsätze der „ITT"-Rechtsprechung noch keine Haftung der Gesellschafter auslösen. Es ist schon unklar, wie existenzgefährdende Eingriffe von nicht existenzgefährdenden Eingriffen abgegrenzt werden sollten. Formulierungen, wonach eine missbräuchliche Einflussnahme dann vorliegen soll, wenn

---

[686] Altmeppen, ZIP 2002, 1553, 1558, in Fußnote 60; Lutter/ Banerjea, ZGR 2003, 402, 417; Keßler 2001, 1095, 1098

[687] Lutter/ Banerjea, ZGR 2003, 402, 417 f.

[688] Burgard, ZIP 2002, 827, 830 ff.; Drygala, GmbHR 2003, 729, 730; Fleck, ZGR 1994, 570, 585 f.; Wiedemann, ZGR 2003, 281, 293 f.; noch weitergehend Ziemons, Haftung der Gesellschafter, S. 91, 131 f., die zur Bestimmung des nicht dispositiven Eigeninteresses der GmbH auf die Figur eines „Ideal-Gesellschafters" abstellt; weitergehend auch Wilhelm, Rechtsform und Haftung bei der juristischen Person, S. 330 ff., 356; ders., DB 1986, 2113, 2114 ff.

[689] Wiedemann, ZGR 2003, 281, 293 f.

[690] Keßler, GmbHR 2002, 945, 949; ders. GmbHR 2001, 1095, 1097

[691] Hoffmann, NZG 68, 70; deutlich Röhricht, in: Festschrift 50 Jahre BGH, S. 83, 108 ff.; für einen weitergehenden Schutz Burgard, ZIP 2002, 827, 836 f., insb. These 8 und 9; Wilhelm, NJW 2003, 175, 178; nicht eindeutig K. Schmidt, ZIP 1988, 1497, 1506, unter III.3.1; ders., NJW 2001, 3577, 3580, unter II.2.c)

[692] Keßler, GmbHR, 2005, 257, 260

die Gesellschaft als Folge von Nachteilszufügungen seitens des Gesellschafters *voraussichtlich* in Zahlungsschwierigkeiten kommt[693], bleiben viel zu ungenau und bringen eine erheblichen Rechtsunsicherheit mit. Schließlich widerspricht auch die vom BGH angenommene und hier vertretene dogmatische Grundlage, namentliche die teleologische Reduktion des § 13 Abs.2 GmbHG i.V.m. einer Analogie zu den §§ 105, 128, 129 HGB, gegen eine Existenz*gefährdungs*haftung. Der BGH hat sich gegen einen Schutz der Gläubiger auf indirektem Wege über die Sicherung des Bestands der Gesellschaft entschieden. Es geht also nicht wie bei den §§ 5, 30, 31 GmbHG um den Schutz vor der Insolvenz, sondern um den Ausgleich der Folgen der Insolvenz für die Gläubiger. Den Belangen der Gläubiger wird dabei in ausreichendem Maße Rechnung getragen, in dem ihnen ein Anspruch gegen den Gesellschafter eingeräumt wird, wenn die GmbH nicht in der Lage ist, ihre Verbindlichkeiten zu erfüllen. Ist es dagegen noch nicht zur Insolvenz der Gesellschaft gekommen, wäre es unsinnig, den Gläubigern der Gesellschaft im Wege des Haftungsdurchgriffs einen materiell rechtlicher Anspruch gegen die Gesellschafter zu gewähren.
Der Tatbestand der Haftung verlangt also die Existenz*vernichtung* und erschöpft sich nicht im Eingriff des Gesellschafters.[694] Ein Missbrauch oder besser ein mit dem Sinn und Zweck des § 13 Abs. 2 GmbH nicht zu vereinbarender Sachverhalt liegt noch nicht vor, wenn die Gesellschaft nur voraussichtlich in Zahlungsschwierigkeiten kommt, sondern erst dann, wenn die Gesellschaft tatsächlich insolvent wird. Die Existenz*vernichtung* ist neben dem Eingriff damit die wesentliche Tatbestandsvoraussetzung.[695]
Dies bedeutet aber auch, dass der Gesellschafter seine GmbH im eigenen Interesse zwar nicht existenz*gefährdend* schädigen sollte; dies jedoch – abgesehen von der Verletzung zwingenden Rechts und der gesellschaftlichen Treuepflicht nach „ITT"-Grundsätzen – sanktionslos tun kann, solange eben die Existenz der Gesellschaft nicht tatsächlich vernichtet wird. Er haftet erst dann, wenn das mit der existenzgefährdenden Weisung verbundene Risiko eintritt und die Gesellschaft insolvent wird.[696] Anders gewendet: Nicht der bloß existenz*gefährdende*, sondern der existenz*vernichtende* Eingriff des Gesellschafters löst die Haftung aus.

3. Problem: Geschäftsführerhaftung schon bei Existenzgefährdung

Ein Wertungswiderspruch scheint zunächst darin zu liegen, dass einerseits die Haftung des Gesellschafters wegen existenzvernichtenden Eingriffs nur dann eingreift, wenn die entsprechende Maßnahme auch tatsächlich zur Insolvenz der

---

[693] So Drygala, GmbHR 2003, 729, 734
[694] A.A. Lutter/ Banerjea, ZGR 2003, 402, 418, die dennoch die Insolvenz voraussetzen; unklar Drygala, GmbHR 2003, 729, 734 sowie Wilhelmi, DZWIR 2003, 45, 49 f.
[695] Hoffmann, NZG 2002, 68, 69
[696] Röhricht, in: Festschrift 50 Jahre BGH, S. 83, 113; vgl. Ulmer, ZHR 148 (1984), 391, 407 f., im Ergebnis für einen indirekten Gläubigerschutz

Gesellschaft führt, andererseits der GmbH-Geschäftsführer schon existenz*gefährdende* Weisungen nicht befolgen darf und sich andernfalls gegenüber der Gesellschaft schadensersatzpflichtig macht.[697]
Dies scheint zu der unbefriedigenden Situation zu führen, dass zwar der Geschäftsführer für die Ausführung existenzgefährdender Weisungen gemäß § 43 Abs. 2 GmbHG auf Schadensersatz haftet; der Gesellschafter dagegen dann nicht haftet, wenn sich die in der Weisung liegende Gefahr der Existenzvernichtung doch nicht realisiert. Zur Lösung des Problems ist zwischen der Situation in der Einmann-GmbH und der Mehrpersonen-GmbH zu unterscheiden: Bei der Mehrpersonen-GmbH ergibt sich die Haftung des Mehrheitsgesellschafters wegen existenzgefährdender Weisung, die letztlich nur zu einem Schaden der Gesellschaft aber nicht zu deren Existenzvernichtung geführt hat, zwar nicht aus den Grundsätzen der Existenzvernichtungshaftung, wohl aber aus der Verletzung der gesellschafsrechtlichen Treuepflicht nach den Grundsätzen der „ITT"-Rechtsprechung.[698]
Im Falle der Einmann-GmbH ist es dagegen so, dass der Geschäftsführer trotz Ausführung der existenzgefährdenden und deshalb nichtigen, also eigentlich nicht zu befolgenden Weisung vor Ansprüchen der Gesellschaft geschützt ist, weil § 43 Abs. 3 Satz 3 GmbHG bei fehlender Existenzvernichtung nicht eingreift. Gleiches gilt für die Mehrpersonen-GmbH, wenn die existenzgefährdende Weisung von einem Gesellschafterbeschluss gedeckt wird, der von allen Gesellschaftern getragen wurde.
Sollte sich jedoch die Gefahr realisieren und die Existenz der Gesellschaft zu Lasten der Gesellschaftsgläubiger vernichtet werden, so haften die Geschäftsführer und die Gesellschafter gesamtschuldnerisch gegenüber den Gläubigern.[699]
Im Innenverhältnis kann der Geschäftsführer von den Gesellschaftern Ausgleich der von ihm an die Gläubiger geleisteten Beträge beziehungsweise Freistellung von dem gegen ihn gerichteten Anspruch aus § 43 Abs. 2 GmbHG verlangen.[700]

VI. Kausalität des Eingriffs für den Zusammenbruch

1. Kausalitätserfordernis

In der „KBV"-Entscheidung heißt es, die Nachteilszufügung sei rechtswidrig, wenn der GmbH *dadurch* die Möglichkeit genommen wird, ihre Verbindlichkeiten – ganz oder zumindest teilweise – zu erfüllen.[701] Auch die Literatur nimmt an, dass der Eingriff des Gesellschafters kausal sein muss für die Unfähigkeit

---

[697] Vetter, ZIP 2003, 601, 612; Winter, ZGR 1994, 570, 592
[698] BGH, Urt. v. 5.6.1975, BGHZ 65, 15 = JZ 1976, 408 – „ITT"; vgl. oben § 3 II.
[699] Vgl. Altmeppen, ZIP 2001, 1837, 1845; Lutter/ Banerjea, ZIP 2003, 2177, 2179; Vetter, Rechtliche Grenzen, S. 87; Winter, ZGR 1994, 570, 592 f.; wohl auch Wiedemann, ZGR 2003, 283, 290 f.
[700] Lutter/ Banerjea, ZIP 2003, 2177, 2179
[701] BGH, Urt. v. 24.6.2002, ZIP 2002, 1578, 1580 – „KBV", unter 2. der Gründe

der Gesellschaft, ihren Verpflichtungen gegenüber den Gläubigen nachzukommen.[702]

2. Problem: Insolvenzvertiefung

Schwierigkeiten bereitet das Kausalitätserfordernis insofern, als nicht klar ist, ob sich die Kausalität auf die Insolvenz der Gesellschaft bezieht oder auf die Unfähigkeit der Gesellschaft, einen *Teil* ihrer Verbindlichkeiten zu erfüllen. Darin liegt ein erheblicher Unterschied:

Ausgangspunkt der Überlegungen zum existenzvernichtenden Eingriff sind die Fälle, in denen der Gesellschafter durch seinen Eingriff die Insolvenz der Gesellschaft verursacht[703] – wie bereits die Bezeichnung des Haftungskonzepts vermuten lässt. Eine Verletzung des Gebots zur Rücksichtnahme auf die Fähigkeit der GmbH zur Bedienung ihrer Verbindlichkeiten ist indes auch noch in der Insolvenz möglich.

Ob das Haftungskonzept des existenzvernichtenden Eingriffs auch dann Anwendung finden soll und kann, wenn der Eingriff erst in der Insolvenz vorgenommen wird, ist fraglich. Hält man die Kausalität des Eingriffs für die Insolvenz der GmbH für erforderlich, könnte sich der Gesellschafter seiner Haftung mit einem Verweis auf die zum Zeitpunkt des Eingriffs bereits bestehende Insolvenz entziehen.

Teilweise wird in der Literatur nicht auf die Insolvenz, sondern auf die Einstellung der Geschäftstätigkeit abgestellt. Danach geht es bei der Existenzvernichtungshaftung nicht um eine Haftung wegen Insolvenzverursachung. Dass der BGH auf die Möglichkeit der GmbH zur Erfüllung ihrer Verbindlichkeiten abstellt, lasse die Insolvenz der GmbH noch nicht genügen, weil auch eine insolvente GmbH noch Schulden begleichen kann.[704]

Jedenfalls kann die Formulierung von der Existenzvernichtung nicht so verstanden werden, dass die Löschung der Gesellschaft im Handelsregister Voraussetzung der Haftung ist.[705] Dagegen spricht schon, dass die endgültige Löschung der Gesellschaft unter Umständen Jahre dauern kann. Vor allem spricht dagegen, dass die Forderung gegen den Gesellschafter wegen existenzvernichtenden Eingriffs während eines Insolvenzverfahrens vom Insolvenzverwalter geltend gemacht werden soll. Denkbar ist ferner, dass die Gesellschaft aufgrund der Inanspruchnahme der Gesellschafter wegen deren existenzvernichtenden Eingriffs aus der Insolvenz herausgeführt werden kann und die Gesellschaft gar nicht gelöscht wird.

---

[702] Benecke, BB 2003, 1190, 1194; Bruns, WM 2003, 815, 820; Drygala, GmbHR 2003, 729, 736; Hoffmann, NZG 2002, 68, 69; Keßler, GmbHR 2005, 257, 260; Roth, NZG 2003, 1081, 1081; Wilhelmi, DZWIR 2003, 45, 46

[703] Vgl. schon Decher, in: Haftung im qualifiziert faktischen GmbH-Konzern, S. 25, 37 f.; Röhricht, Festschrift 50 Jahre BGH, S. 83, 103 ff.

[704] Bruns, WM 2003, 815, 819

[705] Vgl. Reiner, in: Festschrift Boujong, S. 415, 436

Die Äußerungen des BGH sind nicht eindeutig.[706] Einerseits scheint es auszureichen, wenn die Gesellschaft durch den Eingriff zumindest teilweise ihre Fähigkeit zur Bedienung ihrer Verbindlichkeiten verliert.[707] Das spricht für die Möglichkeit eines existenzvernichtenden Eingriffs auch noch in der Insolvenz. Andererseits spricht der BGH davon, dass es den Gesellschaftern nicht erlaubt sein kann, die Gesellschaft in einen masselosen Konkurs zu führen.[708]
Zur Klärung der Frage, ob es für die Haftung wegen Existenzvernichtung auf die Kausalität des Eingriffs für die Insolvenz der Gesellschaft ankommt, ist zu berücksichtigen, dass das Haftungskonzept des BGH der Durchgriffslösung folgt und nicht zu einem Schadensersatzanspruch der Gesellschaft führt. Die teleologische Reduktion des § 13 Abs. 2 GmbHG erscheint aber nur dann gerechtfertigt, wenn der Gesellschafter durch den Eingriff die Insolvenz seiner GmbH verursacht. Erst dann ist von einer Situation auszugehen, die mit dem Haftungsprivileg nicht mehr zu vereinbaren ist. Die Herbeiführung der Insolvenz unterscheidet sich hinsichtlich der damit für die GmbH und deren Gläubiger verbundenen Folgen nämlich erheblich von der Schädigung einer schon insolventen GmbH. Die Folgen der Insolvenz – wie der Zerschlagungsverlust, die Abwicklungskosten, die Kündigung von Krediten sowie Liefer- und Kundenbeziehungen – sind weder durch eine Rückführung der entzogenen Vermögenswerte noch durch Schadensersatzansprüche ausgleichbar.[709]
Verzichtet man hingegen auf die Kausalität des Eingriffs für die Insolvenz der Gesellschaft, schließt sich sogleich die Frage an, wie intensiv der Eingriff das Interesse der Gesellschaft zur Bedienung ihrer Verbindlichkeiten verletzen muss, damit eine persönliche unbeschränkte Haftung des Gesellschafters gerechtfertigt ist. Insofern könnte der Formulierung des BGH von der „angemessenen Rücksichtnahme" und den „ins Gewicht fallenden Maßnahmen"[710] doch noch Bedeutung zukommen.[711] Es ist jedenfalls offensichtlich, dass nicht jede schädigende Maßnahme in der bereits bestehenden Insolvenz zu einem Haftungsdurchgriff führen kann, sofern man auf eine Insolvenzverursachung als Haftungsvoraussetzung verzichtet: Ist die Gesellschaft beispielsweise bereits in einer Größenordnung von 7,7 Millionen Euro überschuldet und entnimmt der Gesellschafter, ohne dass er in irgendeiner Weise zur Überschuldung beigetragen hat, später Vermögensgegenstände in der Größenordnung von 300.000 Euro, so kann das nicht zur Folge haben, dass der Gesellschafter für die gesamten nicht gedeckten Verbindlichkeiten in Höhe von acht Millionen Euro haftet. Eine

---

[706] Vgl. Benecke, BB 2003, 1190, 1194
[707] BGH, Urt. v. 24.6.2002, ZIP 2002, 1578, 1580 – „KBV", unter 2. der Gründe
[708] BGH, Urt. v. 24.6.2002, ZIP 2002, 1578, 1580 – „KBV", unter 2. der Gründe
[709] Drygala, GmbHR 2003, 729, 736; vgl. Fleck, ZGR 1990, 31, 37
[710] BGH, Urt. v. 24.6.2002, ZIP 2002, 1578, 1579, 1580 – „KBV", 2. Leitsatz und unter 2. der Gründe
[711] Vgl. hierzu oben unter A.III.2.b)aa)

Globalhaftung, wie sich als Folge der teleologischen Reduktion von § 13 Abs. 2 ergibt, kann dann nicht die geeignete Rechtsfolge sein.[712]
Andererseits ist zu berücksichtigen, dass der Schutz der Gläubiger bei schon bestehender Insolvenz zumindest teilweise bereits durch die §§ 30, 31 GmbHG gewährleistet ist. Die §§ 30, 31 GmbHG finden nämlich auch Anwendung, wenn die Entnahmen bei schon bestehender Überschuldung der Gesellschaft getätigt werden.[713] Das hat zur Folge, dass in der Phase der Überschuldung getätigte Entnahmen i.S.d. § 30 GmbHG grundsätzlich vollständig zu erstatten sind; es besteht also quasi eine Ausschüttungssperre.
Im Ergebnis sprechen die besseren Gründe dafür, dass die Existenzvernichtungshaftung die Kausalität des Eingriffs für die Insolvenz der Gesellschaft voraussetzt. Es geht insofern also doch um eine Insolvenzverursachungshaftung.
Es kann damit festgehalten werden, dass der Eingriff des Gesellschafters grundsätzlich erst dann haftungsrelevant ist, wenn er zur Insolvenz der Gesellschaft führt.[714] Auf eine besondere Intensität des Eingriffs kommt es aufgrund der Verknüpfung von Eingriff und Insolvenz nicht an. Es verbleiben aber Haftungslücken, die sich dadurch ergeben, dass nicht alle in der Phase der Insolvenz vorgenommenen Schädigungen der GmbH durch ihren Gesellschafter von den §§ 30, 31 GmbHG erfasst werden insbesondere nicht solche Schädigungen, die nicht bilanzwirksam sind.[715]

3. Zurechenbarkeit

a) Problem unvorhersehbarer Ereignisse

Problematisch sind solche Nachteilszufügungen, die nur unter Hinzutretung weiterer Umstände zur Insolvenz der Gesellschaft führen. Denkbar ist ein Fall, in dem der Gesellschafter seiner Gesellschaft ohne Kompensation eine wichtige Maschine entzieht, um sie in einer anderen Unternehmung zu verwenden. Darin liegt unproblematisch eine Nachteilszufügung. Verfügt die Gesellschaft über eine weitere, für die Produktion eigentlich ausreichende Maschine, so stellt sich die Frage, ob der Gesellschafter persönlich haftet, wenn diese zweite Maschine nach dem Entzug der ersten Maschine zufällig zerstört wird, und die Gesellschaft dann als Folge eines längeren Produktionsausfalls in die Insolvenz gerät. Die Voraussetzungen der Nachteilszufügung, der Insolvenz sowie der Kausalität

[712] Vetter, ZIP 2003, 601, 603, dessen Ausführungen das obige Beispiel entnommen ist.
[713] BGH, Urt. v. 5.2.1990, ZIP 1990, 451, 453; Pentz, in: Rowedder/ Schmidt-Leithoff, Komm. z. GmbHG, § 31, Rn. 38
[714] Ebenso Bender, GmbHR 2002, 552, 553; Cahn, ZGR 2003, 298, 313; Drygala, GmbHR 2003, 729, 736; Ulmer, ZIP 2001, 2021, 2023; Wilhelmi, DZWIR 2003, 45, 46; aus der Rspr. schon BGH, Urt. v. 25.11.1996, BB 1997, 489, 490, unter 3. der Gründe
[715] Auf Haftungslücken bei der Mitgesellschafterhaftung wird hingewiesen von Cahn, ZGR 2003, 298, 313

im Sinne der conditio sine qua non liegen vor.[716] Dennoch betrifft der Fall sicherlich den Bereich des allgemeinen unternehmerischen Risikos. Gleiches gilt für den Fall, dass der Gesellschafter Geschäfts-Chancen kompensationslos entzieht, die Gesellschaft auch nach dem Entzug über ein eigentlich profitables Betätigungsfeld verfügt, der Markt für das verbleibende Betätigungsfeld dann aber unvorhergesehen zusammenbricht und die Gesellschaft insolvent wird.[717]
Im „Architekten"-Urteil vom 19.9.1994[718] verlangte der BGH zur Vermeidung eines – damals allerdings noch konzernrechtlich verstandenen – Missbrauchs, dass die Gesellschaft so geführt werden muss, dass sie, „wenn nicht unvorhergesehene Entwicklungen eintreten", ihren Verbindlichkeiten nachkommen kann. Anders gewendet: Nach Auffassung des BGH scheidet die Haftung aus, wenn der Eingriff nur wegen einer unvorhergesehenen Entwicklung zur Insolvenz der Gesellschaft führt; die Insolvenz ist den Gesellschaftern dann nicht zurechenbar. Ähnlich verlangt Keßler[719], dass die schädigende Einflussnahme dem Gesellschafter zurechenbar sein muss. Dies soll der Fall sein, wenn die Möglichkeit der Existenzgefährdung für den Gesellschafter bei vernünftiger kaufmännischer Betrachtung erkennbar war.[720] Die Formulierung Keßlers ist allerdings in zweifacher Hinsicht missverständlich. Zum einen spricht er von der Zurechenbarkeit der schädigenden Einflussnahme. Es geht hier jedoch nicht um die Zurechenbarkeit der nachteiligen Einflussnahme[721], sondern um die Zurechenbarkeit der Existenzvernichtung. Zum anderen spricht er von der Erkennbarkeit einer möglichen Existenzgefährdung. Da jedoch nicht die Existenzgefährdung, sondern die Existenzvernichtung Haftungsvoraussetzung ist, kommt es darauf an, ob die Möglichkeit der Existenzvernichtung für den Gesellschafter erkennbar war.[722] Die „Erkennbarkeit der Existenzgefährdung" ist dabei nichts anderes als die „Erkennbarkeit der möglichen Existenzvernichtung".
Bevor der Gesellschafter seiner GmbH Nachteile zufügt, muss er sich deshalb die Frage stellen, ob er den Eingriff nach dem gegenwärtigen Stand der Erkenntnis verantworten kann. Zur Feststellung der Erkennbarkeit der möglichen Existenzvernichtung sei auf die Betrachtungsweise eines vernünftigen Kaufmanns abzustellen, wobei dem Gesellschafter ein gewisser Beurteilungspeilraum eingeräumt werden soll.[723] Die Grenze ist jedenfalls nicht erst erreicht, wenn der Eingriff mit hoher Wahrscheinlichkeit zum wirtschaftlichen Zusam-

---

[716] Vgl. Büscher, Die qualifiziert faktische Konzernierung, S. 156
[717] In diese Richtung wohl auch Mülbert, DStR 2001, 1937, 1947, der exogene Ursachen ausschließen will.
[718] BGH, Urt. v. 19.9.1994, NJW 1994, 3288, 3290, unter I.2.b) der Gründe
[719] Keßler, GmbHR 2002, 945, 950
[720] Zustimmend Diem, ZIP 2003, 1283, 1284; ähnlich Büscher, Die qualifiziert faktische Konzernierung, S. 153, der allerdings von der Vorhersehbarkeit der Insolvenz spricht.
[721] Hierzu oben in diesem Teil unter A.II.2.b)ee)
[722] Drygala, GmbHR 2003, 729, 733, ähnlich K. Schmidt, NJW 2001, 3577, 3580: „ex ante ruinös scheinende Finanzierungen"
[723] Drygala, GmbHR 2003, 729, 735; Keßler, GmbHR 2002, 945, 950

menbruch der Gesellschaft führt,[724] sondern bereits dann, wenn der Gesellschafter die *Möglichkeit* (nicht Wahrscheinlichkeit) der Existenzvernichtung erkennen konnte.[725] Keinesfalls ist Voraussetzung, dass der Eingriff dazu *dient*, der Gesellschaft die Fähigkeit zu nehmen, ihre Verbindlichkeiten zu erfüllen. Ein zielgerichteter Eingriff ist nicht erforderlich.[726]

b) Problem der zeitlichen Komponente

In den bisherigen Entscheidungen des BGH bleibt offen, ob der Eingriff unmittelbar zur Insolvenz führen muss oder ob es genügt, dass die Liquidität der Gesellschaft gefährdet wird und der Zusammenbruch erst später – unter Umständen erst Monate oder Jahre später – als Folge der Liquiditätsgefährdung eintritt.[727] Befindet sich die Gesellschaft etwa in einer gesunden wirtschaftlichen Verfassung und entnimmt der Gesellschafter – ohne die Kapitalerhaltungsvorschriften zu verletzten – in einem einmaligen Vorgang Vermögen in einer Größenordnung, die das Unternehmen unmittelbar daraufhin zusammenbrechen lässt, so wird man die Verwirklichung des Existenzvernichtungstatbestands meist unschwer bejahen können. Schwierig sind die Fälle, in denen die Entnahme oder eine andere Form des Eingriffs eine längere Zeit zurückliegt und der Betrieb dann noch eine beachtliche Zeit aufrechterhalten werden kann. Hätte sich die Insolvenz der Gesellschaft vermeiden lassen, wenn man von der – möglicherweise vor Jahren getätigten – Entnahme abgesehen hätte, so ist der Eingriff für die Existenzvernichtung im Sinne der conditio sine qua non kausal.

aa) Auffassungen in der Literatur

Zum Teil wird vertreten, dass die Nachteilszufügung unmittelbar zur Insolvenz der Gesellschaft führen muss.[728] An der Unmittelbarkeit fehle es, wenn die Fortsetzung der Unternehmung wegen der Nachteilszufügung auf Dauer zwar nicht mehr möglich ist, die Gesellschaft aber zunächst weiterlebt. Sofern die Gesellschaft dann später insolvent wird, liege der Missbrauch nicht in der Nachteilszufügung, sondern in der Fortführung des Geschäftsbetriebes trotz ungenügender Kapitalausstattung. In diesen Fällen soll es dann aber um die Haftung wegen materieller Unterkapitalisierung gehen. Allein die Nachteilszufügung sei dann haftungsrechtlich unbeachtlich.
Nach anderer Auffassung ist es nicht erforderlich, dass die Nachteilszufügung unmittelbar zur Insolvenz der Gesellschaft führt. So stellt Wiedemann[729] nur

[724] Vgl. Fleck, ZGR 1990, 31, 43
[725] Vgl. Hölzle, ZIP 2003, 1897, 1898; undeutlich Büscher, Die qualifiziert faktische Konzernierung, § 9 IV.3.d), S. 158
[726] Hölzle, ZIP 2003, 1897, 1898
[727] Vgl. Drygala, GmbHR 2003, 729, 731
[728] Lutter/ Banerjea, ZGR 2003, 402, 419 f.; offen gelassen von Roth, NZG 2003, 1081, 1082
[729] Wiedemann, ZGR 2003, 283, 293 f.

darauf ab, ob durch die Nachteilszufügung die Liquidität der Gesellschaft gefährdet wird. Es sei denkbar jede Zuwendung an die Gesellschafter zu verbieten, die mehr als den Bilanzgewinn verteilt. Man könnte laut Wiedemann – weniger weitgehend – auch auf einen Insolvenztest abstellen. Es wäre dann danach zu fragen, ob das Unternehmen seine finanziellen Verpflichtungen zum Zeitpunkt ihrer Fälligkeit auch noch nach Vornahme der Maßnahme wird erfüllen können. Die zweite Alternative wird auch von Drygala[730] befürwortet. Es genügt seiner Ansicht nach, wenn der Gesellschafter davon ausgehen kann, dass die Liquidität zur Verfügung steht, wenn sie benötigt wird. Der Gesellschafter sei nicht verpflichtet, Liquidität vorzuhalten, die voraussichtlich nicht benötigt wird. Bevor der Gesellschafter eine für die Gesellschaft nachteilige Entscheidung trifft, müsse er sich aber fragen, ob dadurch die Fähigkeit der Gesellschaft zur planmäßigen Tilgung ihrer Schulden beeinträchtigt wird.

bb) Stellungnahme

Der Anwendungsbereich der Existenzvernichtungshaftung wäre zu eng, wollte man die Tatbestandsmäßigkeit schon deshalb verneinen, weil der Geschäftsbetrieb trotz des Eingriffs noch eine Zeitlang aufrechterhalten werden kann. Die Frage, wann es zu einer Insolvenz der Gesellschaft kommen muss, um diese dem Gesellschafter noch zurechnen zu können, kann mit dem Insolvenztest, so wie Wiedemann und Drygala ihn vorschlagen, nicht wirklich beantwortet werden. Fällt der von ihnen vorgeschlagene Insolvenztest negativ aus, so bedeutet dies im Grunde ja nichts anderes, als dass die Gefahr der Insolvenz erkennbar war. Mit dem Kriterium der Erkennbarkeit ist zwar das allgemeine Zurechnungsproblem in den Griff zu kriegen.[731] Hier ist geht es jedoch um die Frage, wie die Fälle zu behandeln sind, in denen *erstens* der Gesellschafter in einer Weise in die Gesellschaft eingreift, die aus der Sicht ex ante zur Insolvenz der Gesellschaft hätte führen können (Insolvenztest), *zweitens* die Insolvenz wider dem Insolvenztest zunächst eine ganze Weile vermieden werden kann und *drittens* die später doch eintretende Insolvenz der Gesellschaft hätte vermieden werden können, wenn der Eingriff unterblieben wäre. Ein Beispiel: Der Gesellschafter entzieht seiner GmbH einen Auftrag mit einem zu erwartenden Gewinn von einer Millionen Euro, obwohl die Gesellschaft auf den Auftrag angewiesen ist, und aus der Sicht zum Zeitpunkt des Auftragsentzugs ohne diesen Auftrag mit der Insolvenz der Gesellschaft zu rechnen ist. Zufällig gelingt es der Geschäftsführung, die Liquidität der Gesellschaft zu erhalten. Später gerät die Gesellschaft aus ganz anderen Gründen doch in die Insolvenz, die aber hätte vermieden werden können, wenn die Gesellschaft noch über die entzogenen eine Millionen Euro verfügt hätte.

---

[730] Drygala, GmbHR 2003, 729, 734
[731] Hierzu oben in diesem Teil unter A.VI.3.a)

Es ginge zu weit, auch in diesem Fall auf das persönliche Vermögen des Gesellschafters durchzugreifen. Andernfalls wäre einem Gesellschafter, dessen existenz*gefährdender* Eingriff nicht zur Existenzvernichtung geführt hat, nur noch zur ordentlichen Liquidation und Gründung einer neuen Gesellschaft zu raten, wollte der Gesellschafter sein Haftungsprivileg nicht auf Dauer verlieren. Die Krux liegt darin, dass die Durchgriffslösung des BGH bei zwar existenzgefährdenden aber nicht existenzvernichtenden Eingriffen nicht zu einem Schadensersatzanspruch der Gesellschaft führt[732], und die Gesellschaft deshalb auf Dauer Liquidität verliert, mit der sich eine spätere Insolvenz möglicherweise vermeiden ließe.[733] Will man hieran festhalten, so ist zur Lösung des Problems ein Solvenztest im Sinne eines umgekehrten Insolvenztests in Betracht zu ziehen: Sobald die Gesellschaft trotz eines existenz*gefährdenden* Eingriffs – also einer Nachteilszufügung, die erkennbar zur Insolvenz der Gesellschaft führen kann – zu irgendeinem späteren Zeitpunkt voraussichtlich in der Lage ist, ihre Verbindlichkeiten auf Dauer zu erfüllen, lebt das Haftungsprivileg wieder auf; das hat zur Folge, dass auch dann nicht auf das Vermögen der Gesellschafter durchgegriffen werden kann, wenn die Gesellschaft zu einem späteren Zeitpunkt aus anderen Gründen doch noch in die Insolvenz gerät. Mit einer Restriktion des § 13 Abs. 2 GmbHG ließe es sich jedenfalls nicht begründen, dass der Gesellschafter das Haftungsprivileg auf Dauer verliert, wenn er einmal existenz*gefährdend* aber nicht existenz*vernichtend* in seine GmbH eingegriffen hat. Die Existenzgefährdung an sich bildet nämlich noch keinen Sachverhalt, der mit dem Normzweck des § 13 Abs. 2 GmbHG unvereinbar ist.[734] Zudem wäre die Konstruktion der Durchgriffshaftung dann für den Gesellschafter noch misslicher als eine Schadensersatzhaftung gegenüber der Gesellschaft wegen existenz*gefährdenden* Eingriffs.

VII. Verschulden

In keiner der bislang zur Haftung wegen existenzvernichtenden Eingriffs ergangenen Entscheidungen hat sich der BGH ausdrücklich dazu geäußert, ob es für die Haftung auch auf subjektive Momente oder auf ein Verschulden der Gesellschafter ankommt.[735] In der Literatur gehen die Meinungen hierzu auseinander.

---

[732] So schon Röhricht, in: Festschrift 50 Jahre BGH, S. 83, 110, 1. Abs.

[733] Vgl. Burgard, Cash-Pooling und Existenzgefährdung, S. 57, der von der unbefriedigenden Alternative „ganz oder gar nicht“ spricht.

[734] Vgl. Wilhelmi, DZWIR 2003, 45, 46

[735] Wilhelmi, DZWIR 2003, 45, 46

1. Befürwortung eines Verschuldenserfordernisses

Beachtliche Stimmen in der Literatur lehnen eine verschuldensunabhängige Haftung ab.[736] Begründet wird das Verschuldenserfordernis insbesondere mit der schweren Folge des Haftungsdurchgriffs. Westermann[737] meint, ein Hinwegsetzen über die GmbH als juristische Person sei ohne einen schweren und vorwerfbaren Regelverstoß nicht zu billigen. Die Figur des qualifiziert faktischen Konzerns habe gerade deshalb Unbehagen bereitet, weil der Haftungstatbestand zu weitgehend an die objektive Konzernorganisation angeknüpft habe. Die teleologische Reduktion des § 13 Abs. 2 muss nach Wiedemann auf echte Ausnahmefälle begrenzt bleiben.
Auch die Haftung der Mitgesellschafter wird als Begründung für ein Verschuldenserfordernis angeführt. Eine Haftung ohne Verschulden ginge zu weit, weil die Mitgesellschafter bereits haften, wenn sie nur durch ihr Einverständnis am existenzvernichtenden Eingriff mitgewirkt haben.[738]
Dogmatisch wird das Verschuldenserfordernis damit begründet, dass es auch bei der Existenzvernichtungshaftung um eine Haftung für ein bestimmtes Fehlverhalten geht.[739] Deshalb müsse der Gesellschafter rechtswidrig und schuldhaft eine konkrete Pflicht verletzt haben. Kategorisch fragt Altmeppen[740], um welche Haftungskategorie es sich denn überhaupt handeln sollte, wenn die Haftung verschuldensunabhängig eintritt.

2. Ablehnung eines Verschuldenserfordernisses

In seiner Stellungnahme zum „Bremer Vulkan"-Urteil sprach sich Ulmer[741] zunächst auch für eine Verschuldenshaftung des Gesellschafters aus. In subjektiver Hinsicht komme es auf das Verschulden des Gesellschafters an, wenn man auf die im Eingriff liegende Pflichtverletzung abstellt. Die Auffassung Ulmers fußte allerdings noch auf der Annahme, es handele sich bei der Existenzvernichtungshaftung um eine Haftung wegen Treuepflichtverletzung. Das ist darauf zurückzuführen, dass die „Bremer Vulkan"-Entscheidung noch keine Anhaltspunkte gab, wie der BGH die Haftung wegen existenzvernichtenden Eingriffs konstruktiv einordnete.[742] In seiner Besprechung des „KBV"-Urteils führt Ulmer nunmehr aus, dass es nach der Durchgriffskonzeption, für die sich der BGH anstelle einer Haftung wegen Treuepflichtverletzung entschieden hat, nicht mehr auf ein

---

[736] Altmeppen, ZIP 2002, 1553, 1561; K. Schmidt, NJW 2001, 3577, 3579; ders., ZIP 1993, 549, 554; ders., ZIP 1989, 545, 546; ders., ZIP 1988, 1497, 1497; Westermann, NZG 2002, 1129, 1137
[737] Westermann, NZG 2002, 1129, 1137
[738] Benecke, BB 2003, 1190, 1194
[739] Altmeppen, ZIP 2002, 1553, 1561
[740] Altmeppen, ZIP 2002, 1553, 1561
[741] Ulmer, ZIP 2001, 2021, 202 f.
[742] Altmeppen, ZIP 2001, 1837, 1840

Verschulden ankommt.[743] Die dogmatische Einordnung des Haftungskonzeptes als Durchgriffshaftung führt, so Ulmer, zu einer rein objektiven Haftung der beteiligten Gesellschafter.[744] Diese Einschätzung Ulmers wird von vielen Stimmen in der Literatur geteilt.[745] Raiser räumt ein, dass die vom BGH benützte Wendung der „angemessenen Rücksichtnahme" auch im Sinne eines vorwerfbar pflichtwidrigen Verhaltens verstanden werden kann. Sowohl die systematische Einordnung als Durchgriffshaftung als auch die Anlehnung an die §§ 30, 31 GmbHG spräche jedoch für eine vom Verschulden unabhängige Ausgleichsverpflichtung.[746]

3. Stellungnahme

Nicht alle in der bisherigen Diskussion vorgebrachten Argumente für oder gegen ein Verschuldenserfordernis erscheinen einleuchtend. So ist nicht ersichtlich, was unter „echten Ausnahmefällen"[747] zu verstehen ist und wieso die Begrenzung der Haftung auf solche Ausnahmefälle dogmatisch durch ein Verschuldenserfordernis erreicht werden soll. Auch eine als weitgehend empfundene Haftung der Mitgesellschafter spricht nicht für ein Verschuldenserfordernis.[748] Der Durchgriff auf das persönliche Vermögen der Mitgesellschafter, die nur durch ihr Einverständnis an der Existenzvernichtung mitgewirkt haben und zudem nicht einmal persönlich vom Eingriff profitieren, stellt zwar in der Tat eine einschneidende Rechtsfolge dar. Die Entscheidung für oder gegen ein Verschuldenserfordernis kann dogmatisch aber nicht davon abhängig gemacht werden, ob die Folge des Durchgriffs als zu weitgehend empfunden wird.
Auch die zutreffende Kritik am qualifiziert faktischen Konzern, dieser knüpfe zu sehr an objektive Konzernorganisationen an, enthält keine Aussage dahingehend, dass die Haftung der Gesellschafter zwingend ein Verschulden der Gesellschafter voraussetzt.[749]
Andererseits bietet der Verweis auf die Nähe zu den §§ 30, 31 GmbHG, die kein Verschulden voraussetzen, keine Begründung für eine verschuldensunabhängige Haftung. Während das Kapitalerhaltungsrecht der Vorsorge dient, geht es bei der Existenzvernichtungshaftung um die Frage, von wem das Risiko der Unternehmung im Falle des tatsächlichen Scheiterns zu tragen ist. Das Kapitalerhaltungsrecht hat im Gegensatz zur repressiven Existenzvernichtungshaftung zu-

[743] Ulmer, ZIP 2002, 1049, 1050
[744] Ulmer, ZIP 2002, 1049
[745] Bitter, WM 2001, 2133, 2139; Bruns, WM 2003, 815, 821; Decher, in: Haftung im qualifiziert faktischen GmbH-Konzern, S. 25, 30; Diem, ZIP 2003, 1283, 1284; Keßler, GmbHR 2002, 945, 950; Raiser, in: Festschrift für Ulmer, 2003, S. 493, 503; Vetter, ZIP 2003, 601, 602
[746] Raiser, in: Festschrift für Ulmer, 2003, S. 493, 503
[747] So Westermann, NZG 2002, 1129, 1137
[748] So aber Benecke, BB 2003, 1190, 1194
[749] So aber Westermann, NZG 2002, 1129, 1137

nächst einen rein präventiven Charakter, der nur dadurch verdeckt wird, dass Ansprüche aus § 31 GmbHG häufig erst in der Insolvenz geltend gemacht werden.[750] Die Existenzvernichtungshaftung ist also gerade nicht an die §§ 30, 31 GmbH angelehnt.
Die Frage, ob es auf ein Verschulden der Gesellschafter ankommt, hängt zunächst von der dogmatischen Einordnung der Existenzvernichtungshaftung ab.[751] Dabei hilft der Verweis auf die Konzeption der Existenzvernichtungshaftung als Durchgriffshaftung noch nicht weiter, weil der Durchgriff nur die Rechtsfolge beschreibt, nicht aber die Begründung für die Haftung liefert. Begründet wird der Durchgriff damit, dass im Falle der Existenzvernichtung der Gesellschaft ein Sachverhalt vorliegt, der außerhalb des mit der Norm des § 13 Abs. 2 GmbHG verbundenen Zwecks liegt.[752] Auch diese Erkenntnis sagt aber noch nichts darüber aus, ob der vorausgesetzte Sachverhalt ein Verschulden des Gesellschafters verlangt.[753]
Auf ein Verschulden würde es aber dann nicht ankommen, wenn sich der mit § 13 Abs. 2 GmbHG nicht zu vereinbarende Sachverhalt in einem bestimmten Zustand der Gesellschaft erschöpfen würde. Versteht man die Existenzvernichtung wie Bitter[754] als Problem der Unterkapitalisierung und stellt allein auf die Vermögenssituation der GmbH ab, so kommt es auf ein Verhalten des Gesellschafters und folglich auf dessen Verschulden in der Tat nicht an. Ähnlich wie Bitter meint Wiedemann, dass die Gesellschafter für die Finanzverfassung der Gesellschaft verantwortlich sind, und zwar auch dann, wenn sie sich nicht an der Geschäftsführung beteiligen. Hieraus folgert er, dass die Durchgriffshaftung keine Handelndenhaftung, sondern Statusverantwortung ist.[755]
Der Tatbestand der Existenzvernichtungshaftung, so wie er vom BGH und auch hier verstanden wird, enthält jedoch sowohl verhaltensbezogene als auch vermögensbezogene Haftungsvoraussetzungen.[756] Es kommt nämlich darauf an, ob der Gesellschafter in den Betrieb eingegriffen und hierdurch die Existenz der GmbH vernichtet hat. Schon die Terminologie „Eingriff" bringt das Verhaltensmoment zum Ausdruck.
Auch wenn der BGH die Existenzvernichtung nun zur maßgeblichen Tatbestandsvoraussetzung erhoben hat,[757] liegt ohne das Verhaltensmoment noch keine mit dem Normzweck des § 13 Abs. 2 GmbHG nicht zu vereinbarende Situation vor. Wenn es aber auch auf ein Verhalten des Gesellschafters ankommt[758],

---

[750] Kleffner, Erhaltung des Stammkapitals, S. 24
[751] Hommelhoff, ZGR 1994, 395, 415
[752] Bitter, WM 2001, 2133, 2139; ausführlich oben im 2. Teil unter A.I.2.b)
[753] A.A. offensichtlich Ulmer, ZIP 2002, 1049, 1050
[754] Bitter, WM 2001, 2133, 2137
[755] Wiedemann, ZGR 2003, 283, 292
[756] Raiser, in: Festschrift für Ulmer, 2003, S. 493, 502
[757] Hoffmann, NZG 2002, 68, 69
[758] Altmeppen, ZIP 2002, 1553: „Verhaltenshaftung"

dann liegt es nahe, ein Verschulden des Gesellschafters zu verlangen[759], da im Zivilrecht das Verschuldensprinzip die Regel ist.[760] Da hinsichtlich der Nachteilszufügung ohnehin Vorsatz der Gesellschafter zu verlangen ist,[761] spielt das Verschuldenserfordernis im Wesentlichen nur hinsichtlich der Frage eine Rolle, ob es der Gesellschafter zu verschulden hat, dass er die objektiv erkennbare Möglichkeit der Existenzvernichtung nicht erkannt hat. Für die Praxis dürfte diese Frage indes nur von untergeordneter Bedeutung sein. Aufgrund des im Zivilrecht herrschenden objektiven Fahrlässigkeitsbegriff und der das Recht der Leistungsstörungen beherrschenden Verschuldensvermutung dürfte dem Gesellschafter eine Entlastung kaum gelingen.[762]

B. Rechtsfolgen der Existenzvernichtung

I. Umfang der Haftung

1. Ausfallhaftung oder unbeschränkte Haftung analog § 128 HGB?

Nach der Auffassung des BGH ist die Rechtsfolge der Existenzvernichtung die Haftung der eingreifenden Gesellschafter auf den Ausfall der Gläubiger.[763] Im zweiten Leitsatz des „KBV"-Urteils heißt es, die Gläubiger könnten die Gesellschafter nur in Anspruch nehmen, „soweit sie von der Gesellschaft keine Befriedigung erlangen können". Dagegen wird in der Literatur auch eine unbeschränkte Haftung analog § 128 HGB vorgeschlagen.[764] Diese Auffassung überzeugt schon aus methodischen Gründen, weil der Haftungsdurchgriff im Wege der teleologischen Reduktion des § 13 Abs. 2 GmbHG zur analogen Anwendung von § 128 HGB führt.[765] Daneben erscheint die unbeschränkte Haftung analog § 128 HGB auch aus praktischen Gründen vorzugswürdig: Relevant wird der Unterschied nur im Falle der Nichteröffnung des Insolvenzverfahrens, denn dem Insolvenzverwalter ist ohnehin nicht gestattet, die Gesellschafter über das zur Auffüllung der Masse erforderliche Maß hinaus in Anspruch zu nehmen. Deckt die Insolvenzmasse ohne Berücksichtigung der Durchgriffshaftung einen Teil der Forderungen der GmbH-Gläubiger, so darf der Insolvenzverwalter nicht die gesamten Gläubiger-Forderungen gegenüber dem Gesellschafter geltend machen,

---

[759] Vgl. Altmeppen, ZIP 2002, 1553, 1561; K. Schmidt, NJW 2001, 3577, 3579

[760] Medicus, Schuldrecht I, Rn. 300

[761] Hierzu oben in diesem Teil unter A.III.2.b)ee)(4)

[762] Raiser, in: Festschrift für Ulmer, 2003, S. 493, 503; ebenso Ulmer, JZ 2002, 1049, 1050

[763] Zustimmend Binz / Sorg, Die GmbH & Co KG, § 11 Rn. 49, S. 238; so auch Ulmer, ZIP 2001, 2021, 2028, noch ausgehend von einem auf den Ausfall begrenzten Schadensersatzanspruch der GmbH, der im Falle der massenlosen Insolvenz von den Gläubigern geltend gemachte werden könne

[764] Lutter/ Banerjea, ZGR 2003, 402, 430 f.

[765] Pentz, in: Rowedder/ Schmidt-Leithoff, Komm. z. GmbHG, § 13, Rn. 145; ausführlich oben unter § 6 IV.

sondern nur den voraussichtlichen Ausfallbetrag.[766] Wird ein Insolvenzverfahren mangels Masse abgelehnt – was bei Solvenz der Gesellschafter nur darauf beruhen kann, dass das Insolvenzgericht die Haftung der Gesellschafter wegen existenzvernichtenden Eingriffs nicht erkannt hat – würde die vom BGH postulierte Ausfallhaftung dazu führen, dass die GmbH-Gläubiger zunächst die Gesellschaft in Anspruch nehmen müssten, obwohl das Insolvenzgericht bereits festgestellt hat, dass das Vermögen der Gesellschaft nicht einmal die Verfahrenskosten deckt. Diese Umständlichkeit ist den GmbH-Gläubigern nicht zuzumuten, zumal ein wesentlicher Vorzug der Durchgriffshaftung gerade in der Möglichkeit zur direkten Inanspruchnahme der Gesellschafter gesehen wird.[767]

2. Keine Beschränkung der Haftung auf den bei der GmbH verursachten Schaden

Zum Teil wird in der Literatur vorgeschlagen, die Haftung des Gesellschafters auf den durch seinen existenzvernichtenden Eingriff verursachten Schaden der Gesellschaft zu begrenzen.[768] Ausgangspunkt dieser Überlegung ist, dass sich das vom Gläubiger eingegangene Risiko häufig bereits vor dem existenzvernichtenden Eingriff des Gesellschafters zu einem erheblichen Teil realisiert haben kann, weil sich die Gesellschaft meist schon vorher in einer Krise befand.[769] Vetter meint, es erscheine nicht gerechtfertigt, den Gesellschafter über den konkret verursachten Schaden hinaus auch für diejenigen Verluste einstehen zu lassen, die dem Gläubiger auch dann entstanden wären, wenn der Gesellschafter statt des existenzvernichtenden Eingriffs eine Liquidation eingeleitet oder ein Insolvenzverfahren eröffnet hätte. Andernfalls würde der Gesellschafter das allgemeine unternehmerische Risiko zu tragen, ohne dass er dieses beeinflusst hat.[770]

Die Auffassung Vetters überzeugt deshalb nicht, weil sie nicht berücksichtigt, dass im Rahmen unternehmenstragender Außengesellschaften die persönliche und gesamtschuldnerische Haftung der Gesellschafter den Grundfall darstellt, während die Haftungsbeschränkung auf das Gesellschaftsvermögen eine zu legitimierende Ausnahme ist.[771] Die persönliche Haftung lebt als gerechtfertigte Folge des existenzvernichtenden Eingriffs durch die teleologische Reduktion des § 13 Abs. 2 GmbHG wieder auf, weil die Haftungsbeschränkung dann nicht mehr legitimiert ist.[772] Es geht bei der Durchgriffshaftung eben nicht um den Ersatz eines der Gesellschaft entstandenen Schadens[773], sondern um den Verlust

---

[766] Hierzu ausführlich oben im 2. Teil unter A.II.
[767] Lutter/ Banerjea, ZGR 2003, 402, 431
[768] So Vetter, ZIP 2003, 601, 603 ff.; a.A. Görner/ Kling, GmbHR 2004, 778, 778
[769] Vetter, ZIP 2003, 601, 604
[770] Vetter, ZIP 2003, 601, 605
[771] Hierzu ausführlich oben im 2. Teil unter A.II.3
[772] Pentz, in: Rowedder/ Schmidt-Leithoff, Komm. z. GmbHG, § 13, Rn. 145
[773] Eisner, EWiR § 266 StGB 1/04, 723, 724

des Haftungsprivilegs. Vernichtet der Gesellschafter die Existenz seiner eigenen GmbH, so hat er die Konsequenzen seines Handelns zu tragen und haftet grundsätzlich nicht anders als der persönlich haftende Gesellschafter einer OHG; dabei kommt es nicht auf die Höhe des bei der GmbH verursachten Schadens an. Diese Haftungsfolge wurde gegenüber einer Schadensersatzlösung nicht zuletzt deshalb favorisiert, weil sich mit ihr die Beweisschwierigkeiten hinsichtlich der Höhe des bei der Gesellschaft eingetretenen Schadens vermeiden lassen.[774] Die unbeschränkte persönliche Haftung erscheint vor allem aber vor dem Hintergrund sachgerecht, dass der GmbH durch den existenzvernichtenden Eingriff nicht nur ein Schaden zugefügt, sondern zudem die Möglichkeit geraubt wird, Erträge zu erwirtschaften, die ihre Verbindlichkeiten decken könnten. Ferner führt der existenzvernichtende Eingriff zu einer Schmälerung der Masse in einer der Kettenreaktion ähnlichen Weise. Die Folgen einer Insolvenz für die Gläubiger der GmbH sind deshalb mit einem bloßen Ersatz des bei der GmbH entstandenen Schadens nicht auszugleichen.

Auch das von Vetter angeführte Beispiel überzeugt nicht: Den dem „KBV"-Urteil zugrunde liegenden Sachverhalt wandelt er in der Weise ab, dass der Kläger keinen Anspruch in Höhe von 80.000 DM, sondern in Höhe von acht Millionen DM gegen die GmbH hat. Im übrigen bleibt es in seinem Beispiel dabei, dass die Gesellschafter eine Auffanggesellschaft gegründet haben, die das verbleibende Vermögen der Gesellschaft im Wert von 1,2 Millionen DM. sowie einen Teil der Forderungen in Höhe von 900.000 DM übernommen hat. Wie selbstverständlich legt er damit einen Sachverhalt zugrunde, bei dem die Gesellschaft bereits vor dem Eingriff weit überschuldet ist.

Als erstes drängt sich bei einem solchen Sachverhalt die Frage auf, wieso nicht längst – so wie es das Gesetz vorschreibt – ein Antrag auf Eröffnung des Insolvenzverfahren gestellt wurde. Es ist eben nicht richtig, dass der Verlust – wie Vetter meint – dem Gläubiger auch dann entstanden wäre, wenn statt des existenzvernichtenden Eingriffs ordnungsgemäß (!) die Eröffnung des Insolvenzverfahrens beantragt worden wäre, und schon gar nicht, wenn die Gesellschafter eine ordentliche Liquidation eingeleitet hätten.

Zwar erscheint eine unbegrenzte persönliche Haftung des Gesellschafters in der Tat dann nicht gerechtfertigt, wenn die Insolvenz der Gesellschaft nicht kausal durch den Eingriff des Gesellschafters verursacht wird, sondern schon vorher gegeben war. Schließlich haftet der Gesellschafter grundsätzlich nicht für die Insolvenzverschleppung, wenn er die Geschäftsführung hierzu nicht angestiftet hat. In einem solchen Fall handelt es sich jedoch nicht um einen existenzvernichtenden Eingriff im eigentlichen Sinne, weil es an der Kausalität des Eingriffs für die Existenzvernichtung der Gesellschaft fehlt. Die Frage, ob das Haftungskonzept des existenzvernichtenden Eingriffs auch in den Fällen zur Anwendung kommt, in denen der Eingriff bei bereits bestehender Insolvenz vorge-

[774] Westermann, NZG 2002, 1129, 1136

nommen wird, war bereits Gegenstand dieser Untersuchung.[775] Sofern man dies entgegen der hier vertretenen Auffassung annimmt, ist eine Begrenzung der Haftung in diesen Fällen geboten. Selbst dann kann hieraus jedoch nicht die Schlussfolgerung gezogen werden, die Durchgriffshaftung sei grundsätzlich auf den durch den Eingriff bei der GmbH verursachten Schaden zu begrenzen. Vetter differenziert insoweit nicht zwischen Eingriffen, die zur Insolvenz führen, und Eingriffen, die bei bereits bestehender Insolvenz, vorgenommen werden. Nur in den zuletzt genannten Fällen ist eine Haftungsbegrenzung geboten – sofern man diese Fälle überhaupt unter die Existenzvernichtungshaftung subsumieren will.

II. Einwendungen

1. Einrede der Verjährung

Würde es sich beim Anspruch wegen Existenzvernichtung um einen autonomen Anspruch des Gläubigers gegen den betreffenden GmbH-Gesellschafter handeln, so unterläge dieser Anspruch der für ihn geltenden kurzen Verjährungsfrist von 3 Jahren gemäß § 195 BGB n.F. Zu berücksichtigen ist, dass der GmbH-Gläubiger erst einmal von den besonderen Umständen erfahren muss, die einen Haftungsdurchgriff rechtfertigen. Insofern hilft dem Gläubiger, dass die Verjährung gemäß § 199 Abs. 1 Ziff. 2 BGB n.F. erst beginnt, wenn er von den Anspruch begründenden Umständen Kenntnis erlangt oder ohne grobe Unkenntnis erlangen müsste. Bis der GmbH-Gläubiger gegen den Gesellschafter der GmbH vorgeht, ist in der Regel jedoch eine recht lange Zeit vergangen, denn zunächst wird er sich an die GmbH wenden und versuchen, einen Titel zu erstreiten – möglicherweise auch über mehrere Instanzen.
Zum Problem der Verjährung im Rahmen der Durchgriffshaftung hatte der BGH schon in der „Autokran"-Entscheidung Stellung genommen. Im ersten Leitsatz heißt es: „Gesellschafter einer GmbH, die das Gesellschafts- mit ihrem Privatvermögen vermischt haben, können entsprechend § 129 Abs.1 HGB dem Gesellschaftsgläubiger Einwendungen, die nicht in ihrer Person begründet sind, nur entgegenhalten, soweit die GmbH das (noch) könnte".[776] Auch wenn sich der BGH ausdrücklich nur auf den Fall der Vermögensvermischung bezieht, kann für den Haftungsdurchgriff aufgrund existenzvernichtenden Eingriffs nichts anderes gelten. Die analoge Anwendung des § 129 Abs. 1 HGB liegt nahe, wenn man § 128 HGB analog als Anspruchsgrundlage heranzieht. Jedenfalls im Hinblick auf das Verjährungsproblem ist die analoge Anwendung des § 129 Abs. 1 HGB auch geboten. Denn für den GmbH-Gläubiger, der einen GmbH-Gesellschafter im Wege des Durchgriffs in Anspruch nimmt, stellt sich die Situation prozessual eher noch schwieriger dar als für einen OHG-Gläubiger, der

[775] Siehe oben in diesem Teil unter A.VI.2.
[776] BGH, Urt. v. 16.9.1985, BGHZ 95, 330, 332 = JZ 1986, 901, 902 – „Autokran", 1. Leitsatz und unter I.b) der Gründe

einen ohnehin persönlich haftenden Gesellschafter verklagt.[777] Letzterer muss sich jedenfalls nicht noch um die Aufklärung der einen Haftungsdurchgriff rechtfertigenden Tatsachen bemühen.

2. Andere Einwendungen

Lutter[778] sieht in der uneingeschränkten Anwendung des § 129 Abs. 1 HGB das Problem, dass dem Gesellschafter nicht nur die Einrede der Verjährung – diese wie er meint allerdings zu Recht – abgeschnitten wird, sondern er außerdem der Rechtskraft eines bereits gegen die GmbH erwirkten Titels unterworfen ist. Dies sei zwar bei der OHG angemessen, weil die Gesellschafter in ihrer Eigenschaft als Vertretungsorgane der OHG am Verfahren gegen die OHG beteiligt und informiert sind und alle prozessualen Maßnahmen zur Verfügung haben. Beim GmbH-Gesellschafter könne es dagegen so sein, dass dieser über die Details der Geschäftsführung nicht unterrichtet wird und deshalb ohne eine Verteidigungs-Chance die gegen die Gesellschaft erwirkten Urteile – auch die in der Krise häufig erwirkten Versäumnisurteile – gegen sich gelten lassen muss. Statt § 129 Abs. 1 HGB auf alle Einwendungen bei Durchgriffsfällen anzuwenden, schlägt Lutter vor, bezüglich der einzelnen Einwendungen nur im Einzelfall zu entschieden, um dem GmbH-Gesellschafter eine Verteidigungsmöglichkeit zu gewähren.

Die Bedenken Lutters erscheinen jedoch nicht begründet. Der Grund für die persönliche Haftung des GmbH-Gesellschafters liegt in dem von ihm selbst verschuldeten Eingriff in seine GmbH. Deshalb haftet er persönlich für die Verbindlichkeiten der GmbH. Wie diese Verbindlichkeiten zustande gekommen sind und ob sie tituliert sind oder nicht, spielt dabei keine Rolle. Mit der Argumentation Lutters könnte der GmbH-Gesellschafter ebenso gut einwenden, er sei von seiner Geschäftsführung erst gar nicht über den Abschluss der zwischen der GmbH und dem Kläger bestehenden Verträge informiert worden. Die Titulierung der Forderung und die damit verbundenen Konsequenzen dürfte sich im Hinblick auf eine Beteiligung des GmbH-Gesellschafters nicht anders beurteilen als die Begründung der Forderung selbst oder ein zwischen den Parteien geschlossener Vergleich. Es ist ja gerade ein Wesensmerkmal der Existenzvernichtungshaftung, dass der GmbH-Gesellschafter für Verbindlichkeiten der GmbH haftet und damit eben auch für titulierte Verbindlichkeiten. Entsprechend vertrat der BGH in der „Autokran“-Entscheidung die Auffassung, dass die Gesellschafter sich auch entgegenhalten lassen müssen, wenn gegen die GmbH rechtskräftige Urteile ergangen sind.[779]

---

[777] Lutter, ZIP 1985, 1425, 1426

[778] Lutter, ZIP 1985, 1425, 1426

[779] BGH, Urt. v. 16.9.1985, BGHZ 95, 330, 332 = JZ 1986, 901, 902 – „Autokran“, unter I.b) der Gründe

III. Differenzierung nach Gläubigergruppen

Bitter[780] will dem Gläubiger den Haftungsdurchgriff dann verwehren, wenn es ihm möglich gewesen wäre, das Risiko abzusichern. Nicht ganz so weit gehen Lutter und Banerjea.[781] Sie wollen dem GmbH-Gläubiger den Haftungsdurchgriff dann verwehren, wenn er selbst alle zur Beurteilung des Risikos erforderlichen Kenntnisse über die Gesellschaftsverhältnisse hatte. Dabei dürften sie vorwiegend an die Kreditinstitute gedacht haben, die gerade im mittelständischen Bereich zuweilen einen besseren Überblick über die Finanzlage des Unternehmens haben als die Geschäftsführung selbst. Zurückzuführen ist diese Einschätzung wohl darauf, dass sowohl Bitter als auch Lutter und Banerjea – letztere allerdings nur, sofern es nicht um unmittelbar zur Insolvenz der Gesellschaft führende Eingriffe geht – auf die Unterkapitalisierung als haftungsbegründenden Umstand abstellen.
Nach der hier vertretenen Auffassung geht es im Rahmen der Existenzvernichtungshaftung jedoch nicht um das Problem der Unterkapitalisierung, sondern um Eingriffe, die in zurechenbarer Weise zur Existenzvernichtung der Gesellschaft führen. Warum Kreditinstituten oder anderen relativ gut informierten Gläubigern der Anspruch gegen die Gesellschafter verwehrt werden sollte, wenn die GmbH aufgrund eines existenzvernichtenden Eingriffs die ihnen gegenüber bestehenden Verbindlichkeiten nicht mehr erfüllen kann, ist nicht ersichtlich. Etwas anderes kommt allenfalls dann in Frage, wenn die Gläubiger der GmbH weitere Mittel in Kenntnis eines existenzvernichtenden Eingriffs zur Verfügung stellen. In welchen besonderen Konstellationen es hierzu kommen könnte, ist ebenfalls nicht ersichtlich.

C. Beweislast und Darlegungserleichterungen

I. Beweisführung nach der „Autokran"-Entscheidung

Nach den in der „Autokran"-Entscheidung aufgestellten Grundsätzen hatte der Gesellschaftsgläubiger lediglich eine hohe Leitungsdichte durch den Allein- oder Mehrheitsgesellschafter darzulegen. Sofern dies dem Gläubiger gelang – was insbesondere bei einer Einmann-Gesellschafter-Geschäftsführer-GmbH in der Regel nicht schwer fiel – galt die Vermutung, dass auf das Interesse der Gesellschaft nicht in ausreichendem Maße Rücksicht genommen wurde.[782] Mit dieser Beweiserleichterung wollte der BGH dem klagenden GmbH-Gläubiger im Hinblick auf seine großen Prozessschwierigkeiten helfen, weil dieser keinen Einblick in die inneren Angelegenheiten der abhängigen und noch weniger in

---

[780] Bitter, WM 2001, 2133, 2140; ders., Durchgriffshaftung, S. 557
[781] Lutter/ Banerjea, ZGR 2003, 402, 431 f.
[782] BGH, Urt. v. 23.9.1991, BGHZ 115, 187, 194 = JZ 1992, 730 – „Video", unter 2. b) der Gründe; BGH, Urt. v. 20.2.1989, BGHZ 107,7 = NJW 1989, 1800, 1802 – „Tiefbau", unter III.3.a) der Gründe

die der herrschenden Gesellschaft hat. Die Vermutungsregel war der Auslöser für die massive Kritik an der Haftungskonzeption des BGH und vor allem am „Video“-Urteil, weil der BGH dort bereits die Übernahme der Alleingeschäftsführung durch den noch anderweitig unternehmerisch tätigen Allein- oder Mehrheitsgesellschafter als dauernde und umfassende Leitung ansah, die dann die Vermutung begründen sollte, dass auf das Interesse der Gesellschaft nicht ausreichend Rücksicht genommen wurde.

II. Darlegungserleichterungen nach dem „TBB“-Urteil

Nach dem „Video“-Urteil wurde in der Literatur vorgeschlagen, die starre Vermutungsregel aufzugeben und stattdessen auf eine flexible Verteilung der Substantiierungslasten zwischen den Prozessparteien zurückzugreifen.[783] Diesem Vorschlag war der BGH in der „TBB“-Entscheidung gefolgt. Es heißt dort, dass die haftungsbegründende Interessenbeeinträchtigung nicht mittels einer tatsächlichen Vermutung allein aus der dauernden und umfassenden Ausübung der Leitungsmacht gefolgert werden kann.[784] Seitdem musste der Gesellschaftsgläubiger entsprechend der zivilprozessualen Grundsätze die nachhaltige Interessenverletzung sowie die fehlende Kompensationsfähigkeit darlegen und beweisen.[785] Gleichzeitig gewährte der BGH dem klagenden GmbH-Gläubiger zur Verfolgung seines Anspruchs aber Erleichterungen hinsichtlich seiner Darlegungslast: Da der außenstehende Gläubiger in der Regel keinen Einblick in die inneren Angelegenheiten des Unternehmens hat und es aus diesem Grund außerordentlich schwierig für ihn ist, seiner Darlegungs- und Beweislast zu genügen, wurden ihm Erleichterungen hinsichtlich seiner Substantiierungslast gewährt. Danach hatte der beklagte Gesellschafter nähere Angaben zu machen, wenn er die maßgeblichen Tatsachen kannte und ihm die Darlegung des Sachverhalts zumutbar war.[786] Kam der Beklagte dieser Darlegungslast nicht nach, galt das Vorbringen des Gläubigers auch insoweit gemäß § 138 Abs. 3 ZPO als zugestanden, als dieses mangels Einblicks in den dem Beklagten zugänglichen Geschehensbereich nicht den sonst zu stellenden Anforderungen genügt.[787] Danach reichte es zunächst aus, wenn der klagende Gläubiger Anhaltspunkte für einen Interessenumbruch beziehungsweise eine nachhaltige Interessenbeein-

---

[783] So vor allem Kleindiek, GmbHR 1992, 574, 579 ff.

[784] BGH, Urt. v. 29.3.1993, BGHZ 122, 123, 131 = JZ 1993, 575, 578 – „TBB“, unter III.2.c)bb) der Gründe

[785] BGH, Urt. v. 29.3.1993, BGHZ 122, 123, 131 = JZ 1993, 575, 578 – „TBB“, unter III.2.c)bb) der Gründe; BGH, Urt. v. 25.11.1996, BB 1997, 489, 490, unter 3. der Gründe; ausführlich zuletzt OLG Düsseldorf, Urt. v. 29.1.1999, AG 2000, 567, 570 f., unter V. der Gründe

[786] BGH, Urt. v. 29.3.1993, BGHZ 122, 123, 125 = JZ 1993, 575, 578 – „TBB“, unter III.2.c)dd) der Gründe

[787] BGH, Urt. v. 29.3.1993, BGHZ 122, 123, 125 = JZ 1993, 575, 579 – „TBB“, unter III.2.c)dd) der Gründe

trächtigung darlegte, sofern er keine genaueren Kenntnisse über die entscheidungserheblichen Umstände hatte. Der beklagte Unternehmensgesellschafter schuldete dann nähere Aufklärung.[788]

III. Allgemeine Grundsätze zur Darlegungserleichterung

Im Grunde fußten die in der „TBB"-Entscheidung aufgestellten Grundsätze zur Darlegungserleichterung auf gefestigten zivilprozessualen Grundsätzen zur gesteigerten Erklärungslast des nicht darlegungsbelasteten Beklagten in den Fällen, in denen der Kläger außerhalb des maßgeblichen Geschehensablaufs steht.[789]

Nach allgemeinen prozessualen Grundsätzen hat der Kläger Tatsachen vorzutragen, die den Tatbestand der ihm günstigen Rechtsnorm erfüllen. Der Kläger kann sich dabei zunächst mit allgemein gefassten Behauptungen begnügen, solange sie nicht ins Blaue hinein aufgestellt werden.[790] Normalerweise kann sich der Beklagte mit ebenso allgemein gehaltenem Bestreiten begnügen. Erst wenn der Kläger daraufhin substantiiert vorträgt, muss der Beklagte seinerseits substantiiert erwidern.[791] Ein einfaches Bestreiten des Beklagten genügt jedoch dann nicht, wenn einerseits der Kläger keine Kenntnis von den entscheidenden Tatsachen hat und sie sich nicht verschaffen kann und andererseits der Beklagte die erforderliche Aufklärung ohne Schwierigkeiten in zumutbarer Weise geben kann.[792] Die Beweislast wird hierdurch nicht verändert. Gegenüber einem ausreichend substantiierten Bestreiten des Beklagten hat weiterhin der Kläger zu beweisen, dass die vom Beklagten vorgetragenen Umstände nicht zutreffen.[793]

IV. Fortgeltung der Grundsätze der „TBB"-Entscheidung?

Fraglich ist, ob die in der „TBB"-Entscheidung angewandten Grundsätze zur Darlegungserleichterung auch im Rahmen der Existenzvernichtungshaftung fortgelten. Zum Teil wird davon ausgegangen, dass die Darlegungserleichterungen uneingeschränkt auch auf die Haftung wegen existenzvernichtenden Eingriffs anzuwenden sind. Wenn seitens des Klägers in schlüssiger Weise ein Sachverhalt vorgetragen wird, der die Missachtung des Bestandsschutzinteresses nahe legt, so ist es demnach in Fortgeltung der in der „TBB"-Entscheidung getroffenen Grundsätze Sache des Gesellschafters, darzulegen und zu beweisen, dass und in welcher Weise den Gläubigerbelangen Rechnung getragen wurde und dass die Risiken für den Bestand der Gesellschaft auch im Rahmen der

[788] Kleindiek, DZWIR 1993, 177, 179; ausführlich ders., GmbHR 1992, 574, 580 f.; rückblickend Drygala, GmbHR 2003, 729, 737
[789] Burgard, WM 1993, 925, 932; Krieger, ZGR 1994, 375, 388 ff.
[790] Peters, in: MüKo z. ZPO, § 138 Rn. 18
[791] Peters, in: MüKo z. ZPO, § 138 Rn. 18
[792] Kleindiek, DZWir 1993, 177, 179
[793] Greger, in: Zöller, Komm. z. ZPO, vor § 284 Rn. 34

durch ihn geschuldeten Sorgfalt nicht erkennbar waren.[794] Die Erleichterungen sollen insbesondere im Hinblick auf die Pflichtwidrigkeit des Gesellschafterverhaltens und die Kausalität des Eingriffs für die Existenzvernichtung gelten, weil häufig nur die Gesellschafter und nicht die Gläubiger einen Überblick über die zur Insolvenz der Gesellschaft führenden Umstände haben.[795]
Gegen eine solche Beweiserleichterung wird eingewandt, dass es bei der Existenzvernichtungshaftung – anders als noch im Rahmen der „TBB"-Rechtsprechung – nicht um den Beweis der „fehlenden angemessenen Rücksichtnahme", also eines Negativums geht, bei dem der Anspruchsgegner schon nach allgemeinen Regeln einer sekundären Behauptungslast unterliegt. Es wird deshalb vertreten, dass es allein die Sache der Gläubiger ist, die einen Eingriff begründenden Umstände darzulegen und zu beweisen.[796]
Vereinzelt wird zwischen verbundenen und selbständigen Unternehmen unterschieden und vorgeschlagen, die Erleichterung der Darlegungslast auf abhängige Gesellschaften zu beschränken.[797] Es sei signifikant wahrscheinlicher, dass der beherrschende Gesellschafter, der noch anderweitige unternehmerische Aktivitäten verfolgt, wirtschaftliche Entscheidungen zum Nachteil der Gesellschaft trifft und dabei den Zusammenbruch riskiert, als dass der Gesellschafter, der nur an dieser Gesellschaft beteiligt ist, dasselbe Verhalten an den Tag legt. Eine Umkehr der Darlegungslast sei in der unabhängigen Gesellschaft nicht zuzulassen, weil der Gesellschafter selbst ein Interesse am Wohlergehen der Gesellschaft habe. In der verbundenen Gesellschaft seien die Einflüsse der Muttergesellschaft dagegen so zahlreich, dass die für eine Insolvenz letztlich kausalen Handlungen für einen Außenstehenden nicht zu identifizieren sind.[798]

V. Stellungnahme

Die Erkenntnis, dass die Darlegungserleichterung, wie sie dem klagenden GmbH-Gläubiger in der „TBB"-Entscheidung gewährt wurde, im Grunde auf allgemeinen zivilprozessualen Grundsätzen beruhte, spricht zunächst dafür, die „TBB"-Rechtsprechung zur Beweisführung auch im Rahmen des neuen Haftungskonzeptes des existenzvernichtenden Eingriffs fortzuführen. Indes ergeben sich Unterschiede aus der Verschiedenheit der tatbestandlichen Voraussetzungen des neuen Haftungskonzeptes gegenüber der Haftung im qualifiziert faktischen Konzern.

---

[794] Keßler, GmbHR 2001, 1095, 1100
[795] Vetter, ZIP 2003, 601, 611
[796] Bruns, WM 2003, 815, 820
[797] Drygala, GmbHR 2003, 729, 737 f.
[798] Drygala, GmbHR 2003, 729, 738

1. Darlegungslast hinsichtlich des Tatbestandsmerkmals des Eingriffs

Welche Anforderungen an den Klägervortrag zu stellen sind, hängt zunächst einmal vom jeweiligen Tatbestandsmerkmal ab, dessen Vorliegen darzulegen und zu beweisen ist. Im Rahmen des qualifiziert faktischen Konzerns wurde zuletzt die „nachhaltige Interessenbeeinträchtigung“ beziehungsweise ein „Interessenumbruch“ als haftungsbegründendes Merkmal angesehen.[799] Ausgangspunkt der Überlegungen zum qualifiziert faktischen Konzern waren dabei zunächst nicht einzelne existenzvernichtende Eingriffe des Gesellschafters, sondern eine Art „Gesamtbild“[800] dauerhafter Verletzung der Interessen der abhängigen GmbH.[801] Noch in der „TBB“-Entscheidung begründete der BGH die Haftung des Gesellschafters damit, dass sich einzelne schädigende Eingriffe in bestimmten Konzernlagen durch die Dichte der Einflussnahme des herrschenden Unternehmens angeblich nicht mehr isolieren lassen.[802] Demzufolge war eine Vielzahl von Nachteilszufügungen haftungsbegründend, die zwar im Einzelfall je für sich, aber nicht in der Gesamtheit bzw. in ihren vollen Auswirkungen dem Einzelausgleich zugänglich sind.[803] Anders gewendet ging es im qualifiziert faktischen Konzern um das Problem beständig schädigender Einflussnahmen, bei denen eine konkrete Ermittlung des bei der GmbH eingetretenen Schadens mit zumutbarem Aufwand praktisch unmöglich war und eine Schadensschätzung mangels greifbarer Anhaltspunkte ausschied.[804] Ausreichend war danach die nachhaltige und regelmäßige Schädigung der abhängigen Gesellschaft, ohne dass es auf deren Kausalität für die Existenzvernichtung ankam.[805] Um seine Klage allgemein auf eine „nachhaltige Interessenbeeinträchtigung“ oder einen „Interessenumbruch“ stützen zu können, blieb dem klagenden GmbH-Gläubiger gar nichts anderes übrig, als seiner Darlegungslast mittels Indizien nachzukommen, weil das haftungsbegründende Tatbestandsmerkmal der „nachhaltigen Interessenbeeinträchtigung“ nicht unmittelbar subsumtionsfähig war.[806] Wie sonst hätte der GmbH-Gläubiger eine „nachhaltige Interessenbeeinträchtigung“ darlegen sollen?

Entsprechend wurden bereits mehrfache Schädigungen der Tochter-GmbH durch die Konzernmutter als Indiz für eine nachhaltige Interessenbeeinträchti-

---

[799] Hommelhoff, ZGR 1994, 395, 411, unter II.3.b); Kleindiek, DZWir 1993, 177, 178; ders., GmbHR 1992, 574, 575 und 581, unter II. und VI.6.; hierzu schon oben in diesem Teil unter A.III.2.a)

[800] Vgl. Krieger, ZGR 1994, 375, 393, unter IV.2.c)

[801] Vgl. Assmann, JZ 1986, 881, 883, 1. Abs.

[802] BGH, Urt. v. 29.3.1993, BGHZ 122,123, 131 = JZ 1993, 575, 578 – „TBB“, unter III. 2 c) bb) der Gründe

[803] Vgl. Bitter, Durchgriffshaftung bei Personengesellschaften,, S. 461

[804] Decher, in: Haftung im qualifiziert faktischen GmbH-Konzern, S. 25, 36; Krieger, ZGR 1994, 375, 384; Kleindiek, GmbHR 1992, 574, 583

[805] Ebenroth/ Wilken, ZIP 1993, 558, 559

[806] Vgl. Hommelhoff, ZGR 1994, 395, 411, der allerdings von einem „vollständigen Interessenumbruch“ spricht.

gung angesehen.[807] Zum Teil wurde vertreten, dass schon die Insolvenz der konzernierten GmbH die nachhaltige Interessenverletzung indiziert.[808] Auch aus den gesamten Umständen sollte sich ein „Gesamtbild" ergeben können, mit dem eine qualifizierte Konzernierung schlüssig dargelegt werden kann.[809] Dies sollte zum Beispiel der Fall sein, wenn das herrschende Unternehmen einen eigenen mit dem der abhängigen Gesellschaft verwandten Geschäftsbetrieb unterhält, zwischen den Unternehmen enge Lieferbeziehungen bestehen, der gesamte Einkauf und ein Großteil des Vertriebs über das herrschende Unternehmen laufen, personelle Verflechtungen in der Geschäftsleitung beider Unternehmen bestehen und die abhängige Gesellschaft Jahre lang nur Verluste eingefahren hat, während das herrschende Unternehmen hohe Gewinne erwirtschaftet hat.[810]

Auf all dies kommt es nun im Rahmen des neuen Haftungskonzeptes des existenzvernichtenden Eingriffs nicht mehr an, weil es nicht mehr um das Merkmal der „nachhaltigen Interessenbeeinträchtigung" oder des „Interessenumbruchs" geht, sondern um konkret isolierbare, die Existenz der Gesellschaft vernichtende Maßnahmen.[811] Dagegen ist auch eine Vielzahl schädigender Maßnahmen nach dem neuen Haftungskonzept nicht haftungsrelevant, solange die Insolvenzursächlichkeit nicht dargelegt und bewiesen ist.[812]

Vom klagenden GmbH-Gläubiger ist daher grundsätzlich zu verlangen, dass er die Maßnahme des Gesellschafters, die zur Existenzvernichtung geführt haben soll, darlegt. Keinesfalls wird der existenzvernichtende Eingriff bereits durch die Insolvenz der Gesellschaft indiziert.[813] Es genügt auch nicht, wenn der klagende Gläubiger darlegt, dass die GmbH mehrfach durch ihren Gesellschafter geschädigt wurde. Das Zusammentreffen mehrerer Umstände – wie das Bestehen enger Lieferbeziehungen, personelle Verflechtungen oder ein zentralisierter Einkauf – genügt nicht um einen existenzvernichtenden Eingriff darzulegen, weil diese Umstände allein nicht vermuten lassen, dass der Gesellschafter seine GmbH benachteiligt hat, erst recht nicht in insolvenzverursachender Weise.

Dies bedeutet jedoch nicht, dass dem klagenden GmbH-Gläubiger in Einzelfällen nicht doch nach allgemeinen zivilprozessualen Grundsätzen Erleichterungen seiner Darlegungslast gewährt werden können, wenn er einerseits keine Kenntnis von den entscheidenden Tatsachen hat und sie sich nicht verschaffen kann und andererseits der Beklagte zur erforderlichen Aufklärung ohne Schwierigkeiten beitragen kann und ihm dies auch zumutbar ist. Dies dürfte etwa für folgenden Praxisfall gelten, in dem der klagende Subunternehmer von einer inzwi-

---

[807] Krieger, ZGR 1994, 375, 391, unter IV.2.b) 4. Spiegelstrich

[808] Burgard, WM 1993, 925, 932 f.; Hommelhoff, in: Heidelberger Konzernrechtstage, S. 245, 249; Schneider, WM 1993, 784

[809] Krieger, ZGR 1994, 375, 393

[810] So der Praxisfall dargestellt von Krieger, ZGR 1994, 375, 393; ähnlich Ulmer, in: Heidelberger Konzernrechtstage, S. 75

[811] So schon Röhricht, in: Festschrift 50 Jahre BGH, S. 83, 91, 4. Abs.

[812] Vgl. Drygala, GmbHR 2003, 729, 739; ausführlich oben in diesem Teil unter A.III.2.a)

[813] OLG Bremen, Urt. v. 18.5.1998, AG 1999, 466, 467, unter 1. der Gründe

schen wegen Vermögenslosigkeit gelöschten Baugesellschaft mbH mit der Erbringung von Bauleistungen beauftragt worden war. In mindestens drei Fällen war nicht diese Baugesellschaft mbH sondern deren Schwestergesellschaft als Hauptunternehmerin vom Bauherren mit der Erbringung der Bauleistung in einer erheblichen Größenordnung beauftragt worden. Letztere erhielt folglich auch die Vergütung, obwohl die Leistung mittelbar von der Baugesellschaft mbH erbracht wurden. Da der Kläger keinen Einblick in die internen Abrechnungen der Gesellschaften hat, obliegt es hier der Beklagten darzulegen, dass die mittelbar von der Baugesellschaft mbH und unmittelbar durch den Kläger erbrachten Leistungen ordnungsgemäß zwischen den beiden Gesellschaften abgerechnet wurden.

2. Darlegungslast hinsichtlich der übrigen Tatbestandsmerkmale

Der Nachweis der Insolvenz selbst ist prozessual unproblematisch, da sie regelmäßig unstrittig oder offensichtlich ist.[814] Die kausalitätsbegründenden Umstände sind nach allgemeinen Grundsätzen ebenfalls vom Kläger dazulegen und zu beweisen, denn erst der Kausalitätsbezug begründet die Existenzvernichtungshaftung.[815] Im Hinblick auf die Kausalität sind dem klagenden GmbH-Gesellschafter nach den oben dargestellten Grundsätzen allerdings Darlegungserleichterungen zu gewähren.[816] Selbst für einen Insolvenzverwalter wird es in der Regel nur schwer möglich sein, die Existenzvernichtung einer GmbH auf einen konkreten Eingriff zurückzuführen.[817] Weil der Kläger nicht den erforderlichen Einblick in die inneren Angelegenheiten der Gesellschaft hat, kann er sich zunächst damit begnügen, die Insolvenzgefährlichkeit eines Eingriffs in schlüssiger Weise darzulegen.[818] Es ist dann Sache des Gesellschafters, substantiiert zu bestreiten, dass der Zusammenbruch nicht auf den existenzgefährdenden Eingriff zurückzuführen ist.[819]

D. Konkurrenz der Haftung mit anderen Anspruchsgrundlagen

I. Überblick

Nach dem „Bremer Vulkan"-Urteil soll sich der Gläubigerschutz in erster Linie aus den Kapitalerhaltungsregeln ergeben. Ein bestandsvernichtender Eingriff führt demnach nur dann zu einer Haftung des Gesellschafters, wenn sich die Fähigkeit der GmbH zur Befriedigung ihrer Gläubiger nicht schon durch die Rück-

[814] Vetter, ZIP 2003, 601, 611
[815] Bruns, WM 2003, 815, 820
[816] Vetter, ZIP 2003, 601, 611
[817] Bruns, WM 2003, 815, 820; ähnlich Hölzle, ZIP 2003, 1897, 1898
[818] Vgl. Keßler, GmbHR 2002, 945, 951; Vetter, ZIP 2003, 601, 611
[819] Burgard, ZIP 2002, 827, 830; Ulmer, ZIP 2001, 2021, 2028; Vetter, ZIP 2003, 601, 611

führung des entzogenen Stammkapitals wiederherstellen lässt.[820] Auch die früheren konzernrechtlichen Haftungskonzepte setzten voraus, dass die mit einer Interessenverletzung für die abhängige Gesellschaft verbundenen Nachteile anders nicht ausgeglichen werden konnten. So verlangte der BGH in der „TBB"-Entscheidung, dass der insgesamt zugefügte Nachteil sich nicht durch Einzelausgleichmaßnahmen kompensieren lässt.[821] Die Bedeutung dieses Tatbestandsmerkmals schlug sich denn auch in vielen Urteilsgründen nieder. Eine Vielzahl der Klagen nach den Grundsätzen des qualifiziert faktischen Konzerns scheiterten bereits am Merkmal der Subsidiarität.[822] Allerdings bestand bei der Behandlung der Subsidiarität durch die Instanzgerichte eine gewisse Unsicherheit. Zum Teil wurde – auch in jüngeren Entscheidungen[823] – eine Haftung der Gesellschafter nach den in der „TBB"-Entscheidung aufgestellten Grundsätzen ohne genaue Prüfung der Isolierbarkeit und Kompensierbarkeit der nachteiligen Maßnahmen bejaht. Andererseits fand sich vereinzelt auch ein extensives Verständnis der Subsidiarität und damit eine sehr restriktive Anwendung des Haftungsinstituts.[824]

II. Dogmatik

Zunächst ist fraglich, ob der Vorrang des Einzelausgleichs – wenn überhaupt – auf der Rechtsfolgen-Ebene zu berücksichtigen oder als tatbestandsausschließendes Merkmal zu verstehen ist. Um ein negatives Tatbestandsmerkmal handelt es sich, wenn das Nichtvorliegen derartiger Einzelansprüche zu den Voraussetzungen der Haftung wegen existenzvernichtenden Eingriffs gehören sollte. Dagegen wäre die Rechtsfolgenseite angesprochen, wenn die Einzelansprüche im Verhältnis der Spezialität zum Institut der Haftung wegen existenzvernichtenden Eingriffs stünden.

Noch auf der Grundlage der „TBB"-Entscheidung meinte Ulmer, für eine auf den Spezialitätsgrundsatz gestützte Subsidiarität sei kein Raum, weil die Haf-

---

820 BGH, Urt. v. 17.9.2001, BGHZ 149, 10, 12 = GmbHR 2001, 1036, 1038 – „Bremer Vulkan", unter I.1. der Gründe

821 BGH, Urt. v. 29.3.1993, BGHZ 122, 123, 126 = JZ 1993, 575, 578 – „TBB", 1. Leitsatz und unter III.2.c)bb) der Gründe

822 BGH, Beschl. v. 20.3.2000, DStR 2000, 1065, 1068, unter 4. der Gründe; BGH, Urt. v. 2.10.2000, ZIP 2000, 2163, 2164, unter II.2. der Gründe; OLG Düsseldorf, Urt. v. 26.11.1998, NZG 1999, 502, 505, unter II.2.b) bis d) der Gründe; OLG Celle, Urt. v. 18.11.1998, NZG 1999, 728, unter 2. der Gründe; OLG Bremen, Urt. v. 18.5.1998, NZG 1999, 724, 725, unter I.1. der Gründe; OLG München, Urt. v. 3.12.1997, GmbHR 1998, 285, 285, unter 1. der Gründe, AG Eisenach, Urt. v. 13.4.1995, GmbHR 1995, 445, 447, unter 2.b) der Gründe

823 OLG München, Urt. v. 21.4.1994, ZIP 1994, 1776, 1777, unter I.2. der Gründe; KG, Urt. v. 1.8.2000, NZG 2001, 80 ff.; OLG Dresden, Urt. v. 27.10.1999, NZG 2000, 598, 599, unter I.2. der Gründe; OLG Oldenburg, EWiR § 302 AktG 1/01, S. 147

824 Vgl. OLG München, Urt. v. 3.12.1997, GmbHR 1998, 285, 285, unter 1. der Gründe; LG Münster, Urt. v. 6.1.1997, unter III.

tung gegenüber allgemeinen Rechtsbehelfen des GmbH-Rechts nicht im Verhältnis des Allgemeinen zum Besonderen stehe, sondern umgekehrt die Antwort der Rechtsordnung auf die spezifischen Gläubigergefahren bilde. Gegen die Annahme einer Spezialität spreche auch der Umstand, dass der Anspruch nicht der GmbH, sondern den Gläubigern persönlich zusteht und seine Durchsetzung deshalb schon wegen der unterschiedlichen Zuordnung nicht hinter Ansprüchen der GmbH zurücktreten kann.[825] Diese Feststellung behält auch im Rahmen der Existenzvernichtungshaftung ihre Richtigkeit. Ob der Vorrang des Einzelausgleichs dagegen als tatbestandsausschließendes Merkmal anzuerkennen ist, bleibt Gegenstand der weiteren Untersuchung.

III. Verhältnis zu den gesetzlichen Einzelausgleichsregelungen

Das Erfordernis der Subsidiarität wird ganz überwiegend für sachgerecht gehalten.[826] Es trage dem Umstand Rechnung, dass die Haftung der Gesellschafter für die Verbindlichkeiten der GmbH die Ausnahme vom Grundprinzip der beschränkten Haftung der GmbH-Gesellschafter ist. Eine weitergehende Haftung der Gesellschafter für Verbindlichkeiten der GmbH soll nur gerechtfertigt sein, soweit die gesetzlichen Regelungen über einen Einzelausgleich zum Schutze der GmbH leer laufen. Soweit dagegen Kompensationsmöglichkeiten bestünden, etwa weil der Gesellschaft Schadensersatzansprüche oder Ansprüche zur Erhaltung des Stammkapitals zustehen oder die Gläubiger gegen die Geschäftsführung Ansprüche wegen Insolvenzverschleppung geltend machen können, sei eine Durchgriffshaftung ausgeschlossen.[827] Teils wird die Subsidiarität der Existenzvernichtungshaftung ohne nähere Begründung als „logisch zwingend" bezeichnet.[828] Wilhelm meint, die Durchgriffshaftung sei „schon wegen ihrer Schwäche" subsidiär.[829]

[825] Ulmer, in: Haftung im qualifiziert faktischen GmbH-Konzern, S. 58 f.

[826] Altmeppen, ZIP 2001, 1837, 1839; Goette, DStR 2000, 1066, 1068; Habersack, in: Emmerich/ Habersack, Aktien- und GmbH Konzernrecht, Anh. § 318 Rn. 38; Keßler, GmbHR 2002, 945, 950; Krieger, ZGR 1994, 375, 383; Lutter/ Hommelhoff, in: Lutter/ Hommelhoff, Komm. z. GmbHG, Anh. § 13 Rn. 19; Röhricht, Aktuelle höchstrichterliche Rechtsprechung, S. 29; Römermann/ Schröder, GmbHR 2001, 1015, 1017; Wiedemann, in: 50 Jahre Bundesgerichtshof, S. 337, 350; Wilhelm, NJW 2003, 175, 178; Wiedemann, ZGR 2003, 283, 291; Wilhelm, NJW 2003, 175, 178; Zöllner, in: Baumbach/ Hueck, Komm. z. GmbHG, Schlussanh. I Rn. 90

[827] Krieger, ZGR 1994, 375, 383

[828] So etwa Benecke, BB 2003, 1190, 1194

[829] So Wilhelm, NJW 2003, 175, 178

1. Verhältnis zu den Kapitalerhaltungsvorschriften

a) Von §§ 30, 31 GmbHG nicht erfasste Eingriffe

Wie bereits erwähnt gibt es Eingriffe, die zur Insolvenz der Gesellschaft führen können, ohne dass das Stammkapital unmittelbar berührt wird. So werden bilanzneutrale Vorgänge, wie der Entzug von Geschäfts-Chancen oder von personellen Ressourcen, von den §§ 30, 31 GmbHG nicht erfasst.[830] Hieraus folgt, dass bilanzneutrale Vorgänge nicht zu einem Konflikt zwischen der Existenzvernichtungshaftung und den §§ 30, 31 GmbHG führen können. Die §§ 30, 31 GmbHG können überhaupt nur auf solche Sachverhalte reagieren, in denen die Stammkapitalziffer als Kontrollgröße herangezogen werden kann. Hinsichtlich bilanzneutraler Eingriffe entfalten die §§ 30, 31 GmbHG also keinerlei Sperrwirkung.[831]

b) Von §§ 30, 31 GmbHG erfasste Eingriffe

Problematischer sind die Sachverhalte, bei denen ein existenzvernichtender Eingriff zugleich den Tatbestand der §§ 30, 31 GmbHG erfüllt. Ulmer[832] ist der Auffassung, dass am Vorrang der Ansprüche aus §§ 30, 31 GmbHG schon deshalb festgehalten werden kann, weil es beim Bestehen derartiger Ansprüche nicht ohne weiteres zum Gläubigerausfall kommt und es deshalb auch keines Rückgriffs auf die Existenzvernichtungshaftung bedarf. Römermann und Schröder[833] meinen, dass die Fälle, in denen es um die Benachteiligung der Gesellschaftsgläubiger durch Entzug des zur Erhaltung des Stammkapitals erforderlichen Vermögens geht, bereits in §§ 30, 31 GmbHG geregelt sind und es insofern an einer Regelungslücke fehlt.
Meist wird jedoch nicht unterschieden zwischen den Fällen, in denen sich die Entnahme im Kapitalabfluss erschöpft, und den Fällen, in denen mit der Entnahme weitere Schäden verbunden sind. Mit Lutter und Banerjea[834] soll zunächst einmal eine Differenzierung zwischen Entnahmen mit und ohne Folgeschäden vorgenommen werden.

aa) Entnahmen ohne Folgeschäden

Lutter und Banerjea vertreten die Auffassung, dass existenzvernichtende Eingriffe, die sich in einer von § 30 GmbHG erfassten Entnahme erschöpfen, nur zu einer Haftung des Gesellschafters nach § 31 GmbHG führen. Sie sehen kein

[830] Vgl. oben Teil 1 unter B.II.2.b)
[831] Keßler, GmbHR 2001, 1095, 1099; Lutter/ Banerjea, ZGR 2003, 402, 420 f.; ähnlich wohl auch Wiedemann, ZGR 2003, 283, 292 f.
[832] Ulmer, ZIP 2001, 2021, 2028
[833] Römermann/ Schröder, GmbHR 2001, 1015, 1017
[834] Lutter/ Banerjea, ZGR 2003, 402, 421 ff.

Bedürfnis für eine daneben anwendbare Existenzvernichtungshaftung, weil mit der Entnahme keine über den Vermögensabzug hinausgehende Schäden für die Gesellschaft verbunden sind.[835] Die Existenzvernichtungshaftung ließe sich bei Entnahmen ohne Folgeschäden dogmatisch nicht begründen, weil die hierfür notwendige teleologische Reduktion des § 13 Abs. 2 GmbHG einen Fall voraussetzt, der mit der Ratio des Haftungsprivilegs nicht zu vereinbaren ist.[836] Dass dies beim einfachen Vermögensabzug ohne Folgeschäden nicht der Fall ist, wird nach Lutter und Banerjea dadurch zum Ausdruck gebracht, dass der Gesetzgeber die Problematik der Vermögensentziehung gesehen hat und den Verlust des Haftungsprivilegs gerade nicht angeordnet, sondern sich für die Rückzahlungsverpflichtung nach §§ 30, 31 GmbHG entschieden hat.[837]

bb) Entnahmen mit Folgeschäden

Nach den Kapitalerhaltungsvorschriften sind die Gesellschafter nur zur Rückgewähr des zur Erhaltung des Stammkapitals erforderlichen Vermögens verpflichtet. Der durch die verbotene Rückzahlung an die Gesellschafter entstandene Schaden für die Gesellschaft kann jedoch weitaus größer sein als das verbotswidrig ausgezahlte Vermögen. Zwar ist der Tatbestand der §§ 30, 31 GmbHG in diesen Fällen erfüllt. Die hieran anknüpfende Rückzahlungsverpflichtung wird als Rechtsfolge der Entnahme aber nicht dem Umstand gerecht, dass der Vermögensabfluss weiteren Schaden verursachen kann.[838]
Nach überwiegender Auffassung[839] soll die Tatbestandserfüllung der §§ 30, 31 GmbHG deshalb nicht zu einem Ausschluss der Existenzvernichtungshaftung führen. So wird – teilweise ohne nähere Begründung – vertreten, die Existenzvernichtungshaftung sei in dem Umfang subsidiär, in dem die §§ 30, 31 GmbHG die Kapitalerhaltung schützen.[840] Die Existenzvernichtungshaftung wird neben einer Haftung aus §§ 30, 31 GmbHG demnach insoweit anerkannt, als Eingriffe kompensationslos bleiben.[841] Weil der Gesetzgeber den Fall einer über den Kapitalabfluss hinausgehenden Schädigung nicht berücksichtigt habe, stehe die Rechtsfolge des § 31 GmbHG einer weitergehenden Haftung wegen Existenzvernichtung nicht entgegen.[842] Für den Vorrang des Einzelausgleichs ist dem-

---

835 Lutter/ Banerjea, ZGR 2003, 402, 423 f.
836 Hierzu oben im 2. Teil unter A.I.2.
837 Lutter/ Banerjea, ZGR 2003, 402, 424
838 Röhricht, in: Festschrift 50 Jahre BGH, S. 83, 111 f.
839 Bitter, WM 2001, 2133, 2135 f.; Hoffmann, NZG 2002, 68, 74; Keßler, GmbHR 2002, 945, 949; Wiedemann, ZGR 2003, 283, 292
840 Wiedemann, ZGR 2003, 283, 292
841 Hoffmann, NZG 2002, 68, 74
842 Lutter/ Banerjea, ZGR 2003, 402, 421

nach kein Raum, wenn der Einzelausgleich den bei der GmbH aufgetretenen Schaden nicht kompensiert.[843]

Darin erkennt Wilhelmi[844] zu Recht einen Widerspruch. Wenn die Existenzvernichtungshaftung in den Fällen des § 30 GmbHG im Gegensatz zu § 31 GmbHG auch Folgeschäden erfassen können soll, so setzt dies eine Regelungslücke auf der Rechtsfolgenseite voraus. Hiergegen spricht aber, dass sich die Rechtsfolgen eines Verstoßes gegen § 30 GmbHG allein nach § 31 GmbHG richten, wie der BGH in seiner Entscheidung vom 25.2.2002[845] selbst festgestellt hat. Wilhelmi zieht jedoch nicht den Vorrang des Einzelausgleichs nach § 31 GmbHG in Frage. Vielmehr ist er der Auffassung, dass § 31 GmbHG auch hinsichtlich der Rechtsfolgen abschließend ist. Erweitere man das System des Gläubigerschutzes unter Berufung auf die ihm zugrundeliegenden Wertungen sowohl hinsichtlich der Voraussetzungen als auch hinsichtlich der Rechtsfolgen, bestünde die Gefahr, dieses System völlig auszuhebeln.[846]

2. Verhältnis zu § 43 GmbHG und § 826 BGB

Was das Verhältnis der Existenzvernichtungshaftung zu den Ansprüchen aus § 43 GmbHG und aus § 826 BGB angeht, so wird überwiegend vertreten, dass nicht jede Kompensationsmöglichkeit über Einzelausgleichsregelungen einer Haftung wegen Existenzvernichtung entgegengehalten werden kann, sondern nur eine Kompensationsmöglichkeit nach §§ 30, 31 GmbHG.[847]

Für eine Subsidiarität gegenüber § 826 BGB und § 43 GmbHG könnte zwar sprechen, dass jeder dieser Ansprüche zumindest die Überschuldung der Gesellschaft entfallen lassen kann.[848] Dagegen wenden Lutter und Banerjea aber zu Recht ein, dass es dem Gesellschafter nicht zur Entlastung gereichen darf, wenn er zugleich Geschäftsführer der Gesellschaft ist und seine hieraus resultierenden Pflichten verletzt. Ebenso ist nicht einzusehen, wieso der Gesellschafter privilegiert werden sollte, wenn er sich Ansprüchen aus § 826 BGB ausgesetzt sieht. Lutter/ Banerjea verweisen den Gesellschafter insofern auf seine Ansprüche analog § 426 Abs. 2 BGB und § 670 BGB, die er gegen die Forderung der Gesellschaft aus § 43 GmbHG oder § 826 BGB aufrechnen könne.[849]

---

[843] Röhricht, in: Festschrift 50 Jahre BGH, S. 83, 115; Ulmer, in: Haftung im qualifiziert faktischen GmbH-Konzern, S. 59; andeutungsweise ders., ZIP, 2001, 2021, 2028

[844] Wilhelmi, DZWIR 2003, 45, 54

[845] BGH, Urt. v. 25.2.2002, ZIP 2002, 848, 850, unter 2. a) der Gründe

[846] Wilhelmi, DZWIR 2003, 45, 55

[847] Lutter/ Banerjea, ZGR 2003, 402, 429 f.; Röhricht, Aktuelle höchstrichterliche Rechtsprechung, S. 29

[848] Vgl. OLG Düsseldorf, Urt. v. 13.1.2000, AG 2001, 90, 91, unter 1.c) der Gründe; LG Münster, Urteil v. 6.1.1997, WM 672, 674 f., unter III.3.und 4.; Krieger, ZGR 1994, 375, 383

[849] Lutter/ Banerjea, ZGR 2003, 402, 429 f.

Ulmer[850] spricht sich ebenfalls gegen eine Subsidiarität der Existenzvernichtungshaftung gegenüber deliktischen Ansprüchen aus.[851] Seine Begründung, es fehle bereits an einer Anspruchskonkurrenz bei der GmbH, weil der deliktische Anspruch den Gesellschaftsgläubigern zusteht, fußt allerdings noch auf der verfehlten Annahme, das Haftungskonzept des BGH baue auf einer Binnenhaftung wegen Pflichtverletzung in einer Sonderverbindung auf.[852] Hierauf stützt Ulmer auch sein weiteres Argument, wonach deliktische Ansprüche nach allgemeinen Grundsätzen keine Auswirkungen auf das Eingreifen spezieller, aus einer Sonderverbindung abgeleiteter Haftungstatbestände hätten.

3. Stellungnahme

a) Praktische Probleme der Subsidiarität

Macht man mit der Subsidiarität ernst, so wären die Gläubiger der GmbH, die außerhalb des Insolvenzverfahrens ihren Direktanspruch gegen den Gesellschafter nach den Grundsätzen des existenzvernichtenden Eingriffs durchsetzen wollen, streng genommen gezwungen, zunächst gegen die Gesellschaft vorzugehen. Erst und soweit sie mit dem überwiesenen Anspruch der Gesellschaft gegen ihren Gesellschafter aus § 31 GmbHG keine vollständige Kompensation ihres Schadens erreichen, könnten sie sich hinsichtlich des Rests dann nach den Grundsätzen des existenzvernichtenden Eingriffs direkt an den Gesellschafter wenden. Von Westermann[853] wird vorgeschlagen, die Gesellschaftsgläubiger dann nicht auf den Umweg über die Inanspruchnahme der Gesellschaft zu verweisen, wenn feststeht, dass ein Insolvenzverfahren mangels Masse nicht zustande kommt. Wenn es aus anderen Gründen nicht zur geordneten Liquidation kommt, so Westermann, können die Gesellschafter die versäumte Befriedigungsmöglichkeit als Einwendung geltend machen.

Der Ansatz Westermanns ändert jedoch nichts daran, dass im Direktprozess gegen den Gesellschafter geprüft werden müsste, ob nicht die Gesellschaft wegen des gleichen Sachverhalts, also wegen des existenzvernichtenden Eingriffs, auch noch einen Anspruch aus § 31 GmbHG gegen den Gesellschafter hat. Soweit dem Gesellschafter dann der Nachweis gelingt, dass Zahlungen entgegen § 30 GmbHG tatsächlich stattgefunden haben, müsste die Direktklage der Gläubiger eigentlich scheitern; denn diese könnten ihre Schäden auch dadurch zumindest teilweise ausgleichen, dass sie aus eingezogenem Anspruch der Gesellschaft gegen den Gesellschafter nach §§ 30, 31 GmbHG vorgehen.[854] Die Angelegenheit wird um so kurioser, als die Gläubiger nach teilweise abgewiesener Direktklage

---

[850] Ulmer, ZIP 2001, 2021, 2028
[851] Ebenso Keßler, GmbHR 2002, 945, 950, unter III.1. ohne Begründung
[852] Vgl. Ulmer, ZIP 2001, 2021, 2027
[853] Westermann, NZG 2002, 1129, 1137
[854] Dies erkennen auch Lutter/ Banerjea, ZGR 2003, 402, 426 f.; ebenso Vetter, ZIP 2003, 601, 606

befürchten müssen, dass ein anderer Gläubiger ihnen hinsichtlich des zu pfändenden Anspruchs der GmbH aus §§ 30, 31 GmbHG zuvor kommt. Den Gläubigern, die nicht bereits vorher einen Titel gegen die GmbH erstritten haben, hilft es zunächst auch nicht, wenn der Gesellschafter die Beweislast dafür trägt, dass seine Schädigung bereits nach den §§ 30, 31 GmbHG kompensierbar ist.[855] Auch Ulmer weist in seiner Anmerkung zum „KBV"-Urteil auf das mit der Subsidiarität verbundene Rechtsanwendungsproblem hin, welches sich aus der unterschiedlichen Anspruchsberechtigung aus § 31 GmbHG einerseits und der Existenzvernichtungshaftung andererseits ergibt.[856]
Ferner ist zu berücksichtigen, dass der existenzvernichtende Eingriff gegenüber dem bloßen Vermögensentzug i.S.d. § 30 GmbHG der wesentlich intensivere Eingriff ist. Bereits dies spricht dafür, den Gesellschaftsgläubigern den Direktzugriff im Falle der Existenzvernichtung auch dann zu gewähren, wenn gleichzeitig die Tatbestandsvoraussetzungen des § 31 GmbHG erfüllt sind - und zwar in vollem Umfang.[857] Es sind zunächst diese praktischen Erwägungen, die dagegen sprechen, eine Subsidiarität der Existenzvernichtungshaftung anzuerkennen.

b) Dogmatische Überlegungen

Unabhängig von den praktischen Problemen besteht auch aus dogmatischer Sicht keine Notwendigkeit einer Subsidiarität der Existenzvernichtungshaftung gegenüber den Ansprüchen aus §§ 30, 31 GmbHG.

aa) Keine Spezialität

Die §§ 30, 31 GmbHG stehen jedenfalls nicht im Verhältnis der Spezialität zur Existenzvernichtungshaftung.[858] Dies ergibt sich bereits aus der unterschiedlichen Anspruchsberechtigung. Anspruchsberechtigte der Existenzvernichtungshaftung sind die Gesellschaftsgläubiger, während Anspruchsberechtigte aus § 31 GmbHG die Gesellschaft selbst ist.

bb) Kein negatives Tatbestandsmerkmal

Der Vorrang des Einzelausgleichs ist auch nicht als ein tatbestandsausschließendes Merkmal anzuerkennen. Dabei ist zu berücksichtigen, dass das Institut der Existenzvernichtungshaftung ebenso wie die frühere konzernrechtliche Haftung auf der Annahme beruht, dass die gesetzlichen Gläubigerschutzvorschriften im GmbHG aufgrund einer Regelungslücke nicht ausreichen, um die Gläubiger

---

[855] Das berücksichtigt Röhricht nicht, vgl. Röhricht, Aktuelle höchstrichterliche Rechtsprechung, S. 29
[856] Ulmer JZ 2002, 1049, 1051; hierzu sogleich unter
[857] So auch Vetter, ZIP 2003, 601, 606
[858] Vgl. Ulmer, in: Haftung im qualifiziert faktischen GmbH-Konzern, S. 58 f.

ausreichend zu schützen.[859] Als Grund für die Annahme der Subsidiarität der Existenzvernichtungshaftung wird genannt, dass die durch Rechtsfortbildung entwickelte Haftung wegen existenzvernichtenden Eingriffs erst begründet werden kann, wenn das Einzelausgleichssystem aufgrund einer Regelungslücke versagt. Genau diese Voraussetzung ist aber in den Fällen des existenzvernichtenden Eingriffs gegeben: Der Gesetzgeber hat die Problematik existenzvernichtender Eingriffe vollständig übersehen, und zwar auch im Hinblick auf die von § 30 GmbHG erfasste Vermögensentziehung.[860] Die §§ 30, 31 GmbHG betreffen nämlich nicht den Fall einer aus der Vermögensentziehung resultierenden Insolvenz. Dieses Problem, um das es bei der Existenzvernichtungshaftung geht, hat der Gesetzgeber deshalb nicht gesehen, weil er mit den §§ 30, 31 GmbHG gar keinen direkten Schutz vor einer Existenzvernichtung beabsichtigt hat, sondern einen ganz anderen Zweck verfolgt. Die §§ 30, 31 GmbHG, die letztlich nur § 5 GmbHG flankieren, bieten lediglich einen vorbeugenden Insolvenzschutz.[861] Wie bereits mehrfach dargestellt, wirken die Kapitalaufbringungs- und Kapitalerhaltungsvorschriften wie ein Puffer[862], damit unerwartete (!) Verluste nicht sofort zur Insolvenz der Gesellschaft führen. Der von § 30 GmbHG erfasste Kapitalentzug liegt vom Sinn und Zweck der Vorschrift her also auf einer ganz anderen, zeitlich vorgelagerten Stufe zur Schädigung. Auch wenn der zum Verlust des Stammkapitals führende Kapitalentzug Regelungsgegenstand der §§ 30, 31 GmbHG ist, so geht es vom Sinn und Zweck der Vorschriften per se ebenso wenig um Nachteilszufügungen durch Dritte wie um Nachteilszufügungen durch die Gesellschafter. Der Sinn und Zweck der §§ 30, 31 GmbHG liegt einzig in der Erhaltung des Stammkapitals der Gesellschaft, um zu verhindern, dass *spätere* Verluste die Existenz bedrohen. Mit einer Existenzvernichtungshaftung hat dies nichts zu tun. Entgegen Lutter und Banerjea[863] kann auch § 43 Abs. 3 GmbHG nicht als Beleg dafür herangeführt werden, dass der Gesetzgeber das Problem der aus einer Vermögensentziehung resultierenden Insolvenz gesehen hat. § 43 Abs. 3 GmbHG bestimmt eine Ausnahme von der Freistellungswirkung bei Gesellschafterweisungen. Dahinter steht lediglich der Gedanke, dass die Verpflichtung des Geschäftsführers zum Ersatz von entgegen § 30 GmbHG gemachten Zahlungen ohne eine entsprechende Regelung in der Praxis leer laufen würde.

Da also der Gesetzgeber die Fälle existenzvernichtender Eingriffe nicht geregelt hat, und zwar auch nicht teilweise in §§ 30, 31 GmbHG, ist die Existenzvernichtungshaftung gegenüber den Vorschriften des Kapitalerhaltungsrechts nicht subsidiär. Auch wenn der II. Senat des BGH weiterhin der Auffassung ist, die Rechtsfolgen eines Verstoßes gegen das Kapitalerhaltungsgebot richteten sich

[859] Vgl. Ulmer, in: Haftung im qualifiziert faktischen GmbH-Konzern, S. 78
[860] A.A. Lutter/ Banerjea, ZGR 2003, 402, 424
[861] Vgl. Haas, WM 2003, 1929, 1932
[862] Hierzu oben im 1. Teil unter B.II.1.c)
[863] Lutter/ Banerjea, ZGR 2003, 402, 424

ausschließlich nach § 31 GmbHG[864], so gilt dies jedenfalls nicht im Falle einer aus dem Kapitalentzug resultierenden Existenzvernichtung.[865]

IV. Ergebnis

Die fehlende Möglichkeit zum Einzelausgleich nach den §§ 30, 31 GmbHG ist als eigenständiges negatives Tatbestandsmerkmal der Existenzvernichtungshaftung entbehrlich.[866] Aus praktischer Sicht bringt die Subsidiarität Rechtsanwendungsprobleme mit sich. Aus dogmatischen Gründen bedarf es der Subsidiarität nicht.[867] Auch der BGH selbst misst dem Vorrang des Einzelausgleichs offensichtlich nur geringe Bedeutung bei. So wurde ein Anspruch aus § 31 GmbHG in der „KBV"-Entscheidung nicht aufgegriffen, obwohl er in Betracht kam.[868] Auch in der „Bremer Vulkan"-Entscheidung sah der BGH davon ab, das Cash Management unter dem Aspekt der §§ 30, 31 GmbHG zu prüfen.[869] Letztlich rührt die Annahme einer Subsidiarität noch vom Konzept des qualifiziert faktischen Konzerns her; denn mit dessen Hilfe wurde schließlich versucht, solche Eingriffe des Gesellschafters zu sanktionieren, die eigentlich schon aufgrund der gesetzlichen Vorschriften beziehungsweise aufgrund der bereits bekannten Haftungsinstitute haftungsrelevant waren, sich aber aufgrund der Besonderheiten des Falles nicht mehr isolieren ließen und einem Einzelausgleich deshalb nicht zugänglich waren.

E. Aktivlegitimation

Gegen das Durchgriffsmodell ließe sich zunächst anführen, dass es zu einem Wettlauf der Gläubiger um den Wert des pfändbaren Vermögens aller Gesellschafter führt, wenn das Privatvermögen der Gesellschafter nicht zur Befriedigung der Gesellschaftsgläubiger ausreicht.[870] Dieses Problem besteht bei einer Innenhaftung – zum Beispiel auf der Grundlage des Treuepflichtansatzes oder analog § 43 GmbHG – jedenfalls nicht, da die Gläubiger bei einer Innenhaftung ohnehin nur eine quotenmäßige Befriedigung erwarten können.

---

[864] BGH, Urt. v. 25.2.2002, ZIP 2002, 848, 850, unter 2. a) der Gründe; BGH, Urt. v. 21.6.1999, ZIP 1999, 1352, 1354, unter I.2.d) der Gründe

[865] Ebenso ausdrücklich Mülbert, DStR 2001, 1937, 1944

[866] So auch Bruns, WM 2003, 815, 821; Vetter, ZIP 2003, 601, 606

[867] So im Ergebnis mit anderer Begründung Diem, ZIP 2003, 1283, 1285; vgl. auch Pentz, in: Rowedder/ Schmidt-Leithoff, Komm. z. GmbHG, § 13 Rn. 141

[868] Vgl. Burgard, Cash-Pooling und Existenzgefährdung, S. 55

[869] Vgl. Ulmer, JZ 2002, 1049, 1051, ausführlich hierzu unten im 4. Teil unter A.

[870] Vom Wettlauf der GmbH-Gläubiger bei unmittelbarer Außenhaftung spricht Ulmer, AG 1986, 123, 130; vgl. K. Schmidt, ZIP 1986, 146, 149

I. Das „KBV"-Urteil

Im zweiten amtlichen Leitsatz des „KBV"-Urteils[871] heißt es nun, dass die Gläubiger der Gesellschaft unter den im ersten Leitsatz genannten Voraussetzungen grundsätzlich berechtigt sind, ihre Forderungen außerhalb eines Insolvenzverfahrens unmittelbar gegen die an den Eingriffen in das Gesellschaftsvermögen mitwirkenden Gesellschafter geltend zu machen. Mit der positiven Aussage zur Anspruchsberechtigung der Gläubiger außerhalb des Insolvenzverfahrens impliziert der BGH zugleich, dass die Direkthaftung während des Insolvenzverfahrens nicht gelten soll.[872] Bei Eröffnung eines Insolvenzverfahrens soll der Anspruch also von der GmbH – vertreten durch den Insolvenzverwalter – geltend zu machen sein.[873] Auf welche insolvenzrechtlichen Vorgaben der BGH Bezug nimmt, ist dem „KBV"-Urteil jedoch nicht zu entnehmen.

II. Beurteilung der Aktivlegitimation analog § 93 InsO

Da als Haftungsbrücke § 128 HGB analog herangezogen wird, drängt sich die Einschränkung der Direkthaftung der Gesellschafter gegenüber den Gesellschaftsgläubigern auf die Inanspruchnahme außerhalb eines Insolvenzverfahrens geradezu auf.[874] Gemäß dem am 1.1.1999 in Kraft getretenen § 93 InsO können nämlich auch die Gläubiger einer Personengesellschaft deren Gesellschafter während eines laufenden Insolvenzverfahrens nicht mehr direkt in Anspruch nehmen. Nach § 93 InsO hat während der Dauer des Insolvenzverfahrens nur der Insolvenzverwalter die persönliche Haftung der Gesellschafter einer Gesellschaft ohne Rechtspersönlichkeit geltend zu machen.
Allerdings ist § 93 InsO nicht direkt auf die Durchgriffshaftung gegenüber GmbH-Gesellschaftern anwendbar, denn die GmbH wird in § 93 InsO nicht als Gesellschaftsform genannt. Der eindeutige Wortlaut scheint auch gegen eine analoge Anwendung zu sprechen.[875]
Für eine analoge Anwendung von § 93 InsO spricht allerdings der Wille des Gesetzgebers, der die Vorschrift auf alle Gesellschaftsformen angewandt wissen wollte, bei denen die Gesellschafter persönlich haften.[876] Im Falle des Haftungsdurchgriffs besteht die persönliche Haftung der Gesellschafter eben auch bei der GmbH. Auch Sinn und Zweck der Vorschrift sprechen für eine analoge Anwendung von § 93 InsO im Falle des Haftungsdurchgriffs. § 93 InsO soll während eines Insolvenzverfahrens den Wettlauf der Gläubiger um den Wert des pfändbaren Vermögens aller Gesellschafter verhindern, weil häufig auch deren Ver-

---

871 BGH, Urt. v. 24.6.2002, ZIP 2002, 1578 – „KBV", 2. Leitsatz
872 Vetter, ZIP 2003, 601, 606
873 Bruns, WM 2003, 815, 818
874 Vgl. Ulmer, JZ 2002, 1049, 1050; Vetter, ZIP 2003, 601, 606
875 So Lüke, in: Kübler/ Prütting, Komm. z. InsO, Bd. I; § 93, Rn. 11
876 Vgl. Haas/ Holla, DStR 2001, 1447, 1448

mögen für eine vollständige Befriedigung aller Gläubiger nicht ausreicht.[877] Trotz der unbeschränkten persönlichen Haftung der Gesellschafter nach § 128 HGB folgt aus § 93 InsO im Mangelfall eine nur teilweise, dafür aber eine gleichmäßige Befriedigung der Gläubiger.[878] Das Wettlauf-Problem stellt sich bei den in § 93 InsO genannten Gesellschaftsformen in gleicher Weise wie in den Fällen der GmbH-Durchgriffshaftung.[879]
Im Falle der Insolvenz der Gesellschaft sind deshalb die Durchgriffsansprüche der Gläubiger gegenüber den Gesellschaftern wegen deren existenzvernichtenden Eingriffs gemäß § 93 InsO analog vom Insolvenzverwalter zu verfolgen.[880]

III. Rechtsfolgen der Analogie

1. Sperrwirkung und Ermächtigungswirkung

§ 93 InsO enthält zum einen eine Sperr- und zum anderen eine Ermächtigungswirkung. Die Sperrwirkung führt dazu, dass die Gesellschaftsgläubiger ihre Ansprüche gegen den GmbH-Gesellschafter, der ihnen gegenüber wegen existenzvernichtenden Eingriffs mit seinem persönlichen Vermögen haftet, nicht geltend machen können und umgekehrt der Gesellschafter auch nicht mit befreiender Wirkung an einen Gesellschaftsgläubiger zahlen kann.[881] Die weitere Funktion des § 93 InsO ist die Ermächtigungswirkung. Während der Dauer des Verfahrens geht die Einziehungs- und Prozessführungsbefugnis hinsichtlich der Ansprüche der Gesellschaftsgläubiger aus der Existenzvernichtungshaftung auf den Insolvenzverwalter der GmbH über.

2. Umfang der Inanspruchnahme

Da die Gesellschaftsgläubiger ihre Forderungen gegen die Gesellschaft in voller Höhe zur Insolvenztabelle anmelden, zum Zeitpunkt der Eröffnung des Insolvenzverfahrens aber noch nicht geklärt ist, wie viel Masse zur Befriedigung der Gläubiger überhaupt zur Verfügung steht, stellt sich die Frage, in welcher Höhe der Insolvenzverwalter die persönliche Haftung des Gesellschafters geltend machen kann. Dieses Problem ist auch bei Gesellschaften ohne Rechtspersönlichkeit bekannt: Nach einer Auffassung soll der Insolvenzverwalter gegenüber dem Gesellschafter nicht die gesamten angemeldeten Forderungen der Gesellschaftsgläubiger geltend machen können, sondern nur insoweit, als die Insolvenzmasse

---

[877] Altmeppen, ZIP 2002, 1553, 1560
[878] Eingehend Brandes, in: MüKo z. InsO, Bd. I, § 93 Rn. 1 f.
[879] Binz / Sorg, Die GmbH & Co KG, § 11 Rn. 50, S. 239; Bruns, WM 2003, 815, 818
[880] Altmeppen, ZIP 2002, 1553, 1560; Bruns, WM 2003, 815, 818; Haas/ Holla, DStR 2001, 1447, 1448; Hirte, in: Uhlenbruck, Komm z. InsO, § 93 Rn. 8; Ulmer, JZ 2002, 1049, 1050; Westermann, NZG 2002, 1129, 1137; aus der Rspr. schon LG Hildesheim, Urt. v. 16.1.2001, DStR 2001, 1447, 1447, für den Fall der Vermögensvermischung.
[881] Vgl. Hirte, in: Uhlenbruck, Komm. z. InsO, § 93 Rn. 4

der Gesellschaft die Verbindlichkeiten voraussichtlich nicht deckt.[882] Es sei weder zweckmäßig noch erforderlich, vorher einen höheren Betrag als den für die Gläubigerbefriedigung erforderlichen einzufordern, da ein Überschuss gemäß § 199 Abs. 2 InsO ohnehin zurückzuzahlen ist.[883] Andere wollen dem persönlich haftenden Gesellschafter nur dann Einwendungen zubilligen, wenn das Verlangen des Insolvenzverwalters in Bezug auf die Höhe offensichtlich rechtsmissbräuchlich ist.[884]
Da es dem Insolvenzverwalter zum Zeitpunkt der Eröffnung des Insolvenzverfahrens noch nicht möglich ist, genauere Bestimmungen über das Vermögen der Gesellschaft zu bestimmen, muss ihm jedenfalls ein großzügig bemessener Bewertungsspielraum eingeräumt werden.[885] Besteht die Möglichkeit, dass das Vermögen gerade eben noch die Kosten des Insolvenzverfahrens deckt, so muss der Insolvenzverwalter die Forderungen der Gesellschaftsgläubiger gegen den Gesellschafter wegen Existenzvernichtung in voller Höhe geltend machen können.

3. Sachlicher Umfang – Beschränkung auf gesellschaftsrechtliche Haftung

Von § 93 InsO werden nach h.M. solche Ansprüche nicht erfasst, die auf einer besonderen persönlichen Verpflichtung des Gesellschafters beruhen.[886] Die Gläubiger persönlicher Verbindlichkeiten können ihre Forderungen uneingeschränkt direkt gegenüber dem Gesellschafter geltend machen. Um persönliche Verbindlichkeiten handelt es sich dann, wenn die Grundlage des Anspruchs nicht im Gesellschaftsrecht liegt. Hat sich der GmbH-Gesellschafter, auf dessen persönliches Vermögen im Wege der Existenzvernichtungshaftung durchgegriffen wird, zusätzlich auch noch persönlich für eine Verbindlichkeit der Gesellschaft verbürgt, so wird die hierauf gestützte Forderung des Gesellschaftsgläubigers gegenüber dem Gesellschafter von § 93 InsO nicht berührt.[887] Insbesondere Kreditinstituten verschafft die Beschränktheit von § 93 InsO auf die gesellschaftsrechtliche Haftung einen Vorteil gegenüber anderen Gläubigern der GmbH; denn die an eine GmbH vergebenen Kredite werden in der Praxis oftmals durch Bürgschaften der Gesellschafter oder in anderer Weise abgesichert.[888] Aus rechtspolitischer Sicht wäre es allerdings zu bedauern, sollten gerade die weniger informierten und gesicherten Gläubiger – wie die kleineren und mittleren Handwerksbetriebe und Zuliefererunternehmen – im Rahmen der Exis-

---

[882] Hirte, in: Uhlenbruck, Komm. z. InsO, § 93 Rn. 25; Lutter/ Banerjea, ZIP 2003, 2177, 2177
[883] K. Schmidt/ Bitter, ZIP 2000, 1077, 1082 f.
[884] Lüke, in: Kübler/ Prütting, Komm. z. InsO, Bd. I, § 93 Rn 22.
[885] So auch Kroth, in: Braun, Komm. z. InsO, Bd. I, § 93 Rn. 21
[886] Kroth, in: Braun, Komm. z. InsO, § 93 Rn. 9; vgl. von Olshausen, ZIP 2003, 1321, 1322, mit zahlreichen weiteren Nachweisen in Fn. 5
[887] Vgl. Hirte, in: Uhlenbruck, Komm. z. InsO, § 93 Rn. 18, m.w.N.
[888] Keßler, GmbHR 2002, 945, 946

tenzvernichtungshaftung deshalb nicht bedient werden, weil Kreditinstitute und andere besser abgesicherte Gläubiger die Gesellschafter direkt aus den Sicherheiten in Anspruch nehmen können und das Vermögen der persönlich haftenden Gesellschafter zur Befriedigung aller Gläubiger nicht mehr ausreicht.[889]

4. Anreicherung der Masse

Wird das Insolvenzverfahren eröffnet, so hat der Insolvenzverwalter die Forderungen der Gesellschaftsgläubiger gegen die Gesellschafter aufgrund der Existenzvernichtungshaftung zur Masse einzuziehen. Die eingezogenen Beträge erhöhen naturgemäß die Insolvenzmasse. Die Anwendung des § 93 InsO auf die Existenzvernichtungshaftung wird so zu einer erhöhten Zahl von Insolvenzverfahren führen, denn die Existenzvernichtungshaftung wird die Fälle der Massearmut erheblich reduzieren – zumindest dann, wenn die Gesellschafter über ein ausreichendes Privatvermögen verfügen.[890] § 93 InsO vermeidet, dass der Antrag auf Eröffnung des Insolvenzverfahrens über das Vermögen der Gesellschaft mangels Masse abgewiesen werden muss, obwohl die wegen des Durchgriffs persönlich haftenden Gesellschafter der GmbH über ein ausreichendes Vermögen verfügen.[891] Dies bedeutet gleichzeitig, dass weniger Raum für eine direkte Geltendmachung des Anspruchs durch die Gesellschaftsgläubiger verbleiben wird, vorausgesetzt der Existenzvernichtungshaftung wird in der insolvenzrechtlichen Praxis ausreichend Beachtung geschenkt.

IV. Fehlendes Insolvenzverfahren kein Tatbestandsmerkmal

An dieser Stelle wird kurz darauf hingewiesen, dass die Formel des BGH, wonach der Anspruch nur außerhalb eines Insolvenzverfahrens von den Gläubigern direkt geltend gemacht werden kann, selbstverständlich nicht im Sinne eines Tatbestandsmerkmals zu verstehen ist. Nach § 93 InsO steht dem Insolvenzverwalter nur die Einziehungs- und Prozessführungsbefugnis zu.[892] Anspruchsinhaber bleiben auch während des Insolvenzverfahrens die Gesellschaftsgläubiger.[893]

---

[889] Kritisch zur Ausnahme von Sicherheiten im Rahmen des § 93 InsO: K. Schmidt/ Bitter, ZIP 2000, 1077, 1082; vgl. auch von Olshausen, ZIP 2003, 1321 ff.
[890] Vgl. Bruns, WM 2003, 815, 818
[891] Hirte, in: Uhlenbruck, Komm. z. InsO, § 93 Rn. 3
[892] Hölzle, ZIP 2003, 1897
[893] Kroth, in: Braun, Komm. z. InsO, § 93 Rn. 16

F. Zusammenfassung

Die in diesem Teil der Arbeit herausgearbeiteten Grundzüge der Haftung wegen existenzvernichtenden Eingriffs, insbesondere deren Tatbestandsmerkmale und Rechtsfolgen, sollen im Folgenden in Thesen zusammengefasst werden.

(1.) Der Tatbestand des neuen Haftungsinstituts verlangt einen Eingriff des Gesellschafters in das Vermögen oder die Interessen der Gesellschaft, der kausal für die Existenzvernichtung der GmbH ist.

(2.) Haftungsadressat ist jeder Gesellschafter einer GmbH. Es bedarf weder einer Konzernverbindung i.S.d. 3 18 AktG noch einer Unternehmenseigenschaft des Gesellschafters i.S.d. § 15 AktG.

(3.) Unter einem Eingriff ist jede Veranlassung zu nachteiligem Handeln zu verstehen. Ein Nachteil für die GmbH liegt dann vor, wenn sich die Vermögens- oder Ertragslage der Gesellschaft bei einer Bewertung von Vor- und Nachteilen eines Handelns ex ante zum Zeitpunkt der Einflussnahme verschlechtert.

(4.) Hinsichtlich der Nachteilszufügung muss der Gesellschafter vorsätzlich handeln. Es reicht nicht aus, wenn der Gesellschafter die Nachteiligkeit der Maßnahme hätte erkennen können. Auf diese Weise können Managementfehler, die nicht tatbestandsmäßig sind, von relevanten Eingriffen abgegrenzt werden.

(5.) Die Veranlassung zu nachteiligem Handeln muss nicht auf einer förmlichen Weisung aufgrund eines Gesellschafterbeschlusses beruhen. Es genügt jede Form der aktiven Einflussnahme auf die Geschäftsführung der Gesellschaft. Ein Unterlassen genügt indes nicht, insbesondere ist in der Enthaltung bei der Abstimmung in der Gesellschafterversammlung keine Veranlassung zu sehen. Den Gesellschafter trifft keine Nachteilsabwendungspflicht.

(6.) Der Tatbestand verlangt keine Begünstigung eines Gesellschafters als Folge der Nachteilszufügung.

(7.) Weiteres Tatbestandsmerkmal ist die Existenzvernichtung. Hierunter ist die Insolvenz der Gesellschaft zu verstehen. Eine Existenzgefährdung ist nicht ausreichend.

(8.) Der Eingriff des Gesellschafters muss kausal für die Existenzvernichtung sein. Eine Insolvenzvertiefung genügt deshalb nicht. Hinzukommen muss die Zurechenbarkeit der Existenzvernichtung. Hieran fehlt es, wenn es erst durch das Hinzutreten unvorhersehbarer Ereignisse zur Existenzvernichtung der Gesellschaft kommt.

(9.) Der Tatbestand verlangt ferner ein Verschulden des Gesellschafters. Die Haftung setzt danach voraus, dass der Gesellschafter die objektive Möglichkeit der Existenzvernichtung als Folge der Nachteilszufügung hätte erkennen können.

(10.) Rechtsfolge des existenzvernichtenden Eingriffs ist die unbeschränkte Haftung des Gesellschafters für die Verbindlichkeiten der Gesellschaft gegenüber ihren Gläubigern.

(11.) Der Eingriff sowie die Existenzvernichtung sind von den klagenden Gläubigern der GmbH darzulegen und zu beweisen. Ein entsprechender Eingriff des Gesellschafters wird nicht durch die Insolvenz der Gesellschaft indiziert. Den klagenden GmbH-Gläubigern können aber nach allgemeinen zivilprozessualen Grundsätzen Erleichterungen ihrer Darlegungslast gewährt werden.

(12.) Weder steht die Haftung wegen existenzvernichtenden Eingriffs zur Kapitalerhaltungshaftung in einem Verhältnis der Spezialität noch stellt die fehlende Möglichkeit zum Einzelausgleich nach den §§ 30, 31 GmbHG ein eigenständiges negatives Tatbestandsmerkmal der Existenzvernichtungshaftung dar. Die Existenzvernichtungshaftung kann vielmehr zusammen mit anderen Anspruchsgrundlagen (z.B. §§ 30, 31 GmbHG oder § 826 BGB) einschlägig sein.

(13.) Während der Dauer eines Insolvenzverfahrens kann analog § 93 InsO nur der Insolvenzverwalter die persönliche Haftung der Gesellschafter geltend machen. Materiellrechtlich bleiben auch während des Insolvenzverfahrens die GmbH-Gläubiger Anspruchsinhaber. Der Anspruch ist vom Insolvenzverwalter nur insoweit geltend zu machen, als die Insolvenzmasse der Gesellschaft die Verbindlichkeiten der Gesellschaft nicht deckt, wobei dem Insolvenzverwalter ein großzügig zu bemessener Bewertungsspielraum einzuräumen ist.

4. Teil
Fallgruppen der Haftung

Im vorherigen Teil dieser Arbeit wurden die Grundzüge der Haftung wegen existenzvernichtenden Eingriffs dargestellt. Dabei wurden auch verschiedene Eingriffsformen, wie der Liquiditätsentzug, der Entzug von personellen oder materiellen Ressourcen und der Entzug von Geschäftschancen herausgearbeitet. Diese verschiedenen Eingriffsformen zeigen sich häufig im Rahmen komplexerer Gestaltungsformen von Unternehmensstrukturen. Zu nennen sind dabei insbesondere Cash-Management-Systeme, Betriebsaufspaltungen, Besicherung von Gesellschafter-Verbindlichkeiten z.B. im Rahmen von Unternehmenskauffinanzierungen und GmbH-Stafetten, also der Fortsetzung eines Unternehmens unter einer neuen GmbH. Die Besonderheiten dieser Gestaltungsformen sollen im folgenden herausgearbeitet werden.

A. Cash-Management-Systeme

I. Zweck von Cash-Management-Systemen

Die Haftungsproblematik, die den Gegenstand des Rechtsstreits "Bremer Vulkan" bildete, war durch die Eingliederung der abhängigen Gesellschaft in einen konzernweiten Liquiditätsverbund entstanden.
Konzerninterne Cash-Management-Systeme sind bei Großunternehmen sehr verbreitet. Unter Cash-Managment ist die Gesamtheit aller Aktivitäten eines Konzerns zu verstehen, die direkt oder indirekt auf die zielorientierte Gestaltung des kurzfristigen Finanzpotentials des Konzerns ausgerichtet sind.[894] Zweck der verschiedenen Cash-Mangament-Systeme ist die Optimierung liquider Mittel innerhalb des Konzerns.[895] Bestandteil des konzernweiten Cash-Managements ist das sogenannte Cash-Pooling. Im Wesentlichen geht es beim Cash-Pooling um eine Abschöpfung der überschüssigen Liquidität der einzelnen Konzerngesellschaften und um die bedarfsgerechte Verteilung dieser Liquidität innerhalb der Unternehmensgruppe.[896]
Indem die Konten aller einbezogenen Gesellschaften tageweise durch eine Konzentration aller liquiden Mittel auf einen Cash-Pool verrechnet werden, wird die mit Kosten verbundene Fremdfinanzierung reduziert. Zugleich wird durch das zentralisierte Cash-Management bei der Aufnahme von Krediten und der Anlage

---

[894] Vgl. Büschgen, WM 1995, 733, 736; Jäger, DStR 2000, 1653, 1653; Theisen, in: Lutter (Hrsg.), Holding Handbuch, § 11 Rn. 32
[895] Zu den Vor- und Nachteilen ausführlich Burgard, Cash Pooling und Existenzgefährdung, S. 47; Sieger/ Hasselbach, BB 1999, 645; Römermann/ Schröder, GmbHR 2001, 1015, 1019
[896] Becker, DStR 1998, 1528, 1528; Blöse, GmbHR 2002, 675, 675; Cahn, Kapitalerhaltung, S. 67; Habersack, Schürnbrand, NZG 2004, 689, 690; zu den steuerlichen Aspekten siehe Oho/ Eberbach, DB 2001, 825 ff.

von Geldern eine stärkere Verhandlungsposition gegenüber den Kreditinstituten erreicht.[897]

II. Arten des Cash-Pooling

Zwei verschiedene Methoden des Cash-Poolings lassen sich unterscheiden:[898] Zum einen gibt es das physische Cash-Pooling, bei dem ein tatsächlicher Transfer der liquiden Mittel vorgenommen wird und die einzelnen Konten der Konzerngesellschaften ausgeglichen werden, so dass nur das Zielkonto der Muttergesellschaft bzw. der Gesellschaft, die den Cash-Pool unterhält, einen positiven oder negativen Saldo aufweist. Daneben besteht auch die Möglichkeit eines virtuellen Cash-Pools. Wie der Ausdruck verrät, werden dabei die Salden der Konzerngesellschaft nicht tatsächlich transferiert, sondern es wird nur ein fiktives Zielkonto angelegt, anhand dessen fiktiven Saldo das Kreditinstitut die jeweiligen Soll- und Habenzinsen berechnet. Das virtuelle Cash-Pooling führt nicht zu einem tatsächlichen Kapitalabfluss bei den liquiden Konzerngesellschaften und ist im Grunde lediglich eine Art Konditionen-Vereinbarung zwischen dem Konzern und dem Kreditinstitut zur Optimierung der Zinskompensation beziehungsweise Zinsverrechnung. Interessant im Hinblick auf die mit dem Cash-Pooling verbundenen haftungsrechtlichen Gefahren ist nur das physische Cash-Pooling. Nur dieses ist gemeint, wenn im Folgenden von Cash-Pooling die Rede ist.

III. Beachtung der Kapitalaufbringungsvorschriften

1. Rückfluss der Einlage im Cash-Pool-System

Das Cash-Pooling kann wegen des damit verbundenen realen Abflusses liquider Mittel zunächst zu Konflikten mit den Grundsätzen der Kapitalaufbringung führen.[899] Sowohl bei der Gründung neuer Konzerngesellschaften als auch bei Kapitalerhöhungen bereits existierender Konzerngesellschaften fließt die anlässlich der Bargründung oder der Barkapitalerhöhung geleistete Bareinlage im Zuge des Cash-Poolings an ein Konzernunternehmen zurück – also entweder an den Gesellschafter oder an ein mit ihm verbundenes Unternehmen; es sei denn der Cash-Pool wird gerade bei der betroffenen Gesellschaft unterhalten.[900] Wie sich aus §§ 8 Abs. 2 Satz. 1, 57 Abs. 2 Satz 1 GmbHG ergibt, muss die Einzahlung der Einlage aber endgültig zur freien Verfügung der Geschäftsführer erfolgen. Sowohl im Falle des Rückflusses der Bareinlage an den Cash-Pool in Form einer

---

[897] Jula/ Breitbarth, AG 1997, 256, 257; Büschgen, WM 1995, 733, 736

[898] Vgl. Oho/ Eberbach, DB 2001, 825, 825; Schneider, in: Lutter/ Scheffler/ Schneider, Konzernfinanzierung, Rn. 25.19 f.

[899] BGH, Beschl. v. 12.7.1999, DStR 1999, 1451, unter 1.a) der Gründe; zum Konflikt mit dem Eigenkapitalersatzrecht siehe ausführlich Blöse, GmbHR 2002, 675 ff.

[900] Vgl. Hueck/ Fastrich, in: Baumbach/ Hueck, Komm. z. GmbHG, § 19 Rn. 30)

Darlehenstilgung als auch in Form einer Darlehensgewährung fehlt es in der Regel an einer Leistung der Einlage zur endgültigen freien Verfügung der Geschäftführung, weil die spätere Mittelverwendung als bloße Rückzahlung des eingezahlten Betrags an den Gesellschafter anzusehen ist.[901] An einer ordnungsgemäßen Kapitalaufbringung fehlt es deshalb in den Fällen, in denen die Konzernmutter ihrer Pflicht zur Einzahlung der Stammeinlage bei einer Konzerngesellschaft in der Weise nachkommt, dass zwar zunächst tatsächlich eine Zahlung auf das Konto der Konzerngesellschaft erfolgt, diese Zahlung aber im Wege eines Cash-Pool-Systems automatisch wieder auf das Zentralkonto umgebucht wird.[902] Dies gilt nicht nur in den Fällen, in denen der Rückfluss direkt an den Gesellschafter erfolgt, sondern auch, wenn die Einlage an einen Dritten gezahlt wird, der dem Gesellschafter aufgrund der wirtschaftlichen Verbundenheit besonders nahe steht, also insbesondere bei Zahlungen an mit dem Gesellschafter verbundene Unternehmen.[903]

2. Erfordernis der freien Verfügbar über die Einlage

Bei all dem ist zu beachten, dass der eigentliche Verstoß gegen die Kapitalaufbringungsvorschriften nicht in der bloßen Rückzahlung der Barmittel selbst zu sehen ist. Entscheidend ist vielmehr, dass die Geschäftsführung die Bareinlage wegen der typischen Ausgestaltung des Cash-Pool-Systems in der Regel nicht zur endgültigen freien Verfügung erhält.[904] Die überwiegende Mehrzahl der Cash-Pool-Systeme sieht nämlich keine Einwirkungsmöglichkeit der einzelnen Konzerngesellschaften vor. Vielmehr erfolgt der Rückfluss aufgrund des Cash-Pool-Vertrages automatisch, also ohne Einfluss der Geschäftsführung.

3. Gestaltungsmöglichkeiten für den Cash-Pool

Unter Berücksichtigung des Vorangestellten könnten Verstöße gegen die Kapitalaufbringungsvorschriften dadurch vermieden werden, dass die Cash-Pool-Verträge eine umfangreiche Einfluss- und Steuerungsmöglichkeit für die Geschäftsführung der Konzerngesellschaften vorsehen. Dabei steht zunächst die Möglichkeit der Geschäftsführung der Konzerngesellschaften im Vordergrund, den automatischen Mittelabfluss zu verhindern[905] oder den Cash-Pool zu kündigen.[906] Darüber hinaus wird gefordert, dass den Konzerngesellschaften ein di-

---

[901] OLG Dresden, Urt. v. 20.9.1999, ZIP 1999, 2013, 2016; Hueck/ Fastrich, in: Baumbach/ Hueck, Komm. z. GmbHG, § 7 Rn. 5a; Sieger/ Hasselbach, BB 1999, 645, 650

[902] OLG Köln, Urt. v. 9.3.1998, NJW-RR 2000, 1480, 1481; BGH, Beschl. v. 12.7.1999, DStR 1999, 1451, unter 1.a) der Gründe

[903] OLG Dresden, Urt. v. 20.9.1999, ZIP 1999, 2013, 2016, 2. Leitsatz und unter II.3)d) der Gründe

[904] Jäger, DStR 1999, 1653, 1654 f.

[905] Goette, DStR 1999, 1451, 1452; Jäger, DStR 2000, 1653, 1657

[906] Sieger/ Hasselbach, BB 1999, 645, 648

rektes Zugriffsrecht auf das Zielkonto eingeräumt wird. Es reicht jedenfalls nicht aus, wenn sich die Zugriffsmöglichkeit nur auf einen bestimmten Dispositionsrahmen auf dem Zielkonto erstreckt und die Zugriffsmöglichkeit lediglich in der Form eines schuldrechtlichen Anspruchs gegen die Konzernmutter besteht.[907]
Ist die umfangreiche Einflussmöglichkeit der Konzerngesellschaften auf den Cash-Pool aber durch die Einräumung von Widerspruchsmöglichkeiten, Kündigungsrechten und Zugriffsmöglichkeiten auf den Cash-Pool gewährleistet, so ließe sich argumentieren, dass die Einlagen zur endgültigen freien Verfügung der Geschäftsführung gelangt sind und sich die Geschäftsführung frei zur Darlehensvergabe an die Muttergesellschaft entschlossen hat.
Die Einflussmöglichkeit der Geschäftsführung der Konzerngesellschaften kann jedoch allenfalls die freie Verfügung über die Einlage sicherstellen, nicht aber die Gefahr der Verletzung von Sacheinlagevorschriften wegen einer verdeckten Sacheinlage. Die Vollwertigkeit der Sacheinlage ist daher noch durch eine von einem Wirtschaftsprüfer zu testierende Bilanz nachzuweisen.[908]

4. Rechtsfolgen

Die Rechtsfolge einer nicht ordnungsgemäßen Kapitalaufbringung als Folge des Cash-Poolings ist zunächst keine andere als in den übrigen Fällen eines Verstoßes gegen die Vorschriften der Kapitalaufbringung. Gemäß § 19 Abs. 2 GmbHG ist die Muttergesellschaft weiterhin zur Leistung der Bareinlage an die Konzerngesellschaft verpflichtet.

IV. Beachtung der Kapitalerhaltungsvorschriften

Selbstverständlich finden auch die §§ 30, 31 GmbHG im Rahmen des Cash-Poolings Beachtung.[909] Die Überweisung eines Liquiditätsüberschusses stellt eine Auszahlung an den Gesellschafter dar. Dabei spielt es auch keine Rolle, ob der Cash-Pool von der Muttergesellschaft selbst oder indirekt von einer anderen Tochtergesellschaft vorgenommen wird.[910] Folglich ist bei jeder Überweisung darauf zu achten, ob diese zu einer Minderung des zur Erhaltung des Stammkapitals erforderlichen Vermögens führt. Ob dies bei der Überweisung der liquiden Mittel an die Muttergesellschaft als Darlehen der Fall ist, ist lebhaft umstritten.[911] Bei bilanzieller Betrachtungsweise ist das Auszahlungsverbot des § 30

---

[907] OLG Hamm, Urt. v. 23.10.1996, GmbHR 1997, 213, 214, unter 2. der Gründe
[908] Vgl. Bormann/ Halczinsky, GmbHR 2000, 1022, 1026
[909] Blöse, GmbHR 2002, 675, 677; Goette, DStR 2001, 1857, 1857; siehe auch Vetter, Rechtliche Grenzen, S. 74 ff.
[910] Sieger/ Hasselbach, BB 1999, 645, 650
[911] Hueck/ Fastrich, in: Baumbach/ Hueck, Komm. z. GmbHG, § 30 Rn. 14, 16; Helmreich, GmbHR, 457, 460; Schneider, in: Scholz, Komm. z. GmbHG, I. Bd., § 43 a Rn. 61; Westermann, in: Scholz, Komm. z. GmbHG, I. Bd., § 30 Rn 25 sehen keine Auszahlung i.S.d.

Abs. 1 GmbHG dann nicht verletzt, wenn der Rückzahlungsanspruch gegen den Cash-Pool vollwertig ist und das Darlehen angemessen verzinst wird.[912] Das Vermögen der Gesellschaft wird also bei bilanzieller Betrachtung nicht weniger. Es handelt sich lediglich um einen Aktivtausch, bei dem beispielsweise vom Bilanzkonto „Kasse" auf das Bilanzkonto „Forderungen gegen den Cash-Pool" gebucht wird.

Dieser rein bilanziellen Betrachtungsweise hat der BGH in seinem Urteil vom 24.11.2003[913] widersprochen und entschieden, dass Kredite der GmbH an ihren Gesellschafter, die nicht aus Rücklagen oder Gewinnvorträgen, sondern zulasten des gebundenen Vermögens der GmbH erfolgen, grundsätzlich als verbotene Auszahlung von Gesellschaftsvermögen zu bewerten sind, auch wenn der Rückzahlungsanspruch gegen den Gesellschafter vollwertig sein sollte.

Zwar stimmt der BGH im Ausgangspunkt der Auffassung zu, dass die §§ 30, 31 GmbHG das Vermögen der GmbH nur dem Wert nach schützen[914] und es insofern auf eine konkrete Zusammensetzung grundsätzlich nicht ankommt.[915] Gleichwohl hält er es mit dem Sinn und Zweck der §§ 30 , 31 GmbHG für nicht vereinbar, wenn die Gesellschafter der Gesellschaft bei Unterbilanz liquide Mittel entziehen und durch einen bloßen zeitlich hinausgeschobenen schuldrechtlichen Rückzahlungsanspruch ersetzen könnten, weil die Gläubiger des Gesellschafters im Falle eines solchen Aktivtauschs zum Nachteil der Gesellschaftsgläubiger einen vollstreckungs- und insolvenzrechtlich vorrangigen Zugriff auf Vermögenswerte der Gesellschaft erlangten.[916] Allerdings ist die Reichweite dieser Einschränkung nicht ganz deutlich. Klar ist, dass die Darlehensgewährung an Gesellschafter „bei Unterbilanz" nach der Auffassung des BGH grundsätzlich gegen die §§ 30, 31 GmbHG verstoßen soll. Unklar ist aber, ob die – tatsächlich ja bestehende – Darlehensforderung gegen den Gesellschafter bei der Feststellung, ob überhaupt eine Unterbilanz vorliegt oder nicht, außer Betracht zu lassen ist.[917]

---

§ 30 GmbHG, wenn der Rückzahlungsanspruch vollwertig ist und das Darlehen angemessen verzinst wird. Dagegen lassen Joost, ZHR 148 (1984); 27, 33; Kleffner, Erhaltung des Stammkapitals, S. 65 ff.; Stimpel, in: Festschrift 100 Jahre GmbHG, S. 335. 346 ff. die Auszahlung der Darlehensvaluta genügen und stellen nicht mehr auf die Werthaltigkeit des Rückzahlungsanspruchs ab.

[912] Helmreich, GmbHR 2004, 457, 460; Römermann/ Schröder, GmbHR 2001, 1015, 1020

[913] BGH, Urt. v. 24.11.2003 – II ZR 171/01, DB 2004, 371 ff.

[914] Mayer/ Frohnhöfer, in: MüHdb. d. Gesellschaftsrechts, Bd. 3, § 51 Rn. 1, m.w.N.

[915] Lutter/ Hommelhoff, in: Lutter/ Hommelhoff, Komm. z. GmbHG, § 30 Rn. 2a

[916] Nach Auffassung einiger Autoren geht aus dem Urteil vom 24.11.2003 allerdings nicht eindeutig hervor, ob das Kreditvergabeverbot auch dann gilt, wenn die Darlehensvergabe nur unter Berücksichtigung der Verbindlichkeiten zu einer Unterbilanz führt, vgl. Fuhrmann, NZG 2004, 552, 553 ff. ; ähnlich Vetter, BB 2004, 1509, 1511 ff.

[917] hierzu Vetter, BB 2004, 1509, 1514; vgl. auch Fuhrmann, NZG 2004, 552, 553, der es für denkbar hält, dass die bestehenden anderweitigen Verbindlichkeiten im Rahmen der Unterbilanzprüfung nicht zu berücksichtigen sind.

Eine Ausnahme vom Kreditvergabeverbot erwägt der BGH in einem obiter dictum für den Fall, dass die Darlehensvergabe im Interesse der Gesellschaft liegt, die Darlehensbedingungen einem Drittvergleich standhalten und die Kreditwürdigkeit des Gesellschafters selbst bei Anlegung strengster Maßstäbe außer Zweifel steht oder die Rückzahlung des Darlehens durch werthaltige Sicherheiten voll gewährleistet ist.[918]
Für die Praxis bedeutet dies, dass nicht nur – wie schon bisher[919] – die Werthaltigkeit des Rückzahlungsanspruchs gewährleistet sein muss. Da kaum Fälle denkbar sind, in denen „die Kreditwürdigkeit des Gesellschafters selbst bei Anlegung strengster Maßstäbe außerhalb jeden vernünftigen Zweifels" steht[920], werden sich die betroffenen Unternehmen zudem auf das Erfordernis einer hinreichenden Besicherung einstellen müssen, die für konzerninterne Darlehen bislang unüblich war.[921]

V. Cash-Pooling als existenzvernichtender Eingriff

Im „Bremer Vulkan"-Urteil meinte der BGH, den GmbH-Gesellschafter treffe die Pflicht, auf das Eigeninteresse der GmbH an der Aufrechterhaltung ihrer Fähigkeit, ihren Verbindlichkeit nachzukommen, angemessene Rücksicht zu nehmen; der Gesellschafter dürfe die Existenz der Gesellschaft nicht gefährden, indem er die GmbH anweist, ihre liquiden Mittel in einen von ihm beherrschten Cash-Pool einzubringen.[922]

1. Kein ausreichender Schutz durch das Kapitalerhaltungsrecht

Das Kapitalerhaltungsrecht bietet auch im Hinblick auf die Problematik des Cash-Pools keinen ausreichenden Schutz. Die Konzernmutter war im Rahmen von Cash-Pools zwar schon immer dazu verpflichtet, die finanzielle Situation ihres Cash-Pools zu prüfen und die Erhaltung des Stammkapitals ihrer Tochtergesellschaften zu gewährleisten, wollte sie nicht riskieren, aufgrund der §§ 30, 31 GmbHG in Anspruch genommen zu werden.[923] Auch jenseits der Einhaltung des Kapitalerhaltungsrechts besteht aber die Gefahr, dass der Tochtergesellschaft durch die Teilnahme am Cash-Pool in existenzvernichtender Weise Liquidität

---

918 BGH, Urt. v. 24.11.2003 - II ZR 171/01, DB 2004, 371, 373, unter II.2.c)dd) der Gründe; Reidenbach, WM 2004, 1421, 1424 weist darauf hin, dass der BGH diese Frage letztlich noch nicht beantwortet hat.
919 Vgl. Cahn, Kapitalerhaltung, S. 247; Jula/ Breitbarth, AG 1997, 256, 263 f.; Becker, DStR 1998, 1528, 1531; Sieger/ Hasselbach, BB 1999, 645, 651, unter IV.2.;Vetter, Rechtliche Grenzen, S. 75
920 Reidenbach, WM 2004, 1421, 1424
921 Habersack/ Schürnbrand, NZG 2004, 689, 695; zu den weiteren praktischen Konsequenzen des Urteils vom 24.11.2003 siehe Vetter, BB 2004, 1509, 1516 f.
922 BGH, Urt. v. 17.9.2001, BGHZ 149, 10, 17 f. = GmbHR 2001, 1036, 1038 – „Bremer Vulkan", unter I. 2. der Gründe
923 Hormuth, Recht und Praxis des konzernweiten Cash Managements, S. 152

entzogen wird.[924] Das „Bremer Vulkan"-Urteil stellt deshalb klar, dass die Konzernmutter für die Verbindlichkeiten einer Konzerntochter haftet, wenn letztere deshalb ihren Verbindlichkeiten nicht mehr nachkommen kann, weil die in den Liquiditätsverbund eingebrachten finanziellen Mittel nicht wiedererlangt werden können.

2. Eingriff

Zu klären ist, worin beim Cash-Pooling überhaupt ein Eingriff des Gesellschafters gesehen werden kann. In Betracht kommt zum einen das Betreiben des Cash-Pool-Systems an sich. Daneben ist es denkbar, nicht auf das Betreiben des Cash-Pools abzustellen, sondern auf die einzelnen Abbuchungen der liquiden Mittel bei den Tochtergesellschaften.

Gegen die erste Alternative könnte sprechen, dass das Betreiben eines Cash-Pool-Systems aus der Sicht der teilnehmenden Tochtergesellschaft nicht ohne weiteres nachteilig ist.[925] Der Cash-Pool fungiert im Grunde nicht anders als eine „Konzernbank".[926] Für die Tochtergesellschaft kann sich die Teilnahme am Cash-Pool auch als vorteilhaft darstellen, weil der Cash-Pool bessere Konditionen gewährt als ein externes Kreditinstitut. Cash-Pool-Systeme sind folglich nicht generell verboten.[927]

Per se nachteilig ist die bloße Teilnahme am Cash-Pool aber dann, wenn die Tochtergesellschaft aufgrund der abgeschlossenen Cash-Pool-Vereinbarung *verpflichtet* ist, ihre Liquidität in den Verbund einzustellen. Genau dies ist aber in der Regel der Fall, weil die Cash-Pool-Systeme meist keine Einwirkungsmöglichkeit durch die Geschäftsführung der einzelnen Konzerngesellschaften vorsehen und der Rückfluss automatisch erfolgt.[928]

Doch selbst die freiwillige Teilnahme am Cash-Pool ist von dem Zeitpunkt an nachteilig, an dem ein erhöhtes und mit den günstigeren Konditionen des Cash-Pools nicht mehr zu rechtfertigendes Risiko für die Tochtergesellschaft besteht, dass der Cash-Pool ihre Forderungen nicht mehr vollständig erfüllen kann.[929]

Stellen die Konzerntöchter dem Cash-Pool trotz drohender Illiquidität weitere Mittel zur Verfügung, die sie zur Erfüllung ihrer eigenen Verbindlichkeiten benötigen und geraten sie so selbst in die Insolvenz, so haften jedenfalls die Ge-

---

[924] Habersack/ Schürnbrand, NZG 2004, 689, 695; Goette, DStR, 2001, 1857, 1857; Jula/ Breitbarth, AG 1997, 256, 258

[925] Vgl. Becker, DStR 1998, 1528, 1531

[926] Decher, in: MüHdb. d. Gesellschaftsrechts, Bd. 3, § 68, Rn. 23, S. 1335

[927] Goette, DStR 2001, 1857, 1857; Hormuth, Recht und Praxis des konzernweiten Cash Managements, S. 150

[928] So lag der Sachverhalt auch in BGH, Urt. v. 17.9.2001, BGHZ 149, 10, 12 = GmbHR 2001, 1036, 1037, rechte Spalte – „Bremer Vulkan"

[929] Vgl. Jula/ Breitbarth, AG 1997, 256, 259; Kropff, in: MüKo z. AktG, Bd. 8, § 311 Rn. 188

schäftsführer der Tochtergesellschaften nach § 43 III GmbHG.[930] Erfolgt die weitere Teilnahme am Cash-Pool auf Veranlassung der Konzernmutter, so haftet diese mit ihrem Vermögen nach den Grundsätzen des existenzvernichtenden Eingriffs für die Verbindlichkeiten der Konzerntochter.
Fehlt es an einer dahingehenden ausdrücklichen Weisung der Konzerntochter, so kann der Eingriff in dem Betreiben des Cash-Pools selbst gesehen werden. Hierfür spricht, dass bereits das Betreiben des Cash-Pools eine beachtliche Einflussnahme auf die Geschäftsführung der Tochtergesellschaft darstellt, weil anzunehmen ist, dass die Tochtergesellschaft sich zur Teilnahme am Cash-Pool verpflichtet fühlt.[931] Die Konzernmutter kann einem Haftungsdurchgriff auf ihr Vermögen aber dadurch entgehen, dass sie die Tochtergesellschaft rechtzeitig über die finanzielle Situation des Cash-Pools informiert und ihr die weitere Teilnahme am Cash-Pool ausdrücklich freistellt oder sogar davor warnt.[932] Verzichtet die Konzernmutter hierauf, so liegt die Haftung nicht in einem Unterlassen begründet; vielmehr haftet die Konzernmutter wegen aktiven Handelns, namentlich wegen Einflussnahme auf die Geschäftsführung der GmbH schon durch das Betreiben des Cash-Pools.

B. Betriebsaufspaltung

I. Problemaufriss

Bei der Betriebsaufspaltung werden Funktionen, die eigentlich von einem einheitlichen Unternehmen wahrgenommen werden, auf verschiedene rechtlich selbständige Unternehmen verteilt. Problematisch sind die Fälle, in denen die Betriebsaufspaltung nur dem Zweck dient, das Haftungsrisiko von den Gewinnchancen zu lösen. Die typische Form einer solchen Betriebsaufspaltung ist die Aufteilung in eine Betriebs- und eine Besitzgesellschaft. Während das Vermögen der Besitzgesellschaft zugeordnet ist, werden die betrieblichen Aufgaben von der Betriebsgesellschaft wahrgenommen.[933] Die Betriebsaufspaltung wird so konstruiert, dass das operative Geschäft bei der wenig vermögenden Betriebsgesellschaft liegt, die damit auch die Haftungsrisiken trägt. Die Besitzgesellschaft nimmt dann meist nur die Aufgabe des Gewinnempfängers wahr.[934] Die Haftungsrisiken werden dadurch von der zur Verfügung stehenden Haftungsmasse abgekoppelt, da den Verpflichtungen gegenüber Arbeitnehmern und

[930] BGH, Urt. v. 17.9.2001, BGHZ 149, 10, 12 = GmbHR 2001, 1036, 1038 – „Bremer Vulkan“, unter I.1.
[931] A.A. wohl Römermann/ Schröder, GmbHR 2001, 1015, 1020
[932] BGH, Urt. v. 17.9.2001, BGHZ 149, 10, 12 = GmbHR 2001, 1036, 1039 – „Bremer Vulkan“ , unter I.3.; vgl. Burgard, Cash-Pooling und Existenzgefährdung, S. 64; Morsch, NZG 2003, 97, 105; Wilken, DB 2001, 2383, 2385
[933] Raiser, Festschrift für Ulmer, S. 493, 494; Weimar, ZIP 1988, 1525, 1525
[934] Vgl. den Tatbestand in BAG, Urt. v. 8.9.1998, ZIP 1999, 723 sowie in BGH, Urt. v. 14.12.1992, BGHZ 121, 31, 32 f.

Geschäftspartnern nur das gesetzliche Mindestkapital gegenübersteht. Ist die Konstruktion von Beginn an auf eine Benachteiligung der der Betriebsgesellschaft angelegt, so spricht man von ihr auch als Aschenputtel-Gesellschaft.[935] Es liegt auf der Hand, dass die Betriebsaufspaltung ein Risiko für die Gläubiger der Betriebsgesellschaft sein kann.[936]

II. Beachtung der Kapitalerhaltungsvorschriften

Die Betriebsaufspaltung kann ebenso wie die Einführung von Cash-Management-Systemen zu Konflikten mit den Grundsätzen der Kapitalerhaltung führen. Die §§ 30, 31 GmbHG sind auch im Hinblick auf eine Betriebsaufspaltung relevant: Die Besitzgesellschaft kann nur dann Gewinne erwirtschaften, wenn sie Zahlungsempfängerin ist. Hierzu muss die Besitzgesellschaft entweder Vertragspartnerin der Kunden sein oder aber sie ist Zahlungsempfängerin aus abgetretenem Recht der Betriebsgesellschaft. Im letzteren Fall liegt eine Auszahlung i.S.d.
§ 30 Abs. 1 GmbHG vor, wenn die Abtretung ohne Gegenleistung erfolgt und das zur Deckung des Stammkapitals erforderliche Vermögen berührt. Dabei spielt es keine Rolle, dass die Forderungen nicht an den Gesellschafter sondern an eine Schwestergesellschaft abgetreten werden.

Ist die Besitzgesellschaft selbst Vertragspartnerin des Kunden, so fungiert die Betriebsgesellschaft quasi als Subunternehmerin. Zwischen der Besitzgesellschaft und der Betriebsgesellschaft besteht dann jedenfalls eine Leistungsbeziehung. Rechtsgrund für die von der Betriebsgesellschaft gegenüber der Besitzgesellschaft erbrachten Leistungen ist eine Vertragsbeziehung, auf deren Ausgestaltung es ankommt. Erbringt die Betriebsgesellschaft ihre Leistungen gegenüber der Besitzgesellschaft kostenlos oder erhält sie keine angemessene Gegenleistung, so liegt auch hierin eine Auszahlung i.S.d. § 30 Abs. 1 GmbHG, wenn das zur Deckung des Stammkapitals erforderliche Vermögen betroffen ist. Ob die Gegenleistung angemessen ist oder nicht, beurteilt sich nach einem Drittvergleich. Grundsätzlich hat der Gesellschafter seine Außenbeziehung zur Gesellschaft wie zwischen Fremden zu gestalten. Im anglo-amerikanischen Rechtskreis ist in diesem Zusammenhang die Formulierung „Dealing at Arms Length" gebräuchlich.[937] Hätte die Gesellschaft bei einem Geschäft mit einem Fremden eine höhere Gegenleistung erhalten, so liegt eine Entnahme vor, die vom Gesellschafter zu erstatten ist, wenn sie das Stammkapital angreift.

Das Eigenkapitalrecht kann auch dann betroffen sein, wenn die Besitzgesellschaft der Betriebsgesellschaft pachtweise die Nutzung ihrer Anlagegüter überlassen hat, wie etwa Grundstücke oder Maschinen. Befindet sich die Betriebsge-

---

[935] Vgl. Röhricht, in: Festschrift 50 Jahre BGH, S. 83, 97; Ulmer, ZIP 2001, 2021, 2028; vgl. Sachverhalte aus der Rspr.: BGH, Urt. v. 19.9.1994, BB 1994, 2303 ff.; BGH, Urt. v. 13.12.1993, BB 1994, 303 f. – EDV Peripherie

[936] Henssler, ZGR 2000, 479, 480; Ulmer, ZHR 148 (1984), 391, 398

[937] Die Formulierung wird auch gebraucht von Priester, ZGR 1993, 512, 528

sellschaft in der Krise, hat die Gebrauchsüberlassung eigenkapitalersetzenden Charakter, mit der Folge, dass das vereinbarte Nutzungsentgelt nicht an die Besitzgesellschaft ausgezahlt werden darf.[938]

III. Betriebsaufspaltung als existenzvernichtender Eingriff

1. Ausgestaltung der Vertragsbeziehungen zwischen den Gesellschaften

Die Betriebsaufspaltung stellt alleine noch keinen existenzvernichtenden Eingriff dar, weil sie nicht zwingend nachteilig für die Betriebsgesellschaft ist. Keinesfalls muss eine Betriebsaufspaltung haftungsrechtlich unseriös sein. Für eine Betriebsaufspaltung können gute ökonomische und organisatorische Gründe sprechen.[939] Insbesondere auch steuerliche Erwägungen können den Unternehmer zu einer Betriebsaufspaltung veranlassen.[940]
Vielmehr kommt es darauf an, wie die Vertragsbeziehungen zwischen der Betriebsgesellschaft und der Besitzgesellschaft ausgestaltet sind. Solange die Betriebsgesellschaft für ihre Leistung eine angemessene Gegenleistung erhält, fehlt es schon an einer Benachteiligung der Betriebsgesellschaft. Allerdings besteht bei einer Betriebsaufspaltung in besonderer Weise die Gefahr, dass die Betriebsgesellschaft aufgrund der ausdrücklich oder konkludent zwischen ihr und der Besitzgesellschaft geschlossenen Verträge benachteiligt wird.[941] So meinte der BGH in Bezug auf das Eigenkapitalrecht, eine Betriebsaufspaltung lege die Prüfung nahe, ob an die Gesellschafter verbotenerweise Eigenkapital zurückgezahlt wird.[942] Ebenso besteht im Rahmen einer Betriebsaufspaltung eine erhöhe Gefahr, dass der Betriebsgesellschaft Nachteile zugefügt werden, die die Existenz der Gesellschaft vernichten ohne das Stammkapital unmittelbar anzugreifen.[943]

2. Problem der sukzessiven Existenzvernichtung

Liegt die Nachteilszufügung in einer einzelnen Maßnahme, so wird die Feststellung eines existenzvernichtenden Eingriffs in der Regel unproblematisch sein. Schwieriger sind die Fälle, in denen erst die länger, möglicherweise über Jahre andauernde Benachteiligung zur Existenzvernichtung führt. So kann es beispielsweise bei der Betriebsaufspaltung sein, bei der der Betriebsgesellschaft über Jahre hinweg Nachteile zugefügt werden, in dem sie die von ihr erbrachten Leistungen unter dem Marktwert an die Besitzgesellschaft abgeben muss.

---

[938] Goette, DStR 1996, 1539, 1540
[939] Raiser, in: Festschrift für Ulmer, 2003, S. 493, 495
[940] Ausführlich Binz/ Sorg, Die GmbH & Co KG, § 23 Rn. 2 f., S. 499 ff.
[941] Zur Behandlung im qualifiziert faktischen Konzern: Weimar, ZIP 1988, 1525 ff.
[942] BGH v. 14.12.1992, BGHZ 121, 31, 42, unter 4.b)
[943] Vgl. noch auf der Basis der „TBB"-Rechtsprechung BSG, Urt. v. 1.2.1996, DStR 1996, 1536, 1538

a) Vermutung einer entsprechenden Veranlassung durch den Gesellschafter

Dabei wird die Klärung der Frage, ob die einzelnen Benachteiligungen überhaupt vom Gesellschafter veranlasst sind, das geringere Problem sein. Die Geschäftsführer der Betriebsgesellschaft haben, sofern sie sich keiner Haftung aussetzen wollen, gemäß § 43 GmbHG allein die Interessen der GmbH zu berücksichtigen.[944] Deshalb kann davon ausgegangen werden, dass die Geschäfte zwischen der Betriebs- und der Besitzgesellschaft, bei denen die Betriebsgesellschaft keine angemessene Gegenleistung für ihre Leistungen erhält, vom Gesellschafter veranlasst sind. Zivilprozessual kann den Gläubigern der Betriebsgesellschaft mit einer widerlegbaren Vermutung geholfen werden.[945] Grundlage dieser Vermutung ist der Erfahrungssatz des Inhalts, dass kein Unternehmen sich freiwillig selbst schädigt.[946]

b) Sukzessiver Eingriff

Problematisch ist die sukzessive Existenzvernichtung aber deshalb, weil die Gesellschafter ihrer Gesellschaft grundsätzlich Nachteile zufügen dürfen, solange die Kapitalerhaltungsvorschriften nicht betroffen sind und die Existenz der Gesellschaft hierdurch nicht vernichtet wird.[947] Die Gesellschafter werden sich deshalb darauf berufen, dass die einzelnen Geschäfte, die den mittelbaren oder unmittelbaren Leistungen der Betriebsgesellschaft an die Besitzgesellschaft zugrunde liegen, weder zu einem das Stammkapital beeinträchtigenden Vermögensabzug geführt haben noch – jeweils für sich betrachtet – kausal für die Existenzvernichtung der Gesellschaft waren. Um dem entgegenzuwirken, sind die einzelnen unstreitig nachteiligen Geschäfte zu einem einzigen Eingriff zusammenfassen. Voraussetzung dafür ist ein verbindendes Element, das die Einzelmaßnahmen als einen einheitlichen Eingriff erscheinen lässt. Ein solches verbindendes Element könnte etwa angenommen werden, wenn die einzelnen Maßnahmen auf einem Gesamtkonzept beruhen. Ein solches Gesamtkonzept könnte darin gesehen werden, dass die Betriebsgesellschaft angewiesen wird, ihre Leistungen gegenüber der Besitzgesellschaft grundsätzlich zehn Prozent unter dem Preis zu erbringen, den die Betriebsgesellschaft gegenüber Dritten erzielen könnte. Zwar wird eine solche Weisung kaum ausdrücklich gegeben werden. Von den einzelnen Geschäften kann aber auf eine entsprechende Weisung geschlossen werden. Erhält die Betriebsgesellschaft überhaupt keine Gegenleistung für ihre Leistungen, liegt eine entsprechende Weisung auf der Hand.
Nach diesem Verständnis liegt nicht in jedem nachteiligen Geschäft ein Eingriff, sondern in der Weisung, alle zukünftigen Geschäfte unter für die Betriebsgesell-

---

[944] Raiser, in: Festschrift für Ulmer, 2003, S. 493, 498
[945] Vgl. Kropff, in: Komm. z. AktG, Bd. 8, § 311 Rn. 83 ff., mit zahlreichen weiteren Nachweisen.
[946] Cahn, Kapitalerhaltung, S. 67
[947] Ausführlich oben im 3. Teil unter A.III.2.b)cc)

schaft nachteiligen Bedingungen abzuschließen. Plastischer lässt sich von einem *nachteiligen Rahmenvertrag* zwischen der Betriebs- und der Besitzgesellschaft sprechen.[948]
Auch in dem der Entscheidung vom 25.2.2002 zugrunde liegenden Sachverhalt war die Schädigung der Gesellschaft über Monate hinweg durch Ausstellung einer Reihe von Schecks zugunsten zweier Gläubiger des Gesellschafters erfolgt. Der BGH hat diese Zahlungsvorgänge offenbar auch als einheitlichen Eingriff beurteilt.[949]

C. Besicherung von Gesellschafterverbindlichkeiten

I. Problemaufriss

Eine Schädigung der Gesellschaft durch ihren Gesellschafter kann auch dadurch erfolgen, dass die Gesellschafter die Geschäftsführung anweisen, Sicherheiten für ihre Verbindlichkeiten gegenüber Dritten zu bestellen, und diese in Anspruch genommen werden. Die Bestellung von Sicherheiten spielt insbesondere bei der Finanzierung von Unternehmenskäufen eine wichtige Rolle.[950] Die Kreditinstitute geben sich zur Besicherung des Akquisitionskredits mit einer Verpfändung der Geschäftsanteile nämlich meist nicht zufrieden und verlangen zusätzlich eine sicherungsweise Übertragung der Vermögenswerte der Gesellschaft.[951]

II. Beachtung der Kapitalerhaltungsvorschriften

Zunächst kann auch die Besicherung von Gesellschafterverbindlichkeiten zu Konflikten mit den Kapitalerhaltungsvorschriften führen, da es sich bei der Besicherung um eine Leistung an den Gesellschafter handelt.[952]

Die (noch) h.M.[953] beurteilt Sicherheitsleistungen der Gesellschaft für Verbindlichkeiten eines Gesellschafters gegenüber Dritten bilanziell und stellt der Verpflichtung der Gesellschaft gegenüber dem Dritten den Regressanspruch der Gesellschaft gegen ihren Gesellschafter gegenüber. Die Verpflichtung der Gesellschaft gegenüber Dritten ist danach auf der Passivseite der Bilanz in der Form einer Rückstellung anzusetzen, wenn mit der Inanspruchnahme der Gesellschaft

---

948 Ähnlich Röhricht, in: Festschrift 50 Jahre BGH, S. 83, 111
949 Vgl. Cahn, ZGR 2003, 298, 306
950 Ausführlich hierzu Esters, GmbHR 2004, 104 ff.
951 Ausführlich hierzu Früh, GmbHR 2000, 105, 106 f.
952 Bastuck, WM 2000, 1091, 1092 f.
953 Baumbach/ Hueck, Komm. z. GmbHG, § 30, Rn. 19; Lutter/ Hommelhoff, in: Lutter/ Hommelhoff, Komm. z. GmbHG, § 30, Rn. 30 m.w.N.; a.A. Früh, GmbHR 2000, 105, 107 f.; Bastuck, WM 2000, 1091, 1094 f.

durch den Dritten objektiv zu rechnen ist.[954] Hierbei ist unerheblich, dass die Verpflichtung der Gesellschaft mangels Fälligkeit der besicherten Forderung noch nicht vollständig entstanden ist.[955] Ist mit der Inanspruchnahme zu rechnen, ist der Rückgriffsanspruch gegen den Gesellschafter zu aktivieren. Ist dieser nicht werthaltig, liegt eine Auszahlung i.S.d. § 30 GmbHG vor.
Dagegen lehnt eine im vordringen befindliche Lehre diese bilanzielle Betrachtungsweise ab, weil schon mit dem Abschluss des Sicherungsgeschäfts notwendig ein Vermögensabfluss verbunden sei, mit der Folge, dass Sicherheiten zugunsten eines Gesellschafters, immer nur dann geleistet werden dürfen, wenn entsprechendes Eigenkapital zur Verfügung steht.[956] Gegen die bilanzielle Betrachtungsweise wird vorgebracht, dass Auszahlungen nicht nur dann gegen § 30 GmbHG verstoßen, wenn sich ihre Folgen in der Bilanz niederschlagen, sondern bereits dann, wenn durch die Bestellung der Sicherheit zu einem Zeitpunkt, in dem ungebundenes Vermögen zu ihrer Einlösung nicht mehr vorhanden ist, ein Zustand geschaffen wird, der von der Gesellschaft nicht mehr im Sinne einer Erhaltung des Stammkapitals korrigiert werden kann.[957]
In seiner Entscheidung vom 24.11.2003 hat BGH die bilanzielle Betrachtungsweise bei der Beurteilung von Darlehensgewährungen an einen Gesellschafter aufgegeben. Ob der BGH auch bei der Beurteilung von Sicherheitsleistungen einen Rechtsprechungswechsel vollziehen wird, bleibt abzuwarten.

III. Besicherung von Gesellschafterverbindlichkeiten als existenzvernichtender Eingriff

1. Nachteilszufügung

Die Bestellung von Sicherheiten für die Verbindlichkeiten *Dritter* stellt nicht per se eine Nachteilszufügung dar. Üblicherweise wird die Gesellschaft Bürgschaften, bürgschaftsähnliche Sicherheiten oder dingliche Sicherheiten nur abgeben, wenn die damit verbundenen Vorteile für den Geschäftsbetrieb das Risiko der Inanspruchnahme zumindest ausgleichen. Die Besicherung von Gesellschafterverbindlichkeiten ist dagegen meist nicht durch den Geschäftsbetrieb der GmbH begründet und stellt sich bei Abwägung der Vor- und Nachteile ex ante für die GmbH als bewusste Nachteilszufügung dar.[958] Dies gilt jedoch nicht uneingeschränkt. Eine Nachteilszufügung ist zum Beispiel dann zu verneinen, wenn der zu besichernde Kredit an die Gesellschaft durchgeleitet wird.[959]
Während eine Entnahme i.S.d. § 30 GmbHG nach (noch) h.M. erst dann vorliegt, wenn die Sicherheitenbestellung in der Bilanz entweder als Verbindlich-

[954] Vgl. Kleindiek, in: Staub, Großkomm. z. HGB, § 249, Rn. 28
[955] Vgl. Kleindiek, in: Staub, Großkomm. z. HGB, § 246, Rn. 55
[956] Kleindiek, NZG 2000, 484 f.; Mülbert, ZGR 1995, 578 ff.; Schön, ZHR 159, 351, 359 ff.
[957] Schön, ZHR 159, 351, 359 ff.
[958] Hierzu oben ausführlich im 3. Teil unter A.III.2.b)ee)
[959] Vgl. Kropff, in: MüKo z. AktG, Bd. 8, § 311 Rn. 191

keit oder Rückstellung zu passivieren ist – also nicht bevor die Inanspruchnahme objektiv wahrscheinlich ist – liegt eine Nachteilszufügung bereits in der Sicherheitenbestellung selbst. Warum eine Nachteilszufügung erst dann vorliegen sollte, wenn die Sicherheit in Anspruch genommen wird, ist nicht ersichtlich.[960] Freitag[961] meint dagegen, dass auf den Zeitpunkt der Inanspruchnahme oder der objektiv wahrscheinlichen Inanspruchnahme abzustellen ist, wenn man eine bilanzielle Betrachtungsweise zugrunde legen würde. Die Situation ist aber nicht anders zu beurteilen, als wenn die Gesellschaft auf Veranlassung eines Gesellschafters einen für sie nachteiligen Liefervertrag abschließt. Bereits im Abschluss liegt die Nachteilszufügung. Haftungsrelevant wird die Nachteilszufügung freilich erst dann, wenn sie kausal für die spätere Insolvenz der Gesellschaft ist.

2. Das Problem der Zurechenbarkeit

Schwierigkeiten bereitet die Subsumtion unter die Tatbestandsmerkmale der Existenzvernichtungshaftung allenfalls hinsichtlich der Zurechenbarkeit der durch die Sicherheitenbestellung verursachten Insolvenz der GmbH.
So wird in der Literatur vorgeschlagen, die zu §§ 30, 31 GmbHG von der h.M. vertretenen Grundsätze auch im Rahmen der Existenzvernichtungshaftung anzuwenden und die Zurechenbarkeit somit abzulehnen, wenn die Inanspruchnahme der Sicherheit zum Zeitpunkt der Sicherheitenbestellung objektiv nicht wahrscheinlich ist.[962]
Zwar ist es richtig, dass die Regeln zum existenzvernichtenden Eingriff und die §§ 30, 31 GmbHG parallele, sich einander ergänzende Rechtsinstitute sind. Daraus kann jedoch nicht die Schlussfolgerung gezogen werden, die Besicherung von Gesellschafterverbindlichkeiten sei nur dann haftungsrelevant i.S.d. Existenzvernichtungshaftung, wenn die Inanspruchnahme schon zum Zeitpunkt der Bestellung der Sicherheit objektiv wahrscheinlich ist.[963] Im Gegenteil: Der Vergleich mit den zu §§ 30, 31 GmbHG entwickelten Anwendungsgrundsätzen hinkt, weil die §§ 30, 31 GmbHG überhaupt nicht auf eine Zurechenbarkeit abstellen. Die Kapitalerhaltungsvorschriften greifen nämlich auch dann, wenn die Inanspruchnahme zum Zeitpunkt der Sicherheitenbestellung völlig unwahrscheinlich ist und die Minderung des zur Erhaltung des Stammkapitals erforderlichen Vermögens auf gänzlich unwahrscheinlichen Ereignissen beruht. Dass die Wahrscheinlichkeit der Inanspruchnahme im Rahmen der §§ 30, 31 GmbHG überhaupt eine Rolle spielt, liegt daran, dass aus Gründen der bilanziellen Vor-

[960] Kropff, in: MüKo z. AktG, Bd. 8, § 311 Rn. 192 sowie Fn. 335, m.w.N.
[961] Freitag, WM 2003, 805, 809, unter IV., der i. Erg. ebenfalls auf die Sicherheitenbestellung abstellt.
[962] Diem, ZIP 2003, 1283, 1286
[963] So aber Diem, ZIP 2003, 1283, 1286; wohl auch Freitag, WM 2003, 805, 810: „...und wenn zudem die mangelnde Fähigkeit der kreditnehmenden Muttergesellschaft zur Bedienung des Darlehens fest stünde oder absehbar wäre.“

sicht ausnahmsweise schon die Wahrscheinlichkeit einer Vermögensminderung und nicht erst die tatsächliche Vermögensminderung bilanziell zu berücksichtigen ist. Daraus lassen sich aber keine Parallelen zur Existenzvernichtungshaftung ziehen. Es geht im Rahmen der Existenzvernichtungshaftung nicht um die Wahrscheinlichkeit der Inanspruchnahme der Sicherheit durch den Sicherungsnehmer, sondern um die erkennbare Möglichkeit der Insolvenz der Gesellschaft für den Fall, dass die Sicherheit in Anspruch genommen wird. Es bleibt deshalb dabei, dass es für die Zurechenbarkeit der Nachteilszufügung ausreicht, wenn die Möglichkeit der Existenzvernichtung für den Gesellschafter erkennbar war. Auf die Erkennbarkeit der möglichen Inanspruchnahme kommt es nicht an, da die Inanspruchnahme einer Sicherheit in der Natur der Sache liegt und daher immer möglich ist. Deshalb ist für die Zurechenbarkeit primär der Umfang der Sicherheiten entscheidend. Der Gesellschafter muss sich zum Zeitpunkt der Bestellung der Sicherheit für Verbindlichkeiten der Gesellschafter also fragen, ob die Existenz der Gesellschaft gefährdet ist, *wenn* die Sicherheit in Anspruch genommen wird.

Veranlasst der Gesellschafter seine GmbH zur Besicherung seiner Verbindlichkeiten oder die seiner Mitgesellschafter, ohne dass damit entsprechende Vorteile für die GmbH verbunden sind, und geschieht dies in einer Größenordnung, dass die Inanspruchnahme der Sicherheiten erkennbar zur Insolvenz der Gesellschaft führen *kann*, so darf sich der Gesellschafter nicht auf sein Haftungsprivileg berufen können, wenn die Insolvenz dann tatsächlich eintritt. Die Haftung wegen Existenzvernichtung kann den Gesellschafter dann grundsätzlich auch im Rahmen von Akquisitionsfinanzierungen treffen, also dann, wenn die Gesellschaft umfassende Sicherheiten für die Finanzierung des Kaufs der Gesellschaft bestellt.[964]

---

[964] A.A. Schulz/ Israel, NZG 2005, 329 ff., die jedoch entgegen der hier vertretenen Auffassung im Wesentlichen nur auf die geringe Wahrscheinlichkeit der Sicherheiteninanspruchnahme bei leveraged buy outs abstellen; vgl. auch Esters, GmbHR 2004, 105, 109

5. Teil
Anwendbarkeit der Existenzvernichtungshaftung auf EU-Auslandsgesellschaften mit Sitz in Deutschland

A. Einführung

In mehreren Entscheidungen („Centros“[965], „Überseering“[966], „Inspire Art“[967]) hat der EuGH entschieden, dass Gesellschaften, die nach dem Recht eines Mitgliedstaates wirksam gegründet sind, in allen anderen Mitgliedstaaten als solche anzuerkennen sind, auch dann, wenn das Unternehmen seine Aktivitäten hauptsächlich oder sogar ausschließlich im Inland entfaltet. Bis dahin war es in Deutschland praktisch unmöglich, eine ausschließlich inländische Unternehmung in einer ausländischen Kapitalgesellschaftsform zu betreiben. Auf der Grundlage der früher in Deutschland herrschenden Sitztheorie wurde die ausländische Kapitalgesellschaft nämlich nicht – zumindest nicht als solche – anerkannt. Der Rechtsverkehr wird sich nun in zunehmenden Maße auf Unternehmen ausländischer Rechtsform einstellen müssen. Dabei stellt sich die Frage, ob die Existenzvernichtungshaftung – neben anderen Gläubigerschutzvorschriften – auf EU-Auslandsgesellschaften mit Sitz in Deutschland Anwendung findet.

I. Gründungstheorie contra Sitztheorie

Im Hinblick auf das Gesellschaftsstatut konkurrieren seit langem zwei kollisionsrechtliche Theorien, namentlich die so genannte Sitztheorie und die so genannte Gründungstheorie. Nach der Sitztheorie richtet sich das Gesellschaftsstatut einer Kapitalgesellschaft nach dem Recht des Staates, in dem die Gesellschaft ihren tatsächlichen Sitz hat. Maßgeblich für den tatsächlichen Sitz ist „der Tätigkeitsort der Geschäftsführung und der dazu berufenen Vertretungsorgane, also der Ort, wo die grundlegenden Entscheidungen der Unternehmensleitung effektiv in laufende Geschäftsführungsakte umgesetzt werden [...].“[968]
Bei Anwendung der Sitztheorie wird eine Kapitalgesellschaft als eine solche eines anderen Staates nur dann anerkannt, wenn deren tatsächlicher Sitz auch in der Gründungsjurisdiktion liegt. In Deutschland wurden ausländische Kapitalgesellschaften auf der Grundlage der Sitztheorie zunächst als nicht rechtsfähige Gebilde behandelt.[969] Später wurde eine ausländische Kapitalgesellschaft, die ihren Sitz nach Deutschland verlegt, als rechtsfähige Personengesellschaft behan-

---

[965] EuGH Urt. v. 9.3.1999, ZIP 1999, 438 ff. – „Centros“
[966] EuGH Urt. v. 5.11.2002, ZIP 2002, 2037 ff. – „Überseering“
[967] EuGH Urt. v. 30.9.2003, ZIP 2003, 1885 ff. – „Inspire Art“
[968] BGH Urt. v. 21.3.1986, BGHZ 97, 269, 272
[969] BGH Urt. v. 30.1.1970, BGHZ 53, 181, 183 f.; BGH Urt. v. 21.3.1986, BGHZ 97,268,271 f.; BGH Urt. v. 30.3.2000, NZG 2000, 926 f.

delt.[970] Eine Behandlung als inländische Kapitalgesellschaft käme mangels Registereintragung (vgl. §§ 11 Abs. 1 GmbHG, 41 Abs. 1 Satz 1 AktG) nicht in Frage. Für die Gesellschafter hatte dies drastische Konsequenzen, denn sie traf gemäß § 128 HGB eine unbeschränkte persönliche Haftung für die Gesellschaftsverbindlichkeiten.
Nach der Gründungstheorie richtet sich das Gesellschaftsstatut einer Kapitalgesellschaft dagegen unabhängig von ihrem tatsächlichen Sitz nach dem Gründungsrecht. Dabei kommt als Anknüpfungspunkt allerdings nicht nur das Recht in Betracht, nachdem die Gesellschaft gegründet wurde (Inkorporationsrecht)[971], sondern auch das Recht, nach dem sie organisiert ist (Organisationsrecht)[972] oder das Recht am Ort der Eintragung (Registrierungsrecht)[973]. Die Anwendung der Gründungstheorie führt dazu, dass ausländische Kapitalgesellschaften als solche auch dann im Inland anzuerkennen sind, wenn ihr tatsächlicher Sitz in einer anderen Jurisdiktion als der Gründungsjurisdiktion liegt.

II. Kollisionsrechtliche Vorgaben nach der Rechtsprechung des EuGH

1. Kernaussagen der EuGH Rechtsprechung

In den bereits erwähnten Entscheidungen „Centros“, „Überseering“ und „Inspire Art“ beantwortet der EuGH die Frage, ob sich aus der Niederlassungsfreiheit eine Pflicht zur Anwendung der Gründungstheorie ergibt, nicht ausdrücklich.
Die „Centros“-Entscheidung betraf nicht die kollisionsrechtliche Anerkennung einer ausländischen Kapitalgesellschaft als solche. Es ging vielmehr um materiellrechtliche Befugnisse des Sitzstaates Dänemark gegenüber einer englischen Limited, deren Zweigniederlassung in Dänemark mangels Existenz einer Hauptniederlassung im Vereinigten Königreich nicht eingetragen worden war. Deshalb wurde in der Literatur zum Teil auch weiterhin vertreten, die „Centros“-Entscheidung besage nicht, dass die Sitztheorie mit der Niederlassungsfreiheit unvereinbar ist.[974]
In der „Überseering“-Entscheidung spielte die Sitztheorie dagegen tatsächlich eine entscheidende Rolle. Es ging um die Frage, ob die in den Niederlanden gegründete und dort ansässige Überseering B.V., die ihren Sitz nach Deutschland verlegt hatte, von deutschen Gerichten als rechts- und parteifähig anzuerkennen war. Auf der Grundlage der in Deutschland geltenden Sitztheorie wurde von den deutschen Gerichten deutsches Sachrecht auf diese Frage angewendet.

---

[970] BGH, Urtleil v. 1.7.2002, NJW 2002, 3539 f.
[971] Im anglo-amerikanischen Rechtskreis ist ebenso wie in den Niederlanden das Inkorporationsrecht maßgebend ,vgl. Hoffmann, ZVglRWiss 101 (2002), 283, 287 ff., 301 ff.
[972] Das Organisationsrecht ist beispielsweise in der Schweiz (Art. 154 IPRG) maßgebend, vgl. Hoffmann, ZVglRWiss 101 (2002), 283, 203 ff.
[973] Das Registrierungsrecht ist beispielsweise in Dänemark maßgebend, vgl. Hoffmann, ZVglRWiss 101 (2002), 283, 306 f.
[974] Kindler, NJW 2003, 1073, 793, 796

Danach war die Rechts- und Parteifähigkeit zu versagen, weil die Überseering B.V. mangels Eintragung im Handelsregister nach deutschem Recht nicht wirksam als Kapitalgesellschaft gegründet worden war. Ohne ausdrückliche kollisionsrechtliche Feststellungen zu treffen, meinte der EuGH, dass diese pauschale Nichtanerkennung mit der Niederlassungsfreiheit nicht zu vereinbaren sei.
In der Entscheidung „Inspire Art“ ging es darum, ob das niederländische Recht für eine nach englischem Recht gegründete Gesellschaft mit Hauptniederlassung und Tätigkeitsschwerpunkt in den Niederlanden das Erfordernis eines Mindestkapitals, den Firmenzusatz „formal ausländische Gesellschaft“ und besondere Offenlegungspflichten vorsehen kann. Der EuGH verneinte dies.

2. Meinungsstand

Aus der Rechtsprechung des EuGH, insbesondere aus der Entscheidung „Inspire Art“ werden im Schrifttum unterschiedliche Schlussfolgerung gezogen. Die überwiegende Meinung versteht die Rechtsprechung des EuGH als Absage an die Sitztheorie. Die Rechtsprechung des EuGH führe dazu, dass eine europäische Auslandsgesellschaft im Inland gesellschaftsrechtlich grundsätzlich nach ihrem Gründungsrecht behandelt werden muss.[975] Nur sehr vereinzelt wird noch angenommen, aus deutscher Sicht könne man die im Ausland gegründete Kapitalgesellschaft im Grundsatz weiterhin dem deutschen Gesellschaftsrecht unterwerfen.[976] Nach dieser Mindermeinung führt die Anwendung deutschen Gesellschaftsrechts nicht zwangsläufig zu einem Eingriff in die Niederlassungsfreiheit. Nur bei Grundlagenentscheidungen, die z.B. die Verfassung der Gesellschaft, ihr Erlöschen oder ihre Umwandlung betreffen, führe die Anwendung deutschen Gesellschaftsrechts zu einer Beschränkung der Niederlassungsfreiheit.
Auf der Grundlage der Rechtsprechung des EuGH hat der BGH nun am 14.3.2005[977] die Sitztheorie zugunsten der Gründungstheorie aufgegeben. In den Entscheidungsgründen führt der BGH aus, dass aus der Anerkennung der Rechtsfähigkeit einer in einem Mitgliedstaat gegründeten und in Deutschland ansässigen Gesellschaft zugleich folgt, „dass deren Personalstatut auch in Bezug auf die Haftung für in ihrem Namen begründete rechtsgeschäftliche Verbindlichkeiten einschließlich der Frage nach einer etwaigen Haftung ihrer Gesellschafter oder Geschäftsführer gegenüber den Gesellschaftsgläubigern maßgeblich ist.“[978]
Vor diesem Hintergrund sollte die Praxis von einer gänzlichen Aufgabe der Sitztheorie ausgehen, so wie es auch von der überwiegenden Meinung in der Litera-

---

[975] Bayer, BB 2004, 1, 4; ders. BB 2003, 2357, 2364; Eidenmüller/ Rehm, ZGR 2004, 159, 166; Kleiner/ Probst, DB 2003, 1271, 1272; Müller, NZG 2003, 414, 417; Meilicke, GmbHR 2003, 1271, 1272; Paefgen , DB 2003, 487, 488; Palandt/ Heldrich, Anh. Art. 12 EGBGB Rn. 6 ff.; Spindler/ Berner, RIW 7, 8; Westermann, ZIP 2005, 1849, 1851
[976] Altmeppen, NJW 2004, 97, 98 ff.; Kindler, NZG 2003, 1089
[977] BGH, Urt. v. 14.3.2005, BB 2005, 1016 ff.
[978] BGH, Urt. v. 14.3.2005, BB 2005, 1016, 1016

tur vertreten wird. Es hat wenig Sinn, die Sitztheorie in modifizierter Form aufrechtzuerhalten. Es wäre unklar, welche Regelungen als Grundlagenentscheidungen dem Gründungsrecht unterfallen sollten und welche Regelungen dem Recht am Sitz der Gesellschaft folgen.[979] Ein solches Gemisch von Normen des Gründungsrechts und des Sitzrechts würde zu einer erheblichen Rechtsunsicherheit führen.[980] Allerdings ist der Einwand der Gegenansicht berechtigt, dass die vollständige Aufgabe der Sitztheorie von den Rechtsanwendern in der Praxis nahezu Unmögliches verlangt. In der Tat führt die Aufgabe der Sitztheorie dazu, dass Richter wie Rechtsanwälte neben dem deutschen Gesellschaftsrecht auch dasjenige aller 25 Mitgliedstaaten der EU anwenden und studieren müssen[981], wobei das englische Gesellschaftsrecht sicherlich im Vordergrund stehen wird.

III. Bedeutung für die Anwendbarkeit der Existenzvernichtungshaftung

Zunächst ist festzustellen, dass sich die Frage nach der Anwendbarkeit der Existenzvernichtungshaftung auf in Deutschland domizilierte Auslandsgesellschaften überhaupt erst aufgrund der neuen Rechtsprechung des EuGH stellt. Denn wie bereits dargestellt führte die frühere Rechtsprechung des BGH auf der Grundlage der Sitztheorie ohnehin zu einer unbeschränkten persönlichen Haftung der Gesellschafter für Verbindlichkeiten ihrer EU-Auslandsgesellschaft mit tatsächlichem Sitz in Deutschland. Einer besonderen Durchbrechung der Haftungstrennung bedurfte es danach erst gar nicht.

Die Anerkennung von EU-Auslandsgesellschaften zwingt nun zur Entscheidung, ob die Existenzvernichtungshaftung auch auf EU-Auslandsgesellschaften anzuwenden ist. Dabei ist zu klären, ob auf den Lebenssachverhalt, den die Existenzvernichtungshaftung regelt, im Falle von EU-Auslandsgesellschaften überhaupt deutsches Sachrecht zur Anwendung kommt.

B. Anwendbarkeit deutschen Sachrechts

I. Möglichkeiten der kollisionsrechtlichen Behandlung

Die Geltung des neuen Haftungsinstituts des existenzvernichtenden Eingriffs auch für EU-Auslandsgesellschaften mit Sitz in Deutschland setzt unabhängig von der europarechtlichen Zulässigkeit kollisionsrechtlich zunächst voraus, das deutsches Sachrecht überhaupt Anwendung findet. Ob dies der Fall ist richtet sich gemäß Art. 3 Abs. 1 Satz 1 EGBGB nach Internationalem Privatrecht.

Die Geltung deutschen Sachrechts kann sich zum einen über entsprechende Kollisionsnormen ergeben, die auf das deutsche Recht verweisen. Aber auch dann, wenn aufgrund einschlägiger Kollisionsnormen zunächst ausländisches Recht zur Anwendung berufen ist, kann sich eine Anwendung deutschen Rechts im

[979] Kersting, NZG 2003, 9, 11, der einen interessanten Richtlinienvorschlag unterbreitet.
[980] Paefgen, DB 2003, 487, 488
[981] Vgl. Altmeppen, NJW 2004, 97, 98

Einzelfall über den ordre public oder die Lehre von der Sonderanknüpfung ergeben.
Als Kollisionsnormen kommen in Betracht die gesellschaftsrechtliche Kollisionsnorm (Gründungstheorie bzw. Sitztheorie), die deliktische Verweisungsnorm (Art. 40 EGBGB) sowie die insolvenzrechtliche Verweisungsnorm (Art. 4 EuInsVO).

II. Die verschiedenen Kollisionsnormen

1. Keine unmittelbare Anwendung deutschen Rechts nach der gesellschaftsrechtlichen Kollisionsnorm

Sofern sich die Rechtsfigur der Haftung wegen existenzvernichtenden Eingriffs unter die gesellschaftsrechtliche Kollisionsnorm subsumieren lässt, kann die Existenzvernichtungshaftung nicht unmittelbar auf in Deutschland ansässige europäische Auslandsgesellschaften übertragen werden. Wie bereits dargestellt, folgert die überwiegende Meinung in der Literatur ebenso wie der BGH aus der Rechtsprechung des EuGH die Notwendigkeit zur Anerkennung der Gründungstheorie. In einem anderen Mitgliedstaat gegründete Gesellschaften sind danach gesellschaftsrechtlich grundsätzlich nach ihrem Gründungsrecht zu behandeln. Die kollisionsrechtliche Zuordnung der Existenzvernichtungshaftung zum Gesellschaftsrecht würde gerade nicht zur Anwendung deutschen Sachrechts führen. Die Anwendbarkeit der deutschen Regeln über den existenzvernichtenden Eingriff könnte sich dann nur mittelbar über den ordre public ergeben.

2. Unmittelbare Anwendung deutschen Rechts bei deliktischer Einordnung

Bei Einschlägigkeit der deliktischen Verweisungsnorm des Art. 40 EGBGB, käme dagegen deutsches Sachrecht zur Anwendung, denn das deutsche internationale Deliktsrecht knüpft an den Tatort an, wobei jener sowohl den Handlungs- als auch den Erfolgsort umfasst. Bei den Sachverhalten, in denen eine Haftung der Gesellschafter einer EU-Auslandsgesellschaft mit Sitz in Deutschland wegen existenzvernichtenden Eingriffs in Frage steht, geht es immer um eine Nachteilszufügung gegenüber der Gesellschaft, die ihren Sitz im Inland hat, so dass die Handlungen nach deutschem Recht zu beurteilen wären. Ordnet man die Existenzvernichtungshaftung deliktsrechtlich ein, so wäre sie unter dem Vorbehalt der europarechtlichen Zulässigkeit auch auf EU-Auslandsgesellschaft mit Sitz in Deutschland anwendbar.

3. Unmittelbare Anwendung deutschen Rechts bei insolvenzrechtlicher Einordnung

Auch bei einer EU-Auslandsgesellschaft mit Sitz in Deutschland kommen sowohl die Durchführung eines Insolvenzverfahrens als auch die Anwendung deutschen Insolvenzrechts in Betracht. Die seit dem 31.05.2002 geltende EuInsVO vereinheitlicht das Insolvenzkollisionsrecht der EG-Mitgliedstaaten und verdrängt in ihrem Anwendungsbereich das deutsche Internationale Insolvenzrecht.[982] Die EuInsVO findet gegenüber den einzelnen nationalen Insolvenzkollisionsvorschriften dann Anwendung, wenn der Mittelpunkt der hauptsächlichen Interessen des Schuldners in der Gemeinschaft liegt und sein Vermögen auf verschiedene Mitgliedsstaaten verteilt ist. Der grenzüberschreitende Bezug wird bereits dann bejaht, wenn der Ort der Inkorporation vom demjenigen Ort, an dem das Gesellschaftsvermögen belegen ist, abweicht. Damit ist zur Bestimmung des lex concursus im Hinblick auf in Deutschland ansässige EU-Auslandsgesellschaften die EuInsVO heranzuziehen.
Nach Art. 4 EuInsVO findet auf insolvenztypische Tatbestände das Insolvenzrecht des Staates Anwendung, der international für die Eröffnung des Insolvenzverfahrens zuständig ist. Nach Art. 3 Abs. 1 EuInsVO, der gegenüber § 3 Abs. 1 InsO eine eigene Regelung enthält und diesen in grenzüberschreitenden Sachverhalten verdrängt, sind für die Eröffnung des Insolvenzverfahrens die Gerichte des Mitgliedstaates zuständig, in dessen Gebiet der Schuldner den Mittelpunkt seiner Interessen hat.
Nachdem zuvor Gesagtem hängt die Anwendbarkeit des deutschen Insolvenzrechts auf in Deutschland tätige Auslandsgesellschaften also davon ab, ob der Mittelpunkt ihrer Interessen in Deutschland liegt. Unter dem Mittelpunkt der hauptsächlichen Interessen ist jener Ort zu verstehen, an dem der Schuldner gewöhnlich und auch für Dritte erkennbar der Verwaltung seiner Interessen nachgeht. Bei so genannten Scheinauslandsgesellschaften, die ihre Tätigkeit ausschließlich oder überwiegend in Deutschland entfalten, ist die Anwendung deutschen Insolvenzrechts damit regelmäßig gegeben. Folglich wäre auch die Existenzvernichtungshaftung auf EU-Auslandsgesellschaften, deren hauptsächliche Interessen in Deutschland liegen, anwendbar – wenn es sich bei den Regeln über die Existenzvernichtungshaftung überhaupt um insolvenzrechtliche Regelungen handelt.

4. Zwischenergebnis

Die Anwendbarkeit der deutschen Regeln über die Haftung wegen existenzvernichtenden Eingriffs ist unter dem Vorbehalt deren europarechtlichen Zulässigkeit jedenfalls dann unmittelbar möglich, wenn sich das Haftungsinstitut delik-

[982] Braun, InsO, vor §§ 335-358 Rn. 23

tisch oder insolvenzrechtlich einordnen lässt. Ist das Haftungsinstitut dagegen gesellschaftsrechtlich einzuordnen, kommt eine Anwendbarkeit nur über den ordre public oder im Wege einer Sonderanknüpfung in Betracht. Im folgenden wird untersucht, wie sich die Existenzvernichtungshaftung international-privatrechtliche einordnen lässt.

III. Einordnung der Existenzvernichtungshaftung

1. Meinungsstand in der Literatur

Die international-privatrechtliche Einordnung der Existenzvernichtungshaftung ist wie die Einordnung des deutschen Gläubigerschutzrechtes insgesamt in der Literatur äußert umstritten. Diejenigen Stimmen, die in der Rechtsprechung des EuGH (Überseering, Centros, Inspire Art) keine gänzliche Aufgabe sondern nur eine Einschränkung der Sitztheorie sehen, können weiterhin eine gesellschaftsrechtliche Einordnung der Existenzvernichtungshaftung vertreten, ohne dass sie zugleich die Unanwendbarkeit dieses Haftungsinstituts auf EU-Auslandsgesellschaften mit Sitz in Deutschland propagieren müssten. So meint etwa Altmeppen, dass die Haftung wegen existenzvernichtenden Eingriffs zwar eine spezifisch gesellschaftsrechtlich einzuordnende Haftung sei. Gleichwohl soll die Existenzvernichtungshaftung aber auch von den Gesellschaftern und Geschäftsführern einer EU-Auslandsgesellschaft mit Sitz in Deutschland zu beachten sein.[983] Insofern wird auch von einer Sonderanknüpfung gesprochen, da an das Recht des Staates angeknüpft wird, in dem die Gesellschaft ihren Sitz hat.[984]
Diejenigen, die allein das Gesellschaftsrecht des Gründungsstaates auf eine in Deutschland ansässige EU-Auslandsgesellschaft anwenden wollen, müssen andere Wege finden, um zur Anwendung deutschen Sachrecht zugelangen. Vermehrt wird dies über andere kollisionsrechtliche Anknüpfungen versucht.[985] So wird zum Teil vertreten, dass die Existenzvernichtungshaftung deliktisch[986] oder insolvenzrechtlich[987] einzuordnen ist.
Andere wiederum ordnen die Existenzvernichtungshaftung zwar gesellschaftsrechtlich ein, wollen sie aber über den ordre-public-Vorbehalt des Art. 6 EGBGB anwenden.[988]
Schließlich finden sich einige Autoren schlicht damit ab, dass die Existenzvernichtungshaftung als Bestandteil deutschen Gesellschaftsrechts auf EU-Auslandsgesellschaften mit Sitz in Deutschland keine Anwendung findet.[989]

---

983 Altmeppen, NJW 2004, 97, 101; Borges, ZIP 2004, 733, 741 f.
984 Vgl. Borges, ZIP 2004, 733, 741
985 Vgl. Westermann, ZIP 2005, 1849, 1853 f.
986 Bayer, BB 2004, 1, 4; ders., 2003, 2357, 2365; Zimmer, NJW 2003, 3585, 3588 f.
987 Riedemann, GmbHR 2004, 345, 348; Röhricht, ZIP 2005. 505, 513 ff.; Wackerbarth, ZIP 2005, 877, 885; Weller, Europäische Rechtsformwahlfreiheit und Gesellschafterhaftung, S. 247 ff.; sympathisierend Goette, DStR 2005, 197, 200 f.
988 Paefgen, DB 2003, 487, 491; Schulz, NJW 2003, 2705, 2707

Die Einordnung der Existenzvernichtungshaftung wird meist im Zusammenhang mit der Einordnung auch anderer Gläubigerschutzvorschriften diskutiert. Heftig umstritten ist etwa auch die international-privatrechtliche Einordnung der Insolvenzverschleppungshaftung nach §§ 64 Abs. 1 GmbHG, § 823 Abs. 2 BGB. Im Anschluss an die EuGH Entscheidung „Inspire Art“ wird nun vermehrt vertreten, dass es sich hierbei um eine genuin insolvenzrechtliche Vorschrift handelt, die auch auf eine im Inland aktive EU-GmbH über Art. 4 EuInsVO anzuwenden ist.[990] Nach der Gegenauffassung soll sich die Frage, ob und unter welchen Voraussetzungen der Geschäftsführer einer ausländischen Kapitalgesellschaft die Pflicht zur Insolvenzantragstellung hat, nach dem Gründungsrecht der ausländischen Gesellschaft beantworten, da § 64 GmbHG auf ausländische Gesellschaften nicht anwendbar sei und die deutsche Insolvenzordnung keine allgemeine Insolvenzantragspflicht der Geschäftsführungsorgane von Kapitalgesellschaften vorsehe.[991]

2. Kriterien zur Einordnung

Zur international-privatrechtlichen Einordnung der Existenzvernichtungshaftung ist zum einen der mit der Existenzvernichtungshaftung verfolgte Zweck maßgeblich. Zum anderen sind insbesondere die im 2. Teil der Arbeit dargestellten dogmatischen Grundlagen des Haftungsinstituts, also insbesondere dessen konzeptionelle Gestaltung als Durchgriffshaftung und dessen Rechtfertigung von Bedeutung. Ferner sind die im 3. Teil dieser Arbeit herausgearbeiteten Tatbestandsmerkmale sowie die Rechtsfolgen der Haftung in Blick zu nehmen.

3. Deliktische Qualifikation der Existenzvernichtungshaftung

Auf den ersten Blick scheint sich der BGH in seinem „Klinik“-Urteil vom 20.09.2004[992] für eine deliktische Einordnung der Existenzvernichtungshaftung auszusprechen. Wie bereits besprochen, stützte der BGH die Haftung allein auf § 826 BGB und wählte in seiner Begründung eine Formulierung, die der Definition des existenzvernichtenden Eingriffs in der „KBV“-Entscheidung sehr ähnelt: „Insbesondere dürfen sie nicht [...] planmäßig das Vermögen einschließlich der Geschäftschancen von der alten auf die neue Gesellschaft verlagern und so den Gläubigern der alten Gesellschaft den Haftungsfond entziehen.“ In der Literatur wurde dies zum Teil so aufgenommen, dass sich der BGH von einer

[989] Eidenmüller/ Rehm, ZGR 2004, 159, 182; Meilicke, GmbHR 2003, 793, 805 f.; Schumann, DB 2004, 743, 748 f.; Spindler/ Berner, RIW 2004, 7, 11, 13 f.

[990] Borges, ZIP 2004, 733, 739 f.; Goette, DStR 2005, 197, 200, Müller, NZG 2003, 414, 416 f.; Röhricht, ZIP 2005, 505, 507 f.

[991] Schumann, DB 2004, 743, 746

[992] BGH, Urt. v. 20.9.2004, ZIP 2004, 2138 ff.

Durchgriffshaftung außerhalb der strengen Anforderungen des § 826 BGB wieder entfernt hat.[993]
Tatsächlich aber spricht das „Klinik"-Urteil nicht dafür, dass der BGH die Existenzvernichtungshaftung dem Deliktrecht zuschreibt, weil der BGH auch hier klar zwischen der – in diesem Fall einschlägigen - deliktischen Haftung nach § 826 BGB und der Existenzvernichtungshaftung unterscheidet. Die Formulierungen des BGH, wonach eine Haftung nach § 826 BGB bzw. die Haftung nach den Grundsätzen des existenzvernichtenden Eingriffs „daneben"[994] oder „ebenso wenig"[995] eingreift, zeigen gerade, dass es sich nach der Auffassung des BGH um zwei getrennt von einander zu behandelnde und untersuchende Anspruchsgrundlagen handelt.[996] Es ist daran zu erinnern, dass eine vorsätzliche, sittenwidrige Gläubigerschädigung im „Klinik"-Urteil offensichtlich war.
Da der Anwendungsbereich der Existenzvernichtungshaftung also über eine vorsätzliche, sittenwidrige Schädigung hinausgeht, kommt eine deliktische Einordnung nur in Betracht, wenn man das Existenz- oder Bestandsinteresse der GmbH als sonstiges Rechts im Sinne des § 823 Abs. 1 BGB begreift. Es geht dabei um die Frage, ob die Existenz der Gesellschaft auch gegenüber ihren Gesellschaftern deliktisch geschützt ist. Die klassische Auffassung im Schrifttum[997] ist dabei von einer generellen Ablehnung eines eigenen Interesses der GmbH gegenüber ihren Gesellschaftern gekennzeichnet. Soweit dennoch von einem Gesellschaftsinteresse gesprochen wird, so nur als Instrument zur Bewältigung von Konflikten zwischen den Gesellschaftern.[998] Zwar bejaht die wohl nunmehr herrschende Meinung in der Literatur die Existenz eines von den Gesellschaftern zu beachtenden Bestandsschutzinteresses der GmbH.[999]
Allerdings bündelt dieses Bestandschutzinteresse der GmbH in Wahrheit nur Drittinteressen, nämlich die Interessen der Gläubiger der GmbH.[1000] So wird nur „plakativ" von einem eigenen Interesse der GmbH gesprochen, weil dieses Inte-

---

[993] Vgl. Wackerbarth, ZIP 2005, 877, 880
[994] BGH, Urt. v. 13.12.2004 – „Autohändler", ZIP 2005, 117, 118, unter II.1.b) der Gründe
[995] BGH, Urt. v. 13.12.2004 – „Handelsvertreter", ZIP 2005, 250, 252, unter III.2.b) der Gründe
[996] So auch Eidenmüller, in: Eidenmüller, Ausländische Kapitalgesellschaften, § 4 Rn. 20, S. 92
[997] Flume, Die juristische Person, § 2 VII 3, S. 59 ff.; Lutter, ZIP 1985, 1425, 1432; Koppensteiner, in; Rowedder/ Schmidt-Leithoff, Komm. z.. GmbHG; § 43 Rn. 5; Reuter, in: Müko zum BGB, 3. Aufl. 1993, vor § 21 Rn. 44; Rehbinder, AG 1986, 85, 94; so auch noch Röhricht, WPg 1992, 766, 784 ff.; Zöllner, Schranken mitgliedschaftlicher Stimmrechtsmacht, S. 21 ff.
[998] Vgl. Büscher, Die qualifiziert faktische Konzernierung, S. 140
[999] Fleck, ZGR 1990, 31, 38 ff.; Keßler, GmbHR 2001, 1095, 1099 ff.; Mülbert, DStR 2001, 1937, 1942; Priester, ZGR 1993, 512, 520 ff.; Winter, ZGR 1994, 570 ff.
[1000] Wiedemann, in: 50 Jahre Bundesgerichtshof, S. 337, 347; Zöllner, Schranken mitgliedschaftlicher Stimmrechtsmacht, S. 18 ff.

resse selbst für die Gesellschaftergesamtheit nicht disponibel ist.[1001] Die Gesellschaft wird aber nicht um ihretwillen, sondern lediglich im Interesse der Gläubiger geschützt. Wenn das Bestandsschutzinteresse der GmbH aber nicht originär an die juristische Person der GmbH anknüpft, fehlt es an einer Vergleichbarkeit mit den übrigen von § 823 Abs. 1 BGB geschützten Rechtsgütern.
Da die Existenzvernichtungshaftung nicht auf eine vorsätzliche, sittenwidrige Schädigung beschränkt ist und das Bestandsschutzinteresse als Korrelat zum Verbot existenzvernichtender Eingriffe kein absolutes von § 823 Abs. 1 BGB geschütztes Recht ist, ist eine deliktische Qualifikation dieses Haftungsinstituts nicht möglich.

4. Gesellschaftsrechtliche Qualifikation

Folgt man den Autoren, die die Existenzvernichtungshaftung aus den Kapitalerhaltungsvorschriften der §§ 30, 31 GmbHG[1002], den Liquidationsvorschriften der §§ 65 GmbHG[1003], einer analogen Anwendung des § 43 GmbHG[1004] oder dem in der Satzung gemäß § 3 Abs. 1 Ziff. 2 GmbHG bestimmten Unternehmensgegenstand[1005] folgern, so streiten vor allem diese dogmatischen Grundlagen des Haftungsinstituts für eine gesellschaftsrechtliche Einordnung.[1006] Nach diesen Ansätzen beruht die Existenzvernichtungshaftung auf den Besonderheiten des GmbH-Rechts.
Nach der hier vertretenen Auffassung beruht das Verbot existenzvernichtender Eingriffe jedoch nicht auf einer der genannten, im GmbH-Gesetz selbst niedergelegten Gläubigerschutzvorschriften, sondern vielmehr auf dem Funktionsprinzip unternehmenstragender Kapitalgesellschaften insgesamt. Die Haftung des GmbH-Gesellschafters wegen existenzvernichtenden Eingriffs fußt damit gerade nicht auf einer Verletzung von Pflichten, die untrennbar mit der gesellschaftsrechtlichen Organisationsform der GmbH verbunden sind.[1007] Man kann meines Erachtens noch weiter gehen und das Verbot, dass der Gesellschafter in seine

---

[1001] Priester, ZGR 1993, 512, 521; so auch Büscher, Die qualifiziert faktische Konzernierung, S. 150
[1002] Fleck, ZGR 1990, 31, 38; Mülbert, DStR 2001, 1937, 1942; Fleck, ZGR 1990, 31, 38
[1003] Winter, ZGR 1994, 570 ff.; Keßler, GmbHR 2001, 1095, 1099; ders., GmbHR 2002, 945, 950
[1004] Altmeppen, ZIP 2002, 1553, 1562; ders., NJW 2002, 321, 322 ff.; ders., ZIP 2001, 1837, 1842 ff.; ders., ZIP 1999, 1354, 1355; ders., in: Roth/ Altmeppen, Komm. z. GmbHG, § 13 Rn. 102 ff.; ähnlich Luttermann, BB 2001, 2433, 2435
[1005] Tieves, Der Unternehmensgegenstand der Kapitalgesellschaft, S. 577 ff.; Tomat, Grenzen des Weisungsrechts der GmbH Gesellschafter, S. 143 f; Ziemons, Haftung der Gesellschafter, S. 130 ff.
[1006] Spindler/ Berner, RIW 2004, 7, 11; vgl. Goette, DStR 2005, 197, 200, der auf der Grundlage von Weller, Europäische Rechtsformwahlfreiheit und Gesellschafterhaftung, trotz der gesellschaftsrechtlichen Anknüpfung allerdings auch deutliche Anhaltspunkte für eine insolvenzrechtliche Einordnung sieht.
[1007] So aber Altmeppen, DB 2004, 1083, 1088; Schumann, DB 2004, 745, 743

Gesellschaft nicht existenzvernichtend eingreifen darf, über Kapitalgesellschaften hinaus auf alle unternehmenstragenden Gesellschaften, also auch auf die OHG, die KG und sogar den Einzelunternehmer erstrecken. Es bedarf bei den genannten Rechtsformen in der Regel allerdings keiner Restriktion einer Haftungsfreistellungsnorm, weil die Gesellschafter in diesen Fällen ohnehin für die Verbindlichkeiten der Gesellschaft haften. Die Existenzvernichtungshaftung könnte allerdings auch bei diesen Gesellschaften dann zum tragen kommen, wenn vorher auf vertraglicher Ebene ein Haftungsausschluss der Gesellschafter für die Verbindlichkeiten der Gesellschafter vereinbart wurde. Dies soll hier nicht weiter vertieft werden. Es wird aber deutlich, dass das Verbot existenzvernichtender Eingriffe dogmatisch nicht auf einer spezifisch gesellschaftsrechtlichen Grundlage fußt.[1008]
Auch die Konzeption der Existenzvernichtungshaftung als Durchgriffshaftung spricht nicht für eine gesellschaftsrechtliche Einordnung. Zwar meinte der BGH in einer Entscheidung vom 5.11.1980, dass sich „die Frage, ob der Gesellschafter einer als juristische Person organisierten Gesellschaft im Wege der Durchgriffshaftung ausnahmsweise den Gläubigern haftet" nach dem Gesellschaftsstatut entscheidet.[1009] Das Urteil des BGH zeigt in die Richtung eines einheitlichen Durchgriffsstatuts. Nimmt man ein solches an, so wäre die Existenzvernichtungshaftung unter Maßgabe der Gründungstheorie auf EU-Auslandsgesellschaften mit Sitz in Deutschland nicht anwendbar. Allerdings ist in dieser Arbeit schon mehrfach aufgezeigt worden, dass der Begriff des Durchgriffs kein einheitliches Konzept beschreibt. So wird innerhalb der Durchgriffsproblematik zwischen Zurechnungsdurchgriff und Durchgriffshaftung und innerhalb der Durchgriffshaftung wiederum zwischen einer „echten" und „unechten" Durchgriffshaftung unterschieden. Auch wenn die Existenzvernichtungshaftung konzeptionell eine „echte" Durchgriffshaftung darstellt, so sagt dies noch nichts über die tatbestandlichen Voraussetzungen dieser Haftung, deren Herleitung und dem mit ihr verfolgten Zweck aus. Aus der Qualifikation der Existenzvernichtungshaftung als Durchgriffshaftung ergibt sich also keine Notwendigkeit zu einer gesellschaftsrechtlichen Einordnung.[1010]

5. Insolvenzrechtliche Qualifikation

Da wenig für eine Zuordnung der Existenzvernichtungshaftung zum Deliktsrecht oder zum Gesellschaftsrecht spricht, soll im folgenden vertieft untersucht werden, welche Argumente für eine insolvenzrechtliche Einordnung sprechen.

[1008] Vgl. auch Wackerbarth, ZIP 2005, 877, 885, der allein auf die Inanspruchnahme der Haftungsbeschränkung abstellt, die aber weder etwas mit der Kapitalgesellschaft noch der juristischen Person zu tun habe.
[1009] BGH, Urteil v. 5.11.1980, NJW 1981, 522, 525
[1010] Weller, Europäische Rechtsformwahlfreiheit und Gesellschafterhaftung, S. 228 ff.

a) Wortlaut der Kollisionsnorm des Art. 4 EuInsVO

Nach Art. 4 Abs. 1 EuInsVO gilt für das gesamte Insolvenzverfahren und seine Wirkungen grundsätzlich das Insolvenzrecht des Mitgliedstaates, in dem das Verfahren eröffnet wird (lex fori concursus). Was als insolvenzrechtlich zu qualifizieren ist, wird in Art. 4 Abs. 2 EuInsVO näher beschrieben. Darunter fallen die Voraussetzungen, die Durchführung und die Beendigung des Verfahrens. Dies wird konkretisiert durch eine Liste von Beispielen. Insolvenzrechtliche Materien sind danach etwa die Definition der Masse, die Befugnisse der Schuldner und Verwalter, Insolvenzanfechtung, Auswirkungen auf laufende Verträge des Schuldners sowie die Anmeldung und Prüfung von Forderungen. Die Reichweite dieser Bestimmungen des Art. 4 Abs. 2 EuInsVO ist unabhängig vom deutschen Verständnis des Insolvenzrechts autonom zu bestimmen.[1011]

Zuordnen lässt sich die Existenzvernichtungshaftung am ehesten zu der Gruppe von Regelungen, die die Durchführung des Insolvenzverfahrens betreffen. Dass die Existenzvernichtungshaftung in Art. 4 Abs. 2 EuInsVO weder explizit genannt noch umschrieben ist, hindert nicht an einer insolvenzrechtlichen Einordnung, da die Aufzählung nicht abschließend ist. Insbesondere die in Art. 4 Abs. 2 EuInsVO genannte Insolvenzanfechtung zeigt, dass nicht nur Verfahrensregeln, sondern auch aus der Insolvenz folgende materielle Rechte der Gläubiger dem Insolvenzrecht zugeordnet werden können. Ansonsten bietet der Wortlaut des Art. 4 EuInsVO für sich allein allerdings keine näheren Anhaltspunkte für eine insolvenzrechtliche Einordnung der Existenzvernichtungshaftung.

b) Kriterien des EuGH und des BGH: Interesse der Gläubigergesamtheit

Lange vor Inkrafttreten der EuInsVO hatte der EuGH in der Sache Gourdain ./. Nadler bereits zu den Kriterien, die für eine insolvenzrechtliche Einordnung sprechen, Stellung genommen. Hiernach soll in formeller Hinsicht die Zuständigkeit der Insolvenzgerichte und die Einziehungs- und Prozessführungsbefugnis des Insolvenzverwalters für eine insolvenzrechtliche Einordnung sprechen. In materieller Hinsicht spricht nach Auffassung des EuGH für eine insolvenzrechtliche Einordnung eines Haftungsinstituts, wenn die Realisierung nicht nur einem einzelnen Gläubiger, sondern der Gesamtheit der Gläubiger durch Vermehrung der ihnen zur Verfügung stehenden Vermögensmasse zugute kommt.[1012]

Hinsichtlich der Existenzvernichtungshaftung ist festzustellen, dass die Ansprüche der Gläubiger wegen existenzvernichtenden Eingriffs des GmbH-Gesellschafters während eines Insolvenzverfahrens vom Insolvenzverwalter geltend zu machen sind. Auch erhöht sich durch die Geltendmachung der Haf-

[1011] Duursma-Kepplinger/ Duursma/ Chalupsky, EuInsVO, Vorb. Rn. 20 ff.

[1012] EuGH, Urt. v. 22.02.1979 – "Gourdain ./. Nadler", RIW 1979, 273, 274

tungsansprüche gegen den GmbH-Gesellschafter die Vermögensmasse, so dass die Realisierung allen GmbH-Gläubigern zugute kommt.
Einer insolvenzrechtlichen Einordnung lässt sich jedoch entgegenhalten, dass diese Rechtsfolge nicht auf der Konzeption der Existenzvernichtungshaftung als solcher beruht. Vielmehr ist dies eine Folge der analogen Anwendung des § 93 InsO. Außerhalb eines Insolvenzverfahrens können die Gläubiger der GmbH ihre Ansprüche gegen den GmbH-Gesellschafter aufgrund der Haftung wegen existenzvernichtenden Eingriffs dagegen direkt geltend machen. Der Anspruch gegen den GmbH-Gesellschafter kommt dann auch nicht der Gesamtheit aller GmbH-Gläubiger zugute. Dies spricht gerade nicht für eine insolvenzrechtliche Einordnung.[1013] Dass die analoge Anwendung des § 93 InsO im Rahmen der Existenzvernichtungshaftung nicht als Begründung für eine insolvenzrechtliche Einordnung einer Norm herangezogen werden kann, zeigt sich deutlich an der eindeutig gesellschaftsrechtlich einzuordnenden Vorschrift des §§ 128 HGB, die andernfalls konsequenterweise ebenfalls dem Insolvenzrecht zugeordnet werden müsste.

c) *Insolvenz als wesentliches Tatbestandsmerkmal*

Für eine insolvenzrechtliche Einordnung spricht dagegen vor allem das Tatbestandsmerkmal der Existenzvernichtung, also der materiellen Insolvenz. Weil die Haftung wegen existenzvernichtenden Eingriffs erst dann eingreift, wenn die Gesellschaft tatsächlich insolvent ist, liegt es nahe sie als spezifisch insolvenzrechtliches Institut einzustufen. Dies entspricht auch der bislang im Schrifttum vorgenommenen Zuordnung, wonach abstrakt-präventive Gläubigerschutznormen in gesellschaftsrechtlichen Spezialregelungen zu finden sind und reaktive Gläubigerschutznormen dem Insolvenzrecht zugeordnet werden.[1014] So ist die Anknüpfung des Haftungsinstituts an die materielle Insolvenz auch der Grund dafür, weshalb vermehrt für eine insolvenzrechtliche Einordnung der Insolvenzverschleppungshaftung gemäß § 64 Abs. 1 GmbHG i.V.m. § 823 Abs. 2 GmbHG plädiert wird.[1015]

d) *Übereinstimmung in der Zielsetzung von Existenzvernichtungshaftung und Insolvenzrecht*

Daneben zeigen die Existenzvernichtungshaftung und das Insolvenzrecht auch Gemeinsamkeiten in der Zielsetzung. Aufgabe des Insolvenzrechts ist es zum einen, die Marktteilnahme von Gesellschaften zu unterbinden, die ihren Verbindlichkeiten nicht mehr genügen können und deshalb eine Gefahr für den Rechtsverkehr darstellen. Zum anderen – was hier von größerer Bedeutung ist –

[1013] A.A. Weller, Europäische Rechtsformwahlfreiheit und Gesellschafterhaftung, S. 265
[1014] Vgl. Röhricht, ZIP 2005, 505, 506
[1015] Borges, ZIP 2004, 733, 739 f.; Goette, DStR 2005, 197, 200, Müller, NZG 2003, 414, 416 f.; Röhricht, ZIP 2005, 505, 507 f.

ist es Aufgabe des Insolvenzrechts, ein rechtliches Instrumentarium gegen Handlungen zur Verfügung zu stellen, welche die Vermögensmasse im Vorfeld der Insolvenzeröffnung schmälern.[1016] Dieses Ziel verfolgt auch die Existenzvernichtungshaftung. Zu bedenken ist allerdings, dass die meisten Gläubigerschutzvorschriften des GmbH-Rechts darauf abzielen, den Gläubigern im Insolvenzfall eine Vermögensmasse zu sichern. Wollte man nur hierauf abstellen, so ließen sich auch die Kapitalerhaltungsregeln der §§ 30, 31 GmbHG, die bislang eindeutig dem Gesellschaftsrecht zugeordnet werden, insolvenzrechtlich verorten. Auch bei den §§ 30, 31 GmbHG liegt der Schwerpunkt nicht in der Wiederherstellung des Stammkapitals, sondern darin, dass Auszahlungen an die Gesellschafter in der Phase der Überschuldung sämtlich und unabhängig von der Höhe des Stammkapitals zurückzuerstatten sind, um den Gesellschaftsgläubigern im Falle der Insolvenz eine Haftungsmasse zu sichern. Dagegen hat die Rückzahlung des entzogenen Stammkapital in der Praxis angesichts der nur geringen Höhe des gesetzlich vorgeschriebenen Stammkapitals kaum eine Bedeutung.[1017]

In diesem Begründungsansatz, der auf die gemeinsame Zielsetzung abstellt, liegt also sicherlich die Gefahr einer gewissen Ausuferung. Wollte man schon aufgrund der Übereinstimmungen in der Zielsetzung zu einer insolvenzrechtlichen Einordnung der Existenzvernichtungshaftung gelangen, so ist man in der Tat nicht weit davon entfernt das gesamte Gläubigerschutzrecht aus dem Gesellschaftsrecht in das Insolvenzrecht zu verlagern. Hiergegen ließe sich anführen, dass der Gesetzgeber wesentliche Gläubigerschutzbestimmungen, wie etwa die Kapitalerhaltungshaftung, im GmbH-Gesetz und gerade nicht in der Insolvenzordnung geregelt hat. Zu Recht wird in der Literatur aber darauf hingewiesen, dass die Verortung der Insolvenzantragspflicht in den gesellschaftsrechtlichen Spezialregelungen kein Votum des Gesetzgebers gegen eine insolvenzrechtliche Zuordnung zugrunde liegt.[1018]

Eine insolvenzrechtliche Einordnung der Existenzvernichtungshaftung wird zudem bestätigt durch den Blick auf benachbarte Rechtsordnungen. So gelten beispielsweise die englischen Regeln über das so genannte wrongful trading, die der deutschen Haftung für Insolvenzverschleppung funktional weitgehend entsprechen, im englischen Verständnis allein schon wegen ihrer Verankerung in sec. 214 des englischen Insolvency Act als insolvenzrechtliche Regelung.[1019] Für die Existenzvernichtungshaftung kann keine andere Zuordnung gelten, da entscheidendes Merkmal der Insolvenzverschleppungshaftung wie der Existenzvernichtungshaftung die Insolvenz ist.

1016 Röhricht, ZIP 2005, 505, 506

1017 In diese Richtung Röhricht, ZIP 2005, 505, 511 f.

1018 Ausführlich zur Entstehungsgeschichte Borges, ZIP 2004, 733, 738, zustimmend Röhricht, ZIP 2005, 505, 507

1019 Vgl. Röhricht, ZIP 2005, 505, 506

6. Zwischenergebnis

(1) Eine deliktsrechtliche Einordnung der Existenzvernichtungshaftung kommt nicht in Betracht, weil das Verbot existenzvernichtender Eingriffe keine Schutzgesetz im Sinne des § 823 Abs. 2 BGB ist.

(2) Stellt man darauf ab, dass die Existenzvernichtungshaftung einen Unterfall der „echten“ Durchgriffshaftung bildet, so spricht dies für eine gesellschaftsrechtliche Einordnung, wenn man als einheitliches Durchgriffsstatut das Gesellschaftsstatut anerkennt. Da die verschiedenen unter den Begriff der „Durchgriffshaftung“ fallenden Rechtsinstitute sich jedoch im Hinblick auf deren Tatbestandsvoraussetzungen, deren Zielrichtung und deren Begründung erheblich voneinander unterscheiden, ist ein einheitliches Durchgriffsstatut abzulehnen.

(3) Leitet man die Existenzvernichtungshaftung aus den Kapitelerhaltungsvorschriften, den Liquidationsvorschriften, den gesellschaftsrechtlichen Treuepflichten oder aus einer analogen Anwendung des § 43 GmbHG ab, so ist es konsequent dieses Institut dem Gesellschaftsrecht zuzuordnen. Indes beruht das Verbot existenzvernichtender Eingriffe nach hier vertretener Auffassung auf einem Funktionsprinzip, dass allen unternehmenstragenden Gesellschaften immanent ist und fußt damit gerade nicht auf einer Verletzung von Pflichten, die untrennbar mit der gesellschaftsrechtlichen Organisationsform der GmbH verbunden sind. Allerdings enthalten gerade die vom BGH zur Begründung der Existenzvernichtungshaftung angeführten Formulierungen deutliche Hinweise auf einen gesellschaftsrechtlichen Bezug des Haftungsinstituts.

(4) Für eine insolvenzrechtliche Einordnung streitet vor allem das Tatbestandsmerkmal der Insolvenz. Die Übereinstimmung der Existenzvernichtungshaftung und dem Insolvenzrecht insgesamt in der Zielsetzung spricht ebenfalls stark für eine Zuordnung des Haftungsinstituts zum Insolvenzrecht. Schwierigkeiten bereitet eine Zuordnung zum Insolvenzrecht allerdings insofern, als die Ansprüche der Gesellschaftsgläubiger gegen den Gesellschafter außerhalb eines Insolvenzverfahrens gerade nicht von einem Insolvenzverwalter geltend gemacht und die Insolvenzmasse nicht erhöhen.

C. Anwendung der Existenzvernichtungshaftung auf EU-Auslandsgesellschaften aus europarechtlicher Sicht

I. Einleitung

1. Beachtung der Niederlassungsfreiheit unabhängig von der kollisionsrechtlichen Anknüpfung

Unabhängig davon, dass die Existenzvernichtungshaftung nach der hier vertretenen Auffassung nach internationalem Privatrecht auf EU-Gesellschaften mit Sitz in Deutschland Anwendung finden kann, soll im Folgenden geprüft werden, wie sich die Anwendbarkeit der Existenzvernichtungshaftung aus europarechtlicher Sicht beurteilt. Dabei ist zunächst festzustellen, dass die Grundfreiheiten nach dem EG-Vertrag in jedem Fall Geltung beanspruchen, unabhängig davon, ob man die Existenzvernichtungshaftung nun deliktrechtlich, insolvenzrechtlich oder gesellschaftsrechtlich einordnet.[1020]

2. Meinungsstand

Weder der EuGH noch der BGH hat sich bislang mit der Frage beschäftigen müssen, ob die Anwendung der Existenzvernichtungshaftung auf in Deutschland domizilierte EU-Auslandsgesellschaften gegen die Grundfreiheiten aus dem EG-Vertrag verstößt. In der Literatur wird zum Teil vertreten, dass die Anwendung der Existenzvernichtungshaftung überhaupt nicht in die Niederlassungsfreiheit aus dem EG-Vertrag eingreife.[1021] Andere Stimmen bejahen zwar einen Eingriff, halten aber eine Einschränkung der Niederlassungsfreiheit durch die Anwendung der Existenzvernichtungshaftung aus „zwingenden Gründen des Allgemeininteresses" für gerechtfertigt.[1022] Wieder andere meinen, die einen Durchgriff begründenden Verhaltensweisen – wie sie auch der Existenzvernichtungshaftung zugrunde liegen – könnten als ein Missbrauch im Einzelfall erscheinen, der nach der EuGH Rechtsprechung die Berufung auf die Niederlassungsfreiheit ausschließt.[1023] Schließlich wird die europarechtliche Zulässigkeit von einigen Autoren verneint.[1024]

II. Eingriff in die Niederlassungsfreiheit

Der EuGH misst der in Art. 43, 48 EG-Vertrag niedergelegten Niederlassungsfreiheit ebenso wie den anderen Grundfreiheiten eine zentrale Bedeutung im

[1020] Vgl. Westermann, ZIP 2005, 1849, 1853
[1021] Altmeppen, NJW 2004, 97, 101
[1022] Bruns, EWiR § 11 GmbHG 1/05, 431, 432
[1023] Zimmer, NJW 2003, 3585, 3589
[1024] Eidenmüller/ Rehm, ZGR 2004, 159, 182; Meilicke, GmbHR 2003, 793, 805 f.; Schumann, DB 2004, 743, 748 f.; Spindler/ Berner, RIW 2004, 7, 11, 13 f.

Gemeinschaftsrecht bei. Der EuGH versteht die Grundfreiheiten nicht nur als Diskriminierungsverbot, sondern entnimmt ihnen auch ein Beschränkungsverbot. Danach sind unverhältnismäßige Behinderungen etwa der Niederlassungsfreiheit europarechtswidrig, selbst wenn die entsprechenden Regelungen Inlandsgesellschaften gleichermaßen treffen.[1025]

Zum Teil wird vertreten, die Anwendung der Existenzvernichtungshaftung auf EU-Auslandsgesellschaften tangiere die Niederlassungsfreiheit nach Art. 43, 48 EG-Vertrag überhaupt nicht. So meint etwa Altmeppen, die Niederlassungsfreiheit besage nur, dass das deutsche Recht die EU-Auslandsgesellschaft als Kapitalgesellschaft anzuerkennen habe. Die Gesellschafter einer solchen Kapitalgesellschaft mit Sitz in Deutschland müssten das Verbot existenzvernichtender Eingriffe aber ohne weiteres beachten und die persönliche Haftung bei Nichtbeachtung des Verbots hinnehmen.[1026] Worauf Altmeppen diese Erkenntnis stützt bleibt allerdings offen. Nach der Rechtsprechung des EuGH müssen vielmehr alle nationalen Gläubigerschutzmaßnahmen dem Beschränkungsverdikt der Grundfreiheiten standhalten. Zwar stellt die Existenzvernichtungshaftung keine Beschränkung der Marktzugangsmöglichkeiten einer Gesellschaft dar. Sie ist jedoch als eine Tätigkeitsausübungsregel in Analogie zur Keck-Formel zu verstehen.[1027] In der Anwendung der Existenzvernichtungshaftung auf EU-Auslandsgesellschaften mit Sitz in Deutschland ist konsequenterweise eine Beschränkung der Niederlassungsfreiheit zu sehen, denn sie schränkt die Entscheidungsfreiheit der Gesellschafter einer solchen Gesellschaft ein. Die Anwendung der Existenzvernichtungshaftung führt dazu, dass die Gesellschafter in ihrer Desinvestitionsentscheidung eingeschränkt sind, weil sie eben nicht ohne weiteres in ihre Gesellschaft eingreifen können, wenn damit erkennbar die Gefahr der Insolvenz verbunden ist. Eine andere im Anschluss zu klärende Frage ist die, ob eine solche Beschränkung der Niederlassungsfreiheit gerechtfertigt ist.

III. Rechtfertigung des Eingriffs

Auch wenn die Existenzvernichtungshaftung als Beschränkung der gemeinschaftsrechtlich garantierten Niederlassungsfreiheit identifiziert ist, ist ihre Anwendung gleichwohl noch nicht ausgeschlossen. Nach ständiger Rechtsprechung des EuGH sind Eingriffe in die Niederlassungsfreiheit gerechtfertigt, wenn sie nicht diskriminierend, durch einen zwingenden Grund des Allgemeininteresses gedeckt sowie zur Erreichung des verfolgten Ziels geeignet und erforderlich sind.[1028]

[1025] EuGH, Urt. v. 30.11.1995, EuGHE 1995 S. I-4165 – "Gebhard"

[1026] Altmeppen, NJW 2004, 97, 101

[1027] Ausführlich Weller, Europäische Rechtsformwahlfreiheit und Gesellschafterhaftung, S. 208

[1028] EuGH, Urt. v. 30.11.1995, EuGHE 1995 S. I-4165 Rn. 37 – "Gebhard"; EuGH, Urt. v. 30.9.2003, NJW 2003, 3331, 3334 – "Inspire Art"

1. Zwingender Grund des Allgemeininteresses

Die Existenzvernichtungshaftung bezweckt einzig den Schutz der Gläubiger. Der Gläubigerschutz ist vom EuGH bereits in der „Centros“ Entscheidung als zwingender Grund des Allgemeininteresses anerkannt worden.[1029] In der Entscheidung „Überseering“ führte der EuGH dann weiter aus, dass „zwingende Gründe des Gemeinwohls, wie der Schutz der Interessen der Gläubiger [...] unter Beachtung bestimmter Voraussetzungen Beschränkungen der Niederlassungsfreiheit rechtfertigen können.“[1030] Die Voraussetzung eines zwingenden Grundes des Allgemeininteresses wirft damit keine Probleme auf.

2. Erforderlichkeit

Da die Existenzvernichtungshaftung ausländische Gesellschaften nicht diskriminiert und sich die Geeignetheit dieses Haftungsinstituts als Gläubigerschutzinstrument – gleichgültig wie sein Kosten-Nutzen-Verhältnis rechtspolitisch einzuschätzen ist – nur schwer gänzlich bestreiten lässt, bleibt als entscheidendes Kriterium für die Beurteilung, ob die Existenzvernichtungshaftung auf Auslandsgesellschaften Anwendung findet, die Erforderlichkeit.

a) Gründungsrecht dient nicht als Maßstab für die Erforderlichkeit

Bekanntermaßen verneinte der EuGH in der Entscheidung „Inspire Art“ die Erforderlichkeit, die niederländischen Kapitalisierungs- und Haftungsregeln unter dem Gesichtspunkt des Gläubigerschutzes auf eine englische Ltd. anzuwenden. Potentielle Gläubiger seien auf Grund des Auftretens der „Inspire Art Ltd.“ als Gesellschaft englischen Rechts darüber unterrichtet, dass andere Vorschriften als die des niederländischen Gesellschaftsrechts betreffend Gründung und Kapitalisierung zur Anwendung kämen. Dass die Gesellschaft unter anderem zum Zweck der Umgehung des als strenger angesehenen niederländischen Rechts nach dem Recht des Vereinigten Königreichs gegründet wurde, nehme ihr nicht das Recht, sich auf die Bestimmungen über die Niederlassungsfreiheit zu berufen.“ Der EuGH handhabt das Erforderlichkeitskriterium hier sehr strikt. Er stellt nur darauf ab, ob der Gläubigerschutz auf andere weniger einschneidende Weise - wenn auch nicht im gleichen Umfang – realisiert wird. Dabei muss durch das mildere Mittel kein gleichwertiger Schutz erreicht werden. Konkret genügt es dem EuGH, dass die Gläubiger aufgrund der Publizitätsvorschriften bereits geschützt sind. Die Rechtsprechung des EuGH wird in der Literatur zum Teil so interpretiert, dass eine Beschränkung der Niederlassungsfreiheit durch inländische Gläubigerschutzvorschriften kaum zu rechtfertigen sei.[1031] Die Mitgliedstaaten verfügten sämtlich über ausgefeilte und ausgewogene Rechtsord-

---

[1029] EuGH Urt. v. 9.3.1999, ZIP 1999, 438 ff. – „Centros“
[1030] EuGH, Urt. v. 5.11.2002, NJW 2002, 3614 – „Überseering“
[1031] Spindler/ Berner, RIW 2004, 7, 14

nungen. Dass die Anwendbarkeit der deutschen Existenzvernichtungshaftung aus der Sicht des EuGH erforderlich wäre, sei kaum vorstellbar.[1032]
Indes bedarf die Rechtsprechung des EuGH einer näheren Beleuchtung. Der EuGH stellt in der Entscheidung „Inspire Art" entscheidend darauf ab, dass bei der englischen Ltd. andere Vorschriften zur Anwendung kommen als die des niederländischen Rechts. Hierüber seien die potentiellen Gläubiger durch das Auftreten als Ltd. unterrichtet.
Der EuGH misst die vom niederländischen Gericht angewendeten Normen des niederländischen Rechts also am Maßstab des englischen Rechts. Dies ist aber nur deshalb möglich, weil der EuGH davon ausgeht, dass das englische Recht für den gegebenen Sachverhalt primär zur Anwendung berufen ist. Dagegen kann der EuGH das Recht des Gründungsstaates dann nicht als Maßstab zur Beurteilung der Erforderlichkeit heranziehen, wenn aus europarechtlicher Sicht das Recht eines anderen Mitgliedstaates primär zur Anwendung berufen ist. Dies ist aber bei einem Sachverhalt, der der Anwendung der Existenzvernichtungshaftung zugrunde liegt, gerade der Fall. Die Existenzvernichtungshaftung wird nämlich wie oben dargestellt dem Insolvenzrecht zugeordnet. Insofern ist die kollisionsrechtliche Zuordnung für die europarechtliche Zulässigkeit der Anwendung einer Norm doch wieder von Relevanz. Es geht dabei allerdings um die Zuordnung aus europarechtlicher Sicht. Da das Insolvenzkollisionsrecht der EG-Mitgliedstaaten durch die EuInsVO vereinheitlicht ist, bestehen hinsichtlich der Einordnung der Existenzvernichtungshaftung aus deutscher und europarechtlicher Sicht keine Unterschiede.

b) Keine europaweite Harmonisierung

Die Anwendung der Existenzvernichtungshaftung ist erforderlich, weil es keine anderen europaweiten Vorschriften gibt, die unter die Existenzvernichtungshaftung fallende Sachverhalte regeln. Die Existenzvernichtungshaftung schließt eine bestehende Schutzlücke und sanktioniert Verstöße gegen das allgemein geltende Prinzip, dass Gesellschafter ihrer Gesellschaft nicht die Vermögenswerte entziehen dürfen, die die Gesellschaft zur vorrangigen Befriedigung ihrer Gläubiger benötigt.[1033]

D. Ergebnis

Die Existenzvernichtungshaftung findet auch auf EU-Auslandsgesellschaften mit Sitz in Deutschland Anwendung.
International-privatrechtlich ist die Existenzvernichtungshaftung vor dem Hintergrund ihres Schutzzwecks und der Tatbestandsvoraussetzungen dem Insol-

[1032] Eidenmüller/ Rehm, ZGR 2004, 159, 173
[1033] Weller, Europäische Rechtsformwahlfreiheit und Gesellschafterhaftung, S. 211 f.

venzrecht zuzuordnen. Die Anwendung deutschen Sachrechts ergibt sich aus der Kollisionsnorm des Art. 4 Abs. 2 EuInsVO.
Unabhängig davon, ob man die Existenzvernichtungshaftung nun deliktrechtlich, insolvenzrechtlich oder gesellschaftsrechtlich einordnet, beanspruchen die Grundfreiheiten nach dem EG-Vertrag in jedem Fall ihre Geltung. Aus europarechtlicher Sicht liegt in der Existenzvernichtungshaftung aber eine gerechtfertigte Einschränkung der Niederlassungsfreiheit.

6. Teil
Ergebnisse und Perspektiven

A. Die wesentlichen Ergebnisse der Arbeit in Thesen

(1.) Das frühere Gläubigerschutzmodell des qualifiziert faktischen GmbH-Konzerns, dessen dogmatische Grundlagen, Haftungsvoraussetzungen und Haftungsfolgen nie einheitlich verstanden wurden und das ständig Veränderungen seitens der Rechtsprechung unterlag, wurde vom BGH aufgegeben.

(2). Als gesetzliche Orientierung des neuen Haftungskonzeptes dienen die §§ 105, 128 ff. HGB. Über §§ 105, 128 ff. HGB wird auf das persönliche Vermögen der Gesellschafter einer GmbH durchgegriffen, wenn § 13 Abs. 2 GmbHG teleologisch zu reduzieren ist. Der Haftungsdurchgriff setzt damit das Vorliegen eines Sachverhalts voraus, der eine Anwendung des § 13 Abs. 2 GmbHG nach dem Sinn und Zweck der Vorschrift verbietet. Ein solcher Sachverhalt liegt nicht in einer bestimmten Verfassung der GmbH, insbesondere nicht in einer bestimmten als unzureichend empfundenen Eigenkapitalausstattung, sondern in einem existenzvernichtenden Eingriff des Gesellschafters.

(3.) Der Tatbestand der Existenzvernichtungshaftung ist im Grunde sehr einfach: Derjenige Gesellschafter, der seine Gesellschaft zu einer für sie nachteiligen Maßnahme in Kenntnis des nachteiligen Charakters dieser Maßnahme veranlasst (Eingriff) und hierdurch die Insolvenz der Gesellschaft verursacht (Existenzvernichtung), haftet den Gläubigern der Gesellschaft persönlich und unbeschränkt.

(4.) Eine für die GmbH nachteilige Maßnahme liegt dann vor, wenn sich die Vermögens- oder Ertragslage der Gesellschaft bei einer Bewertung von Vor- und Nachteilen der Maßnahme ex ante zum Zeitpunkt der Einflussnahme verschlechtert.

(5.) Die Veranlassung zu nachteiligem Handeln muss nicht auf einer förmlichen Weisung aufgrund eines Gesellschafterbeschlusses beruhen. Es genügt jede Form der aktiven Einflussnahme auf die Gesellschaft, die auch in der Zustimmung zu einem entsprechenden Gesellschafterbeschluss liegen kann. Ein Unterlassen genügt indes nicht, insbesondere ist in der Enthaltung bei der Abstimmung in der Gesellschafterversammlung keine Veranlassung zu sehen. Den Gesellschafter trifft keine Nachteilsabwendungspflicht.

(6.) An der erforderlichen Kausalität des Eingriffs für die Existenzvernichtung fehlt es im Falle der bloßen Insolvenzvertiefung. Hinzukommen muss ferner die Zurechenbarkeit der Existenzvernichtung. Hieran fehlt es, wenn es erst durch das Hinzutreten unvorhersehbarer Ereignisse zur Existenzvernichtung der Gesellschaft kommt.

(7.) Die Haftung setzt weiter voraus, dass der Gesellschafter die objektive Möglichkeit der Existenzvernichtung als Folge der Nachteilszufügung bei Anwendung der Sorgfalt eines ordentlichen Gesellschafters hätte erkennen können.

(8.) Im Falle der Eröffnung eines Insolvenzverfahrens ist der Anspruch der Gesellschaftsgläubiger gegen den Gesellschafter vom Insolvenzverwalter geltend zu machen; der Insolvenzverwalter darf gegenüber dem Gesellschafter die Forderungen der Gesellschaftsgläubiger aber nur in der Höhe des voraussichtlichen Ausfallbetrages geltend machen. Dabei ist ihm ein großer Ermessensspielraum zuzubilligen.

(9.) Der Eingriff sowie die Existenzvernichtung sind von den klagenden Gläubigern der GmbH darzulegen und zu beweisen. Ein entsprechender Eingriff des Gesellschafters wird nicht durch die Insolvenz der Gesellschaft indiziert. Den klagenden GmbH-Gläubigern können aber nach allgemeinen zivilprozessualen Grundsätzen Erleichterungen ihrer Darlegungslast gewährt werden.

(10.) Weder steht die Haftung wegen existenzvernichtenden Eingriffs zur Kapitalerhaltungshaftung in einem Verhältnis der Spezialität noch stellt die fehlende Möglichkeit zum Einzelausgleich nach den §§ 30, 31 GmbHG ein eigenständiges negatives Tatbestandsmerkmal der Existenzvernichtungshaftung dar. Die Existenzvernichtungshaftung kann vielmehr zusammen mit anderen Anspruchsgrundlagen (z.B. §§ 30, 31 GmbHG oder § 826 BGB) einschlägig sein.

(11.) Die Fallgruppen, in denen typischerweise die Prüfung eines existenzvernichtenden Eingriffs nahe liegt, sind diejenigen, die auch schon im Rahmen der Diskussion um den qualifiziert faktischen Konzerns genannt wurden. Das verwundert deshalb nicht, weil diesen Fallgruppen durchweg ein konzernrechtlicher Sachverhalt zugrunde liegt.
Zu nennen sind insbesondere Cash-Management-Systeme, Betriebsaufspaltungen, Besicherung von Gesellschafter-Verbindlichkeiten und GmbH-Stafetten.

(12.) Die Existenzvernichtungshaftung findet auch auf in Deutschland domizilierte EU-Auslandsgesellschaften Anwendung. Die Anwendung deutschen Sachrechts ergibt sich aus der Kollisionsnorm des Art 4. EuInsVO. Die Existenzvernichtungshaftung ist vor dem Hintergrund ihres Schutzzwecks und der Tatbestandsvoraussetzungen dem Insolvenzrecht zuzuordnen. Aus europarechtlicher Sicht liegt in der Existenzvernichtungshaftung eine gerechtfertigte Einschränkung der Niederlassungsfreiheit.

B. Perspektiven

Das neue Haftungsmodell sorgt im Vergleich zum Modell des qualifiziert faktischen Konzerns zumindest aus Sicht der Unternehmer für wesentlich mehr Rechtssicherheit. Zwar bestand schon seit dem „TBB"-Urteil nicht mehr die Gefahr, dass das Haftungsprivileg allein aufgrund anderer unternehmerischer Aktivitäten des Gesellschafters außerhalb der GmbH de facto verloren geht. Unklar blieb jedoch bis zum Schluss, wie weit der Gesellschafter gehen durfte, bis eine die Haftung auslösende nachhaltige Interessenbeeinträchtigung anzunehmen war. Nunmehr muss sich der GmbH-Gesellschafter lediglich die Frage stellen, ob die von ihm beabsichtigte Nachteilszufügung zur Insolvenz der Gesellschaft führen kann. Ist das der Fall, so ist er gut beraten, eine für die GmbH nachteilige Maßnahme nicht vorzunehmen beziehungsweise die Geschäftsführung nicht dahingehend zu beeinflussen. Dies gilt nun in gleicher Weise für den nicht anderweitig unternehmerisch tätigen Gesellschafter. Insofern ist das neue Haftungsmodell in seinen Haftungsvoraussetzungen enger, in seinem persönlichen Anwendungsbereich jedoch weiter als das Modell des qualifiziert faktischen Konzerns.

Ob das neue Haftungskonzept zu einer aus Gläubigersicht wünschenswerten Disziplinierung der GmbH-Gesellschafter im Umgang mit ihrer GmbH führen wird, ist indes fraglich. Das größte Problem für die Gläubiger dürfte in der Praxis wohl weiterhin darin liegen, dass es den Gläubigern zur Geltendmachung etwaiger Ansprüche wegen Existenzvernichtung an den hierfür notwendigen Informationen mangelt und es quasi unmöglich ist, diese Informationen außerhalb eines Insolvenzverfahrens zu beschaffen. Zu hoffen bleibt, dass die Insolvenzverwalter sich im Rahmen der Prüfung etwaiger Ansprüche gegen die Gesellschafter auch auf existenzvernichtende Eingriffe konzentrieren werden. Mindestens ebenso wichtig ist die Aufgabe der Sachverständigen, die im Vorfeld der Entscheidung über den Insolvenzantrag vom Insolvenzgericht damit beauftrag werden, festzustellen, ob das verbleibende Vermögen der Gesellschaft wenigstens die Verfahrenskosten deckt. Werden die Forderungen der GmbH-Gläubiger wegen existenzvernichtender Eingriffe der GmbH-Gesellschafter zukünftig konsequent berücksichtigt, so dürfte sich die Ablehnung des Insolvenzantrags mangels Masse in einigen Fällen vermeiden lassen, wenn zumindest das Privatvermögen des Gesellschafters die Verfahrenskosten deckt.

FSC
www.fsc.org
MIX
Papier | Fördert
gute Waldnutzung
FSC® C083411

Kolibri 360 GmbH
Ferdinand-Jühlke-Straße 7
99095 Erfurt, Deutschland
produktsicherheit@kolibri360.de

Druck:
CPI Druckdienstleistungen GmbH
im Auftrag der
Kolibri 360 GmbH
Ferdinand-Jühlke-Str. 7
99095 Erfurt